浙江省文化研究工程指导委员会

奋进。

悠久深厚、意韵丰富的浙江文化传统，是历史赐予我们的宝贵财富，也是我们开拓未来的丰富资源和不竭动力。党的十六大以来推进浙江新发展的实践，使我们越来越深刻地认识到，与国家实施改革开放大政方针相伴随的浙江经济社会持续快速健康发展的深层原因，就在于浙江深厚的文化底蕴和文化传统与当今时代精神的有机结合，就在于发展先进生产力与发展先进文化的有机结合。今后一个时期浙江能否在全面建设小康社会、加快社会主义现代化建设进程中继续走在前列，很大程度上取决于我们对文化力量的深刻认识、对发展先进文化的高度自觉和对加快建设文化大省的工作力度。我们应该看到，文化的力量最终可以转化为物质的力量，文化的软实力最终可以转化为经济的硬实力。文化要素是综合竞争力的核心要素，文化资源是经济社会发展的重要资源，文化素质是领导者和劳动者的首要素质。因此，研究浙江文化的历史与现状，增强文化软实力，为浙江的现代化建设服务，是浙江人民的共同事业，也是浙江各级党委、政府的重要使命和责任。

2005年7月召开的中共浙江省委十一届八次全会，作出《关于加快建设文化大省的决定》，提出要从增强先进文化凝聚力、解放和发展生产力、增强社会公共服务能力入手，大力实施文明素质工程、文化精品工程、文化研究工程、文化保护工程、文化产业促进工程、文化阵地工程、文化传播工程、文化人才工程等"八项工程"，实施科教兴国和人才强国战略，加快建设教育、科技、卫生、体育等"四个强省"。作为文化建设"八项工程"之一的文化研究工程，其任务就是系统研究浙江文化的历史成就和当代发展，深入挖掘浙江文化底蕴、研究浙江现象、总结浙江经验、指导浙江未来的发展。

浙江文化研究工程将重点研究"今、古、人、文"四个方面，即围绕浙江当代发展问题研究、浙江历史文化专题研究、浙江名人研究、浙江历史文献整理四大板块，开展系统研究，出版系列丛书。在研究内容上，深入挖掘浙江文化底蕴，系统梳理和分析浙江历史文化的内部结构、变化规律和地域特色，坚持和发展浙江精神；研究浙江文化与其他地域文化的异同，厘清浙江文化在中国文化中的地位和相互影响的关系；围绕浙江生动的当代实践，深入解读浙江现象，总结浙江经验，指导浙江发展。在研究力量上，通过课题组织、出版资助、重点研究基地建设、加强省内外大院名校合作、整合各地各部门力量等途径，形成上下联动、学界互动的整体合力。在成果运用上，注重研究成果的学术价值和应用价值，充分发挥其认识世界、传承文明、创新理论、咨政育人、服务社会的重要作用。

我们希望通过实施浙江文化研究工程，努力用浙江历史教育浙江人民、用浙江文化熏陶浙江人民、用浙江精神鼓舞浙江人民、用浙江经验引领浙江人民，进一步激发浙江人民的无穷智慧和伟大创造能力，推动浙江实现又快又好发展。

今天，我们踏着来自历史的河流，受着一方百姓的期许，理应负起使命，至诚奉献，让我们的文化绵延不绝，让我们的创造生生不息。

2006年5月30日于杭州

"浙江文化研究工程成果文库"序言

易炼红

国风浩荡、文脉不绝，钱江潮涌、奔腾不息。浙江是中国古代文明的发祥地之一，是中国革命红船启航的地方。从万年上山、五千年良渚到千年宋韵、百年红船，历史文化的风骨神韵、革命精神的刚健激越与现代文明的繁荣兴盛，在这里交相辉映、融为一体，浙江成为了揭示中华文明起源的"一把钥匙"，展现伟大民族精神的"一方重镇"。

习近平总书记在浙江工作期间作出"八八战略"这一省域发展全面规划和顶层设计，把加快建设文化大省作为"八八战略"的重要内容，亲自推动实施文化建设"八项工程"，构筑起了浙江文化建设的"四梁八柱"，推动浙江从文化大省向文化强省跨越发展，率先找到了一条放大人文优势、推进省域现代化先行的科学路径。习近平总书记还亲自倡导设立"文化研究工程"并担任指导委员会主任，亲自定方向、出题目、提要求、作总序，彰显了深沉的文化情怀和强烈的历史担当。这些年来，浙江始终牢记习近平总书记殷殷嘱托，以守护"文献大邦"、赓续文化根脉的高度自觉，持续推进浙江文化研究工程，接续描绘更加雄浑壮阔、精美绝伦的浙江文化画卷。坚持激发精神动力，围绕"今、古、人、文"四大板块，系统梳理浙江历史的传承脉络，挖掘浙江文化的深厚底蕴，研究浙江现象、总结浙江经验、丰富浙江精神，实施"'八八战略'理论与实践研究"等专题，为浙江干在实处、走在前列、勇立潮头提供源源不断的价值引导力、文化凝聚力、精神推动力。坚持打造精品力作，目前一期、二期工程已经完结，三期工程正在进行中，出版学术著作超过1700部，推出了"中国历代绘画大系"等一大批有重大影响的成果，持续擦亮阳明文化、和合文化、宋韵文化等金名片，丰富了中华文化宝库。坚持砥砺精兵强将，锻造了一支老中青梯次配备、传承有序、学养深厚的哲学社会科学人才队伍，培养了一批高水平学科带头人，为擦亮新时代浙江学术品牌提供了坚实智力人才支撑。

文化是民族的灵魂，是维系国家统一和民族团结的精神纽带，是民族生命力、创造力和凝聚力的集中体现。在以中国式现代化全面推进强国建设、民族复兴伟业的新征程上，习近平文化思想在坚持"两个结合"中，以"体用贯通、明体达用"的鲜明特质，茹古涵今明大道、博大精深言大义、萃菁取华集大成，鲜明提出我们党在新时代新的文化使命，推动中华文脉绵延繁盛、中华文明历久弥新，推动全党全国各族人民文化自信明显增强、精神面貌更加奋发昂扬。特别是今年9月，习近平总书记亲临浙江考察，赋予我们"中国式现代化的先行者"的新定位和"奋力谱写中国式现代化浙江新篇章"的新使命，提出"在建设中华民族现代文明上积极探索"的重要要求，进一步明确了浙江文化建设的时代方位和发展定位。

文明薪火在我们手中传承，自信力量在我们心中升腾。纵深推进文化研究工程，持续打造一批反映时代特征、体现浙江特色的精品佳作和扛鼎力作，是浙江学习贯彻习近平文化思想和习近平总书记考察浙江重要讲话精神的题中之义，也是浙江一张蓝图绘到底、积极探索闯新路、守正创新强担当的具体行动。我们将在加快建设高水平文化强省、奋力打造新时代文化高地中，以文化研究工程为牵引抓手，深耕浙江文化沃土、厚植浙江创新活力，为创造属于我们这个时代的新文化贡献浙江力量。要在循迹溯源中打造铸魂工程，充分发挥习近平新时代中国特色社会主义思想重要萌发地的资源优势，深入研究阐释

"八八战略"的理论意义、实践意义和时代价值，助力夯实坚定拥护"两个确立"、坚决做到"两个维护"的思想根基。要在赓续厚积中打造传世工程，深入系统梳理浙江文脉的历史渊源、发展脉络和基本走向，扎实做好保护传承利用工作，持续推动优秀传统文化创造性转化、创新性发展，让悠久深厚的文化传统、源头活水畅流于当代浙江文化建设实践。要在开放融通中打造品牌工程，进一步凝炼提升"浙学"品牌，放大杭州亚运会亚残运会、世界互联网大会乌镇峰会、良渚论坛等溢出效应，以更有影响力感染力传播力的文化标识，展示"诗画江南、活力浙江"的独特韵味和万千气象。要在引领风尚中打造育德工程，秉持浙江文化精神中蕴含的澄怀观道、现实关切的审美情操，加快培育现代文明素养，让阳光的、美好的、高尚的思想和行为在浙江大地化风成俗、蔚然成风。

我们坚信，文化研究工程的纵深推进，必将更好传承悠久深厚、意蕴丰富的浙江文化传统，进一步弘扬特色鲜明、与时俱进的浙江文化精神，不断滋育浙江的生命力、催生浙江的凝聚力、激发浙江的创造力、培植浙江的竞争力，真正让文化成为中国式现代化浙江新篇章中最富魅力、最吸引人、最具辨识度的闪亮标识，在铸就社会主义文化新辉煌中展现浙江担当，为建设中华民族现代文明作出浙江贡献！

2023 年 12 月

丛书引言

陈　来

改革开放以来，浙江的经济社会发展取得了迅速的、巨大的进步。面对于此，浙江省政府和学术界，积极探讨经济社会发展的文化根源，展开了不少对于"浙学"的梳理、探讨和总结，使之成为当代浙江文化发展的一项重要课题。

就概念来说，"浙学"并不是一个新的概念，而是一个宋代以来就不断使用于每个时代用以描述浙江学术文化的概念。经过20余年的梳理，如浙江学者吴光、董平等的研究，已经大致弄清了浙学及与之相关的学术学派观念的历史源流，为我们今天总结思考这一问题提供了坚实的基础。

本文所理解的"浙学"，当然以历史上的浙学观念为基础，但强调其在新时代的意义。今天我们所讲的浙学，应该是"千百年来的浙江人的文化创造和代代相传的文化传统"，包含了"浙江大地上曾经有的文化思想成果"，因此这一浙学概念不是狭义的，而是广义的大浙学的观念。

这样一个大浙学的观念，在历史上有没有依据呢？我认为是有的，从宋代以后，浙学的观念变化过程就是一个内涵和外延不断扩大的过程。以下我们就对这一过程作一个简述。

一

众所周知，最早提出"浙学"这一观念的是南宋大儒朱熹。但浙学的开端，现有的研究者基本认为可以追溯到汉代的王充。王充在其《论衡》中提倡的"实事疾妄"的学术精神，明显影响到后来浙学的发展。王充之后，浙学又经历了相当长的演化过程，不过直到南宋，浙江才有了成型的学术流派。朱熹不仅提出并使用浙学的概念，而且还使用"浙中学者""浙中之学""浙间学问"等概念，这些概念与他使用的浙学概念类似或相近。朱熹说：

> 浙学尤更丑陋，如潘叔昌、吕子约之徒，皆已深陷其中，不知当时传授师说，何故乖讹便至于此？（《朱子文集》卷五十《答程正思》）

潘叔昌，名景愈，金华人，是吕祖谦的弟子，而吕子约是吕祖谦的弟弟，可见朱子这里所说的浙学是指以吕祖谦为代表的婺学。《朱子年谱》淳熙十一年（1184）下："是年辩浙学。"所列即朱子与吕子约书等，说明朱子最开始与浙学的辩论是与以吕子约为首的婺学辩论。上引语录中朱熹没有提到其他任何人。这也说明，朱子最早使用的浙学概念是指婺学。

《朱子年谱》列辩浙学之后，同年中又列了辩陈亮之学。事实上，朱子与陈亮的辩论持续了两年。这也说明《朱子年谱》淳熙十一年一开始所辩的浙学不包括陈亮之学，以后才扩大到陈亮的永康之学。朱子也说：

> 婺州近日一种议论愈可恶，大抵名宗吕氏，而实主同父，深可忧叹。（《朱子文集》，《续集》卷一《答黄直卿》）

同父（同甫）是陈亮的字，朱子还说："海内学术之弊，江西顿悟，永康事功。"（《朱子年谱》淳熙十二年）用事功之学概括陈亮永康之学的宗旨要义。

《朱子年谱》淳熙十二年（1185）言"是岁与永嘉陈君举论学"，说明到了淳熙十二年，朱子与浙学的辩论从吕氏婺学、陈亮永康之学进一步扩大至陈傅良之学。绍熙二年（1191）又扩大至叶适之学。陈傅良、叶适二人皆永嘉学人，此后朱子便多以"永嘉之学"称之，而且把永康、永嘉并提了。

《朱子年谱》为朱子门人李方子等编修，李本年谱已有"辩浙学"的部分，说明朱子门人一辈当时已正式使用浙学这个概念。

朱子谈到永嘉之学时说：

> 因说永嘉学，曰："张子韶学问虽不是，然他却做得来高，不似今人卑污。"（《朱子语类》卷一百二十三）

这是朱子晚年所说，他以张子韶之学对比永嘉之学，批评永嘉之说卑污，这是指永嘉功利之说。

> "永嘉学问专去利害上计较，恐出此。"又曰："'正其谊不谋其利，明其道不计其功。'正其谊，则利自在；明其道，则功自在。专去计较利害，定未必有利，未必有功。"（《朱子语类》卷三十七）
>
> 因言："陆氏之学虽是偏，尚是要去做个人。若永嘉永康之说，大不成学问，不知何故如此。"（《朱子语类》卷一百二十二）

这里的"大不成学问"，也是指卑陋、专去利害上计较功利。

以上是对南宋浙学观念的概述。朱子提出的浙学，原指婺州吕学，后扩大到永康陈亮之学，又扩大到永嘉陈傅良、叶适之学，最后定位在指南宋浙江的事功之学。由于朱子始终将浙学视为"专言功利"之学而加以批判，故此时的"浙学"之概念不仅是贬义词，而且所指也有局限性，并不足以反映当时整个浙学复杂多样的形态和思想的丰富性。

二

现在我们来看看明代。明代浙江学术最重要的是阳明学的兴起。那么，阳明学在明代被视为浙学吗？

明代很少使用"浙学"一词，如《宋元学案》中多次使用浙学，《明儒学案》竟无一例使用。说明宋人使用"浙学"一词要远远多于明人，明代学术主流学者几乎不用这一概念。不过，明代万历时的浙江提学副使刘麟长曾作《浙学宗传》，此书具有标志性的意义。《浙学宗传》仿照周汝登《圣学宗传》，但详于今儒，大旨以王阳明为主，而援朱子以入之。此书首列杨时、朱子、象山，以作为浙学的近源：

> 缘念以浙之先正，呼浙之后人，即浙学又安可无传？……论浙近宗，则龟山、晦翁、象山三先生。其子韶、慈湖诸君子，先觉之鼻祖欤？阳明宗慈湖而子龙溪数辈，灵明耿耿，骨骨相贯，丝丝不紊，安可诬也！（刘麟长《浙学宗传序》）

刘麟长不是浙江人，他把南宋的杨时、朱熹、陆九渊作为浙学的近宗之源，而这三人也都不是浙江人。如果说南宋理学的宗师是浙学的近宗，那么远宗归于何人？刘麟长虽然说是尧舜孔孟，但也给我们一个启发，即我们把王充作为浙学的远源应该也是有理由的。然后，刘麟长把南宋的张子韶（张九成）、杨慈湖（杨简）作为浙学的先觉鼻祖，这两位确实是浙江人。《浙学宗传》突出阳明、龙溪，此书的意义是，把阳明心学作为浙学的主流，而追溯到宋代张子韶和杨慈湖，这不仅与朱子宋代浙学的观念仅指婺州、永康、永嘉之学不同，包括了张九成和杨简，而且在学术思想上，把宋代和明代的心学都作为浙学，扩大了浙学的范围。

此书的排列，在杨时、朱熹、陆九渊居首之后，在宋代列张九成、吕祖谦、杨简、何基、王柏、金履祥、许谦。刘麟长说："于越东莱先生与吾里考亭夫子，问道质疑，卒掷于正，教泽所渐，金华四贤，称朱学世嫡焉。"何基以下四人皆金华人，即"北山四先生"，这四先生都是朱学的传人。这说明在刘麟长思想中，浙学也是包括朱子学的。这个问题我们下面再讲。

此书明代列刘伯温、宋潜溪、方正学、吴叡仲、陈克庵、黄世显、谢文肃、贺医闾、章枫山、郑敬斋、潘孔修、萧静庵、丰一斋、胡支湖、王阳明、王龙溪、钱绪山、邵康僖、范栗斋、周二峰、徐曰仁、胡川甫、邵弘斋、郑淡泉、张阳和、许敬庵、周海门、陶石篑、刘念台、陶石梁、陈几亭。其中不仅有王阳明学派，还有很多是《明儒学案》中《诸儒学案》的学者，涵盖颇广。但其中最重要的应是王阳明和刘宗周（念台）。可见王阳明的心学及其传承流衍是刘麟长此书所谓浙学在明代的主干。在此之前蔡汝楠也说过"吾浙学自得明翁夫子，可谓炯如日星"，把王阳明作为浙学的中坚。

三

朱子的浙学观念只是用于个人的学术批评，刘麟长的浙学概念强调心学是主流，而清初的全祖望则是在学术史的立场上使用和理解浙学这一概念，他对浙学范围的理解就广大得多。

全祖望对南宋永嘉学派的渊源颇为注意，《宋元学案》卷六：

王开祖，字景山，永嘉人也。学者称为儒志先生。……又言：

> "由孟子以来，道学不明。今将述尧、舜之道，论文、武之治，杜淫邪之路，开皇极之门。吾畏天者也，岂得已哉！"其言如此。是时，伊、洛未出，安定、泰山、徂徕、古灵诸公甫起，而先生之言实遥与相应。永嘉后来问学之盛，盖始基之。

这是认为，北宋，在二程还未开始讲学时，被称为"宋初三先生"的胡瑗（安定）、孙复（泰山）、石介（徂徕）等刚刚讲学产生影响，王开祖便在议论上和"三先生"远相呼应而成为后来永嘉学派的奠基人。

全祖望在《宋元学案·周、许诸儒学案》案语中说：

> 世知永嘉诸子之传洛学，不知其兼传关学。考所谓"九先生"者，其六人及程门，其三则私淑也。而周浮沚、沈彬老，又尝从蓝田吕氏游，非横渠之再传乎？鲍敬亭辈七人，其五人及程门。……今合为一卷，以志吾浙学之盛，实始于此。（《宋元学案》卷三十二）

这就指出，在南宋永嘉学派之前，北宋的"永嘉九先生"（周行己、许景衡、沈躬行、刘安节、刘安上、戴述、赵霄、张辉、蒋元中）都是二程理学的传人。南宋浙学的盛行，以"永嘉九先生"为其开始。这就强调了二程理学对浙学产生的重要作用，也把二程的理学看作浙学的奠基源头。

> 祖望谨案：伊川之学，传于洛中最盛，其入闽也以龟山，其入秦也以诸吕，其入蜀也以谯天授辈，其入浙也以永嘉九子，其入江右也以李先之辈，其入湖南也由上蔡而文定，而入吴也以王著作信伯。（《宋元学案》卷二十九）

这就明确指明伊川之学是由"永嘉九先生"引入浙江，"永嘉九子"是二程学说入浙的第一代。

"九先生"之后，郑伯熊、薛季宣都是程氏传人，对南宋的永嘉学派起了直接的奠基作用。《四库全书总目提要》说："朱子喜谈心性，季宣兼重事功，永嘉之学遂为一脉。"

> 永嘉以经制言事功，皆推原以为得统于程氏。永康则专言事功而无所承，其学更粗莽抢魁，晚节尤有惭德。述《龙川学案》。（《宋元学案》卷五十六）

永嘉学派后来注重经制与事功，其源头来自二程；而永康只讲事功不讲经制，这正是因为其学无所承。

> 祖望谨案：永嘉之学统远矣，其以程门袁氏之传为别派者，自艮斋薛文宪公始。艮斋之父，学于武夷，而艮斋又自成一家，亦人门之盛也。其学主礼乐制度，以求见之事功。（《宋元学案》卷五十二）

按照全祖望的看法，永嘉之学的学统可远溯及二程，袁道洁曾问学于二程，又授其学于薛季宣，而从薛氏开始，向礼乐兵农方向发展，传为别派。此派学问虽为朱子所不喜，被视为功利之学，但其程学渊源不可否认。

> 梓材谨案：永嘉之学，以郑景望为大宗，止斋、水心，皆郑氏门人。郑本私淑周浮沚，以追程氏者也。（《宋元儒学案》序录）

王梓材则认为，"永嘉九先生"之后，真正的永嘉学派奠基于郑景望，而郑景望私淑周行己，追慕二程之学。

梓材谨案：艮斋为伊川再传弟子，其行辈不后于朱、张，而次于朱、张、吕之后者，盖永嘉之学别起一端尔。（《宋元儒学案》序录）

王梓材也认为，薛季宣是二程再传，但别起一端，即传为别派，根源上还是程学。

黄百家《宋元学案·龙川学案》案语说：

永嘉之学，薛、郑俱出自程子。是时陈同甫亮又崛兴于永康，无所承接。然其为学，俱以读书经济为事，嗤黜空疏随人牙后谈性命者，以为灰埃，亦遂为世所忌，以为此近于功利，俱目之为浙学。（《宋元学案》卷五十六）

总之，传统学术史认为，两宋浙学的总体格局是以程学为统系的，南宋的事功之学是从这一统系转出而"别为一派"的。

二程门人中浙人不少，在浙江做官者亦不少，如杨时曾知余杭、萧山。朱熹的门人、友人中浙人亦不少，如朱子密友石子重为浙人，学生密切者巩仲至（婺州）、方宾王（嘉兴）、潘时举（天台）、林德久（嘉兴）、沈叔晦（定海）、周叔瑾（丽水）、郭希吕（东阳）、辅广（嘉兴）、沈僴（永嘉）、徐寓（永嘉）等都是浙人。

全祖望不仅强调周行己是北宋理学传入浙江的重要代表，"永嘉九先生"是浙学早期发展的引领者，永嘉学派是程氏的别传，更指出朱熹一派的传承在浙学中的地位：

勉斋之传，得金华而益昌，说者谓北山绝似和靖，鲁斋绝似上蔡，而金文安公尤为明体达用之儒，浙学之中兴也。述北山四先生学案。（《宋元学案》卷八十二）

勉斋即黄榦，是朱子的高弟，北山即何基，鲁斋即王柏，文安即金履祥，再加上许谦，这几人都是金华人，是朱学的重要传人，代表了南宋末年的金华学术。全祖望把"永嘉九先生"称为"浙学之始"，把"北山四先生"称为"浙学之中兴"，可见他把程朱理学看作浙学的主体框架，认为程朱理学的一些学者在特定时期代表了浙学。这一浙学的视野就比宋代、明代要宽广很多了。于是，浙学之中，不仅有事功之学，有心学，也有理学。

其实，朱学传承，不仅是勉斋传北山。黄震的《日钞》说：

> 乾淳之盛，晦庵、南轩、东莱称三先生。独晦庵先生得年最高，讲学最久，尤为集大成。晦庵既没，门人如闽中则潘谦之、杨志仁、林正卿、林子武、李守约、李公晦，江西则甘吉父、黄去私、张元德，江东则李敬之、胡伯量、蔡元思，浙中则叶味道、潘子善、黄子洪，皆号高弟。（《宋元学案》卷六十三《勉斋学案》附录）

浙江的这几位传朱学的人，都是朱子有名的门人，如叶味道，"嘉定中，叶味道、陈埴以朱学显"（《宋元学案》卷三十二）。"永嘉为朱子学者，自叶文修公（味道）、潜室（陈埴）始。"（《宋元学案》卷六十五》）黄子洪名士毅，曾编《朱子语类》"蜀类"。潘子善名"时举"。这说明南宋后期永嘉之学中也有朱学。

关于朱学，全祖望还说：

> 四明之专宗朱氏者，东发为最，《日钞》百卷，躬行自得之言也，渊源出于辅氏。晦翁生平不喜浙学，而端平以后，闽中、江右诸弟子，支离舛戾固陋无不有之，其能中振之者，北山师弟为一支，东发为一支，皆浙产也。（《宋元学案》卷八十六）

他把黄震（字东发）视为四明地区传承朱学最有力的学者，说黄震出自朱子门人辅广。全祖望指出，南宋末年，最能振兴朱学的，一支是前面提到的金华的"北山四先生"，一支就是四明的黄震。他特别指出，这两支都是浙产，即都是浙学。《宋元学案》序录底本谓："勉斋之外，庆源辅氏其庶几乎！故再传而得黄东发、韩恂斋，有以绵其绪焉。"

此外，全祖望在浙江的朱学之外，也关注了浙江的陆学：

> 槐堂之学，莫盛于吾甬上，而江西反不逮……甬上之西尚严陵，亦一大支也。（《宋元学案》卷七十七）

"甬上四先生"是陆学在浙江的代表。全祖望称之为"吾甬上"，即包含了把浙江的陆学派视为浙学的一部分之意。严陵虽在浙西，但在全祖望看来，是浙江陆学在甬上之外的另一大支，自不能不看作浙学的一部分。

四

谈到浙学就不能不谈及浙东学派的概念。

黄宗羲是浙东学派这一概念的最早使用者之一。在《移史馆论不宜立理学传书》中，他反驳了史馆馆臣"浙东学派最多流弊"的说法，这说明馆臣先已使用了"浙东学派"这个概念，并对浙东学术加以批评。黄宗羲认为：

> 有明学术，白沙开其端，至姚江而始大明。……逮及先师蕺山，学术流弊，救正殆尽。向无姚江，则学脉中绝；向无蕺山，则流弊充塞。凡海内之知学者，要皆东浙之所衣被也。今忘其衣被之

功，徒訾其流弊之失，无乃刻乎！（《黄宗羲全集》增订本第十册）

黄宗羲认为陈白沙开有明一代学脉，至王阳明始大明，这说明他是站在心学的立场上论述明代思想的主流统系。他同时指出，阳明之后流弊充塞，刘蕺山（刘宗周）出，才将流弊救正过来。所以，明代思想学术中，他最看重的是陈白沙、王阳明和刘蕺山，而王阳明、刘蕺山被视为浙东学术的中坚。在这个意义上，他强调要看到浙东学派的功绩，而不是流弊。黄宗羲是在讨论浙东学派的历史功绩，但具体表述上他使用的是"学脉"，学脉比学派更宽，超出了学派的具体指向。从黄宗羲这里的说法来看，他对"浙东学派"的理解是儒学的、理学的、哲学的，而不是历史的。而黄宗羲开其端，万斯同、全祖望等发扬的清代浙东学派则以史学为重点，不是理学、哲学的发展了。

浙东学派的提法，可以看作是历史上一个与浙学观念类似的、稍有局限的学术史观念。因为浙东学派在名称上就限定了地域，只讲浙东，不讲浙西。这和"浙学"不分东西是不同的。浙东学派这样一个概念的提出也是有理由的，因为历史上浙学的发展，其重点区域一直在浙东，宋代、明代都是如此。

在全祖望之后，乾隆时章学诚《浙东学术》提出：

浙东之学，虽出婺源，然自三袁之流，多宗江西陆氏，而通经服古，绝不空言德性，故不悖于朱子之教。至阳明王子，揭孟子之良知，复与朱子抵牾。蕺山刘氏本良知而发明慎独，与朱子不合，亦不相诋也。梨洲黄氏，出蕺山刘氏之门，而开万氏弟兄经史之学，以致全氏祖望辈，尚存其意，宗陆而不悖于朱者也。唯西河毛氏，发明良知之学，颇有所得，而门户之见，不免攻之太过，虽浙东人亦不甚以为然也。

世推顾亭林氏为开国儒宗，然自是浙西之学，不知同时有黄梨洲氏出于浙东，虽与顾氏并峙，而上宗王、刘，下开二万，较之

> 顾氏，源远而流长矣。顾氏宗朱，而黄氏宗陆，盖非讲学专家，各
> 持门户之见者，故相互推服，而不相非诋。学者不可无宗主，然必
> 不可有门户。故浙东、浙西，道并行而不悖也。(《文史通义》内
> 篇卷五)

其实，清初全祖望在回顾北宋中期的学术思想时曾指出：

> 庆历之际，学统四起。齐、鲁则有士建中、刘颜夹辅泰山而
> 兴。浙东则有明州杨、杜五子，永嘉之儒志、经行二子，浙西则有
> 杭之吴存仁，皆与安定湖学相应……(《宋元学案》卷六)

这说明全祖望在回顾浙学发展之初，就是浙东、浙西不分的。章学诚
认为浙东之学，出于朱熹，而从"三袁"（袁燮为"明州四先生"之
一，袁燮与其子袁肃、袁甫合称"三袁"）之后多宗陆象山，但是宗
陆不悖于朱。他又说王阳明与朱子不合亦不相诋，这就不符合事实了，
阳明批评朱子不少，在其后期尤多。章学诚总的思想是强调学术上不
应有门户之见，宗陆者应不悖朱，宗朱者可不诋陆，不相非诋。他认
为浙东与浙西正是如此，道并行而不悖。所以，他论浙学，与前人如
黄宗羲不同，是合浙东、浙西为一体，这就使其浙学观较之前人要宽
大得多了。

> 四明之学多陆氏。深宁之父亦师史独善以接陆学，而深宁绍
> 其家训，又从王子文以接朱氏，从楼迂斋以接吕氏，又尝与汤东涧
> 游，东涧亦兼治朱、吕、陆之学者也。和齐斟酌，不名一师。
> (《宋元学案》卷八十五)

《宋元学案·深宁学案》中把兼治陆学、朱学、吕学，没有门户之见的
状态描述为"和齐斟酌"。章学诚用"并行不悖"概括浙学"和齐斟

酌"的性格，也是很有见地。

由以上所述可见，"浙学"所指的内容从宋代主要是事功之学，到明代扩大到包含心学，再到清初进一步扩大到包含理学，"浙学"已经变成一个越来越大的概念；经过全祖望、章学诚等的论述，浙学由原来只重浙东学术而变成包括浙东、浙西，成为越来越宽的概念。这些为我们今天确立大的浙学概念，奠定了深厚的历史基础。

五

有关儒学的普遍性与地域性，我一向认为，中国自秦汉以来，各地文化已经交流频繁，并没有一个地区是孤立发展的，特别是在帝国统一的时代。宋代以后，文化的同质性大大提高，科举制度和印刷业在促进各地文化的统一性方面起了巨大作用。因此，儒学的普遍性和地域性是辩证的关系，这种关系用传统的表述可谓"理一而分殊"，统一性同时表达为各地的不同发展，而地域性是在统一性之下的地方差别。没有跳出儒学普遍性之外的地域话语，也不可能有离开全国文化总体性思潮涵盖的地方儒学。不过，地域文化的因素在交往还不甚发达的古代，终究是不能忽视的，但要弄清地域性的因素表现在什么层次和什么方面。如近世各地区的不同发展，主要是因为各地的文化传统之影响，而不是各地的经济—政治结构不同。所以，问题的关键不在于承认不承认地域性的因素，而在于如何理解和认识、掌握地域性因素对思想学术的作用。

近一二十年，全国各地，尤其是经济发达的地区或文化教育繁荣发展的地区，都很注重地域文化的挖掘与传承。这可以看作是中国崛起的总态势下、中华文化自觉的总体背景之下各种局部的表达，有着积极的意义，也促进了地域文化研究的新开展。其中浙学的探讨似乎是在全国以省为单位的文化溯源中特别突出的。这一点，只要对比与浙江地域文化最接近、经济发展和教育发展水平最相当的邻省江苏，就很清楚。江苏不仅没有浙江那么关注地域文化总体，其所关注的也往往是"吴文化"一类。指出下面一点应该是必要的，即与其他省份多侧重"文化"的展示不同，浙江更关注的是浙学的总结发掘。换言之，其他省份多是宣传展示广义的地域文化的特色，而浙江更多关注的是学术思想史意义上的地域学术的传统，这是很不相同的。

当然，这与一个省在历史上是否有类似的学术资源或论述传统有关。如朱熹在南宋时已使用"浙学"，主要指称婺州吕氏、永康陈亮等所注重的着重古今世变、强调事功实效的学术。明代王阳明起自越中，学者称阳明学在浙江的发展为"浙中心学"；清初黄宗羲倡导史学，史称"浙东史学"。明代以后，"浙学"一词使用渐广。特别是，"浙东史学"或"浙东学派"的提法，清代以来已为学者所耳熟能详，似乎成了浙学的代名词。当代关于浙学的探讨持续不断，在浙江尤为集中。可以说，南宋以来，一直有一种对浙学的学术论述，自觉地把浙学作为一个传统来寻求其建构。我以为这显示着，至少自南宋以来，浙江的学术思想在各朝各代都非常突出，每一时代浙江的学术都在全国学术中成为重镇或重点，产生了较大影响。所谓浙学也应在这一点上突出其意义，而与其他各省侧重于"文化"展现有所分别。事实上，"浙学"与"浙江文化"的意义就并不相同。总之，这些历史上的浙学提法显示，宋代以来，每一时代总有一种浙学被当时的学术思想界所重视、所关注，表明近世以来的浙江学术总是积极地参与中国学术思想、思潮的发展潮流，使浙学成为宋代以来中国学术思想发展中的重要成分。每一时代的浙江学术都在全国发出一种重要的声音，影响了全国，使浙学成为中国学术思想史内在的一个重要部分。

当然，每一时代的浙江学术及其各种学术派别往往都有所自觉地与历史上某一浙学的传统相联结而加以发扬，同时参与全国学术思想的发展。因此，浙学的连续性是存在的，但这不是说宋代永嘉事功学影响了明代王阳明心学，或明代阳明心学影响了清代浙东史学，而是说每一时期的学术都在以往的浙学传统中有其根源，如南宋"甬上四先生"可谓明代浙中心学的先驱，而浙东史学又可谓根源于南宋浙学等。当然，由于全国学术的统一性，每一省的学术都不会仅仅是地方文化的传承，如江西陆氏是宋代心学的创立者，但其出色弟子皆在浙江如甬上；而后来王阳明在浙中兴起，但江右王学的兴盛不下于浙中，这些都是例子。浙学的不断发展不仅是对以往浙江学术的传承，也是对全国学术思想的吸收、回应和发展，是"地方全国化"的显著例子。

对浙学的肯定不必追求一个始终不变的特定学术规定性，然而，能否寻绎出浙学历史发展中的某种共同特征或精神内涵呢？浙学中有哪些是与浙江的历史文化特色有密切关联，从而更能反映浙江地域文化和文化精神的呢？关于历代浙学的共同特征，已经有不少讨论，未来也还会有概括和总结。我想在这里提出一种观察，即南宋以来，浙江的朱子学总体上相对不发达。虽然朱熹与吕祖谦学术关系甚为密切，但吕氏死后，淳熙、绍熙年间，在浙江并未出现朱子学的重要发展，反而出现了以"甬上四先生"为代表的陆学的重要发展。南宋末年至元初，"金华四先生"的朱子学曾有所传承，但具有过渡的特征，而且在当时的浙江尚未及慈湖心学的影响，与"甬上四先生"在陆学所占的重要地位也不能相比。元、明、清时代，朱子学是全国的主流学术，但在文化发达的浙江，朱子学始终没有成为重点。这似乎说明，浙江学术对以"理"为中心的形而上学的建构较为疏离，而趋向于注重实践性较强的学术。不仅南宋的事功学性格如此，王阳明心学的实践性也较强，浙东史学亦然。朱子学在浙江相对不发达这一事实可以反衬出浙江学术的某种特色，我想这是可以说的。从这一点来说，虽然朱熹最早使用"浙学"的概念，但我们不能站在朱熹批评浙学是功利主义这样的立场来理解浙学，而是要破除朱熹的偏见，跳出朱熹的局限来认识这一点。对此，我的理解是，与重视"理"相比，浙学更重视的是"事"。黄宗羲《艮斋学案》案语："永嘉之学，教人就事上理会，步步著实，言之必使可行，足以开物成务。"（《宋元学案》卷五十二）这个对永嘉之学的概括，是十分恰当的。南宋时陈傅良门人言："陈先生，其教人读书，但令事事理会，……器便有道，不是两样，须是识礼乐法度皆是道理。"此说正为"事即理"思想的表达。故永嘉之学的中心命题有二，一是"事皆是理"，二是"事上理会"。这些应该说不仅反映了永嘉学术，而且在一定意义上反映了浙学的性格。总之，这个问题的思考和回答是开放的，本丛书的编辑目的之一，正是为了使大家更好地思考和回答这些问题。

浙学是"浙江大地上曾经有的文化思想成果"，浙学在历史上本来就不是单一的，而是富于多样性的。这些成果有些是浙江大地上产生的，有些是从全国各地引进发展的，很多对浙江乃至全国都发生了重要影响。正如学者指出的，南宋的事功学、明代的心学、清代的浙东史学是"浙学最具坐标性质的思想流派"，是典型的根源于浙江而生的学术思想，而民国思想界重要的浙江籍学者也都继承了浙学的"事上理会""并行不悖""和齐斟酌"的传统，值得不断深入地加以总结研究。

目 录

吕祖谦，字伯恭，婺州（今金华）人，以郡望莱州，人号东莱（或云吕本中为大东莱，吕祖谦为小东莱），吕大器长子，生于南宋高宗绍兴七年（1137）二月十七日。

吕祖谦一生勇于进德修业，少年时"性极褊急"，性格非常急躁，后因病中读《论语》，从"躬自厚而薄责于人"的句子中领悟到道理，于是，终身再无大怒。吕祖谦于南宋孝宗隆兴元年（1163）中进士第，又中博学宏词科。一生历官南外敦宗院宗学教授、严州州学教授、太学博士、国史院编修官、实录院检讨官，除秘书省正字、秘书郎，迁著作佐郎、著作郎、兼权礼部郎官。淳熙八年（1181）七月二十九日去世，时年四十五。嘉定九年（1216）宁宗朝谥号成，世称成公。

吕祖谦一生积极发展家学，弘扬儒家理论，深入社会实践，兴办教育，培育人才，辛勤著述，有《东莱集》《书说》《大事记》《阃范》《近思录》《春秋集解》《尚书讲议》《家法》《祭礼》《三苏文选》《丽泽集诗》《丽泽集文》《古文关键》《东莱博议》等。而其整理的古《易》，所著《书说》《吕氏家塾读诗记》《皇朝文鉴》等更为传世经典。吕祖谦传家学，继周、程学术，主张静多于动，践履多于发用，涵养多于讲说，读经多于读史。在经学、史学、文学、教育学等方面都有显著成就，是当世的学术领袖。这是吕氏家族、家学发展近二百年累积的结果，极大影响了南宋及宋后学术发展的进度与方向，其成长经历、经验及对社会的贡献，值得后人学习与研究。

一、出身簪缨之族

在靖江府（今桂林）漓江边上的独秀峰下，南宋广西转运使曾几的家里，一个生命呱呱坠地，一颗文星于南宋的大地上冉冉升起，从此照耀在我国的文化史上，这便是吕祖谦，《东莱集》的作者。

吕祖谦所出生的不是一般家庭，而是一个延续几百年、十数代的官宦世家。吕氏家族历史悠久，《东莱公家传》称，最早可追溯至上古神农时候，经尧、舜、商、周、秦、汉、魏、晋、隋、唐，直至五代。吕氏家族有支脉称为三院：生活在河南（今洛阳）的，是后唐户部侍郎吕梦奇；生活在幽州者，是后晋兵部侍郎吕琦；生活在汲郡者，是后周户部侍郎吕咸休。三吕家族，一代代繁衍，因族谱遗失，族属关系也难考证，其中河南吕梦奇一脉发展最盛。

河南吕姓繁衍至宋朝有兄弟二人，吕龟图与胞弟吕龟祥。吕龟图官起居郎，为泗州知州，生吕蒙正。吕蒙正在宋太宗、真宗两朝为宰相，死后谥号文穆。吕蒙正生吕从简等。吕龟祥官殿中丞，为寿州知州，终官大理寺丞，是吕祖谦的七世祖。吕龟祥生吕蒙亨，吕蒙亨生吕夷简。吕夷简三相仁宗，与吕蒙正同封于许，策拜太尉，在许州去世，谥号文靖。吕祖谦自父亲吕大器，上接祖吕弸中（一世祖）、曾祖吕好问（二世祖）、高祖吕希哲（三世祖），再上接吕公著（四世祖）、吕夷简（五世祖），至吕蒙亨（六世祖）。吕祖谦为吕蒙亨仍孙（从本身开始下数的第八世孙为"仍孙"）。可知，吕祖谦本非吕蒙正后代，但吕蒙正确实是吕祖谦这一族系得以发达的先祖，居首功。吕蒙正之前，吕氏家族虽然有人在朝为官，如后唐户部侍郎吕梦奇，后晋兵部侍郎吕琦，后周户部侍郎吕咸休，赵宋起居郎知泗州吕龟图、大理寺丞吕龟祥等，但他们都对宋代吕祖谦一族的学术、仕途发展影响甚微，唯吕蒙正肇端吕祖谦一族政事、学术二百年长盛不衰。这源于宋初吕蒙正为太宗、真宗宰相期间对吕夷简的识拔与提携。

　　吕蒙正（944—1011），字圣功，宋太平兴国二年（977）以进士考试第一名，被授官将作监丞、升州通判。历官都官郎中、翰林学士、左谏议大夫、参知政事，以中书侍郎兼户部尚书、平章事、监修国史，先后相太宗、真宗两朝，封许国公。他有七个儿子：吕从简、惟简、承简、行简、务简、居简、知简。

　　吕蒙正的声名在朝野间长盛不衰，有颇多传奇故事。史载宋朝已有吕蒙正拒收能照二百里的镜子的美谈，吕蒙正婉拒送礼之人，说："我的脸也只有盘子一般大，要能照二百里的镜子干什么？"元、明时期，有更多的戏曲演绎。元代有关汉卿作《吕蒙正风雪破窑记》、王实甫作《吕蒙正风雪破窑记》、马致远作《吕蒙正风雪斋后钟》，明代有传奇《彩楼记》等，皆述吕蒙正青少年时期苦难奋斗的经历。虽出身官宦之家，父亲吕龟图以起居郎为泗州知州，但吕蒙正少年生活着实困顿穷乏。《东都事略》《宋史》等称吕龟图有多房妻妾，因与妻子刘氏不和睦，便将刘氏和她的儿子吕蒙正一起逐出家门。不难理解，为何吕蒙正三十三岁方得折桂。在朝中，吕蒙正则以举荐门客富言的儿子富弼及侄儿吕夷简双双为名相事，被称赞有识别人才的眼光。吕蒙正任两朝宰相，宋真宗欲有所奖偿，曾到吕蒙正府上亲口询问吕蒙正，希望吕蒙正推荐重用他的儿子。吕蒙正却说："诸子皆不足用，有侄夷简，任颍州推官，宰相才也。"吕蒙正举荐吕夷简可能是出于对堂弟吕蒙亨的歉意。吕蒙亨因为堂兄吕蒙正在朝为执政官，其一生不得做大官。有记载称：皇上在崇政殿，复试礼部考上的举人，其中包括宰相李昉的儿子李宗谔、参知政事吕蒙正的堂弟吕蒙亨、盐铁使王明的儿子王扶、度支使许仲宣的儿子许待问等。皇帝说：这些都是有权有势人家的子弟，就算他们真是凭本事考上，别人也会说我做皇帝的有私心。所以，后来这几个人都没中进士。吕蒙正举荐吕夷简，此后，吕夷简逐渐得到皇帝器重，最终官至宰相。这应该是《东莱公家传》专写吕蒙正的原因。

　　吕夷简（979—1044），字坦夫，咸平年间（998—1003）进士及第，补绛州军事推官，此后屡任地方。天圣六年（1028）拜相，因郭后事被罢，随即复相。又因与王曾纷争罢相。康定元年（1040）三度入相，奉许国公。吕夷简（979—1044）的做官进一步带动了吕氏几代人仕途的兴旺不衰，家族子弟几乎世世代代都有人在朝为官。吕夷简有四个儿子：吕公绰、公弼、公孺、公著。吕公绰官至右司郎中，死后赠左谏议大夫；吕公弼官至都转运使，加龙图阁直学士，知瀛州等；吕公孺知泽、颍、庐、常四州，提点福建、河北路刑狱，为开封府推官、陕西转运使、户部尚书，死后赠右光禄大夫；吕公著与司马光同为哲宗皇帝的老师，一同在朝为宰相。

吕公著（1018—1089）有子吕希哲（范祖禹是其妹婿）、吕希纯。吕希哲以荫入仕，官至崇政殿说书、右司谏，徽宗初年召为秘书少监改光禄少卿等；吕希纯科举及第，为太常博士，升迁著作郎，以官职与父亲吕公著同有一个"著"字，不接受任命，又提拔为起居舍人，权太常少卿，拜中书舍人同修国史等。吕希哲生吕好问。

吕好问（1064—1131）官至尚书右丞。当时金人攻进开封，俘虏了徽宗与钦宗，扶植张邦昌。吕好问一方面与金人傀儡张邦昌周旋，一方面派人秘密寻找到当时为大元帅的赵构，最终帮助赵构登基，是为宋高宗。宋高宗因此十分感谢吕好问，感激地说，赵家能保全都是吕好问的功劳。宋人王明清为吕氏的兴盛大发感慨：吕蒙正是太宗的宰相，吕夷简是真宗的参知政事又是仁宗的宰相，吕公弼是英宗的副枢密使、神宗的枢密使，吕公著为哲宗的宰相，吕好问为太上皇的右丞，吕氏前后相继执七朝政，真是盛事啊！赵宋一朝出过执政宰相的家族中，吕家最盛。这对吕祖谦日后的学术发展产生了很大的影响。

首先，吕氏是一个注重历史文献的学术家族。吕氏几世宰辅人物皆是进士得第而为官，如吕蒙正、吕夷简、吕公著，科考奠定了他们的学术基础与学术理想，且他们得第为官后都曾为国史院官员。吕祖谦《东莱公家传》称"自（正）献公而上，勋德行治皆在太史氏"。吕蒙正拜中书侍郎兼户部尚书、平章事，监修国史，吕夷简以尚书礼部侍郎修国史、昭文馆大学士监修国史、司徒监修国史，有集二十卷。其他吕氏为官者也大多做过馆阁职位：如吕公绰为尚书工部员外郎，为史馆修撰；吕公弼赐进士出身，积迁直史馆；吕本中赐进士出身，官至中书舍人兼侍讲等。同时，吕氏家族为官者也与史学界的学者官员来往密切。吕公著与司马光、欧阳修皆有一段难忘的交往。欧阳修出使契丹，契丹人问欧阳修：中原品行好、有学问的人有哪些？欧阳修第一个说到的就是吕公著。司马光临死前也将国事托付于吕公著，司马光说："我把身体托付给医生，把家事托付给自己的儿子，至于国家大事只能托付给你。"这是吕祖谦重视史学的家族基因所在。

其次，吕氏家族又颇有传统儒学的坚持，以传中原文献著称。吕公著是《宋元学案》载吕氏讲儒学的第一人。吕公著自少年讲学即以治心养性为本，劝哲宗治国要以学为先，说："人君初即位，当正始以示天下，修德以安百姓。修德之要，莫先于学。学有缉熙于光明，则日新以底至治者，学之力也。"因此，吕公著为官多与儒家学者往来，且对他们予以不遗余力的提携。熙宁（1068—1077）初年，亲自提拔周敦颐为广东转运判官提点刑狱，举荐程颢为太子中允、监察御史里行，举荐程颐为西京国子监教授。很快程颐又被召为秘书省校书郎，提升崇政殿说书。又与富弼、司马光一起为邵雍在洛阳置买园宅，人称"安乐窝"。吕公著的后人如吕希哲，也便因此多从程颐等人为学。吕公著与学界广泛交流，博采诸家之长，逐渐造就一家之学——吕学，为吕氏家学的繁荣及吕祖谦的学术成长奠定了基础。吕氏家学的繁荣景象，清人全祖望补修《宋元学案》称："吕正献公家登《学案》者七世十七人。"真乃空前绝后。王梓材对十七人作了考定，有吕公著、吕希哲、吕希纯、吕切问、吕和问、吕广问、吕稽中、吕坚中、吕弸中、吕本中、吕大器、吕大伦、吕大猷、吕大同、吕祖谦、吕祖俭、吕祖泰。涉及《范吕诸儒学案》《荥阳学案》《紫微学案》《东莱学案》《丽泽诸儒学案》等。《东莱学案》案主吕祖谦，学术造诣达到了吕学发展的顶峰。

学术兴家与仕途兴家相辅相成，吕氏家族仕途的持续发达，为吕祖谦的学术发展积累了学脉，也积累了人脉。吕祖谦的学术取向与成就是与人脉有直接关系的。比如，吕祖谦后日师从的林之奇、汪应辰，皆为伯祖吕本中的门生。吕祖谦两度成了韩元吉的女婿，他的第三任妻子芮氏为芮烨的女儿，这些都与吕祖谦的显赫家世脱不开关系。他们都是吕祖谦学术道路上的奠基者与有力支持者。

吕祖谦家族的仕途兴衰，甚至影响到朱熹的学术发展。朱熹一生的著述多涉及当代的学术成果，如在编著《渊源录》时，吕祖谦凭借丰富的人脉资源，为朱熹前期的文献搜集工作提供了重要帮助。乾道八年（1172）五月，吕祖谦为朱熹做《二程外书》《渊源录》搜集资料已"得数十条"。乾道九年五月，朱熹为作《渊源录》，又写信请吕祖谦告诉薛季宣（朱熹不认识薛季宣），请吕祖谦帮助搜访永嘉学者的事迹（郑景望特别敬重吕公著）。乾道九年十二月，朱熹为此特别邀请吕祖谦为《渊源录》作序。

总而言之，家族的持续兴旺，为吕祖谦的学术进步奠定了非常好的基础，提供了难得的多方面便利。追根溯源，吕蒙正为吕氏的后续发展选对了接班人，功不可没。

二、家学与师承

吕氏的世家传承为吕祖谦学术提供了发展的可能性，但真正促使吕祖谦学术形成与进步的，是其身置其间的优良的家教与师教环境。

吕祖谦本身天资聪慧，他的弟弟吕祖俭称赞吕祖谦"问学术业本于天资"。陆游在会稽拜见老师曾几，看到当时六岁的吕祖谦，夸赞其"卓然颖异"。不过，后天的学术环境，无论如何对吕祖谦的成长起到了主导作用，包括吕氏家学的浸润、外祖曾氏家学的浸润、老师硕儒的教导、朋友及同僚的切磋琢磨等。我们先从吕氏家学说起。

重视学术是吕氏家族的传统。宋高宗绍兴十五年（1145），吕祖谦二叔父吕大伦（时叙）任武义县丞，便同大哥吕大器（治先）和弟弟吕大猷（允升）、吕大同（逢吉）用官府建筑废料，在县府官厅西侧建起了讲堂，起名"豹隐堂"。在闲暇的时候，兄弟四人便召集学者、子弟们在这个地方讲习道义，在当时有很大的影响。县里的人不知道讲堂为什么要取名"豹隐堂"，于是吕大伦请吕本中门人汪应辰作《豹隐堂记》，指出这是《易经》中"君子豹变"的意思。这时吕祖谦九岁，按今天的标准已是小学三年级学生了。豹隐堂事应对吕祖谦产生了影响。吕祖谦及第后，首先在金华建起了丽泽堂，讲学布道。丽泽堂成为当时同道学者讲论的重要场所，也成为当时浙江、江西、江苏、湖南、福建等省学子向往的学堂。

　　吕祖谦受到的家学影响更多地来自几位老师的传授。吕祖谦一生追随多位老师，其中两位最重要：一为三山（今福州）林之奇，一为三衢（今衢州）汪应辰。

　　林之奇（1112—1176），字少颖，号拙斋，福建侯官人，学者称"三山先生"，绍兴年间（1131—1162）赵逵榜进士。林之奇生性勤学，读书多且悟性强，其好友张孝祥在《赠江清卿》中说林之奇读书勤奋且有见识："吾友林少颖，读书不计屋。抄书手生茧，照书眼如烛。往时群玉府，上直对床宿。夜半闻吾伊，我睡已再熟。此君抱高节，雪柏映霜竹。"①

　　林之奇是吕祖谦伯祖（爷爷的哥哥）吕本中的得意门生。吕祖谦《祭林宗丞文》描述了吕本中高兴地纳林之奇入门下事，说吕本中带着自己的学问到了福州，遇到了林之奇，于是将自己的学问全部传授给了林之奇。吕本中有《送林之奇少颖秀才往行朝》一诗，称赞林之奇的人品与文章："我为福堂游，破屋占城市。城中几万户，所识一林子。翁然众木中，见此真杞梓。未为栋梁具，且映风日美。子之于为

---

① 〔宋〕张孝祥：《于湖集》卷三，影印文渊阁四库全书本，上海古籍出版社1987年版。

学，其志盖未已。上欲穷经书，下考百代美。发而为文词，一一当俊伟。"①《别林氏兄弟》又说："二年住闽岭，所阅足青紫。那知万众中，得此数君子。相从不我厌，但觉岁月驶。高论脱时俗，如风濯烦暑。出处虽未同，气味固相似。人生有离合，所畏为物使。要当啜英华，不必计渣滓。他年肯相寻，在彼不在此。"②吕本中与林之奇师徒相知，林之奇一生受吕本中影响最深，所著《拙斋集》二十二卷，其中有两卷记载吕本中的言论。

吕本中是宋代著名的理学家、文学家。林之奇在追随吕本中的过程中，受到了吕本中理学思想的影响，成为一位很有影响力的学者，在当时即以《尚书》研究著称。朱熹为门人讲《尚书》学，便时常称引林之奇的论点。门人问朱熹"然而无有乎尔，则亦无有乎尔"是什么意思，朱熹回答说这个问题只有林之奇说得好。③金代文人王若虚以为，宋人中，林之奇解释《尚书》解释得最好，有新意，容易懂，又不钻牛角尖，评价林之奇是古今以来解读《尚书》第一人。林之奇的著作很多，有《拙斋集》二十二卷、《尚书集解》五十八卷、《春秋讲义》十卷、《周礼讲义》四十九卷、《论语讲义》十二卷、《论语注》一卷、《孟子讲义》七卷、《杨子解义》二卷、《观澜文集》六十三卷。

绍兴二十五年（1155），吕大器为福建提刑司干官，吕祖谦随父来到福州。大概在这个时候，十八九岁的吕祖谦拜林之奇为老师。

林之奇对吕祖谦的才华非常欣赏。吕祖谦自己也说，因为伯祖吕本中的缘故，老师林之奇对他寄予厚望，特别照顾，是别人没办法比的。吕祖谦著《书说》、注《观澜文集》，都与林之奇有直接的关系。林之奇也每每对吕祖谦取得的成绩击节叹赏。

在众老师中，汪应辰对吕祖谦的影响最久也最深。

汪应辰（1119—1176），初名洋，字圣锡，信州（今上饶）玉山

---

① 〔宋〕吕本中：《东莱诗集》卷十四，影印文渊阁四库全书本，台湾商务印书馆1986年版。
② 〔宋〕吕本中：《东莱诗集》卷十五，影印文渊阁四库全书本，台湾商务印书馆1986年版。
③ 〔宋〕黎靖德编：《朱子语类》卷六十一，王星贤等点校，中华书局1994年版，第1478页。

人，绍兴五年（1135）进士第一，高宗特赐名应辰。十八岁即入仕途，官至吏部尚书兼翰林学士并侍读，因得罪权贵，以端明殿学士出知平江府。汪应辰一生刚直不阿，兴利除弊。汪应辰不喜欢作诗文，认为人不应该在这些无用的事情上花废精力，但其实他不做则已，凡作便是好文章，人们称赞汪应辰的诗文温雅典实。汪应辰居住在衢州超化寺。衢州与婺州（今金华）相邻，往来便利，所以吕祖谦跟随汪应辰学习的时间最长，与他的关系也最好。

汪应辰与吕氏家族交游渊源甚深。早在绍兴七年（1137），汪应辰拜吕本中为师，学习理学，也因此与吕本中晚辈如吕大器弟兄交流甚密，从汪应辰应吕大伦约作《豹隐堂记》可见交往之一斑。这也就是吕祖谦说自己与汪应辰"论交从父祖，受教自儿童"的来源。绍兴三十年（1160），吕祖谦赴临安考试，得上等第二名，年二十四岁，正式追随汪应辰求学，成为汪应辰的门徒。此后朝暮来往，书信交流频繁。吕祖谦《端明汪公挽章》二首描述了其与汪应辰的密切关系："四海膺门峻，亲承二纪中。……山岳千寻上，江河万折东。微言藏肺腑，欲吐与谁同。"韩元吉的儿子韩淲认为，吕祖谦从汪应辰那里学到的最多，《涧泉日记》卷中载："汪圣锡内翰曾接吕舍人讲论，最为平正，有任重之意。伯恭得于汪为多。"

吕祖谦外祖父曾几一家对吕祖谦的影响同样深远。曾几（1084—1166），字吉甫，先世为赣州人，后迁徙至河南府。曾几幼年就被认为很有见识，入太学读书，成绩优异。参加吏部考试时，考官对其才能深感倾佩，特选拔为优等，曾几获赐上舍出身，被提拔为国子正兼钦慈皇后宅教授。此后，又被任命为博士，担任校书郎。绍兴八年（1138），因兄长曾开坚决反对与金人和议，触怒秦桧，与兄长一同被罢官。自绍兴十九年始，居上饶茶山寺七年。秦桧死后恢复旧职，为浙西提刑。官至敷文阁大学士，以通奉大夫致仕。曾从胡安国学习，与吕本中经常一起讨论学问，倡导二程学术。贯通六经，尤长于《易》《论语》。著有《经说》二十卷。治经之余，多从事诗文写作，尊杜甫、黄庭坚。与吕本中、陈与义、韩驹等均为南渡后诗坛的中坚人物。《宋史》有传。

吕祖谦不仅出生在曾几官邸，而且曾长期与曾几共同生活，特别是在他的青少年时期。陆游还在曾几府上见过健康成长的吕祖谦，夸赞他"卓然颖异"。曾几出任浙西提刑官后，长期定居山阴（今绍兴）。吕祖谦长大后也经常赴会稽看望外祖父。会稽给吕祖谦留下了美好的印象。十七岁时，吕祖谦在会稽居住生活期间创作了《赋真觉僧房芦》一诗，描写鉴湖之美。淳熙元年（1174）八月，吕祖谦又与自己的门生潘景宪一起赴会稽游览，与两位舅舅、表兄弟及当地学人一起参观大禹遗迹，探寻王羲之的古迹，切磋多日。吕祖谦的学识颇受曾几家学影响，这从吕祖谦《代仓部祭曾文清公文》对曾几的高度评价可见。吕祖谦认为曾几身清命厚，有唐人郭子仪的厚福，又不似郭子仪骄满；有白居易的潇洒，却子孙满堂，不像白居易老来无子那样凄惨。曾几有子侄之辈多人，长子曾逢（原伯）、次子曾逮（仲躬）、季子曾迅（叔迟）。曾逢仕至司农卿，曾逮亦终敷文阁待制。曾迅可能早卒，一般仅言曾几有二子曾逢与曾逮，未言及曾迅。吕祖谦与舅父们同朝为官，多有交流，时常得到二位舅舅的帮助。

总起来看，吕祖谦生活在文化氛围浓厚的环境下，且家学、师学都是儒学正统，这为其学术发展铺就了一条康庄大道。

前文说到吕祖谦"问学术业本于天资"，陆游也夸赞他的"卓然颖异"，这是做学问的基本潜能所在，是先天的，而以上所说家教与师教则属于后天，它们在更大程度上影响了吕祖谦的性格及学术取向。朱熹曾描述过吕祖谦的性格转变及其原因。他提到，吕祖谦年少时性格急躁，因病中读《论语》，对于"躬自厚而薄责于人"的道理有所反思，遂终身无暴怒，这便是家教中传统学术教育的一个成效。

而"躬自厚薄责于人"，也就是要多做自我检讨的教条，自此成为吕祖谦性格塑造的基本指向，亦是儒家一贯的经学主张。吕祖谦曾教导门人，强调凡有矛盾发生，应该多检讨自己，不要一味地强调"客观"或责怪他人。如《与乔德瞻》说："行有不得者，反求诸己而已，不敢他咎也。"如此宽以待人的性格，使得吕祖谦愿意且能够广泛地结交师友，而他人也因此乐于与他交往。这就进一步将个人性格拓展成为一种学术品格，全祖望将其总结为："小东莱之学，平心易气，不欲逞口舌以与诸公角，大约在陶铸同类以渐化其偏，宰相之量也。"如此品格，一方面使得吕祖谦的学术得以全面的发展，另一方面也使得他的主张有机会为他人认识，为其顺利开展各种学术交流并取得独立的学术地位奠定了基础。

三、丽泽堂兴教

吕祖谦一生继承家学，首以兴教为务。

吕氏家族历来注重办学，且很有成就，培养出了十数位学者与优秀的官员。吕蒙正时，家有书院，北宋名相富弼便是在他父亲富言的请求下，于十岁左右进入吕氏家塾开始学习。吕公著在颍州当通判时，遇到了欧阳修的门客焦千之，他对焦的学识非常敬重，果断聘请他为家庭塾师，让他教育吕希哲等子弟，并将他从颍州带到汴京。焦千之对待学生非常严厉。对于那些有违学规的学生，焦千之终日板着面孔，对他不予理睬。吕希哲弟兄对焦千之怀有深厚的感情，特意为焦千之在颍州城南建造了一座住宅，以报师恩，人称"焦馆"。至吕祖谦父辈，吕大器弟兄四人在武义建豹隐堂讲学。应该说，这是吕氏有意将家学扩展到公共学堂的一种尝试。吕祖谦受其影响，连中两科后，经过筹措，便在婺州曹家巷建起了真正的公共教育学校，称"丽泽堂"（后名"丽泽书院"），名取自《易经》兑卦，意为"君子以朋友讲习"。吕祖谦《左氏传续说》卷十载："君子以朋友讲习……讲习，则是德义之事，故尽说则尽不妨。"丽泽书院与白鹿洞书院、岳麓书院、象山书院一起，成为南宋著名的四大书院。其实，丽泽堂应该是当时最具影响力的。丽泽堂办学目的明确，有自己的教学理念与规则。书院以

"讲求经旨，明理躬行"为本。教学采用个别钻研，相互问答与集众讲解相结合的方法，研讨之风甚浓。丽泽堂订立了一系列的学校规则，以约束学生的学习及日常行为，如生徒交往、庆吊贺礼之类，规定得非常详细，有《乾道四年学规》《乾道五年规约》《乾道五年十月门生守则》《乾道六年禁约六条》《乾道六年学规七事》《乾道九年直日问吊程序须知》等。此外，学校有自己的教材，除去经书如《论语》《尚书》《易经》《诗经》《春秋》等大众用的传统教材之外，还编有自己的教材，如《左氏传说》《左传类编》《历代制度详说》《十七史详节》《诗律武库》《东莱集诗》《古文关键》《东莱博议》《读诗记》《书说》等。学生也非常喜欢这些教材，将这些教材抄写后带到全国各地。吕祖谦为丽泽堂的学生编教材可以说是废寝忘食。据说他新婚期间一个月未曾见人，外人纷纷议论其色荒，没想到一个月后吕祖谦竟然拿出了一部二十五卷的《东莱博议》。当然，《东莱博议》之成并不在吕祖谦新婚期间，说吕祖谦色荒仅是一种戏谑。这部书在今天也依然是很有价值的著作。

丽泽堂规范的教学方式，再加上吕祖谦曾于隆兴年间（1163—1164）登进士、中博学宏词科，连摘两冠，名动天下，以及三朝宰相的家世荣光与他本人的人格修养所产生的巨大感召力，使得吕祖谦的教育活动取得了极大的成功。四方学子慕名而至，有些家庭为了在丽泽堂读书，甚至阖家迁徙至婺州，如孟母三迁，也如今日选学区房一样。吕祖谦撰《潘朝散墓志铭》有载，潘朝散家原在松阳，距婺州数百里远，但执意遣送他的儿子潘景夔、潘景尹到婺州从吕祖谦学习，且为了孩子学习方便，移居到婺州城中。吕祖谦在世时，四方学子纷纷奔赴婺州求学，从教人数常以"千"字计算。叶适称"岁常数百千人"，时少章称"诸生是时四方来学者，常千余人"，楼镛称"四方从游之士以千计"，可见千字非虚。吕祖谦也说过今日学者三百多人。确实，当时学者至丽泽堂问学成风，金华附近如武义、义乌、温州、绍兴、湖州、兰溪等地的世家大族多是举家从学，如时氏、潘氏、戚氏、巩氏、王氏、汪氏、何氏、卢氏、郭氏、楼氏等。而且全国各地的不少学者也都因慕吕祖谦名而纷纷归于门下，福建、河南、湖南、湖北、江西等地都有。如河南赵焯（景昭）、赵烨（景明）兄弟二人，长沙谢光中，零陵唐复，鄱阳王安，无锡沈有开，金溪刘淳叟，上饶王时敏，浦江石范，连江林薈，兴国吴必大，福清林颖，侯官陈孔硕，邵武黄焕黄谦等。即便是十分反对科举教育的朱熹，也多次将其子朱塾送金华，拜吕祖谦门下。现在可以统计姓氏的吕祖谦门生依然有219人。

这种盛况在其他学者门下从未出现过，当代美国学者田浩（Hoyt Cleveland Tillman）把1180年朱熹与吕祖谦所收门人进行对比，说朱熹15年间也只招收49名学生。吕祖谦门人数量多，是事实，而门人数量多又促成一种极其浓郁的求学氛围。吕祖谦的门下从个人影响到家庭，影响到社会，影响到南宋当世，更影响到后代。

从吕祖谦学习的人，日后或成学术名家，或为政治精英，甚至位极人臣，登高可呼。这些人遍及四方，化育一地，都直接行施、传播、扩大了吕祖谦的学术思想。如葛洪于昌国县令任上施政，楼镛评价说，吕祖谦门人不管是做官的还是不做官的，从他们治国及待人接物方面的表现，一看就知道是吕祖谦的学生。吕祖谦的教学内容与方法也很有影响。陈傅良《何君墓志铭》说到邵康教导何松的儿子何造、何适、何遇、何述，用的都是吕祖谦的教材。

从个人影响看，吕祖谦的学生多有成就，如葛洪、乔行简、吕祖俭、叶适、陈傅良、楼昉等，皆是自成一家之人。

从家庭影响看，南宋包括元代的著名学者，多有从学吕祖谦的家庭背景，如时少章（天彝）父亲时澜为吕祖谦门人，王柏（会之）父亲王瀚为吕祖谦门人，汪开之（元思）祖父汪大度（时法）为吕祖谦门人，王应麟伯祖王介（元石）为吕祖谦门人等。

从社会影响看，叶适《宝婺观记》说过做吕祖谦门生，不同人有不同收获，在吕祖谦的教导下，心地狭隘的人会变得心胸宽广，心理阴暗的人会变得豁然开朗，经吕祖谦学问的熏陶"德成性安，而动乐静寿之功验矣"。明人宋濂《贞则堂记》说得更明白，说金华是吕祖谦讲道的地方，因此人人读诗书，讲礼义，懂孝悌，风俗淳美，小孩老人、男子女子无不如此。又有《题蒋伯康小传后》说：东阳作为金华的属县，风气更加优异，如李茂钦、葛容甫、乔世用、赵周锡等几位官员都是吕祖谦的优秀学生，有的以忠义为世人敬重，有的以政事得到爱戴，有的以文名传播当世。这些都说明了吕祖谦教育的潜移默化之力。

从对后代的影响看，宋后吕祖谦的续传成为学术发展的主流，元代的金华四先生，明代的刘基、宋濂、王袆皆出自金华或附近县区。特别是明初的宋濂与王袆，高擎吕学的大旗。宋濂决心发扬光大吕祖谦学术，以嫘人（美人）喻吕祖谦，作《思嫘人辞》说：我家乡的吕成公（吕祖谦）是中原文献的正传，虽已去世一百多年，如果一个人要学习儒家的学问，仍必须从吕祖谦开始，这是大家都要意识到的问题。吕祖谦虽已逝，但他的著作还在，就让我们一起学习吧。同乡王袆听说宋濂提倡发扬吕祖谦学术，积极响应，作《思嫘人辞后记》说："袆与景濂居同郡，学同师，而窃亦有志斯事。故景濂此辞既成。即书以见贻。呜呼！前修远矣，坠绪茫茫，悬千钧于一发，使之既绝而复续，不在我后人之自力乎。"明末清初的黄宗羲及以后的全祖望、胡宗懋等发挥吕祖谦的影响，则为大家有目共睹。可以说，是吕祖谦的教育努力造就了浙东学术的发展与繁荣。

四、婺州聚群英

吕祖谦为网罗、培育儒学人才，兴办科举教育，因此在学界声名鹊起。众多学者纷纷至婺州拜访问道，婺州一时被誉为"小邹鲁"。

婺州地处浙江中部，是南宋时期许多地方通往国家政治中心都城临安的一个交通必经之地，从永嘉、永康到临安，从福建各地到临安，从两广、湖南、湖北到临安，从江西各地到临安，通常都要经过婺州。婺州这个交通枢纽，一时间也成了学术交流枢纽，成为天下学者的向往之地，主要就在于那里有吕祖谦。

南宋乾道、淳熙年间（1165—1189），福建建宁有晦庵朱熹，湖南长沙有南轩张栻，浙江婺州有东莱吕祖谦。吕祖谦以儒学为宗，与朱熹、张栻鼎立齐名（辛弃疾语），为"东南三贤"之一，是中国学术发展史，特别是浙东学术发展史上声名显赫的一个学术大家，拓展了浙学的基础，影响了浙学的发展方向。但单从当时在学界实际发挥的影响看，吕祖谦于三人中应该影响最大。金溪、永嘉、永康学者较之皆为后学。朱熹因偏处建宁，与学界交流不便，其学说思想广为传播也主要在后世。二陆、薛季宣、陈亮等前沿学者，皆是先结识吕祖谦。朱熹闻诸多人名而未能识其面，借吕祖谦才与这些人有了交往。张栻自乾道七年（1171）弹劾张说被赶出朝廷，到袁州（今长沙）、静江做官，直至淳熙七年（1180）年去世，多年远离文化核心区，人亦不得识其面。同在这一段时间内，只有吕祖谦活跃于庙堂与各地士人之间，教于严州州学、临安国子学，为考试院省试考官、殿试考官，为著作郎兼国史院编修官、权礼部郎官等，上达朝廷，下系士庶，既为官员，亦为学者，特别是与年轻学子联系紧密，与众人前途颇多关涉。又兼值年富力强，且善学亦善教，既有善与人交之禀赋，也有地利之便捷，天下学者遂乐于交，乐于理论。一时婺州形成了独特浓郁的学术气候，人有"小邹鲁"之仰慕，《祠堂奉安诸生祭文》言："先生讲道双溪，涵泳洙泗，沂沿洛伊，多士诚服，群贤就正。师道益尊，文教日振。"晚出的学术领袖，无不至婺州问道，于是吕祖谦才有了识拔金溪二陆，诱掖永康陈亮，亲炙永嘉诸贤之业绩。

（一）识拔金溪二陆

金溪二陆，指陆九龄、陆九渊兄弟。

陆九渊（1139—1193），字子静，号象山翁，世称象山先生。陆九渊乾道七年（1171）冬赴临安考试，特意至临安官邸拜访吕祖谦，这是二人的首次见面。乾道八年初，吕祖谦为省试考官，为避嫌疑，故二人未得深入往来、畅论学术。陆九渊描述了二人的第一次相见，说"辛卯之冬，行都幸会。仅一往复，揖让而退"（《祭吕伯恭文》）。在这次简短的会晤中，吕祖谦给陆九渊留下了很好的印象。神奇的是，在考后阅卷时，吕祖谦在糊名誊抄过的试卷中，发现了一篇论《易》的文章，文云："狎海上之鸥，游吕梁之水，可以谓之无心，不可以谓之道心。以是而洗心退藏，吾见其过焉而溺矣。济溱洧之车，移河东之粟，可以谓之仁术，不可以谓之仁道。以是而同乎民交乎物，吾见其浅焉而胶矣。"吕祖谦阅卷击节，对这篇文章非常赞赏，同时一眼便认定该文出于陆九渊手，于是嘱咐尤袤说："此卷超绝有学问者，必是江西陆子静之文，此人断不可失也。"这不是传说。对此相知，陆九渊心存感激，认为得到了欣赏，颇有感叹地说："前作见之，靡不异待……公素与我，不交一字。糊名誊书，几千万纸。一见吾文，知非他士。公之藻镜，斯已奇矣。"在古代，凡科举考试中参与阅卷者对于考生而言都是老师，被称为"座师"。根据这一点，陆九渊于吕祖谦实有了师徒的情分（陆九渊从未批评吕祖谦）。因此，淳熙元年（1174）陆九渊再至金华问道，恰逢吕祖谦至三衢拜访汪应辰，陆九渊便一直等到吕祖谦返回金华，畅论七八日后陆九渊方告别离去。前后陆九渊在金华逗留半月之久。告别时吕祖谦还特意写信，将陆九渊荐举给自己的老师汪应辰，希望汪应辰关照陆九渊，说："陆君相聚五六日，淳笃劲直，辈流中少见其比，恐不可不收拾，惟开怀成就之为望。"隔年，吕祖谦又邀陆九渊与其兄陆九龄一道至信州（今上饶）鹅湖寺与朱熹探讨义理与读书问题，会上陆九渊与朱熹才得相识，并成为直接切磋学问的道友。吕祖谦为陆九渊的学术发展拓宽了道路，促其成长为一代学宗、心学派的代表人物。

陆九龄（1132—1180），字子寿，是陆九渊的兄长，登乾道五年（1169）进士第，为迪功郎桂阳军军学教授，因为母亲年老不愿为做官而远离家乡，又改调兴国军军学教授。十多年间广揽博咨，深观默养，为吏部侍郎许忻欣赏。陆九龄与胞弟陆九渊自为师友，勇于求道，乐于为人答疑解惑。各地学者踵门请教，络绎不绝，往往疑难塞胸而来，涣然冰释而去。因推崇吕祖谦学术，梦寐相见，曾经四次访问吕祖谦。初访在乾道九年八月，随刘清之同来，与吕祖谦相聚多日，深入切磋讨论学问。吕祖谦对陆九龄的学问提出了批评意见。吕祖谦在给朱熹的书信中谈到了讨论过程与内容，说："抚州士人陆九龄子寿，笃实孝友，兄弟皆有立，旧所学稍偏，近过此相聚累日，亦甚有问道四方之意。"（《东莱吕太史别集》卷八《与朱侍讲》二）两个月后，即乾道九年十月，陆九龄再次到婺州。淳熙六年（1179）十月，陆九龄第三次到婺州。而陆九龄到婺州论学最深入的一次是在淳熙七年三月十七日，二人讨论近一个月的时间，陆九龄受吕祖谦影响很大，观点渐为契合。吕祖谦这样向朱熹描述："陆子寿前日经过，留此二十余日，幡然以鹅湖所见为非，甚欲著实看书讲论，心平气下，相识中甚难得也。"（《东莱吕太史别集》卷八《与朱侍讲》）看来陆九龄确实在讨论中受到了不小影响。淳熙七年九月末，陆九龄去世，陆九渊特别邀请吕祖谦为陆九龄作墓志铭，并评价了吕祖谦与陆九龄的关系："先兄复斋，比一二岁。两获从款，言符心契。冉疾颜夭，古有是比。呜呼天乎，胡啬于是。复斋之葬，不可无纪。幽镌之重，岂敢它诿。道同志合，惟公不二。"吕祖谦称赞陆九龄志向的远大与毅力的坚强："其所志者大，所据者实，有肯綮阻之，虽积九仞之功不敢遂；有毫厘之偏，虽立万夫之表不敢安。公听并观，却立四顾，弗造于至平至粹之地弗措也。"

（二）诱导、提携永康陈亮

陈亮（1143—1194），字同甫，原名汝能，因上孝宗皇帝书，更名同，人称龙川先生，永康人，有《龙川集》传世，以创立和发展永康学派而知名。陈亮一生甚为坎坷，自从母亲十四岁生下他，家中事故不断，读书不得第，上书孝宗陈述政见又屡屡受挫，因此，积累了一肚子不合时宜而无处倾诉，唯有面对吕祖谦可以倾倒无遗，陈亮称吕祖谦是唯一的知音。

  陈亮与吕祖谦本为亲戚关系，其祭吕祖谦文自称"从表弟"，因此与吕祖谦往来频繁，二人关系在师友之间。陈亮最为赞同吕祖谦学问，他在《跋朱晦庵送写照郭秀才序后》中，夸赞吕祖谦的义理学问"精深纤余"，其论述精细入微，得到世人推崇，即便是年长的学术前辈，也无不佩服。①《与张定叟（杓）侍郎》说，吕祖谦在乾道年间（1165—1173）与朱熹、张栻三人"鼎立为一世学者宗师"②。南宋岳珂《桯史》卷二十记载："吕东莱祖谦居于婺，以讲学昌诸儒，四方翕然归之。陈同甫盖同郡，负才颉颃，亦游其门，以兄事之。"陈亮说自己虽然与吕祖谦年龄只相差五六岁，但学术成就差距很大："数年之间，地有肥硗，雨露之养，人事之不齐，伯恭遂以道德为一世师表；而亮陆沉残破，行不足以自见于乡间，文不足以自奋于场屋，一旦遂坐于百尺楼下。"③陈亮与吕祖谦经常通过书信探讨学问，据陈亮自述，他与吕祖谦虽无师生之名却有师生之实，视自己为吕祖谦后学。吕祖谦对陈亮学术也非常认同，称赞陈亮文章"断句抑扬有余味，盖得太史公（司马迁）笔法"，说陈亮学问"横飞直上，凌厉千载之表，真可谓大矣"④。陈亮在事业、品格修养、学问等方面受到吕祖谦非常明显的影响。

  在事业方面，吕祖谦支持陈亮。陈亮因为贫穷难以度日，因此决定立保社收徒讲学。吕祖谦听说后，马上去信予以鼓励与指导，鼓励其在学生中发现人才，说："后生可畏，就其中收拾得一二人，殊非小补。要须师之以正，开之以渐，先惇厚笃实，而后辨慧敏锐，则岁晏

---

①〔宋〕陈亮：《陈亮集》卷十六，中华书局1974年版，第202页。

②〔宋〕陈亮：《陈亮集》卷二十一，中华书局1974年版，第322页。

③〔宋〕陈亮：《陈亮集》卷二十《又甲辰秋书》，中华书局1974年版，第279页。

④〔宋〕吕祖谦：《东莱吕太史别集》卷十《与陈同甫》，黄灵庚、吴战垒主编：《吕祖谦全集》第一册，浙江古籍出版社1980年版，第481页。

刈获，必有倍收。"①

在品格修养方面，吕祖谦针对陈亮性情激烈的特点，劝勉其要多加强自我修养，"益加宽裕，从容自颐"。陈亮曾多次考举不中，上书皇帝探讨国家收复大业，欲实现自己的爱国理想，但总是不能如愿，很是愤懑。吕祖谦写信多方劝导，说你陈亮就像路边一棵很有价值、可用作建材的大树。树没被建房的工匠采用，这是工匠没有眼光，树还是照样生长，对它没有任何损害；又用水性说服陈亮应当努力改善自己的性格，说"畎浍之水，涓涓安流，初何足言，唯三峡九河，抑怒涛而为伏槽循岸，乃可贵可重耳"；进一步嘱陈亮要学颜回、韩信犯而不校，不与小人一般见识，并举例说陈子昂曾经是唐初的文坛领袖，但由于不能忍受小人的屈辱，就被四川射洪县的一个小小的县令下狱整死了。吕祖谦认为，与小人一般见识会得不偿失，这与乡里谚语说的"赤梢鲤鱼，就畜瓮里浸杀"是一个道理。

在学问方面，陈亮主张王霸并用、义利双行，实际核心是在强调王霸，这与传统儒家主张王道是有差距的。吕祖谦为了纠正陈亮过于偏重功利的倾向，劝他当本末并举，本是义，末是利。陈亮喜欢欧阳修的文章，还编有《欧阳文粹》，吕祖谦就用欧阳修的例子说服陈亮："某窃谓若实有意为学者，自应本末并举，若有体而无用，则所谓体者，必参差卤莽无疑也。特地拈出，却似有不足则夸之病，如欧阳永叔喜谈政事之比，所举边事、军法，亦聊举此数字以见其余，固知其不止此也。然此书若出于学者亦不为无益，但气象未宏裕耳。"②

陈亮非常喜欢与吕祖谦交流意见，吕祖谦也乐意劝勉诱导，对陈亮开诚布公，坦陈己见。在吕祖谦的一番番苦口婆心后，陈亮在学风与文风方面都有明显改变。查陈亮与吕祖谦讨论过的问题，它们在

---

① 〔宋〕吕祖谦：《东莱吕太史别集》卷十《与陈同甫》，黄灵庚、吴战垒主编：《吕祖谦全集》第一册，浙江古籍出版社1980年版，第471页。

② 〔宋〕吕祖谦：《东莱吕太史别集》卷十《与陈同甫》，黄灵庚、吴战垒主编：《吕祖谦全集》第一册，浙江古籍出版社1980年版，第466页。

《陈亮集》中的表述，不管是观点还是文辞都有了不同程度的变化。如现《陈亮集》卷十四有《类次文中子引》，凡吕祖谦提出过不同见解的文字，陈亮或存、或改、或删，如"荀、扬不足胜"句改为"荀、扬非其伦"，"孔、孟之皇皇，盖迫于此矣"句已经删去，存"续经之作，孔氏之志也，世胡足以知之哉"。这些删和存虽仅几个字的问题，但内涵却是极其丰富的，它反映的是陈亮学术观点在吕祖谦影响下发生的改变。

陈亮十分感激吕祖谦的教诲，把吕祖谦的帮助称为"诱之掖之"，说："伯恭晚岁与亮尤好，盖亦无不尽，箴切诲戒，书尺具存。"①《与吴益恭（儆）安抚》讲"四海相知，惟伯恭一人"。又说："亮平生不曾与人讲论，独伯恭于空闲时，喜相往复，亮亦感其相知，不知其言语之尽。伯恭既死，此事尽废。"②从二人书信的来往之多，交谈之深，可见陈亮所言不虚。吕祖谦死后，陈亮遂与朱熹发生了"王霸义利之争"。陈亮的学术被朱熹视同洪水猛兽，被斥责为"大不成学问"③。朱熹与他的门生讲："陈同父学已行到江西，浙人信向已多。家家谈王伯④，不说萧何、张良，只说王猛；不说孔孟，只说文中子，可畏！可畏！"⑤从陈亮、朱熹之争的激烈和陈亮学风的变化，可见吕祖谦对陈亮曾有足够的影响。对此，陈傅良在《何君墓志铭》中也曾有清楚的描述："初东莱吕伯恭以经学教授，天下之士靡然从之，而其所居乡诸生能自表见者为多。吾宗同甫又嗣兴之，繇是东阳学者视他郡盛矣。"

---

① 〔宋〕陈亮：《陈亮集》卷二十《又甲辰秋书》，中华书局1974年版，第279页。

② 〔宋〕陈亮：《陈亮集》卷二十《又丙午秋书》，中华书局1974年版，第294页。

③ 〔宋〕黎靖德编：《朱子语类》卷一百二十二，王星贤等点校，中华书局1994年版，第2957页。

④伯：音bà，意同"霸"。

⑤ 〔宋〕黎靖德编：《朱子语类》卷一百二十三，王星贤等点校，中华书局1994年版，第2966页。

（三）亲炙永嘉诸贤

吕祖谦与永嘉学人的渊源颇深。一般而言，学界以为永嘉学术由叶适上继郑伯熊（景望）而达二程①，把郑伯熊看作永嘉学术的先驱。实际上郑伯熊的学术明显是从吕祖谦家学而来。陈亮以为，郑景望的行事"以吕申公（吕公著）、范淳夫为法"（《郑景望杂著序》），也就是说，郑伯熊的学术修养是以吕公著为准则的。朱熹也说郑伯熊将吕公著言语作为座右铭，这更印证了陈亮的说法。朱熹文载郑伯熊在担任建宁太守期间，曾将"中国吕正献（吕公著）公四事"书写在自己的书房墙壁上以自警。又说吕公著品行高尚，可学的地方很多，郑伯熊对吕公著之学问，"理无巨细精粗"，无有不学。也就是说，郑伯熊在学达二程前，一定是要先达吕公著了。

郑伯熊与吕祖谦在乾道年间（1165—1173）同入国史院兼编修官，可能因为郑伯熊对吕氏家学的热衷，二人有着极其密切的学术关系。郑伯熊的弟弟郑伯英在祭吕祖谦文中这样说二人关系："惟我先兄克自立于一世，顾瞻四海，俦类无几……而相与之隆者，则惟曰东莱公。"②陈傅良《答丁子齐三》将郑伯熊与吕祖谦并举，有"追忆伯恭、景望二贤于丁酉聚首之时，不觉凄然"之说，也见郑伯熊与吕祖谦之交好③。永嘉学术之兴，人们上推至北宋周行己，其实周行己后周学已断，真正的永嘉之学的复兴者或者学术再建者主要是南宋的郑伯熊。叶适《温州新修学记》说："昔周恭叔首闻程、吕氏微言，始放新经、黜旧疏，挈其俦伦退而自求，视千载之已绝，俨然如醉忽醒梦方觉也，颇益衰歇。而郑景望出，明见天理，神畅气怡，笃信固守，言与行应，

①黄溍《送曹顺甫序》"盖婺之学……叶正则推郑景望、周恭叔，以达于程氏。"见〔元〕黄溍：《文献集》卷五，影印文渊阁四库全书本，上海古籍出版社1987年版，第1209-1367页。

②〔宋〕吕祖谦：《东莱吕太史文集附录》卷二《郑监庙景元》，黄灵庚、吴战垒主编：《吕祖谦全集》第一册，浙江古籍出版社1980年版，第759页。

③〔宋〕陈傅良：《止斋集》卷三十六，影印文渊阁四库全书本，上海古籍出版社1987年版，第1150—1784页。

而后知今人之心可即于古人之心矣。"①

　　永嘉学派另一个代表人物薛季宣曾经两访婺州，也认为吕祖谦是自己的老师。薛季宣的《答尤溪石宰书》这样说："某不肖嗣先人之遗业，夺于急禄，旧学委地，虽日勉加淬厉如顽顿何？若新安朱文公、张南轩、吕博士之贤皆无待而兴者。某且不敢望其涯涘，乃以诸公望之责之，共还濂溪、西洛之风何可当也。"②因此两次专程到金华向吕祖谦问学，而乾道九年（1173）春就在金华问学于吕祖谦达半月之久③。或许因此，四库馆臣的《永嘉八面锋》提要便有了"永嘉之学倡自吕祖谦，和以叶适及傅良，遂于南宋诸儒别为一派"④之说。

　　吕祖谦对永嘉学派的亲自教导主要在陈傅良与叶适。

　　陈傅良（1137—1203），字君举，号止斋，卒谥文节。陈傅良是温州瑞安县帆游乡湗村里人，幼孤，常读书达旦，为文自成一家。曾师事郑伯熊、薛季宣，虽然与吕祖谦年龄相当，但在学问上却晚成于吕祖谦，从学吕祖谦的时间也非常久。

　　陈傅良受教于吕祖谦一是在太学读书期间，二是日常访学。乾道六年（1170），吕祖谦为太学博士，乾道八年春为省试考官，与尤袤、赵汝愚等一同参与了主持礼部考试的工作。陈傅良乾道六年为太学生，乾道八年进士及第，吕祖谦的学术影响到陈傅良在此二年为多，这有史料记载。蔡幼学《（陈傅良）行状》说陈傅良乾道六年在太学认识了著作郎吕祖谦，屡次向吕祖谦请教学问，商讨问题，恨相见之晚。叶适为陈傅良作墓志铭，说陈傅良进入太学，张栻与吕祖谦如兄弟一般对待陈傅良。陈傅良也曾多次到金华问道，求古圣贤穷理尽性之要义。吕祖谦劝陈傅良摒除门户之见，做到泛观广接，多与异道相处，

　　①〔宋〕叶适：《水心集》卷十，中华书局，1961年12月，第178页。

　　②〔宋〕薛季宣：《浪语集》卷二十三，影印文渊阁四库全书本，上海古籍出版社1987年版，第1159—1367页。

　　③杜海军：《吕祖谦年谱》，中华书局2007年，第112页。

　　④〔清〕永瑢等：《四库全书总目》卷一三五，中华书局1965年版，第1148页。

即要"公平观理，而撤户牖之小"。陈傅良在《哭吕伯恭郎中舟行寄诸友》中这样描述与吕祖谦的交往："念昔会合时，心事得倾倒。倚庐鱼鼓夜，联綵鸡人晓。遐搜接混茫，细剖入幽眇。挹注隘溟渤，扶携薄穹昊。"①从诗文中"倚""挹注""扶携"等描述吕祖谦与作者学术关系的字眼可以看出，他们之间有后学与先达之分，这些字词非泛泛客套之用语。

吕祖谦对陈傅良的学术传授，有迹可循的主要在三个方面：一是为陈傅良讲授《春秋》。钱基博说："陈傅良……既而入太学，与吕祖谦交。祖谦为言《春秋左传》经世之旨，及本朝文献相承条序，博及群书，而于《春秋左氏》尤究圣人制作之本意，成《春秋后传》十二卷，则祖谦之所牖启也。"②钱基博之言寻而有据，在陈傅良和吕祖谦的著作中我们也可以发现二人学术相承的蛛丝马迹。如吕祖谦《东莱博议》论颍考叔争车不当的一段文字说到理、气的关系问题，吕祖谦认为，"理"在天下的存在形式，就如元气存在于万物中间。到了春天，元气在不同植物中发挥作用，不同植物的根、茎、枝叶、花的颜色、芬芳的气味，虽然各不相同，但其能够长出枝叶、发出芬芳的气味，都是源于元气。"理"也是这个道理，"遇亲则为孝，遇君则为忠，遇兄弟则为友，遇朋友则为义，遇宗庙则为敬，遇军旅则为肃。随一事而得一名，名虽至于千万，而理未尝不一也。气无二气，理无二理，然物得气之偏，故其理亦偏，人得气之全，故其理亦全"③。相应的，陈傅良之《八面锋》④中有《理在人心随寓而见》一文，与此段文字的表述几乎完全相同，所不同的只有《东莱博议》"理之在天下"句，而

①〔宋〕陈傅良：《止斋集》卷一，影印文渊阁四库全书本，上海古籍出版社1987年版，第1150—1505页。

②钱基博：《中国文学史》，中华书局1993年版，第645页。

③〔宋〕吕祖谦：《左氏博议》卷一《颍考叔争车》，中国书店1986年版，第27页。

④辛更儒教授文《有关永嘉先生八面锋的几个问题》认为《八面锋》系丛抄而成，非陈傅良作。

陈傅良作"理之在人心",陈较吕多了一点心学的味道,但文章句式的接近与"元气之在万物也"观点的一致,清楚显示了吕祖谦对陈傅良学术的影响。

二是为陈傅良讲授《论语》。陈傅良曾论及张九成的《论语解》。其《跋陈求仁所藏张无垢帖》说:吕祖谦曾亲口说过,他跟随张九成学习最久,得到张九成的关爱也最深。张九成死后,吕祖谦无以报答,唯有劝学生不要认为张九成的学问都在《论语解》一书中。后来看到陈求仁与张九成的往还书信,理解了"《论语解》不能代表张九成"的意思,终于认识到吕祖谦是最了解张九成的《论语解》及其学问的。

三是为陈傅良讲授当代文献。吕祖谦曾参与纂修国史及《徽宗实录》《中兴馆阁书目》,对时政人事都甚为熟悉。叶适说吕祖谦为陈傅良讲"本朝文献相承所以垂世立国者",然后陈傅良学术本末才得以大备,描述了吕祖谦教授陈傅良的内容、过程和结果,可见吕祖谦对陈傅良学术的影响之巨及两人学术的渊源关系。①

叶适(1150—1223),字正则,号水心,永嘉人,是南宋期间永嘉学派的主要代表人物,后世把他与朱、陆并称。有《水心文集》《别集》及《习学记言》传世,是永嘉学派中直接受到吕祖谦影响且成就最显著者,其在《祭吕祖谦文》中自称"门人",对吕祖谦非常推崇。

叶适曾忆及追随吕祖谦问学的美妙时光:"昔从东莱吕太史,秋夜共住明招山。正见谷中孤月出,倒影接碎长林间。凭师记此无尽意,满扫一方相并闲。"②在秋夜的明招山(吕族墓地所在地)中,万籁俱寂,一轮明月高挂,凉爽的夜风吹去了日间的烦郁,师徒二人促膝相向,议论着天地的奥妙与人世的纷扰,探讨着拯救人心惟危的途径。这里,叶适以"孤月"喻吕祖谦,高度评价了吕祖谦的学术造诣与当时的学术地位。叶、吕二人来往频繁,淳熙五年(1178)叶适进士及

---

① 〔宋〕叶适:《叶适集》卷十六《宝谟阁待制中书舍人陈公墓志铭》,中华书局1961年版,第299页。

② 〔宋〕叶适:《叶适集》卷六《月谷》,中华书局1961年版,第47页。

第，吕祖谦为殿试考官。陈亮有信与吕祖谦，实实在在地评价了吕祖谦提携叶适的作用，说"正则才气俱不在人后，非公孰能挈而成之"①。吕祖谦的书信也记载了与叶适谈起的治学要领："静多于动，践履多于发用，涵养多于讲说，读经多于读史，工夫如此，然后可久可大。"②吕祖谦去世后，叶适甚是惆怅地回忆了求教于吕祖谦的经历："某往从吕丈伯恭道欧公初为执政时，言'不思而得'，与'既得而不患失'。吕丈曰：'至论也。'某云：'只为不合有侵寻做官职之意。'吕伫思久之，曰：'此说太高。'所论竟不决而罢。"③这里其实是吕祖谦教导叶适要讲求实际的问题，人为了生存，总要做事，包括做官。为了深入领会吕学精神，叶适对吕祖谦有专门的研究，在《习学记言序目》中，皇皇四卷详论《皇朝文鉴》，多记载吕祖谦论学处，可知叶适受吕祖谦学术浸润之深透。众人以为叶适为吕祖谦门人，在吕祖谦死后，便鼓励叶适继承吕祖谦衣钵。叶适回忆此事说："吕氏既葬明招山，亮（陈亮）与潘景愈使余嗣其学。余顾从游晚，吕氏俊贤众，辞不敢当，然不幸不死，后四十年，旧人皆尽，吕氏之学未知其孰传也！并追记于此。"④叶适对吕祖谦的学问十分向往，曾有祭文描述了自己追随吕祖谦的愿望及受教的过程，认为在学术前辈吕祖谦死后，自己从此失去了学术向导，有问题再也没人给予解答了。

对于吕祖谦亲自教导的这些浙东学者，王柏《跋丽泽诸友帖》批评道：当年东莱先生吕成公讲道于金华，四方学子云合而影从，即便一些大学者，或者达官贵人也都愿意降低自己的身份地位，主动追随吕祖谦求学，愿做吕祖谦的学生。而陈傅良、叶适等人本来就是晚辈

---

①〔宋〕陈亮：《陈亮集》卷十九《与吕伯恭正字》，中华书局1974年版，第262页；杜海军：《吕祖谦年谱》，中华书局2007版，第217页。

②〔宋〕吕祖谦：《东莱吕太史外集》卷六《与叶侍郎》，黄灵庚、吴战垒主编：《吕祖谦全集》第一册，浙江古籍出版社1980年版，第711页。

③〔宋〕叶适：《叶适集》卷二十九《和李参政》，中华书局1961年版，第603页。

④〔宋〕叶适：《习学记言序目》卷五十《皇朝文鉴总论》，中华书局1977年版，第756页。

后学，心悦而诚服，这种敬仰并不只是表面的恭敬。透过当时陈傅良写给吕祖俭的信，就知道这是真的历史了。王柏的这些话，大概是针对那些恣意贬低吕祖谦学问的人说的。

吕祖谦在南宋乾道、淳熙年间（1165—1189）的学术地位独特，陈亮说其无人可比，"三四年来，伯恭规模宏阔，非复往时之比，敬夫、元晦，已愿在下风矣，未可以寻常论也"①。吕祖谦以其政治地位与学术地位，在学界作出了无以替代的贡献。

五、鹅湖会众贤

江西铅（yán）山县北行十五里，有三峰并秀，山巅瀑布飞泉，嘉木生云；山麓湖泊荡漾，翠荷接天，广袤四十余里，因荷在湖中秋冬不衰，名"荷湖山"。据说东晋时候，有双鹅自天而降，在湖中繁衍后代，雏幼成群。一日众鹅羽翮丰满而去，不知所向。当地人为了纪念双鹅，于是将"荷湖"改名为"鹅湖"。至唐代大历年间（766—779），有高僧大义禅师来此，见山水供眼，四时宜人，遂在鹅湖山麓建仁寿院，至宋代咸平年间（998—1003），真宗赐额"慈济禅院"，后改名为"鹅湖寺"，至今香火不断。而真正使鹅湖寺得以扬名天下持续不衰的，不是鹅、不是僧，而是淳熙二年（1175）五月，吕祖谦在这里举办的一次重要的学术交流会，被称为"鹅湖之会"。

鹅湖之会在淳熙二年（1175）的鹅湖发生，这是吕祖谦在与各类学人长期接触观察、深思熟虑后筹划的一次具有历史意义的学术盛会。考虑到需人际关系与学术声望双备，这是当时只有吕祖谦才可能组织成功的一次盛会，陆九渊便记载为"吕伯恭为鹅湖之集"。

从学术声望而言，吕祖谦名在"三贤"，又身处国家的政治、经济、文化中心临安，登高可呼，应者实众。从人际关系而言，吕祖谦

---

① 〔宋〕陈亮：《陈亮集》卷二十一，中华书局1974年版，第327页。

既识朱熹，也识陆九渊，且对二人的学术都有深刻的了解。吕祖谦与朱熹相识很早，关系久远。绍兴二十五年（1155），吕祖谦十九岁，随新任福建提刑司干官的父亲吕大器到了三山，朱熹当时觉得吕祖谦已经是"无人不能道盛德"的一位青年才俊。之后，二人互引为知己，交流频繁而深入。吕祖谦与陆九渊相识较晚，但倾盖如旧。陆九渊乾道七年（1171）赴临安考试，吕祖谦为座师，二人才建立关系。吕祖谦很快就发现陆九渊是位不可多得的思想家，高兴地将之引为同道。朱熹是吕祖谦所敬重的。虽然陆九渊年轻，但吕祖谦也觉得他值得培养。不过无论是旧友还是新知，吕祖谦认为他们的学问都有不足：陆九渊的不足是方法问题，不讲究读书，游谈无根，背离儒家治学传统；而朱熹虽然走的是儒家传统之路，重视文献，于方法没问题，但是其性格与知识的存养不足，"有伤急不容耐处"，导致对问题的思考也会出现偏差，但这是人病，不是学病。朱、陆二人与吕祖谦的学问、理想都有别。方法错了，南辕北辙，只会日行日远：陆九渊"简易"的学术主张容易导致"厌卑近而骛高远，躐等陵节流于空虚，迄无所依据"，害人不浅；而人病的问题也必须通过改进的方法加以克服。朱熹仅仅注意到了"日用躬行之实"，却缺乏一种自下而上、追求本原的终极发展意识，一种世界观的宏观把握，这样就容易导致后学"茫然不识其梗概"。不知"何所底止"的后果，也就是陆九渊批评朱熹学术的"支离事业竟浮沉"。为促使这两位背道而驰的学术同道都能认识到自己的偏执与不足，并据此加以改进，吕祖谦决定设法"陶铸同类，以渐化其偏"，以使他们的学术发展方向更趋近或符合吕祖谦自身的学术理想，从而共同发扬光大儒家学术。如何设法，或设何样法，于是就进入了吕祖谦的议事日程。早在乾道九年八月，吕祖谦已在考虑筹措会议的事情。乾道九年八月，陆九渊兄长陆九龄问道婺州，吕祖谦着手会议举行的可行性调研。吕祖谦一方面指出陆九龄兄弟的偏颇，另一方面也开始探寻互不相识的陆九龄兄弟与朱熹相见的可能性。所以这次会面后，吕祖谦写信给朱熹，说陆九龄"笃实孝友，兄弟皆有立"，又说陆九龄兄弟有"问道四方之意"，即是说，二陆很希望与学术界建立关系，也就是希望与朱熹之类的更多学者见面探讨学问。

淳熙二年（1175）三月二十一日，吕祖谦带着学生潘景愈自婺州出发，经衢州前往福建建宁访问朱熹，历时一个多月。在建宁，吕祖谦一面与朱熹共同编纂《近思录》，另一面与朱熹商讨与陆九渊兄弟会面事。在何处会面，是吕祖谦要考虑的问题。首先，由于朱熹与二陆互不相识，且参会人数较多，有可能会产生争论，在谁的家里开会都不方便，所以要考虑其他地方，最好是公共地点。这时吕祖谦想到了自己的同年、当时的信州守詹仪之（体仁）（《景定建康志》），还有伯祖吕本中的门生上饶县学正徐季益。而上饶恰处在婺州与金溪的中间，建宁到铅山也比较便捷，因此决定联系詹仪之与徐季益安排会议场所，最后确定在鹅湖寺。然后派出信使通知了陆九渊兄弟。于是，在完成《近思录》编纂之后，吕祖谦与朱熹一起动身，于淳熙二年五月下旬来到鹅湖寺，与陆九龄、陆九渊兄弟会合，开启了为梁启超所称赞的"在中国学术史上极有光彩、极有意义"的一次盛会。

鹅湖之会上主张何样的观点、如何表达，陆九渊兄弟会前做了充分的准备。《陆九渊集》卷三十四《语录上》详细记载了兄弟间的会前讨论及会议过程。二陆清楚认识到，吕祖谦主持这个鹅湖之会是为了讨论朱熹与陆九渊学术的异同问题，所以先要协调统一他们兄弟二人的口径，以说服朱熹。陆九龄赞同陆九渊的观点，并写了一首诗表达："孩提知爱长知钦，古圣相传只此心。大抵有基方筑室，未闻无址忽成岑。留情传注翻榛塞，著意精微转陆沉。珍重朋友相切磋，须知至乐在于今。"但陆九渊以为第二句"古圣相传只此心"表述言不尽意，只是一时还不能说清楚有何不妥。到了鹅湖会上，吕祖谦问陆九龄有何新的收获，陆九龄就宣读了他自己的诗歌。朱熹马上意识到陆九龄与陆九渊的学术观点是一致的，说陆九龄上了陆九渊的船。陆九渊又读诗表达了自己的观点云："墟墓兴哀宗庙钦，斯人千古不磨心。涓流滴到沧溟水，拳石崇成泰华岑。易简功夫终久大，支离事业竟浮沉。"读诗至此，朱熹听得脸色大变，因为这强调的是"心"的问题，否定了朱熹读书做学问的套路。陆九渊再读"欲知自下升高处，真伪先须辨古今"，令朱熹更加不高兴，觉得他们学问见解相差太远，无话可说，只能暂时休会。这说的是心与读书和学问之成的问题。陆九渊强调的是学问出自自己的内心，千古如此，叫作"斯人千古不磨心"，强调通过自悟达到做圣人的境界，这是易简功夫，近禅；朱熹强调的是读书做圣人，陆九渊形容其为"支离事业"。虽然朱、陆二人一时谈不拢，但其实鹅湖之会对南宋学术的发展影响至大：

其一，沟通了人事关系。原本互不相识的几班人马通过会议得以相识，建立了交流的渠道。这次参会的人员有，与朱熹一同来的几位门人，吕祖谦的门人潘景愈，与二陆同来的门人朱亨道、邹俊父，临川县令赵景昭与兄弟赵景明、朋友刘清之，地方有信州太守詹仪之，上饶学正徐季益等。吕学、朱学与陆学开始了多方位、直接的、更频繁的学术交流。淳熙六年（1179）三月，陆九龄于信州铅山观音寺见朱熹；六年十月，陆九渊门人曹立之访朱熹于南康；七年三月，陆九渊门人万人杰访朱熹于南康[①]；七年九月，陆九龄去世，朱熹有祭文对其学术予以高度肯定；等等，不一而足。

其二，直接影响了朱、陆学术的各自发展。对于鹅湖之会，人们一般忽略了吕祖谦的主张。其实，吕祖谦将其两家撮合在一起讨论问题，就很明确地表达了自己的学术见解与朱、陆皆有不同，同时对他们的观点又皆有所肯定："近已尝为子静详言之，讲贯诵绎，乃百代为学通法，学者缘此支离泛滥，自是人病，非是法病。见此而欲尽废之，正是因噎废食。然学者苟徒能言其非，而未能反己就实，悠悠汨汨，无所底止，是又适所以坚彼之自信也。"[②]这段文字的前半部分显然是针对陆九渊应该如何看待朱熹学术而发，意思是朱熹的支离不是法的

---

①束景南：《朱熹年谱长编》，华东师范大学出版社2001年版，第617、638、651页。

②〔宋〕吕祖谦：《东莱吕太史别集》卷十《与邢邦用》，黄灵庚、吴战垒主编：《吕祖谦全集》第一册，浙江古籍出版社2008年版，第500页。

问题，而是人的问题，是学问的未精，间接批评陆九渊的主张违背了"讲贯诵绎"这历代做学问的通用方法；而后半部分强调"反己"，则是对朱熹的批评。吕祖谦平日里对朱熹的批评还要多于其在鹅湖之会中指出的，黄震所说的吕祖谦对朱熹"论理说经处往往多质难之辞"①，是一个很好的总结。吕祖谦的意见对朱、陆双方都有所触动。从朱熹方面讲，他认为鹅湖之会是一次颇有收获的会议；从陆氏兄弟讲，他们的学术路子也有了一点改变，开始强调"读书讲论"。双方实际上都在尝试接受对方的部分主张。如淳熙四年（1177）陆九渊丁继母邓氏忧，向朱熹函询祔礼问题，朱熹以《仪礼》中注文相解释。②而淳熙八年二月，陆九渊至南康请朱熹为陆九龄书写墓志铭，朱熹则邀请陆九渊在白鹿洞书院为朱氏门人讲学。陆九渊以"君子小人喻义利"章发论，触动朱熹内心，以至于他在冷天却要挥扇驱汗。③朱熹向门人杨道夫称赞陆九渊："'曾见陆子静义利之说否？'曰：'未也。'曰：'这是他来南康，某请他说《书》，他却说这义利，分明是说得好。如云今人只读书便是为利，如取解后又要得官，得官后又要改官，自少至老，自顶至踵，无非为利。说得来痛快，至有流涕者。'"④最后特邀陆九渊作书法，镌刻于石，作为门人讲义，以示推崇。淳熙十六年朱熹有作《出山道中口占》："川源红绿一时新，暮雨朝晴更可人。书册埋头何日了，不如抛却去寻春。"显然是近陆了。所以陆九渊闻朱熹诗喜上眉梢，以为"元晦至此有觉矣，是可喜也"⑤。

其三，开启了朱、陆归吕之途。鹅湖之会本是吕祖谦贯彻自己学术主张的一次尝试，将朱、陆召集在一起辩论，以期促使双方在聆听对方学理的过程中各自明己所短，从而将其引归至吕学。只是，吕祖

---

① 〔宋〕黄震：《慈溪黄氏日抄》卷四十，耕余楼刊本。
② 束景南：《朱熹年谱长编》，华东师范大学出版社2001年版，第583页。
③ 〔宋〕陆九渊：《陆九渊集》卷三十六，钟哲点校，中华书局1980年版，第493页。
④ 〔宋〕黎靖德编：《朱子语类》卷一百一十九，王星贤点校，中华书局1994年版，第2873页。
⑤ 〔宋〕陆九渊：《陆九渊集》卷三十六，钟哲点校，中华书局1980年版，第506页。

谦早亡，未能亲见朱学、陆学归于吕学。不过，鹅湖之会所展示的吕学的导向，促使双方——朱熹、陆九渊本人及各自的后学都明白了应当吸收对方之长，完善己方学术，逐渐形成了所谓"朱、陆合流"的一种趋势。虽然在表述上有区别，往往是崇陆者说朱归了陆，而崇朱者说陆归了朱，貌似各以自己的主张为核心讨论问题，其实是朱熹开始注重简易的功夫，而陆九渊也开始"留情传注"，这恰是吕学的追求。

邀集鹅湖之会，吕祖谦功不可没。梁启超对此有个基本公允的论断：鹅湖之会"吕是主人，朱、陆是客，原想彼此交换意见，化异求同，后来朱、陆互驳，不肯相让，所以毫无结果。虽说没有调和成功，但两家经此一度的切磋，彼此学风都有一定的改变。这次会，总算不白开了。由鹅湖之会可以看出朱、陆两家根本反对之点，更可以看出东莱的态度及地位如何"①。这里，梁启超说的"化异求同"虽然未脱调和说之俗套，但肯定了吕祖谦的主人地位，也即"学术盟主"的地位。而梁启超指出鹅湖之会引起的学术变化更显示出其见解，揭示了吕祖谦对理学史的发展贡献所在。当代美国学者田浩对乾道、淳熙年间（1165—1189）吕祖谦在全国的学术地位有一评价，认为"吕祖谦虽然不被《宋史》列入《道学列传》，并且鲜为现代学者论及，但从12世纪60年代末期到1181年他去世的十几年里，他其实是道学最重要的领袖"。鹅湖之会的举办即是一个很好的证明。

六、整理一代文献

吕祖谦还有一大功绩在于文献整理。吕祖谦出生在一个文献世家，元代彭飞说："祖谦以中原文献之旧，岿然为渡江后大宗。"②此话确有道理，吕祖谦为教育大宗、儒学大宗，也是文献学大宗。其整理的古

---

① 梁启超：《儒家哲学》，北京大学出版社2010年版，第86页。
② 〔元〕彭飞：《历代制度详说原序》，〔宋〕吕祖谦：《历代制度详说》，四库全书本。

《易》，所著《吕氏家塾读诗记》皆为文献整理之经典，其中影响最大的为其纂辑的《皇朝文鉴》。《皇朝文鉴》是奠定吕祖谦学术地位的基石之一，后世称《宋文鉴》。

《皇朝文鉴》之整理本因孝宗皇帝而起。淳熙四年（1177），市井流行一部由江钿（一作"佃"）编纂的名为"圣宋文海"的书，这是一部集结的北宋文献集，规模较大，但有不少错乱和遗漏。孝宗一方面觉得此作可以彰显本朝的文治盛世，另一方面也了解到书的编纂质量不高，于是私意决定让临安府校正重新雕刻。周必大在淳熙四年十一月轮值，奏事结束后，问孝宗是否要命临安府开雕《圣宋文海》。周必大认为江钿编《圣宋文海》，缺乏条理，一般书坊刊行还可以，但如果由皇上降旨校正刻板，"事体则重，恐难传后"，不值得。提出应该委派馆阁臣僚重新选择文章，成就一部有代表性的著作。孝宗皇帝大以为然，交代周必大亲自处理此事。在"差"谁的问题上，在与周必大对话后，孝宗又有一番考察，先后问参知政事王淮、李彦颖，要求他们举荐合适人选。李彦颖首先举荐著作佐郎郑鉴，孝宗不满意，又问王淮。王淮以为非秘书郎吕祖谦不可。孝宗非常满意，说："卿可即宣谕朕意，且令专取有益治道者。"这里，孝宗比较了郑鉴与吕祖谦，决定选用吕祖谦，但依然不能放心，随后又问了丞相赵雄对吕祖谦的文采与人品的评价，赵雄给予了"力荐"（《建炎杂记》乙集卷五）。经过多方面的考察，孝宗决定由临安府校正开雕《圣宋文海》。淳熙四年（1177）十一月九日，由门下省、中书省、尚书省三省同奉圣旨，委派吕祖谦对《圣宋文海》"专一精加校证"，并另外任命临安府知府赵磻老（渭师）及临安府教官两人，辅助吕祖谦开展工作。

吕祖谦接旨后，经过对《圣宋文海》的认真考察，认为这部《圣宋文海》本是"书坊一时刊行，名贤高文大册尚多遗落"，要想这部书传之久远，还须重新增损。（《进编次文海札子》）因此，吕祖谦上奏孝宗，奏请重新制订编纂条例，做一部新书。淳熙四年（1177）十一月十五日，三省同奉圣旨，孝宗准吕祖谦奏。吕祖谦这种违背孝宗原意的举动，把临安府知府赵磻老及临安府的两个教官吓得退出了编纂工作。《建炎杂记乙集》卷五转引《孝宗实录》说："初，祖谦得旨校正，盖上意令校雠差误而已。祖谦乃奏以为去取未当，欲乞一就增损。三省取旨许之。甫数日，上仍命磻老与临安教官二员同校正，则上意犹如初也。时，祖谦已诵言皆当大去取，其实，欲自为一书，非复如上命。议者不以为可。磻老与教官畏之，不敢与共事，故辞不肯预，而祖谦方自谓得计。"自此，吕祖谦独自开始了《文海》的搜集与编纂工作。

在编纂工作中，吕祖谦将拟定的条例呈寄给朋友周必大、李焘、陈亮、朱熹、张栻等好友，广泛征求朝野意见，以求选录文字的科学及得到更多人对文集编纂工作的支持。朱熹复函肯定了《文海》"条理甚当"，同时提醒吕祖谦要高度重视编《文海》的重要性，说："盖此书一成，便为永远传布，司去取之权者，其所担当，亦不减《纲目》，非细事也。"

两年间，吕祖谦夜以继日地紧张工作，他充分利用秘书省集库所藏北宋各家文集，并在民间广泛搜集逸文，从士大夫家宛转假借私藏，同时旁采传记他书，从800种书中选出北宋建隆以后、南宋建炎以前一百六七十年间的作者314人，诗文2547篇，参照《文选》《古诗十九首》的体例分类编排。淳熙五年（1178）十月，《文海》基本编就。全书据文体分为61个大类，正文150卷，目录4卷，共154册。较旧本《圣宋文海》20册增加很多。大功告成之际，吕祖谦却因过于劳累于淳熙五年十二月十四日夜中风，书未及呈交，就不得不辞职回家休养。淳熙六年正月十三日，孝宗命王淮督促吕祖谦将编成的书上呈朝廷。此书一呈，朝野震动，没想到福、祸也因之接踵而至。首先感动了皇帝孝宗，他对吕祖谦大力褒奖，以为"祖谦编类《文海》，采摭精详，可与除直秘阁"。先是派中使李裕文赐银帛三百匹两，又以"馆阁之职，文史为先"为由，说"祖谦所进《文海》，采取精详，有益治道"，特加官职直秘阁。孝宗为新书赐名"皇朝文鉴"，令翰林学士周必大作序，准备命国子监雕版印行。《文鉴》之成使吕祖谦获得了孝宗的赏识与褒奖，给他带来了成就与荣誉，同时也为他招来了政敌以及宵小的憎恨与嫉妒，各种污蔑、不实之词铺天盖地而来，或云吕祖谦无军功实绩不当升职，或云吕祖谦与大珰宦官有染，或云《文鉴》"所载臣僚奏议有诋及祖宗政事者，不可示后世"，或云"《文鉴》所取之诗，多言田里疾苦之事，是乃借旧作以刺今"，等等。尤其是舍人陈骙直接拒绝了孝宗皇帝要他为吕祖谦拟定褒奖词的召令，逼着原本满心欢喜的孝宗皇帝，不得不命崔大雅对《文鉴》"更定增损，去留凡数十篇"，最终撤掉了雕版的打算。吕祖谦因此受到从未有过、想过的精神压力，以至于病情加重。淳熙六年二月，吕祖谦给李焘写信诉苦称："《文海》奏篇，异数便蕃，一时纷纷，盖因忿激而展转至此，病中唯静审以处之而已。"就是老友朱熹、张栻也从理学家的视角对《文鉴》提出了批评意见，以为"无补治道"。于是，两年后，在不被同道理解和政敌的恶意伤害下，吕祖谦撒手人世。

无论当时如何被抹黑，从日后的历史发展看，《皇朝文鉴》作为一部北宋诗文总集，无疑是一部不朽的著作。吕乔年记载朱熹晚年平心论《文鉴》的好处："此书编次篇篇有意。每卷卷首必取一大文字作压卷，如赋取《五凤楼》之类。所载奏议，皆系一代政治大节，祖宗二百年规模与后来中变之意尽在其间，读者着眼便见。"叶适评《文鉴》："文字总集，各为流别，始于挚虞，以简代繁而已，未必有意。……独吕氏《文鉴》去取最为有意，止百五十卷，得繁简之中，鲜遗落之憾。所可惜者，前世文字源流不能相接；若自本朝至渡江，则灿然矣。"又说："此书两千五百余篇，纲条大者十数，义类百数。其因文示义，不徒以文。余所谓必约而归于正道者千余数，盖一代之统纪略具焉。"明人吴讷称其于宋文"掇其英，拔其粹"。章学诚说"吕氏之《宋文鉴》、苏氏之《元文类》，并欲包括全代，与史相辅，此则转有似乎言、事分书，其实诸选乃是春华，正史其秋实耳"。康有为赞其"宋朝文选得极好"。钱基博称《宋文鉴》与《唐文粹》《元文类》鼎立而三。

《皇朝文鉴》是北宋诗文的集大成，是吕祖谦学术实践的最重要成果。它体现了吕祖谦的学术理念，包括文献学理念、儒学理念、政治理念、文学理念等，是我们了解、研究吕祖谦的重要文献，研究两宋学术的重要文献。当年的诽谤者已灰飞烟灭，只有《皇朝文鉴》历久弥新，也令吕祖谦的名字焕发着不灭的光芒。

七、引领数朝文运

以上我们总结了吕祖谦一生的四大贡献：丽泽堂兴教、婺州讲学、召集鹅湖之会、整理当代文献。其实，吕祖谦还被人们公认为南宋最重要的文学家之一，认为其诗文俱佳：首先吕祖谦是杰出的诗人，元代方回评价"五言诗亦佳，有云'棋声传下界，雁影没长空'，'岛屿秋江里，楼台海气中'"。明人胡应麟曾可惜"宋人诗……掩于儒者，朱仲晦、吕伯恭"，说吕祖谦有文学成就，但被他杰出的儒学成就掩盖住了。纪昀称吕祖谦的《贺车驾幸秘书省二首》"无道学气"，无名氏称"雅饬"。其次，吕祖谦又是散文大家，其文章"特典美"（《宋史》语）。明人赵鹤以为"内有所主，出之以理，辅之以学，故为文揄扬反复，详核辨博而有以明其志。至于姿态变化，驰骋上下，渺乎不见其发端止极，其法密，其气昌，足以追轶两汉而上"。四库馆臣赞赏"闳肆辨博，凌厉无前"，"词多根柢，不涉游谈"，"诸体虽豪迈俊发，而不失作者典型，亦无语录为文之习，在南宋诸儒之中，可谓衔华佩实"。清人王崇炳《重刻东莱先生遗集序》更赞吕祖谦文"波流云涌，珠辉玉洁，为一时著作之冠"。

吕祖谦对文学发展最重要的影响，在于他引领了文学潮流。吕祖谦通过选、评、著书，引导文学的发展方向。如选《皇朝文鉴》《两汉精华》，著《东莱博议》《欧公本末》，注《观澜文集》，标注《三苏文选》，等等，皆有明确宣扬古文的意识在。最有引领作用的是他评点的《古文关键》。

　　《古文关键》是吕祖谦选取评点唐宋两代包括韩愈、柳宗元、欧阳修、三苏、曾巩、张耒八家文章之书。此书之成，一是影响到文选者选文的倾向，这无疑会影响文学的传播方向。通常认为吕祖谦门人楼昉所编《崇古文诀》首传薪火。陈振孙《直斋书录解题》说它"大略如吕氏《关键》"，《四库全书总目》称《崇古文诀》"盖昉受业于吕祖谦，故因其师说，推阐加密，未可以因其习见而忽之矣"。其他南宋的主要文章选本也受《古文关键》的影响。张云章作《古文关键·序》说："观其（《古文关键》）标抹评释……西山（真德秀）、叠山（谢枋得）、迂斋（楼昉），皆似得此意而通之者。"至元代，朱右承《古文关键》意继编《六先生文集》（又称《唐宋六家文衡》，包括韩愈、柳宗元、欧阳修、曾巩、王安石、三苏文），贝琼为朱右撰《唐宋六家文衡》作《序》说："《唐宋文衡》……损益东莱吕氏之选，将刻之梓使子弟读之……其用心可谓勤矣。"

　　二是影响了文学创作的取向。吕祖谦的《古文关键》选取评点了唐、宋两代八家文章，明确了文学创作学习的方向及文章的具体作法，是一部学习文章写作的绝好教科书。清人张云章说：吕祖谦的这些评点把原文章作者的心源骨髓一一抉出，将文章作法分析得十分透彻，如果读者能心解神会，通过这些文章举一反三，做文章便很容易了。（《古文关键·序》）胡凤丹称赞《古文关键》虽然选录的文只有数家，每家仅有数篇，但文章构局造意，已经讲得非常清楚。从中能看到作者的创作心源，让后人明白文章的创作奥妙，这就是关键。不知道关键，便难以作文；不读《古文关键》，就不知道古人作文方法的奥妙所在。（《重刻〈古文关键〉序》）晚清俞樾将《古文关键》指为士子的必读书，说它"论文极细，凡文中精神命脉，悉用笔抹出。其用字得力处，则以点识之，而段落所在，则勾乙其旁，以醒读者之目。学者循是以求古文关键，可坐而得矣"（《古文关键·跋》）。

　　《古文关键》着实是一部影响非常大的文章批评选集，当时即广为传习，直到清末不衰。①因为《古文关键》有此作用，所以，元、明、清间，以此引领，俨然形成文学发展的潮流，唐宋八大家文章成为一个整体，被学者看作一个文章学系统。这一点，我国历史上的学者都看得清楚。蒋伯潜与蒋祖怡著《骈文与散文》，论到《古文关键》对宣传古文、推广唐宋八大家为古文流派的作用，讲得最为酣畅明白："此时，散文普遍地流行着，而苏文却占着绝大的优势，吕祖谦将韩愈、欧阳修、曾巩、苏洵、苏轼、张耒诸人的文章六十余篇，编成《古文关键》二卷，而在每篇之间均标举其命意、布局的所在，示学者以门径，作为初学作文的教科书。散文的范围因而推广开来，当时的人知道除了苏文以外，还可以近法欧阳，远宗韩愈，并兼及各家。此种观念，使散文的面目为之一新，而先前韩愈、欧阳修提倡的散文，因有了这部选集，才有了归宿，隐然之间，它又奠定了基础。所以吕祖谦对于散文的贡献，并非依靠《东莱博议》的旧套腐论，而在于这一本小小的散文选集；而此书能获得如此收获，也许非吕氏编纂《关键》时能预料到的吧！"②因此，凡论及"唐宋八大家"的来历，吕祖谦及其《古文关键》都是大家首先要注意到的，这就是引领作用。

通观一生，吕祖谦以其儒学成就、教育成就、文献成就、史学成就、文学成就发挥了深远的影响。全祖望说："明招学者，自成公下世，忠公继之，由是递传不替。其与岳麓之泽，并称克世……历元至明未绝，四百年文献之所继也。"此言不虚。

八、《东莱集》的选注

《东莱集》是吕祖谦的文集，在吕祖谦淳熙八年（1181）去世前后，即有《东莱先生集》，已经失传。今传本最早刻于南宋嘉泰四年

---

①张云章《古文关键》序云："东莱吕子《关键》一编，当时多传习之。"《古文关键》，日本文化元年刻本。

②蒋伯潜、蒋祖怡：《骈文与散文》，上海书店出版社1997年版。

（1204），由吕祖俭、吕乔年父子编订刊刻，称《东莱吕太史文集》，包括《文集》十五卷、《别集》十六卷、《外集》五卷、《附录》三卷、《拾遗》一卷，共四十卷。《文集》包括诗一卷，表、疏一卷，奏状、札子一卷，启一卷，策问一卷，记、序、铭、赞、辞一卷，题跋一卷，祭文、祝文一卷，行状一卷，墓志铭四卷，传一卷，纪事一卷。《别集》包括家范六卷、尺牍五卷、读书杂记四卷、师友问答一卷。《外集》包括策问三卷、宏词进卷二卷、拾遗一卷。附录包括年谱、祭吕祖谦文三卷。该本成为至今吕祖谦文集各种版本的祖本。

《东莱集》收录了吕祖谦一生的作品，包括各类文体以及其对齐家治国平天下等各种问题的思考结果，其思想、学术、文采得到了世人的公认。此集应该反映了编者吕祖俭的编纂思想。吕祖俭是吕祖谦的弟弟兼门生，与吕祖谦共同生活，得吕祖谦亲炙，在延续吕氏家学方面功不可没。吕祖俭对其兄的人生与学术有深刻的理解，因此这个集子也应该能够反映吕祖谦的思想与成就，是吕祖谦学术的菁华萃集，也是研究浙东学术的经典。元、明、清历代对《东莱集》都有重新刊补与整理（参见祝尚书《宋人别集叙录》），当代有黄灵庚先生《吕祖谦全集》整理本。此次《〈东莱集〉选注》作为浙江文化研究工程"大家读浙学经典"中的一项，是对《东莱集》的一次整理，立足于对吕祖谦学术的普及，有利于《东莱集》的推广。

《〈东莱集〉选注》的撰写严格按照"大家读浙学经典"的体例要求，全书由两部分构成，前"导读"，后"选注"。"选注"部分按照丛书体例的规定，每篇由"解题、原文、注释、研读"四个板块构成。这个构成方式及其中每一板块的文字，也尽量按照丛书体例的指导思想撰写。

《〈东莱集〉选注》的原文选取严格限定于《东莱集》四十卷本的内容。一是全面选取。吕祖谦是一位儒家学者，是思想家、教育家、文学家等。《东莱集》四十卷收录了吕祖谦一生的文章，内容广泛丰富，选文尽可能全面反映吕祖谦的人生之路、学术主张与成就。二是重点选取。在对《东莱集》尽可能全面选取的前提下，于有限的篇幅内，选文尽量突出吕祖谦的主要学术贡献。三是在篇段选取与剪裁上，对于内容相同或相近的，裁剪冗余，保留核心、优美的文字。

《〈东莱集〉选注》篇章的设置，遵循《东莱集》原有框架，以文体的形式分类，包括"诗文""奏札·对策""书启""序·跋·铭""家范""传状·祭文·碑志"等六部分。

吕祖谦是南宋乾、淳时期的学术领袖，但在他去世后，人们受门户偏见的影响，错误地描述吕祖谦的学术，比如说吕祖谦教人读史后于读经，说吕祖谦学术受陆九渊、陈亮、陈傅良、叶适等人的影响而成等，皆不公允，影响了人们对南宋学术发展过程的整体认知。本《选注》的六大部分编纂成册，旨在展示吕祖谦的生活履历、学术成长过程，以及其学术领袖地位与各方面的造诣等。希望通过这本书，能够帮助后人更好理解南宋学术以及浙东学术的发展，为繁荣当代浙江文化作出贡献。

最后交代几个技术性问题：

第一，本《选注》中所选吕祖谦诗文有些是全篇选，如诗歌，有些是节选，如《为张严州作乞免丁钱奏状》《东莱公家传》等。此类数量较多，不再一一说明。

第二，本《选注》凡原文注，俱依照原本例小字随文注。笔者校勘说明文字，以圆括号标示。

第三，本《选注》底本为中华再造善本吕乔年嘉泰四年刻元明递修本，同时参照《四库全书》本、黄灵庚点校《吕祖谦全集》本。特此致谢。

选　注

一、诗文

许由 福

◎ **解题**

诗出《东莱吕太史文集》卷一，大概作于绍兴年间（1131—1162）。时吕大器为福建提刑司干官，吕祖谦随父亲在福州居住。许由，字武仲，尧时隐士。见皇甫谧《高士传》。

许由不耐事[1]，逃尧独参寥[2]。行至箕山下[3]，盈耳康衢谣[4]。谓此污我耳，临流洗尘嚣[5]。水中见日驭，劳苦如尧朝。尧天接山际，尧云抹山椒。谁云能避世，处处悉逢尧[6]。

[1] 许由不耐事：耐事，忍让处事。句谓许由不能忍耐世俗事务的烦扰。　[2] 逃尧独参寥：尧欲将天下托付给许由，许由逃遁于中岳颍水南的箕山下隐居。参寥，《庄子》中的虚拟人名，意谓虚空高远。　[3] 箕山：据《史记》张守节正义，箕山在"洛州阳城县南十三里"，是许由避世处。司马迁登箕山，见上有许由冢。　[4] 康衢谣：尧时民歌，出于《列子》，云："尧治天下……乃微服游于康衢，闻儿童谣曰：'立我蒸民，莫匪尔极。不识不知，顺帝之则。'"　[5] 洗尘嚣：尘嚣，世间的纷扰、喧嚣。《高士传》云，尧又召许由九州长，由不愿听，在颍水边洗耳以免被污。　[6] 处处悉逢尧：意谓"普天之下，莫非王土"。

◎ 研读

此为吕祖谦早年的一首诗，写出了消极避世的不现实，也是对现实社会的一种肯定，体现的是吕祖谦积极入世的人生观，是《东莱集》选诗的第一首。

清晓出郊 福

◎ 解题

诗出《东莱吕太史文集》卷一，作于绍兴二十六年（1156）。该年吕祖谦从福州往临安应试，或许是途中所作。

落月窥瓮牖[1]，殷勤唤人醒。蓐食治野装[2]，行行向郊坰。林端横宿霭，未放群山青。藕花断复续，莫辨浦与汀。初闻露花香，一洗廛市腥[3]。清景竟难挽，晨光著邮亭[4]。留眼数天际，尚余三四星。车尘驾暑气，白汗如翻瓶[5]。凉燠一机耳[6]，愠喜谁使令。泠然解其会[7]，冰壶在中扃[8]。

[1] 瓮牖：窗户。　　[2] 蓐（rù）食：早餐。　　[3] 廛（chán）市：居民或店铺集中的城区。　　[4] 邮亭：古时沿官道设置的驿站。　　[5] 白汗如翻瓶：因天暑而冒汗。　　[6] 凉燠（yù）一机耳：机，关键，事物的变化所由。句谓凉、燠是人的不同感受。　　[7] 泠然解其会：泠然，轻妙，《庄子·逍遥游》："夫列子御风而行，泠然善也。"会，枢机，或者关键。句喻作者心有所得。　　[8] 冰壶在中扃：冰壶，好品德；中扃，内心。

◎ 研读

这是一首很好的借景抒情诗，写了清晨出行的所见、所闻、所感。一钩残月下，那薄纱般的烟霭，若隐若现的山林，莲荷间断的汀浦，香气缥渺，可谓诗中有画、画中有诗，读后有一丝淡淡的凉意，如神仙中人。只是诗的最后却讲起了心学："凉燠一机耳，愠喜谁使令。泠然解其会，冰壶在中扃。"以为一切都出自一己之心的感受，显示了他理学思想中心学的一面。就这样，一首很有情致的诗，加上一个说理的尾巴后，便让人有画蛇添足之感。

城楼 福

◎ 解题

诗出《东莱吕太史文集》卷一，当作于绍兴年间（1131—1162），方回颇欣赏此诗，云"《城楼》五言诗亦佳"。诗作于福州，时吕祖谦正年少。

城峻先迎月[1]，帘疏不隔风。棋声传下界，雁影没长空。岛屿秋光里[2]，楼台海气中[3]。登临故待晚[4]，雨外夕阳红。

[1] 城峻：城高，句犹近水楼台先得月意。　[2] 秋光：秋天的景色，有肃杀之气。　[3] 楼台海气：海市蜃楼。　[4] 登临：即游览。

◎ 研读

元代方回选《瀛奎律髓》称吕祖谦"五言诗亦佳，有云'棋声传下界，雁影没长空''岛屿秋江里，楼台海气中'，盖少作也"。诗入选《两宋名贤小集》《石仓历代诗选》《御选宋金元明四朝诗·御选宋诗》《宋元诗会》。

西兴道中二首

◎解题

诗出《东莱吕太史文集》卷一。作于绍兴二十七年（1157），作者赴天台省外祖父曾几的途中。西兴，在原萧山县西十二里。宋人张淏撰《会稽续志》卷三《萧山》："西兴镇，前《志》云：西陵城在萧山县西十二里，吴越武肃王以西陵非吉语，遂改曰西兴。今按《越绝书》：浙江南路西城者，范蠡屯兵城也，其陵固可守，故谓之固陵。详此，即今之西陵也。《越绝书》所云《图经》《前志》俱不曾引及，惜哉！吕祖谦有《西兴道中》二绝云。"

凫鹥迎船似有情，随波故起绿粼粼。野花照水开无主[1]，谁信春归已两旬。

[1] 野花照水开无主：句用杜甫《江畔独步寻花七绝句》之五"桃花一簇开无主，可爱深红映浅红"。意谓野花自由自在地绽放。

桑麻张王不知春[1]，帝恐莺花太断魂。东岸红霞西岸绿，却将景色为平分。

[1] 桑麻张王不知春：桑麻，语出《史记·货殖列传》："泰山之阳则鲁，其阴则齐。齐带山海，膏壤千里，宜桑麻，人民多文彩。"张王，无所顾忌地茂盛生长。不知春，不为春。

◎研读

该诗描写出了盎然春意。野花照水开无主，即野花无拘无束地任意开放，颇有活泼的意味。入选《两宋名贤小集》《石仓历代诗选》。

晚望信

◎ 解题

诗出《东莱吕太史文集》卷一。该诗作于信州（今上饶），未知所作年月。

独立荒亭数过帆[1]，横林疏处见沧湾。故知不入豪华眼，送与凫鸥自在看。

[1] 数过帆：语出宋之问《江亭晚望》"帆过浪无痕"，杜甫《绝句六首》"帆过宿谁家"，温庭筠《梦江南》"过尽千帆皆不是"，陈无己《山口阻风》"历历数过帆"等。

◎ 研读

诗句如自然流出，写出了吕祖谦的与世无争。凫鸥也有隐遁意象，如唐人许浑《题灞西骆隐士》云："凫戏识鸥闲"。

春日七首信

◎ 解题

诗出《东莱吕太史文集》卷一。该诗作于信州（今上饶），未知所作年月。其间多首诗被选入历代诗集。

江梅已过杏花初，尚怯春寒著萼疏。待得重来几枝在，半随蝶翅半蜂须[1]。

[1] 半随蝶翅半蜂须：朱余庆《题蔷薇花》有句"粉著蜂须腻，光凝蝶翅

明"。此处言春日的到来。

短短菰蒲绿未齐，汀洲水暖雁行低。柳阴小艇无人管，自送流花下别溪。一云：归时须趁春光浅，待得春深意却迷。

岸容山意两溶溶，便是东皇第一功[1]。春色平铺人不见，却将醉眼认繁红。

[1]东皇：天神东皇太一，此处指司春的神仙。

春波无力未胜鸥，夹岸山光翠欲流。若使画成惊顾陆[1]，更教吟出压曹刘[2]。

[1]顾陆：东晋画家顾恺之与南朝宋画家陆探微的并称。吕祖谦《东莱博议》："必尝习画，然后知珍顾、陆之图。" [2]曹刘：三国间诗人曹植、刘桢。《文心雕龙·比兴》："至于扬班之伦，曹刘以下，图状山川，影写云物，莫不纤综比义，以敷其华，惊听回视，资此效绩。"

络石寒毛涧底明，春来绿遍小峥嵘。凭谁再续《平泉记》[1]，为定芸兰孰弟兄。

[1]《平泉记》：唐李德裕在洛阳建平泉庄，广置名石、嘉树、奇花，并作《平泉山居草木记》一一记录其来处。又作《平泉山居戒子孙记》，云："鬻平泉者非吾子孙也，以平泉一树一石与人者，非佳子弟也。吾百年后为权势所夺，则以先人所命，泣而告之，此吾志也……唯岸为谷，谷为陵然已焉可也。"体现了自己的情操。

一川晓色鹭分去，两岸烟光莺带来。径欲卜居从钓叟，绿杨缺处竹门开。

櫩铎无声鸟语稀，径深钟梵出花迟。日长遍绕溪南寺，未信东风属酒旗。

◎研读

这组诗有晚唐韵味，所写景物多是小、细之物，如：植物是梅、杏、荸、柳，洲是汀，船是小艇，水是泉、溪，花是芸、兰，昆虫是蜂、蝶。所取词汇多为柔弱之词，如：初、怯、疏、绿未齐、小、络石寒毛、小峥嵘等。笔触非常细腻，一首首诗就如一件件雕琢精美的盆景，令人赏心悦目，爱玩莫能释手。但有些诗境界开阔，气势奔放，颇富浪漫主义情调。诗入《全芳备祖》《御定佩文斋广群芳谱》《两宋名贤小集》《石仓历代诗选》《御选宋金元明四朝诗》《宋元诗会》《渊鉴类函》《宋诗纪事》等。

登八咏楼有感

◎解题

诗出《东莱吕太史文集》卷一，作时不详，为歌颂婺州守王仲舒作。八咏楼在金华双溪畔，南朝沈约建，原名元畅楼。宋至道年间（995—997），婺州郡守冯伉以沈约有《八咏》诗，更今名八咏楼。沈约《八咏》：登台望秋月，会圃临春风。秋至悯衰草，寒来悲落桐。夕行闻夜鹤，晨征听晓鸿。解佩去朝市，被褐守山东。

仲舒旧事无人记^[1]，家令风流一世倾。天下何曾识真吏^[2]，古来几许尚虚名。王仲舒守婺有异政。

[1] 仲舒旧事：王仲舒，字弘中，唐朝太原人，少孤贫，以孝闻天下。
[2] 真吏：真吏，真正为民办事的官吏。《后汉书·吴汉传》："初更始，遣尚书令谢躬率六将军攻王郎，不能下。会光武至，共定邯郸，而躬裨将虏掠不相丞禀，光武深忌之。虽俱在邯郸，遂分城而处，然每有以慰安之。躬勤于职事，光武尝称曰：'谢尚书，真吏也。'故不自疑。"柳宗元诗有"俟罪非真吏，

翻惭奉简书"。

◎研读

唐时，婺州发生疫、旱，人口纷纷外徙，或死，一州几空无人烟。王仲舒为婺州刺史，经过五年建设，社会恢复原貌，加金紫服徙苏州。事见新旧《唐书》本传。吕祖谦这里借称赞王仲舒政绩表达自己的实学理念。

野步杭

◎解题

诗出《东莱吕太史文集》卷一，作于何时不可考。据诗题当作于杭州。

石梁俯清流，苔发明可数。茅檐春昼长，寂寂亭阴午。鸟啼花径深，风絮浩无主。幽人不可亲，棋声时出户。

◎研读

诗中有石有水，有花有鸟，有声有情有景，写出了一位远离尘嚣的世间闲静之人。诗入《两宋名贤小集》《石仓历代诗选》《宋元诗会》《宋诗纪事》。

游丝

◎解题

诗出《东莱吕太史文集》卷一，作于何时、何地不可考。

游丝浩荡醉春光[1]，倚赖微风故故长。几度莺声留欲住，又随飞絮过东墙。

[1] 游丝浩荡醉春光：宋罗愿《尔雅翼》称："蜘蛛网于檐四隅，状如罾，自处其中，飞虫有触网者，辄以足顿网，使不得解。其力大有甲翅者缠缚甚急，已乃食之。春秋二时得暖风而生，旋吐游丝，飞扬其身，故春月游丝有长数丈许者。皆蜘蛛所为也。" 欧阳修有诗《暮春》"游丝最无事，百尺拖晴光"。

◎ **研读**

此为一首咏物诗，咏叹春日游丝无拘束的状态，写出了作者吕祖谦的闲适自在。《黄氏日抄》评欧阳修诗"有太平气象"，亦可论吕祖谦此作。诗入《两宋名贤小集》《石仓历代诗选》。

郑武子删定挽章二首克（之一）

◎ **解题**

诗出《东莱吕太史文集》卷一，作时不详。郑克，字武子，河南开封人，敕令所删定官。绍兴（1131—1162）中撰有《撰著古法》一卷（一名《删补刘氏辨易》），《折狱龟鉴》三卷（《文献通考》作二十卷，或云八卷）。

博洽推诸老[1]，胸中几石渠[2]。暮年终反约，精义本无余。羲《易》忘言后[3]，《楞伽》绝笔初[4]。长归应不憾，旧学尽成书。

[1] 博洽：学识广博。句谓郑克学术广博无比。　[2] 几石渠：石渠，石渠阁，汉代的朝廷藏书处。形容学富五车。　[3] 羲：伏羲，上古帝王，姓风氏。造书契，画八卦，有伏羲《易》。忘言：即得意忘言。　[4]《楞伽》(qié)：《楞伽》，佛经。

◎研读

该诗称赞郑克弃佛归儒，由博返约，学术有成。由博返约本是吕祖谦为自己设定的学术道路，可惜天不假年，未能走完。

寄章冠之

◎解题

诗出《东莱吕太史文集》卷一，作年不明。章甫，字冠之，鄱阳人，徙居真州，自号易足居士，居吴下。又自号转庵，有《自鸣集》十五卷。生平见张端义《贵耳集》，称章为张。韩淲《涧泉日记》又记载："章甫，字冠之，先公（韩元吉）友也，号转庵居士，本鄱阳人，居仪真，善隶古。有《易足居士自鸣集》，先公尝为作《易足堂记》。"《易足堂记》又称"冠之，诗人也，与予兄弟交最厚且久"。曾与吕祖谦有唱和。

章侯平生一诗囊[1]，酬风酢月遍四方。浩歌姑熟酒淋浪，醉呼太白同举觞。遂登浮玉临渺茫[2]，江涛挟笔益怒张。沙头倚樯乐未央，兴阑忽上秋浦航。门前槐花日夜黄[3]，闭门琢诗声绕梁[4]。白袍纷纷渠自忙[5]，飘然邂逅非所望。自言久厌世锁缰，合眼已梦庐山苍[6]。君才甚硕气方刚，身虽欲隐文则彰。江湖故人半朝行，左推右挽摩天翔。而我戢翼甘摧藏[7]，不能与俗相迎将。径当行前扫山房[8]，俟君功成还故乡，却驾柴车迎路傍[9]。

[1] 章侯平生一诗囊：章侯，指章甫。诗囊，盛诗稿的袋子，典出李商隐《李贺小传》，言李贺"恒从小奚奴骑距驴，背一古破锦囊，遇有所得，即书投囊中……已耳上灯与食，长吉从婢取书，研墨迭纸，足成之，投他囊中。非大醉及吊丧日，率如此。过亦不复省"。形容章甫吟诗勤苦。　　[2] 浮玉：镇江

焦山。　　[3] 门前槐花日夜黄：槐花日夜黄，指应举子考试。李绰《秦中岁时记》云，进士下第当年七月，复献新文求拔解，故曰槐花黄，举子忙。句谓章甫不为举子业所动。　　[4] 闭门琢诗声绕梁：句出黄庭坚《病起荆江亭即事十首》："闭门觅句陈无已，对客挥毫秦少游。"言章甫用心作诗。　　[5] 白袍：考试的士子。　　[6] 庐山：隐居生活的地方。庐山又称匡庐，相传周姓七弟兄隐居于此。　　[7] 而我戢（jí）翼甘摧藏：摧藏，敛藏。句谓如鸟一样收起翅膀隐居起来。　　[8] 山房：山中的僧寺房屋。温庭筠《宿白盖峰寺寄僧》："山房霜气晴，一宿遂平生。"　　[9] 柴车：无雕饰的简陋车子。语出《韩诗外传》："驽马柴车可得而乘也。"

◎ 研读

《四库全书总目》评价章甫称："今检《永乐大典》所收《自鸣集》诗句颇多，其格律虽稍近江湖一派，而骨力苍秀，亦具有研锻之功。观其别陆游诗有'人生相知贵知心，道同何必问升沉'之句。谢韩元吉寄茶诗有'别公宛陵今五春，渴心何啻生埃尘'之句，次韵吕祖谦见寄诗有'山林旧约都茫茫，忆君著书看屋梁'之句，是其所与酬赠者皆一时俊杰之士，故耳濡目染尚能脱化町畦自成杼轴，颇为不坠雅音。"吕祖谦与章甫唱和诗盖即此诗，表彰了章甫不为名利羁绊的诗人风节。入《两宋名贤小集》《石仓历代诗选》《御选宋金元明四朝诗》《宋元诗会》《宋诗纪事》。

送柳严州解官趋朝[楹]

◎ 解题

诗出《东莱吕太史文集》卷一，作于乾道六年（1170）。柳严州，柳楹，字安叟，东海人，曾任严州知州，与吕祖谦外祖曾几善。乾道元年（1165），柳楹宰吴江，作《松陵渔具图》，待制曾几作诗序，柳楶刻石。

一叶初秋已趣装，玺书屡下驻归艎[1]。少留北阙三年最[2]，多借西州半岁强。身外宠荣元自薄，眼前凋瘵故难忘[3]。书囊知有朝天草[4]，不是《中和》《乐职》章[5]。

[1] 玺书：皇帝诏书。　[2] 北阙：朝廷。　[3] 凋瘵（zhài）：指民生困苦。　[4] 朝天草：入朝的奏章。　[5]《中和》《乐职》章：诗篇名。《汉书·王褒传》云：宣帝时"王襄欲宣风化于众庶，闻王褒有俊材，请与相见。使褒作《中和》《乐职》《宣布》诗"。颜师古注："中和者言政治和平也，乐职者言百官各得其职也，宣布者风化普洽无所不被。"这里，吕祖谦是鼓励柳楶进言批评朝政。

◎ **研读**

该诗言柳楶解官严州入朝，一定是上治国奏章而非徒歌升平。诗入《两宋名贤小集》《石仓历代诗选》。

送宋子华通判长沙有　代叔祖知录作

◎ **解题**

诗出《东莱吕太史文集》卷一，作于乾道七年（1171）正月。宋有，字子华。《东莱吕太史文集》卷十三《宋郴州墓志铭》："朝奉郎主管台州崇道观。宋公讳有，字子华。以淳熙四年正月丁卯卒于婺之里第，五月壬寅葬于赤松乡糁岭原。……去年秋，某与公别，愀然忽以死事见付，时公寝食固自如也。呜呼！孰知未半岁而竟铭公乎？"宋有孙宋牲，字茂叔，从吕祖谦游，绍熙元年（1190）进士及第。事迹见周必大《文忠集》卷五十一《题宋牲西园诗稿》，杨简《慈湖遗书》卷五《宋母墓铭》。知录，宋官职名，代指吕祖谦叔祖，名不详。吕祖谦有叔祖用中、忱中，未知为谁。

骚人故悲秋，《九辨》播三楚[1]。宋公旧题壁，文采照潭府[2]。千载得君侯，遥遥接华绪。还当初秋天，又进湖湘橹。当家多胜事，此役可兼取。江山日日新，似若相劳苦。木脱献群峰[3]，云生失前浦。况持别乘权[4]，光华动徒旅[5]。元戎下分庭，百吏群趋庑。后车载仁风[6]，习习被南土。预知潢池盗[7]，无复惊桴鼓。政当劝卖剑，不必禁挟弩[8]。岭头镜面平[9]，论赏骈圭组[10]。临分一杯酒，不为离愁举。

[1] 骚人……三楚：悲秋，宋玉有《九辨》曰："悲哉秋之为气也，萧瑟兮草木摇落而变衰。"三楚，战国时楚国到秦汉分为东楚、西楚、南楚，具体所指《史记》《汉书》记载不同，后世一般指湖南与湖北等地，此指湖南。 [2] 宋公……潭府：潭府，潭州官府，即长沙，战国属楚。宋公，指战国时宋玉，楚辞名家，有《九辨》，为楚辞名作。 [3] 木脱献群峰：秋天，树木凋落，露出了山峰。 [4] 别乘：别驾，官名。 [5] 徒旅：旅客。 [6] 后车：侍从所乘的车。语出《诗经·绵蛮》："命彼后车，谓之载之。" [7] 预知潢池盗：意谓预知民困，当先为措施，不使民乱。《汉书》记载，龚遂为渤海太守，入召对，曰："海濒遐远，不沾圣化，其民困于饥寒，而吏不恤，故使陛下赤子盗弄陛下之兵于潢池中耳。" [8] 政当……挟弩：《汉书·龚遂传》："遂教令实时解散，弃其兵弩……民有带持刀剑者，使卖剑买牛，卖刀买犊。"句谓劝百姓务农，做实事。 [9] 镜面平：《石鼎联句诗》："上比香炉尖，下与镜面平。"意上下皆平。 [10] 骈圭组：罗列官爵。圭组，印绶，代指官爵。

◎ 研读

吕祖谦此诗看似写自然，实际上多有所出，或反用或正用。《荆溪林下偶谈》称："东莱先生《送宋子华通判长沙》诗云'木脱献群峰，云生失前浦'，盖用荆公'暮林摇落献群峰，木落岗峦因自献'，少陵'归云拥树失山村'之语。"诗入《两宋名贤小集》《古今事文类聚外集》《石仓历代诗选》《御选宋金元明四朝诗》《渊鉴类函》《宋元诗会》。

尚书汪公得请奉祠饯者十有四人分韵
赋诗某得敢字

◎解题

诗出《东莱吕太史文集》卷一，作于乾道七年（1171）正月。汪公，汪大猷，字仲嘉，浙江鄞县人。楼钥《汪大猷行状》载：乾道七年正月，汪大猷除敷文阁待制，提举江州太平兴国宫，"侍从馆阁诸公赋诗留题，以饯行色"。

鼎食味苦浓[1]，藿食味苦淡[2]。同生不同嗜，羊枣与昌歜[3]。孰能游其间，进退两无憾。尚书古仙伯[4]，雅尚本真淡。禁涂履星辰[5]，讲厦席毡毯。将升间槐棘[6]，忽去乱葭菼[7]。太清奉虚皇，奎壁手可揽[8]。举以华其归，光耀极铅椠。向来功名人，勇进忘坎窞。听诵归来辞[9]，掩耳谢不敢。宁知达士胸，万牛眇难撼[10]。清风满后车，一洗世氛黪[11]。祖帐将军园[12]，寒枝红缀糁。公归宁久阔，别意不成惨[13]。金华访旧学，和羹待醯醓[14]。政恐牧笛清，终换街鼓绒[15]。

[1] 鼎食味苦浓：列鼎而食，指富贵之家。味苦浓，味道苦于肥腻。[2] 藿食味苦淡：藿食，即食藿，指平民之家。味苦淡，味道苦于太薄而无味。 [3] 同生不同嗜，羊枣与昌歜（zàn）：羊枣，羊矢枣；昌歜，菖蒲根腌制的菜。人的口味不同，或喜食羊枣，或喜食昌歜。 [4] 尚书古仙伯：尚书，汪大猷曾兼权吏部尚书。仙伯，仙人，也指官职清贵，文章超逸。[5] 禁涂：宫中道路。汪大猷曾兼翰林学士并侍读。 [6] 槐棘：周代宫中种三槐九棘，公卿分坐其下以定尊卑。后指公卿。 [7] 葭（jiā）菼（tǎn）：

芦苇之类。指汪大猷奉祠离开朝中官位。　　[8]奎璧手可揽：奎璧，指二十八宿的奎宿与璧宿，主文运。句谓汪大猷的文坛地位。　　[9]听诵归来辞：归来辞，陶渊明有《归去来兮辞》，指隐居。句指名利途上的人不愿归隐。[10]万牛眇难撼：杜甫《古柏行》云：“大厦如倾要梁栋，万牛回首丘山重。”指汪大猷奉祠之意坚决。　　[11]一洗世氛黕（dǎn）：黕，暗。指汪大猷的出处观将改变世俗的龌龊。　　[12]祖帐：饯行的酒宴。　　[13]别意不成惨：语出白居易《琵琶行》：“醉不成欢惨将别。”联系前句，意谓自己也会走汪大猷的路子，分别不会太久。　　[14]金华访旧学，和羹待醓醢（xī tǎn）：汪大猷绍兴十五年（1145）进士，授婺州金华县丞，所以说金华访旧学。和羹，以多种调味品制成的美味的羹；醓，醋；醢，有汁的肉酱。句出《诗·行苇》：“醓醢以荐。”句谓对汪大猷的培植期待。　　[15]街鼓统（dǎn）：街鼓，警鼓，更鼓；统，击鼓声。联系上句，意谓汪的隐退将影响一方教化。

◎研读

　　汪大猷在朝为人所忌，力求外放，离开京城做祠官。乾道七年（1171）正月，除敷文阁待制，提举江州太平兴国宫。馆阁众人赋诗饯行，吕祖谦此时以太学博士召试为国史院编修官、实录院检讨官，参与了饯行，并赞扬了汪大猷不为名利羁绊的高士风尚。

送丘宗卿博士出守嘉禾以视民如伤为韵

◎解题

　　诗出《东莱吕太史文集》卷一，作于乾道七年（1171）。丘崈（1135—1208），字宗卿，江阴人，与吕祖谦同年中隆兴元年（1163）进士。历官太学博士、太常博士、知州、知府、户部郎中、枢密院检详文字、转运判官、提点刑狱、转运副使、太常少卿、工部侍郎、户部侍郎、四川安抚制置使兼知成都府、刑部尚书、江淮宣抚使、签书枢密院事督事江淮军马、江淮制置大使兼知建康府、同知枢密院事。卒谥忠定。生平事迹主要载于《宋史》卷三百九十八本传。《直斋书录解题》卷十八录有《丘文定集》十卷,《拾遗》一卷,云:"枢密江阴丘宗卿撰。隆兴癸未进士第三人。其文慷慨有气,而以吏能显,故其文不彰。"《宋史·艺文志》亦著录。丘崈出守嘉兴府事在乾道七年正月。

橋李国西门,道里去天咫[1]。讼庭人摩肩,客馆舟衔尾[2]。凉燠变须臾[3],怵听复骇视。心平理自见,周道本如砥[4]。

[1]橋李:地名,在浙江嘉兴,因嘉兴府城西南盛产李而称。国西门:临安的西面。道里去天咫:距离都城很近。 [2]讼庭人摩肩,客馆舟衔尾:形容嘉兴府政事的繁杂。 [3]凉燠:冷暖,喻世态炎凉。典出谢朓《黄帝歌》:"凉燠资成化,群芳载厚德。" [4]周道:大道,形容治国的圣人之道。

堂下万休戚,堂上一笑嚬[1]。是心苟不存,对面越与秦[2]。豚鱼尚可孚[3],况此能言民。君看津头柳,叶叶皆相亲。

[1]堂下万休戚,堂上一笑嚬(pín):堂,府衙;嚬,通"颦",皱眉。句谓百姓的哀乐决定于官府长官的展眉、皱眉之间,形容官吏举动的重要性。 [2]对面越与秦:句谓如果意识不到官府作为对百姓生存的重要意义,便会与百姓产生隔阂,如秦与越两国的不相干。 [3]豚鱼尚可孚:孚,即信,诚信。典出《易·中孚》:"中孚,豚鱼,吉。"

奋髯疾抵几,解衣徐探雏[1]。古来多快士,气吞两轮朱[2]。簿书高没人,迎笔风摧枯。自许岂不豪,岁晏终何如。

[1]探雏:《北梦琐言》记唐温璋为京兆尹时,闻鸦挽铃,以为其诉冤,命吏随鸦去,果见有人探其雏。 [2]两轮朱:代指显贵。《汉书·杨恽传》称其家隆盛时,乘朱轮者十,位在列卿,爵为通侯。

折肱称良医[1],识病由身伤。开府事如麻,岂尽昔所尝。平生老农语[2],易置复难忘。麦黄要经雪,橘黄要经霜。

[1] 折肱称良医：即三折肱而成良医，意谓丘宗卿要有受挫折的思想准备，以下数句意同。　[2] 老农语：欧阳修诗："常闻老农语，一腊见三白。"苏轼诗："从来资此事，吾闻老农语。"

◎研读

这四首诗的思想，本于《孟子·离娄下》"文王视民如伤，望道而未之见"。言文王有恤民之心，所以视下民常若有所伤，而不敢随便以劳役扰民。《近思录》卷十记载程颢为官日以"视民如伤"自我警戒，曰"明道先生作县，凡坐处皆书'视民如伤'，常曰'颢常愧此四字'"。吕祖谦此处要告知丘宗卿的就是这个道理。吕祖谦认为治民事关重大，地方的治理直接关系到国家的命运，所以处理民案，心要公正，要谨慎，要关心民间的疾苦，与民同休戚，否则，将导致国家的动乱。诗入《两宋名贤小集》《石仓历代诗选》《御选宋金元明四朝诗》《檇李诗系》。

王龟龄詹事挽章二首

◎解题

诗出《东莱吕太史文集》卷一，作于乾道七年（1171）。王十朋（1112—1171），字龟龄，温州乐清人。绍兴二十七年（1157）进士第一，历知饶州、夔州、湖州、泉州，除太子詹事，以龙图阁学士致仕。力主抗金，恢复中原。卒谥忠文。汪应辰撰《龙图阁学士王公墓志铭》。《宋史》有传。有著作《梅溪集》《会稽三赋》等。

诸老收声尽[1]，佳城又到公[2]。苍天那可问，吾道竟成穷。旌卷莆田雨[3]，箫横雪浦风[4]。今年襟上泪，三哭万夫雄[5]。芮祭酒、刘太史皆以今岁下世，故云。

[1] 诸老：指去世的芮烨、刘夙等人。收声：销声匿迹，即去世。 [2] 佳城：墓地。典出《西京杂记》。 [3] 莆田：刘夙，莆田人。 [4] 雪浦：芮烨，吴兴人。吴兴有雪溪，因代指。 [5] 万夫雄：句取吕本中诗《次韵季叔友贺尧明登第》："二子深居笔吐虹，从来节气万夫雄。欲知圣主求贤意，不为相如词赋工。"称赞王十朋、刘夙、芮烨等不仅辞赋工，且为国家贤臣。

大使交觽日，元戎解甲秋[1]。先鸣惊众寐，孤愤压群咻[2]。羽翼新鸿鹄，声华旧斗牛[3]。断桥亡恙否，落月照寒流[4]。

[1] 大使交觽日，元戎解甲秋：两句谓王十朋去世。 [2] 先鸣惊众寐，孤愤压群咻：先鸣，《文心雕龙·才略》："子桓虑详而力缓，故不竞于先鸣。" 孤愤，司马迁《报任安书》："韩非囚秦，说难孤愤。" 皆赞王十朋才华。 [3] 声华旧斗牛：斗牛，吴越地区，吴越分野在斗、牛间。句谓王十朋的影响大。 [4] 断桥亡恙否，落月照寒流：断桥，杭州西湖上的断桥。句谓王十朋离去后，只剩桥下流淌的冰冷湖水。

◎研读

所挽王龟龄已是吕祖谦年内去世的第三位长辈了。另外两位，一是祭酒芮烨，一是太史刘夙。芮烨是吕祖谦的老师、后日的岳父，是他十分景仰的人，与吕祖谦有相当深厚的感情。在不到一年的时间里，所景仰之人一个接一个去世，对吕祖谦绝对是十分沉重的打击。这种打击来自两个方面：一是个人的感情难以承受，二是失去同道的悲痛。他在给朱熹的信中沉痛地说："今岁善类凋丧特甚，王、芮、刘三公相继下世，殊令人短气，阳气微茫如缕，其将奈何！" 所以遣词造句，流露出分外悲痛的心情。被选入《五百家播芳大全文粹》《石仓历代诗选》《诗话总龟》《宋诗纪事》等。

送朱叔赐赴闽中幕府二首

◎ 解题

诗出《东莱吕太史文集》卷一，作于淳熙元年（1174）。朱叔赐，生平不详，与李洪有交往。李洪有《芸庵类稿》载与朱叔赐唱和作品。

止戈堂上屦声闲[1]，飞盖相追杳霭间。君到定知难入眼，倚天潜霍是家山[2]。

[1] 止戈堂上屦声闲：止戈堂，在福州安抚厅后阁库北，旧甲仗库大厅东厢。初名武备，绍兴二年（1132），韩世忠平寇乱，改名为"止戈堂"。隆兴元年（1163），汪应辰以侍郎为福建安抚使。屦声闲，指脚步声悠闲。句谓福州是吕祖谦自己曾经生活过的地方。　　[2] 潜霍：潜山与霍山。《春秋左传注疏》："三代以上衡山亦称霍山，是一山二名，如泰之名岱耳。汉武以后即祀南岳于潜、霍，后人遂称潜、霍为南岳焉。"郑樵《尔雅注》云："霍山，即天柱山。汉武帝以衡山辽旷，移其神于此，号为南岳，在今寿州霍山，土人亦呼为南岳也。"《续博物志》云："霍山为南岳，至汉武以衡山道远，徙祭于庐江潜山。"《舆地广记》："潜山，一名天柱山。汉武帝尝登此。"家山：故乡，大概朱叔赐为安徽人。

路逢十客九衿青，半是同窗旧弟兄。最忆市桥灯火静，巷南巷北读书声[1]。

[1] 路逢……读书声：此首诗回忆吕祖谦早年在福州读书时的生活。

◎ 研读

诗为送朱叔赐赴福建幕府作。福建福州本吕祖谦少年时读书之地，吕祖谦通过回忆自己的读书日子，歌颂福州城的文化繁盛。诗入《方舆胜览》《两宋名贤小集》《古今事文类聚遗集》《石仓历代诗选》。

苏仁仲计议挽章二首师德（之一）

◎ 解题

诗出《东莱吕太史文集》卷一，作于淳熙二年（1175）。苏师德，字仁仲，丹阳人，绍兴（1131—1162）中为枢密院计议官。时同僚胡铨上书劾秦桧遭贬窜，苏师德亦受株连被贬。后通判平江，因得罪秦桧落职闲居，去世时年近八十。

幽栖略具便休官[1]，帝遣蒲轮唤不还[2]。大似文元居道院[3]，又如退傅过香山[4]。梦回帷幄青冥上，尝为密院计议官[5]。醉堕风波浩荡间。尝谪汀州[6]。向使胸中有荣辱，那能八十鬓毛班[7]。

[1] 幽栖：幽僻的居处，句指隐退。　　[2] 蒲轮：蒲草裹车轮，帝遣蒲轮相邀，示尊宠。　　[3] 文元居道院：晁迥，字明远，澶州清丰人。天禧（1017—1021）中，判西京留司御史台，以太子少保致仕，加少傅。卒赠太子太保，谥文元。晁迥善吐纳养生之术，著有《翰林集》《道院集》。　　[4] 退傅过香山：香山在洛阳龙门山之东。唐代白居易曾为少傅，晚年在香山度过，自号香山，闲适自得。　　[5] 青冥：青天，这里指显要的职位。　　[6] 谪汀州：苏师德为人廉直，曾因得罪秦桧被贬谪汀州。　　[7] 鬓毛班：班，同斑，头发花白，指高寿。

◎ 研读

吕祖谦曾经与苏师德论诗。据陈鹄《耆旧续闻》卷一"吕伯恭先生尝言往日见苏仁仲提举，坐语移时，因论及诗。苏言南渡之初朱新仲寓居严陵时，汪彦章南迁便道过新仲，适值清明，朱送行诗……"云云。吕祖谦《苏仁仲计议挽章二首》（之二）："旧来议论多遗落，新出传闻或异同。已侯从谁判真赝，汗青连屋未施功"。诗入《两宋名贤小集》《石仓历代诗选》《宋元诗会》。这两首诗，作者以优雅古拙的文风，抒发了对逝去友人的深深怀念之情。

酬上饶徐季益学正

◎ 解题

诗出《东莱吕太史文集》卷一，作于淳熙二年（1175）。此为吕祖谦召集鹅湖之会后，在上饶会见徐季益而作。徐季益，吕祖谦伯祖吕本中门生。

吾家紫微翁[1]，独守固穷节[2]。金銮罢直归，朝饭尚薇蕨。峨峨李杜坛，总角便高蹑。暮年自誓斋，铭几深刻责。名章与俊语，扫去秋一叶[3]。冷淡静工夫，槁干迂事业[4]。有来媚学子，随叩无不竭。辞受去就间，告戒意尤切。典刑自耆老，护持何敢阙。嗟予生苦晚，名在诸孙列。拊头虽逮事，提耳未亲接。徐侯南州秀[5]，少也尝鼓箧[6]。示我百篇诗，照坐光玉雪。因之理前话，讲绎霏谈屑。两都弟子员，家法严城堞。取善则未周，守旧犹有说。同门风雨散，孤学丝桐绝[7]。怀哉五马桥[8]，寒径寻遗屦[9]。

[1] 紫微翁：吕本中，曾为中书舍人。唐开元年间（713—741），中书省改为紫微省，中书舍人为紫微舍人，因称"紫微翁"。 [2] 独守固穷节：固穷，典出《论语·卫灵公》："子曰：'君子固穷，小人穷斯滥矣。'"句谓吕本中自己坚持固穷的儒家节操。 [3] 名章与俊语，扫去秋一叶：抛弃美妙的言辞，指吕本中不以文为事、一心一意的儒学追求。 [4] 槁干迂事业：指吕本中从事的儒家学业。 [5] 徐侯：徐季益。 [6] 鼓箧（qiè）：《礼记注疏》："入学鼓箧"。孔颖达注"鼓箧，击鼓警众，乃发箧出所治经业也"。指

徐季益曾从吕本中问学。　[7]孤学丝桐绝：孤学，将要绝传的学问；丝桐，琴。句谓学问将要断绝。　[8]五马桥：桥名，未知实所指，当是徐季益从吕本中学处。　[9]遗屧（xiè）：屧指木屐，遗屧指遗留的踪迹。

◎研读

《酬上饶徐季益学正》内容非常丰富，讲了吕本中的学术发展史和他对文道关系的看法，谈及吕本中与吕祖谦虽为祖孙关系而实际吕祖谦未得亲炙。该诗歌颂了吕本中重要的学术贡献，同时也写了徐季益回忆追随吕本中的求学过程。

夜宿浦城鱼梁徐删定骧之子出示林谦之挽其父二诗时谦之方按刑广东有怀次韵

◎解题

诗出《东莱吕太史文集》卷一，作于淳熙二年（1175）四月二十八日。徐删定，名德襄。删定，官职名，宋代编修敕令所有删定官一职。其他事迹不详。林光朝（1114—1178），字谦之，号艾轩，宋兴化郡莆田人。隆兴（1163—1164）进士。历任秘书省正字兼国史编修官、实录院检讨、国子司业兼太子侍读、国子祭酒、中书舍人等。《宋史》本传说他"专心圣贤践履之学，通《六经》，贯百氏，言动必以礼，四方来学者亡虑数百人。南渡后，以伊、洛之学倡东南者，自光朝始。然未尝著书，惟口授学者，使之心通理解。尝曰：'道之全体，全乎太虚。《六经》既发明之，后世注解固已支离，若复增加，道愈远矣'。"有《艾轩集》行世。林谦之有挽徐删定诗二首，其一："修文巷里暮春前，欲上旗亭送客船。忽有短笺无寄处，鱼梁却在泪痕边。"其二："忽然白昼自生哀，立马桥东唤不回。惊起河波理残梦，十年灯火上心来。"

五年不说空山雨，今夜鱼梁著钓船。为问故人今健否，桄榔叶暗瘴江边？

两章宛转复清哀，读到鱼梁首重回。便使短笺无姓字，也应知自艾轩来。

◎研读

吕祖谦与林光朝为隆兴同年进士，与林光朝有数年的交往。《艾轩集》卷十附录："《东莱帖》云'艾轩与张钦夫所居连墙，日夕讲论，殊以自幸'。《南轩帖》云'伯恭邻墙，无日不相见，谦之所居亦隔一桥耳'。又云'此间谦之时得往来，盖相去数步'。"此诗表达了吕祖谦对林光朝的怀念之情。诗入《两宋名贤小集》《石仓历代诗选》。

题刘氏绿映亭二首

◎解题

诗出《东莱吕太史文集》卷一，作于淳熙二年（1175）七月。刘邦光，字国华。婺州武义人。知湖州长兴县。

凉叶翻翻不受尘，芒鞋藤杖及清晨。开窗小放前溪入，澄绿光中独岸巾[1]。

[1]岸巾：掀起头巾，露出前额，指潇洒不拘俗的生活状态。

鹭浴鱼跳在镜屏，摇青浮碧太鲜明。墙东种得阴成幄，隔叶看来却有情。

◎研读

　　该诗通过对刘家绿映亭景色的描写，写出了大自然的生机勃勃，也写出了诗人自得的快乐。诗入《两宋名贤小集》《石仓历代诗选》《宋艺圃集》。

题归庵

◎解题

　　诗出《东莱吕太史文集》卷一，未知作年。

　　云壁开苍峡，风林卷翠涛。诸松皆老大，一嶂独孤高。发兴虽公等，寻幽许我曹。秋光端可赋，不是楚人骚[1]。

　　[1] 秋光端可赋，不是楚人骚：宋玉《九辩》有"悲哉秋之为气也，萧瑟兮草木摇落而变衰"句，是著名的悲秋之作。吕诗说"不是楚人骚"，即不因秋而悲，展现了积极的人生态度。

◎研读

　　该诗是吕祖谦诗中极少见的一首充满豪兴的诗，写出了诗人豪迈的情怀。诗入《两宋名贤小集》《石仓历代诗选》《御选宋金元明四朝诗》《宋元诗会》。

次韵叶丞相陈尚书游南园

◎解题

　　诗出《东莱吕太史文集》卷一，作在淳熙三年（1176）春。叶丞相，即叶衡，字梦锡，婺州金华人。叶衡为绍兴十八年（1148）进士，自太府少卿除户部侍郎，累迁枢密都承旨、户部尚书、签书枢密院事、右丞相兼枢密使。陈尚书，未知为谁。南园，在杭州，陆游有《南园记》，云其地为武林之东麓，西湖之水汇于其下。是诗有"乐事良辰古所难，三分春色一分宽。润花雨过红裙湿，倚竹风斜翠袖寒"句，概作于三月。

乐事良辰古所难[1]，三分春色一分宽。润花雨过红裙湿，倚竹风斜翠袖寒[2]。自有南堂谁举白，可无东绢为施丹[3]。两翁醉墨曾题品，便作平泉草木看[4]。

[1] 乐事良辰古所难：谢灵运句："良辰美景，赏心乐事，四者难并。" [2] 润花……袖寒：杜甫《陪诸贵公子丈八沟携妓纳凉晚际遇雨》："雨来沾席上，风急打船头。越女红裙湿，燕姬翠黛愁。"此句将花、竹拟人。 [3] 东绢：四川盐亭县产的鹅溪绢，多为绘画用。 [4] 平泉：唐李德裕造平泉山庄。

◎ 研读

诗写南园春日风光宜人，入选《两宋名贤小集》《石仓历代诗选》。

送喻叔奇通判会稽

◎ 解题

诗出《东莱吕太史文集》卷一，作年不详。喻良能，字叔奇，号香山，义乌绣川人，历官国子监主簿、工部郎中，出知处州。陈亮说"邑士之称雄者四人"，其一即喻叔奇。喻叔奇与王十朋唱和最多。

鸣驺前日饯出使[1]，椎鼓今日送作州[2]。会稽别驾官尚薄，道傍羡者何其稠。版舆有亲余九十[3]，东南之美供甘柔。先春铸牙入午啜[4]，破腊箭茁充晨羞[5]。况复诗坛执牛耳[6]，所至风月相献酬。千岩万壑遍题品，会有采者人名遒[7]。

[1] 鸣驺（zōu）：传呼喝道的军卒。　　[2] 椎鼓：击鼓。　　[3] 版舆：一种轻便的车。《文选·闲居赋》李善注："版舆，车名。……一名步舆。周迁《舆服杂事记》曰：'步舆，方四尺，素木为之，以皮为襻，扛之，自天子至庶人通得乘之。'"　　[4] 铸牙：即铸芽，日铸茶芽。《会稽志》卷十七："日铸岭在会稽县东南五十五里，岭下有僧寺名资寿。其阳坡名油车，朝暮常有日产茶绝奇，故谓之日铸。……然日铸牙纤白而长，其绝品长至三二寸，不过十数株，余虽不逮亦非他产所可望。味甘软而永，多啜宜人，无停滞酸噎之患。"日铸，欧阳修《归田录》记作日注，云"草茶盛于两浙，两浙之品，日注第一"。　　[5] 箭茁（zhú）：箭，竹子名；茁，嫩芽。箭茁，春笋。陆游《行在春晚有怀故隐》："石帆山路频回首，箭茁莼丝正满盘。"　　[6] 执牛耳：指喻良能为诗坛领袖。　　[7] 人名遒：道人，即传达政令官员。正义训道为聚，聚人而令，故以为名。

◎ 研读

诗言吕祖谦送别喻良能，谈及喻氏之得职、喻氏之奉亲、会稽之特产、喻氏之善诗。该诗入选《两宋名贤小集》《古今事文类聚外集》《石仓历代诗选》。

送胡子远著作知汉州分韵得行字

◎ 解题

诗出《东莱吕太史文集》卷一，作于淳熙五年（1178）。胡晋臣，字子远，唐安人，王十朋榜同进士出身，治《诗》赋。乾道四年（1168）三月除著作郎，淳熙五年四月为著作佐郎，十月知汉州。

定交不在蚤，意合盖已倾[1]。胡侯西南来，两载同书檠。与人徐有味，于世初无营。虚舟淡容与[2]，未易宠辱惊。鱼龙同一波，中有千丈清。道气自深稳，名言常简明。南宫接东观，天衢势方亨。梦回得远信，窥檐渚鸿鸣[3]。开书见连环，归兴浩已盈。子政方校录[4]，令伯俄陈情[5]。都门日毂击，杂袭炎凉并。谁知此麈盖，独为思亲行。夹道皆叹息，始识真重轻。古来聚散地，雪野天峥嵘。别袖不可挽[6]，宿昔洲渚生。君臣有大义，忠孝相持衡。勉哉楙明德，清庙须栋甍。

[1] 盖已倾：倾盖，新交的朋友。《史记》有语"白头如新，倾盖如故"。　[2] 虚舟淡容与：胸怀坦荡旷达，无所拘执。　[3] 远信：远方的消息。元稹《元氏长庆集·哭女樊四十韵》："解怪还家晚，长将远信呈。"鸿鸣：书信。　[4] 子政方校录：子政，西汉刘向字。刘向在汉成帝时被委任整理官中文籍。此指胡晋臣现在的著作郎身份。　[5] 令伯俄陈情：令伯，晋李密字，有《陈情表》叙述与祖母的亲情。句指胡晋臣为思亲而行。　[6] 别袖：挥别之袖。韩愈《晚泊江口》："回首那闻语，空看别袖翻。"

◎ 研读

这是一首借送行，讲父子、君臣大义的诗，称赞胡晋臣宠辱不惊，为思亲而行的可贵品质。

题真觉僧房芦

◎ 解题

诗出《东莱吕太史外集》卷五《拾遗》，绍兴二十三年（1153）作。这是吕祖谦十七岁时的作品，时吕大器为浙东提刑司干官，吕祖谦随任在绍兴。

何人夜折苕溪雪[1]，吹落山堂寄清绝[2]。梦回轩槛非人间，一岸扶疏碎残月。秋风索索秋意晚，叶外参差明迭巘。颇似江南短棹归，平沙雁落汀洲远。苍涛绕窗碧玉寒，中有渔父千古闲。知君胸次五湖阔，波声仿佛游杏坛[3]。少林之孙韵枯木，避世避人何用逐。渭川谩复千亩多[4]，江上由来一苇足[5]。

[1] 苕溪雪：苕溪，东苕溪与西苕溪为浙江境内源出天目山的两条溪水，至吴兴县城合并。夹岸多苕花，秋天飘散水上如雪，因称苕溪雪。　[2] 清绝：清雅美妙。陆游《小憩长生观饭已遂行》："清绝长生观，再游疑后身。"　[3] 波声仿佛游杏坛：杏坛，孔子讲学处，典出《庄子·渔父》："孔子游乎缁帷之林，休坐乎杏坛之上。"谓波声如孔子讲学的声音。　[4] 渭川：《史记·货殖列传》："渭川千亩竹……其人皆与千户侯等。"　[5] 江上由来一苇足：《诗·河广》："谁谓河广，一苇杭之。"

◎ 研读

这首诗，有声有色，有景有情，写出了苕溪的自然之美。

汉铜弩机歌

◎ 解题

歌出《东莱吕太史外集》卷五《拾遗》，作于何时不明，但从其风格看，似乎为早年或科考中所作。歌从一个产于汉代的弩机写起，描述了战事的惨烈、战士的视死如归，颇有一点豪放的气派。

甘泉宫中烽火催[1]，武库掣锁殷春雷[2]。山西都尉部千弩[3]，意气欲压天山摧。朔风惨惨随旗尾，角声满天日色死。眼吞单于方发机，南风不竞羽倒飞[4]。血视空拳尚思战[5]，边庭无竹可续箭。断弦已作塞上尘，零落铜牙时一见[6]。土花蚀尽缪篆青，千年遗恨今未平。雕鞍过尽不回首，落身几按依书檠。藓苔暗淡生古色，中有少卿千斛力[7]。从汉至今无大黄[8]，妇玩儿嬉固其职。长平箭头豪士怜[9]，赤壁折戟传青篇[10]。古来慷慨共如此，脱略形器求天全。是机虽缺神凛然，想成风沙射雕天[11]。径欲匹马南山边，何必一臂三十鞙[12]。

[1] 甘泉宫：汉代宫室，汉武帝曾避暑处。　[2] 武库：军事装备储存的地方。张衡《西京赋》："武库禁兵，设在兰锜。"　[3] 弩（nǔ）：用机械射箭的弓。　[4] 南风不竞羽倒飞：竞，强劲。据《左传》"襄公十八年"，晋人闻有楚师。师旷曰："不害，吾骤歌北风，又歌南风，南风不竞，多死声，楚必无功。"　[5] 弮（quān）：弩弓。　[6] 铜牙：弓弩的构件。　[7] 少卿：汉李陵，字少卿。少为侍中建章监，善骑射。　[8] 大黄：《汉书》云李广曾以大黄射胡人。服虔注："黄，肩弩也。"　[9] 长平箭头：秦白起在长平大败赵国军队，杀赵括，坑降卒，及前后斩首凡四十五万。　[10] 赤壁折戟：指汉末曹操与刘备、孙权联军的赤壁之战。　[11] 射雕：典出《史记》："天子使中贵人从广勒习兵击匈奴……广令其骑张左右翼，而广身自射彼三人者，杀其二人，生得一人，果匈奴射雕者也。"　[12] 鞙（juàn）：弩弦。

◎ 研读

这首诗可分为两大部分。从开始到"血视空弮尚思战，边庭无竹可续箭"，为上半部分，其后到结束为下半部分。前半部分写战事紧急，将帅英勇，但因天不作美，最终失败而死不甘心的壮烈场景。这令人想起屈原的《国殇》，二者实有异曲同工之妙。后半部分写战事已过，断弦作尘，只有弩机依然心怀遗恨，尽管流落在几案之间，成为妇女、儿童手中的玩物，但神气凛然，不减当年，"想成风沙射雕天"。这部分看似写弩机，却实际上是写"血视空弮尚思战"的勇士。全篇气势磅礴，风格雄健，内容悲壮，歌颂了将士们意志刚强、虽死犹生的英雄气概，是一篇不可多得的佳作。

需要指出的是，从此诗的字面来看，写的是汉对匈奴之战，实际上却是对宋金对峙的反映。南宋是一个屈辱的小朝廷，被金国赶到了南方偏安，而宋人从不甘心过这种屈辱的日子，从岳飞到张浚、虞允文，军民们一直在奋力抗争。不过，这些抗争都因朝廷的妥协或者自身准备的不足而告失败。尽管屡战屡败，爱国军民为国而战的雄心壮志却从来不曾减弱。“眼吞单于方发机，南风不竞羽倒飞。血视空拳尚思战，边庭无竹可续箭”，写出了南宋军民徒有热情，却无力回天的无可奈何的心理。此诗把一千多年前的汉对匈奴之战写得如此悲壮、生动，是吕祖谦爱国真情的一次痛快淋漓的倾泻。

过九江赠同舍陈伯秀

◎解题

诗出《东莱吕太史外集》卷五《拾遗》，作于隆兴二年（1164）。陈芷，字伯秀。该年四月，吕祖谦如黄州省父，过九江，访同门陈芷，作此诗。据吕祖谦本诗注语，陈芷少与吕祖谦同游林之奇门下。

异时夫子门[1]，论交心独可。晨窗并几案，莫檠共灯火。同升大宗伯[2]，道阻山硛硪[3]。淡墨湿栖鸦[4]，天开棘闱锁[5]。高张三百丈，遍数不及我[6]。咫尺判飞沉，鹏抟笑鸢堕[7]。音尘两疏阔，岁月悉箭笴[8]。风吹矾口帆，雨系浔阳柁。故人尚一尉，旌旗穿紫逻[9]。相逢话旧游，拨置朱墨伙。握手忘寒温，屈指半轗轲[10]。官居岸平湖，波涛日舂簸。饱看五老面[11]，此计殊未左。山房旧闻名[12]，欲往辄不果。须君发其藏，万卷书绕坐。

［1］夫子门：夫子，林之奇。谓同为林之奇门生。　［2］大宗伯：掌管祭祀的职位，在宋代位于礼部之下。　［3］硛（è）硪（é）：山高峻。　［4］栖鸦：形容字迹丑陋，谦词。　［5］棘闱：考试院。　［6］遍数不及我：见下注。　［7］鹏抟笑鸢堕：鹏抟，喻人的奋发有为。语出《庄子》：

"鹏之徙于南冥也，水击三千里，抟扶摇而上者九万里。"鸢堕，语出《后汉书·马援传》。此句继上句"遍数不及我"，云绍兴二十七年（1157）吕祖谦春试礼部不中事。　　[8] 箭笴：箭杆。　　[9] 紫逻：紫逻山，地名。　　[10] 轗（kǎn）轲：路不平，形容仕途的艰难。　　[11] 五老：五老峰，在庐山南面。　　[12] 山房旧闻名：李公择曾居五老峰下，苏轼云"余友李公择少时读书于庐山五老峰下白石庵之僧舍。公择既去，而山中之人思之，指其所居为李氏山房，藏书凡九千余卷……乃为一言，使来者知昔之君子见书之难，而今之学者有书而不读为可惜也"。苏轼为李公择作《李氏山房藏书记》。"山房"句或为李公择而发。

◎研读

这是一篇有助于认识吕祖谦早年在福州读书生活的诗作，写出了福州教育的兴盛。"最忆市桥灯火静，巷南巷北读书声"一句，吕祖谦回忆了他与朋友一起读书，一起考试的情景，同时也写出了对师门陈伯秀的期待。

恭和御制秋日幸秘书省近体诗

◎解题

诗出《东莱吕太史文集》卷一，作于淳熙五年（1178）九月二十日。淳熙五年九月二十日，孝宗临幸秘书省，赐丞相史浩以下官诗云："玉轴牙签焕宝章，簪绅侍列映秋光。宴开云阁儒风盛，坐对蓬山逸兴长。稽古右文惭菲德，礼贤下士法前王。欲臻至治观熙洽，更赓嘉猷为赞襄。"

麟阁龙旂日月章[1]，中兴再见赭袍光[2]。仰观焜耀人文盛，始识扶持德意长。功利从今卑管晏[3]，浮华自昔陋卢王[4]。愿将实学酬天造，敢效明河织女襄。

[1] 麟阁龙旂日月章：麟阁，麒麟阁，汉阁名。宣帝时将霍光等功臣图画其上以示宠荣。龙旂、日月，皆指皇帝，这里是指孝宗。 [2] 赭袍光：赭黄袍，天子穿的袍子，代指天子。 [3] 卑管晏：卑视管晏的业绩。管晏，管仲与晏婴。管仲，字夷吾，为齐桓公相，尊周室，攘夷狄，九合诸侯，一匡天下。晏婴，字平仲，为齐景公相，后人编《晏子春秋》。此句称扬孝宗的中兴之功。又，管晏之功得益于霸道，吕祖谦此处可能有称赞孝宗行王道而天下治的意思。所以朱熹有"从容风议"之赞。 [4] 陋卢王：卢王，唐人卢照邻与王勃。两人皆为文人，为理学家所不道。

◎研读

此诗曾得朱熹首肯，云："适获忝览《册府庚歌》，从容风议之辞，独得之于高明耳，叹仰！叹仰！"从内容上说，此诗是诗人酬和皇帝的诗，表达了对朝廷、皇帝的赞美以及诗人高昂的报国之志和热切的报国之心。该诗入选《两宋名贤小集》《古今事文类聚》等集，是《瀛奎律髓》卷五所选吕祖谦五首诗之一。

祭酒芮公既殁四年门人吕某始以十诗哭之

◎解题

文出《东莱吕太史文集》卷一，作于淳熙元年（1174）十月。芮公，芮烨，吕祖谦岳父。至于吕祖谦为何四年后才作诗哭师，《东莱吕太史别集》卷九《与周丞相（子充）》有解释："某……近偶作《哭芮丈十绝》，向来欲出数语，中间忧制，故逶迤至今。诗初非所习，正以其往时有不敢作诗之语，深愧此意，聊挂延陵之剑耳。"古人忧制之间是不允许作文的，这是礼制。

少年把笔便班扬[1]，咳唾珠玑落四方。岁晚寒窗浑忘却，瓦炉香细雨声长。

[1] 班扬：东汉班固与扬雄。借以形容芮烨少年时便才华横溢。

际野尘埃扑面来，万人蚁聚拨难开。手中杓柄长多少，蛰尽饥肠十月雷。公为仁和尉，岁荒，殍者满野，区处赈恤，各有条理。

小醉初醒日半昏，森森赤棒绕篱门[1]。慨然投袂无难色[2]，不识从来狱吏尊。公尝为某道坐司狱时如此。

[1] 赤棒：古代达官出行所用的仪仗，常用来棒击碍行的路人。　[2] 投袂：甩衣袖，愤然而起的样子。

交广归来里巷迎[1]，破囊又比去时轻。何须更酌廉泉水，夫子胸中万斛清。

[1] 交广归来：指芮烨为秦桧贬谪化州，桧死诏回临安事。

殿前拜疏阅群公[1]，献替从违各异同。陛楯诸郎自相语，白头祭酒最由衷[2]。

[1] 殿前拜疏阅群公：句谓吕祖谦在朝时与众官交往。　[2] 祭酒：芮烨为国子祭酒。

出祖津头六馆空[1]，帽檐齐侧挂帆风。吴兴盛事人能数，直自胡公到芮公[2]。

[1] 出祖：饯别。六馆：国子监，唐制国子监包括国子学、太学、四门、律学、书学、算学。　[2] 胡公：胡瑗，滕宗谅请为教授。

闻人有善已伸眉[1]，倒廪倾囷更不疑。菶菶萋萋竟何许[2]，《卷阿》空老凤皇枝[3]。

[1] 闻人有善已伸眉：伸眉，舒展眉头，形容得意。《旧唐书》房、杜传称房玄龄："闻人有善，若己有之……审定法令，意在宽平，不以求备取人，不以己长格物。随能收叙，无隔卑贱。论者称为良相焉"。　[2] 菶（běng）菶萋萋：草木茂盛，比喻道德高尚，为人称许。　[3]《卷阿》空老凤皇枝：语取《诗经·卷阿》："凤凰鸣矣，于彼高冈。梧桐生矣，于彼朝阳。"《卷阿》

为招善人而作。诗言善人已去，所以云"空老"。

胸怀北海与南溟[1]，却要涓涓一勺清。相对嗒然如重客，无人信道是门生。

[1] 胸怀北海与南溟：形容芮烨胸怀博大，语借《庄子·逍遥游》。

璧水经年奉宴居[1]，天和袭物自舒徐[2]。凭谁寄谢朱公掞[3]，才向春风坐月余。朱公掞见明道于汝州，归语人曰："光庭在春风中坐一月。"

[1] 璧水：太学，国子监。经年：多年。 [2] 天和袭物自舒徐：句谓在国子监与芮烨共处期间得到的无声浸润。 [3] 凭谁寄谢朱公掞（yàn）：朱光庭，字公掞，偃师人，从二程学。句谓自己追随芮烨如朱光庭从二程。

先生墓木绿成围，弟子摧颓昼掩扉。大雪繁霜心已死，有时清梦尚抠衣[1]。

[1] 清梦抠（kōu）衣：清梦，令人高兴的梦；抠衣，恭敬地求教，提起衣服前襟，古人迎接趋步的动作，表示恭敬。写吕祖谦对芮烨的怀念。

◎ 研读

十首诗前七首写芮烨的人生经历。第一首写芮烨的聪明与才华。第二首写芮烨为仁和尉的爱民。第三首写芮烨因诗祸被秦桧贬谪广东为官。第四首写芮烨从广东返朝，两袖清风。第五首写芮烨在朝为官，担任祭酒。第六首写芮烨的历史定位。第七首写芮烨老去。以上七首诗是对芮烨一生的总结。第八首写吕祖谦与芮烨的师生关系。第九首写吕祖谦的从师经历。第十首写吕祖谦对先生的念念不忘之情。

端明汪公挽章二首

◎ 解题

文出《东莱吕太史文集》卷一。汪应辰淳熙二年（1175）十二月卒。诗作于淳熙五年正月，为怀念之作。汪应辰，初名洋，字圣锡，信州玉山人，出身农家，绍兴五年（1135）进士第一，高宗特赐名应辰。十八岁步入仕途，官至吏部尚书兼翰林学士并侍读，因得罪权贵，以端明殿学士出知平江府。一生刚直不阿，兴利除弊。汪应辰不喜为文，以为不宜蔽精神于无用，然每作辄过人，人谓翰苑二年所撰制诰，温雅典实。有《文定集》。南渡后，汪应辰居衢州超化寺，与吕祖谦从游最为密切，来往书信不断，多为切磋学问而作。

异时忧世士，太息恨才难[1]。每见公身健，犹令我意宽。雕零竟何极，回复岂无端。此理终难解，天风大隧寒[2]。

[1] 才难：人才难得。《论语·泰伯》："孔子曰：'才难，不其然乎？'"
[2] 天风大隧寒：句出古辞《饮马长城窟行》："枯桑知天风，海水知天寒。"隧，墓道。句言汪应辰去世。

四海膺门峻[1]，亲承二纪中[2]。论交从父祖，受教自儿童[3]。山岳千寻上，江河万折东。微言藏肺腑，欲吐与谁同。

[1] 四海膺门峻：膺，承受。句谓汪应辰为天下学子老师。　[2] 亲承二纪中：自己追随汪应辰二十四年。　[3] 论交从父祖，受教自儿童：绍兴十五年（1145），汪应辰已与吕氏家族有深厚交往，曾为吕大器兄弟作《豹隐堂记》，时吕祖谦九岁。

◎研读

二挽章言吕祖谦师事汪应辰二十多年，与汪应辰探讨学术之道。汪应辰一旦离去，吕祖谦便失去一位好老师，再不得抠衣相随。诗情真意切，入《五百家播芳大全文粹》《两宋名贤小集》《诗话总龟后集》。

横山吴君佚老庵记

◎解题

文出《东莱吕太史外集》卷五，作于乾道五年（1169）。文成，由吕祖谦门生李丙书丹刻石。横山，据《浙江通志》卷四十七在永康县。文入《古今事文类聚·别集》。

横山吴君珉治别室之西偏，榜以"佚老"。休工归役，斤斧收声，辑杖立于前荣[1]，闻窃语于阶者曰："棋垅绳畦，坻粟京稼，筹算挂壁，万货四凑，此吾主人翁所以佚其老也。"少进，至于门，闻行语于途者曰："丰林邃宇，尊俎静嘉，鸥鹭不惊，风月相答，此吾豪长者所以佚其老也。"又进至于郊，闻聚语于塾者曰："培嗣以学，既楙既夆[2]；秩壶以礼，既序既饬。此吾乡丈人所以佚其老也。"

[1] 前荣：屋前的飞檐。　　[2] 楙：同"茂"。夆："敷"的古字，意"生长"。

他日，吴君为予道之。予曰："夫三者之言何如？"吴君曰："阶得吾粕，途得吾漓，塾得吾醇。出浸远，而说浸近。吾名吾室，义其究于此乎？"予曰："未既也。畏峤登舆，身闲心慄；厌市筑墦，目静耳喧。君虽善自佚，逾阃以往[1]，肩颓腹枵者踵相接。岁或不升，尫瘵困惫，呻吟交于大逵[2]。专一室之佚，乐乎哉？君里中望也[3]，盍劝相族党，悯劳振乏，已责纾逋，同其佚于是乡，则尽横山表里皆君佚老庵也。其视尺椽半席广狭何若？"吴君谢曰："厚矣，子之拓吾境也！"顾童奴陷其说于壁间以为券[4]。

[1] 阘（niè）：门槛。　　[2] 大逵：大道。逵，四通八达的路。　　[3] 里中望：地方上有名望的人。　　[4] 券：凭证，保证。

◎ 研读

全文以横山吴珉"佚老庵"题额发端，借吴珉口说出了不同的人对"佚老"的不同看法，并引发吕祖谦自身对"佚老"的议论，表达了吕祖谦"以民为本，人人均足"的思想理念。实际上，这里谈的是四种人的四种世界观，与佚老庵并没有直接关系。佚老庵仅是话题的引子，这是一种颇具风格的只议论、不写景的散文，反映了典型的宋人楼阁记的写作路数。

台州修城记

◎ 解题

文出《东莱吕太史文集》卷六，应台州守赵汝愚约定作于淳熙二年（1175）十月朔日。赵汝愚，字子直，宗室汉恭宪王赵元佐七世孙，饶州余干人，父善应、字彦远。官拜右丞相，与韩侂胄有隙。庆元二年（1196）正月壬午去世。著《国朝诸臣奏议》。《宋史》有传。

临海郡南、东、西三方岸，江湖秋水时至，北限大山，蹙不得骋，怒啮堤足，生聚凛凛，恃城以为命。距海余百里，逋亡剽侠之所[1]，曹（或作"遭"）恶岁，辄睢盱洲溆[2]，睥睨郛郭[3]，徼警者不敢弛柝[4]，故闭修之政在是郡为首务。盖所以远灾害，销奸萌，非徒区画封表备侯邦之制也[5]。庆历之水几不为郡，元章简公绛来守而城复立[6]。宣和中盗发仙居[7]，阚虚深入，肉薄欲登。时则有户掾滕君膺[8]，帅厉吏士圉以方略[9]，寇不为患。父老纪焉。乾道九年，里旅不戒于火，延及郡城，堵隤甃阤[10]，径逾无禁，害气来格[11]，民讹不宁。

[1] 逋亡剽侠之所：逃亡者与凶悍之人的聚集地。 [2] 睢（huī）盱（xū）：张目仰视。这里是觊觎、有非分之想的意思。 [3] 睥睨（pì nì）：斜视，窥视，觊觎。 [4] 徼（yāo）警者不敢弛柝（tuò）：徼，同"邀"，招致；柝，巡夜打更用的梆子。招致巡更的人不敢松懈警惕之心。 [5] 非徒区画封表备侯邦之制：修城的举措不仅仅是为了完善城邦应有的规模。 [6] 元章简公：元绛，字厚之，杭州钱塘人。赠太子少师，谥号章简。苏颂撰《太子少保元章简公神道碑》："以治剧选，闻于朝。擢江西转运判官，职罢，愿试繁郡。会天台水溢城郭，漂溺千余家。被命知台州。至则出公库钱，即民故居作庐舍，令自占期，三岁偿所逋。又甓其城，闸其门，以捍江涛之患。自是水不败城郭。" [7] 宣和中盗发仙居：宋徽宗宣和年间（1119—1125），仙居发生盗乱，与方腊有关系，朱熹《义灵庙碑》云"盗起帮原，连陷六州"。[8] 户掾滕君膺：滕膺，字子勤。朱熹有《义灵庙碑》记其事。 [9] 圉（yǔ）以方略：圉，通"御"。以方略防御。 [10] 堵隤（tuí）甃阤（zhì）：隤、阤，皆是崩塌意，句谓修缮崩塌的城池。 [11] 害气：邪气，有害之气。《汉书·食货志》："予甚悼之。害气将究矣。"《后汉书·马援传》："惟援得事朝廷二十二年，北出塞漠，南渡江海，触冒害气，僵死军事。"

间一岁，太史赵侯汝愚自信徙镇。暇日循行墙落，属丞掾而告之曰："置守所以卫民，顾屏蔽废撤，若是其何以待不虞？土功于古，虽有常律，传《春秋》者复出启塞从时之例，岂非城闉之启塞[1]？实有邦之大纪，随时筑治，有不得而已者耶！况壮城之卒，月粟岁帛，凡以为此。益其大而宽其程，宜无不可。"于是，军事判官苏延寿受役，要司菫萃金谷之稽[2]；兵马都监胡胜督裁巡功，察其勉与不勉者；命群有司各保其所奠地，守傅众力，埤增卑薄，涂塞空郤[3]。环城诸门作新者四：曰镇宁，曰兴善，曰丰泰，曰括苍。修旧者五：曰崇和，曰靖越，曰朝天，曰顺政，曰延庆。起淳熙二年六月癸酉，讫闰九月某日。累日积工，凡九千九百有八。大抵取具于壮城之籍间，民愿即工者，厚酬之，不欲勿强。会其数，视役兵财十之一。鍜[4]、斫、镘、墍、黝、垩之工，畀儆直如其素。醪醴之馈，劳来之问，相及于道。其材瓦石甓之用，积若干万若干千若干百，钱以贯计，米以石计者，合若干千若干百有奇。维侯忧民急病之意既达于下，而精知周虑又足以综理之，故公无羡费，人无留力，工无余技，役事首尾，历再时，版畚并作，观堞堀兴，而近郊之氓初未尝释垄亩也[5]。

[1] 城闉（yīn）：瓮城，城门外护门的曲城。 [2] 輂辇（jú niǎn）金谷之稽：輂辇，马拉的大车与人力车。意谓由苏延寿负责后勤，做好物料准备。 [3] 郤（xì）：通"隙"。 [4] 鍜（xiá）：闭锢。 [5] 氓（méng）：农民。句谓不违农时。

始侯之至，诏奉计最，朝十月报政之期，甫半岁而赢。或谓是邦特侯假道休沐之地，缮营之巨者，必姑存以须后，乃独于入国阡陌未习之时，骤举力政，百年之迹，还于指顾。邦人德其赐而乐其成，请书劳于石。抑不知因事而功见，已事而迹泯，一垒培之绪业，于侯何有哉！至于不以久暂易意，眇然长虑于耳目之外，以无负于寄诿，识此者盖亦鲜矣。遂书以谂台之君子。

◎研读

吕祖谦文擅长议论，也擅长叙事、抒情、写景，如此篇描述临海郡秋水的凶猛："临海郡南、东、西三方岸，江湖秋水时至，北限大山，蹙不得骋，怒啮堤足，生聚凛凛，恃城以为命。"短短的三十多个字，特别是"蹙不得骋，怒啮堤足，生聚凛凛"，从地理形势、水的本身、人们的感受三个方面，非常形象地将临海秋水的暴虐，描摹得淋漓尽致。文字简洁有力，读来惊心动魄。吕祖谦的外祖父曾几极赞此文，有诗云："孔父昔所游，父老不能语。文章翠珉上，如此树高古。"曾几自注云："《台州修城记》儿氏之文也。"

秀州陆宣公祠堂记

◎ 解题

文出《东莱吕太史文集》卷六，作于淳熙四年（1177）四月，应秀州郡守吕正己约而作，龚敦颐书丹刻石。陆宣公，陆贽，字敬舆，唐苏州嘉兴人。德宗时，诏令多出其手。历官中书侍郎、同平章事。遭谗被贬忠州。顺宗即位，诏还。诏未至而卒。时年五十二，赠兵部尚书，谥曰宣。新旧《唐书》有传。

古者建学先圣先师，各因其国之故，国无其人，然后合他国而释奠焉。由汉以来，先圣先师之位，虽定于一，然郡邑先贤，亦往往祠于学官，犹古意也。唐史载陆宣公贽，苏州嘉兴人。石晋时，吴越王元瓘奏以嘉兴置秀州[1]。城东桥以宣公名者，先老相传公所生之地。郡学故有公祠，今郡守直显谟阁吕侯正已复缉而新之[2]。维秀陪翼行都，典治为天下剧。侯独置将迎期会之烦，表公以风厉多士，其亦知本务矣。

[1] 吴越王元瓘：钱元瓘，五代吴越王钱镠第七子，字明宝。钱镠卒，袭封国王。原名"传瓘"，嗣位后更名为"元瓘"。好儒学，善诗。 [2] 吕侯正己：吕正己，字穆叔。历官右朝奉郎改差知无为军、运判、右朝散郎、直敷文阁副使、朝散大夫直显谟阁知镇江府。

初，公事德宗，入翰林为学士。方禁旅四出伐叛，公深以根本为虑，论居重驭轻之势至熟悉也。未几，泾卒内讧[1]，迄如公忧。

奉天艰难之际，虽号亲近，而志实不大纾。职在书诏，因得具著天子悔过罪己之意[2]。闻者流涕，人心已离而复合。以使事抵李怀光[3]，于立谈顷拔李晟之军[4]。已而平贼泚[5]，收长安，独晟军是赖。官守所及，粗见一二，已足以再造唐室。苟帝以国听焉，其所成就何如哉？起建中、历贞元，垂二十年，离合从违之变繁矣，确乎其不移，温乎其不怼，亹亹乎其不厌，所积之厚，岂世所易窥耶？晚节为相，经世之业出之，固有次第。始建白台省长官，各举其属，议辄见格，然纲条本末具载于章奏者，尚可覆也。既贬忠州，阖户人不识其面，专以方药自娱，盖畏天命，畏大人，负罪引慝于幽闲隐约之中，其志念深矣。虽德宗雄猜忌刻，犹劳问有加，非公之忠敬有以发之邪？彼谓避谤不著书，殆知公之细者也。秀维公里，隽彦林立，公之精蕴列于乡，论者旧矣。故于祠宇之成，诵所闻以质其中否焉。

[1] 泾卒内讧：指唐德宗建中年间（780—783）朱泚叛乱事。　　[2] 具著天子悔过罪己之意：指朱泚之乱，陆贽为德宗作《奉天改元大赦制》，当时称为"罪己诏"，全篇有两千言，令天下感动。　　[3] 李怀光：渤海靺鞨人，本姓茹。其先徙于幽州，父常为朔方列将，以战功赐氏李。德宗时，李怀光以平朱泚功进副元帅。后叛乱，自杀。　　[4] 李晟：字良器，陇右临洮人。德宗时，以平朱泚功，进司徒，封西平王。　　[5] 贼泚：指朱泚，唐幽州人。唐德宗时拜太尉。姚令言督军过长安，军变，德宗逃奔奉天。姚令言奉朱泚为皇帝，号大秦，围奉天，被李晟军击败。朱泚逃走，被部将杀死。

◎ 研读

该文考陆贽事唐德宗事迹，歌颂陆贽以国家为重，忠君爱民的品行。清人孙承泽撰《庚子销夏记》卷六称："祠建于淳熙四年，吕东莱先生文，龚敦颐书。文既条达卓朗，书复驯驯雅饬，当时事衰微之日，而诸君子犹表章正人以维风纪，其事犹可纪也。"龚敦颐，字养正，和州人，兵部侍郎龚原之曾孙，有史学。事迹见元人陆友仁撰《吴中旧事》。淳熙七年（1180），周必大以修国史推荐；后七年，洪迈以翰林学士领史事又推荐，修国史授颍州文学，仕至宗正丞。

白鹿洞书院记

◎ 解题

文出《东莱吕太史文集》卷六，作于淳熙六年（1179）十一月。白鹿洞书院在宋与嵩阳书院、岳麓书院、睢阳书院一起被称为"四大书院"。朱熹在南康军任上修复白鹿洞书院，派专人力邀吕祖谦作记，云："然今事又有大于此者，敢以为请，别纸所具白鹿洞事迹是也。幸赐之一言，非独以记其事，且使此邦之学者与有闻焉，以为入德之门，则此惠深矣、厚矣。千万勿辞。"

淳熙六年，南康军秋雨不时，高卬之田告病[1]。郡守新安朱侯熹行视陂塘，并庐山而东，得白鹿洞书院废址[2]。慨然顾其僚曰：是盖唐李渤之隐居[3]，而太宗皇帝驿送九经[4]，俾生徒肄业之地也。书院创于南唐，其事至鲜浅。太宗于汛扫区宇，日不暇给之际，奖劝封殖，如恐弗及，规模远矣。中兴五十年，释、老之宫，圮于寇戎者，斧斤之声相闻，各复其初。独此地委于榛莽，过者太息，庸非吾徒之耻哉！郡虽贫薄，顾不能筑屋数楹，上以宣布本朝崇建人文之大指，下以续先贤之风声于方来乎？乃嘱军学教授杨君大法、星子县令王君仲杰董其事，又以书命某记其成。

[1] 高卬（áng）之田告病：高地上的庄稼因秋旱不雨而受灾。　　[2] 白鹿洞书院：在江西南康府星子县北庐山五老峰下。唐李渤在庐山读书时，常畜一白鹿相随，因以名洞。南唐于此建学，宋初始置书院，后废。朱熹复建。　　[3] 李渤：字浚之，号少室，祖籍陇西成纪，后徙河南洛阳。唐太和（827—835）中拜太子宾客。有《御戎新录》二十卷等。两《唐书》有传。　　[4] 太宗皇帝

驿送九经：朱熹《白鹿书院奏》："读国朝《会要》，恭视太宗皇帝尝因江州守臣周述之《奏》，诏以国子监《九经》赐庐山白鹿洞书院。"

　　某窃尝闻之诸公长者：国初，斯民新脱五季锋镝之厄，学者尚寡，海内向平，文风日起，儒先往往依山林、即间旷以讲授，大师多至数十百人。嵩阳、岳麓、睢阳及是洞为尤著[1]，天下所谓四书院者也。祖宗尊右儒术，分之官书，命之禄秩，锡之扁榜，所以宠绥之者甚备。当是时，士皆上质实，下新奇，敦行义而不偷，守训故而不凿，虽学问之渊源统纪或未深究，然甘受和、白受采，既有进德之地矣。庆历、嘉祐之间，豪杰并出，讲治益精。至于河南程氏、横渠张氏，相与倡明正学，然后三代、孔、孟之教始终条理于是乎可考。熙宁初，明道先生在朝，建白学制，教养考察，宾兴之法纲条甚悉。不幸王氏之学方兴[2]，其义遂格，有志之士未尝不叹息于斯也。建炎再造，典刑文宪浸还旧观，关、洛绪言，稍出于毁弃剪灭之余。晚进小生骤闻其语，不知亲师取友，以讲求用力之实，躐等陵节，忽近慕远，未能窥程、张之门庭，而先有王氏高自贤圣之病，如是洞之所传习道之者或鲜矣。然则，书院之复岂苟云哉！此邦之士盍相与揖先儒淳固悫实之余风，服《大学》离经辨志之始教，由博而约，自下而高，以答扬熙陵开迪乐育之大德，则于贤侯之劝学斯无负矣。至于考方志，纪人物，亦有土者所当谨。若李浚之之遗迹，固不得而略也。侯于是役重民之劳，赋功已狭，率损其旧十七八，力不足而意则有余矣。兴废始末，具于当涂郭祥正所记者，皆不书。

　　[1] 嵩阳、岳麓、睢阳：即嵩阳书院、岳麓书院、睢阳书院（应天书院），与白鹿洞书院，合称宋代"四大书院"。　[2] 王氏之学：概指王安石提倡的新学。

◎研读

　　白鹿洞书院是宋代著名的四大书院之一，始建于南唐，五代兵燹被毁。朱熹知南康军事，兴复教育，再建，特邀吕祖谦为之作《白鹿洞书院记》。吕祖谦曾就记的内容、文字与朱熹函商多次，方才写定。全文虽不足千字，但历述了白鹿洞书院的创建史，以及朱熹重建的起因、过程和意义，兼及宋代理学的发展状况。当时吕祖谦站在理学家的角度，从对义理的阐述方面，自谦《白鹿洞书院记》"浅陋无所发明，只增愧怍"。朱熹是一个不肯苟合的人，对吕祖谦的文章批评最多，却称赞《白鹿洞书院记》："记文定本，辞约义正，三复叹仰"。先云"辞约"，又曰"义正"，从内容到形式都给予了十分的肯定。程千帆《两宋文学史》称："本文郑重其事地历数理学源流，昭示朱熹兴学的本意，风格详整，极有义法，颇能显出吕文的特色。"《圣祖仁皇帝御制文集》评论此文"崇文讲学，允为治道所重。斯篇能发挥大指，典醇不佻"。吕祖谦本人论："《白鹿洞记》摹刻精甚，但浅陋无所发明，只增愧怍。它石刻皆已领，盛热不能多作字，谨口授舍弟拜禀。它祈为斯文崇重。"（《东莱吕太史别集》卷八《与朱侍讲元晦》）

重修钓台记

◎解题

　　文出《东莱吕太史文集》卷六，作于淳熙七年（1180）五月二十日。钓台，据云是东汉严子陵隐钓处。《舆地纪胜》卷八《两浙西路》载："严子陵钓台。《元和郡县志》：在桐庐县西三十里，浙江北岸。《通典》：桐庐县下有严子陵钓台。又《图经》云：在桐庐县。

景祐初，范文正公建祠，东西二台。祠中绘子陵象，附以方干处士。"

由东阳江而下，径新定郡五十里，得严陵濑[1]，盖专因严先生遁世不屈[2]，耕钓于富春山，后人因以名其濑也。孙吴析富春为桐庐，是濑亦来属焉。顾野王《舆地志》曰[3]："桐庐县南有严子陵渔钓处，石上平，可坐十人，名为钓坛。"即今之钓台也。独两台对峙，野王所不载。盖亦粗言之耳。明道二年，范文正公自右司谏守是邦[4]，始筑屋祠先生而为之《记》。濑之旁白云源，乃唐诗人方处士故庐[5]。文正公之游钓台也，尝绝江访其旧迹，以其象置祠之左。文正公没，郡人思之，遂侑食于右坐焉。岁祀浸远，此意弗嗣。

[1] 严陵濑（lài）：严光，字子陵，一名遵，会稽余姚人。少与刘秀交往，及刘秀为汉光武皇帝，遂隐居富春江垂钓度日。后人名其钓处为"严陵濑"。　[2] 遁世：隐居。　[3] 顾野王《舆地志》：顾野王，字希冯，吴郡吴人。梁大同四年（538），为太学博士，与王褒并称。梁亡入陈。有《舆地志》三十卷、《玉篇》三十卷等。　[4] 范文正公：范仲淹，字希文，谥号文正，景祐年间（1034—1038）在桐庐，有《桐庐郡严先生祠堂记》。　[5] 方处士故庐：方干，字雄飞，号云庵处士，门人私谥玄英（元英、文英）。唐人，以诗名。

淳熙五年，侍郎萧公出镇道祠下[1]，慨然曰："国家稽用唐武德旧典，姓是州曰严，则先生之祠乃名教之首，颓圮若是，可乎！"顾急于民瘼未暇也。居二年，政成化洽，以余力新之。

[1] 萧公：萧燧，字照邻，临江人。诗人，历官参知政事等。

时某病，废卧旁郡，公以书见诿记其成。固辞，不可，乃复于公曰：方王氏移国[1]，以光武之大志，先生之高气，相与共学，夫岂区区呻吟占毕之末哉。汉官威仪既复，薄海内外，臣子之责皆塞矣，亦何必奋臂其间哉？没身丘壑，固先生之素尚也。帝眷焉有怀，俾以形旁求于天下，得非在廷诸臣奉令承教之不给，未有当帝意者邪？三聘而至，车驾即日幸其馆，勉其相助为理，所以处先生者不薄矣，匪徒屈万乘之重为故人之光宠也。先生虽以巢、由自命[2]，视一世若不足以浼之。观与侯霸尺牍[3]，劘切之意见于言外，岂于帝惓惓未能忘邪？浩然而归，使人主有终身瞻望不及之叹。施及后世[4]，宾友耆俊，遂为家法。士之闻风兴起者，坚节正操，见危授命，项背相望，其有益人之国，与朝夕献纳云台之下者[5]，未知孰多孰少也。

[1] 王氏移国：指王莽更改西汉国号篡权改为新朝事。 [2] 先生虽以巢、由自命：巢由，巢父与许由，上古的隐士。句指严光以隐士自期。 [3] 观与侯霸尺牍：侯霸，字君房，官大司徒，封关内侯。侯霸委派使者请严光入朝。严光复书："君房足下位至鼎足，甚善。怀仁辅义天下悦，阿谀顺旨要领绝。" [4] 施（yì）及后世：施，绵延。指严光影响后世。 [5] 献纳云台：即入朝为官。云台，汉宫中高台，东汉光武帝刘秀常集群臣议事处，后多指代朝廷。

枝必类本，响必报声，使先生微有意于傲世立名，一再传之后，且将为西晋之清虚矣。而东京之俗久而益励，名检之外，综理干略，亦往往高出后世。溯其流而寻其源，则建武之高节[1]，孰可訾邪？至于节义之弊，变为亢激，特上无建用皇极之君均调消息之尔，非造端者之过也。

[1] 建武：东汉光武帝刘秀开国年号。

后先生且千年，文正公来主斯地，祀典始举，旷百世而相感者，固自不常遇耶。今公作牧，复大葺祠宇，以续前人之绪，继自今以往，溯沿下上者，款门而心开，升堂而容，肃风清樾，濯寒泉，哦"山高水长"之诗[1]，致足乐也。则公岂专为一邦劝哉！

[1] 山高水长：范仲淹《桐庐郡严先生祠堂记》："歌曰：云山苍苍，江水泱泱。先生之风，山高水长。"

祠之前则羊裘轩，其东则客星阁、招隐堂。岸江立表以识路，缭山作亭以待憩。或革或因，面势位置，各有思致。皆受成于公。以非大指所存，故不详列。

公名燧，字照邻，临江人也。主其役者，司户参军吴桂。

◎ 研读

该文为吕祖谦应婺州太守萧燧约而作，虞似良书于石，世称"二美"。萧燧，字照邻，临江军人。绍兴十八年（1148）进士。官拜参知政事，除资政殿学士。绍熙四年（1193）卒，七十八岁。谥正肃，《宋史》有传。虞似良，字仲房，宋余杭人，淳熙（1174—1189）中，为兵部郎官，终成都府路转运判官。建炎（1127—1130）中，以父浚分教于黄岩，于是寓居黄岩。自号横溪老樵，又号宝莲上人。官至监左藏东库。据《书史会要》，虞似良诗词清婉，得唐人旨趣，工隶、篆，有《篆隶韵书》行世。

吕祖谦《重修钓台记》表达的核心思想为："使先生微有意于傲世立名，一再传之后，且将为西晋之清虚矣。而东京之俗久而益励，名检之外，综理干略，亦往往高出于后世。溯其流而寻其源，则建武之高节，孰可訾邪？至于节义之弊，变为亢激，特上无建用皇极之君均调消息之尔，非造端者之过也。"朱熹认为吕祖谦这样说不对："伊川发明道理之后，到得今日，浙中士君子有一般议论，又费力，只是云不要矫激。遂至于凡事回互，拣一般偎风躲箭处立地，却笑人慷慨奋发，以为必陷矫激之祸，此风更不可长。如严子陵是矫激分明，吕伯恭作《祠记》，须要辨其非矫激，想见子陵闻之，亦自一笑。"吕、朱对严子陵性情的认识、表述如此不同，反映了二人不同的处世理念。朱熹每批评吕祖谦有"委曲将护"的毛病，吕祖谦也称赞朱熹的"明白劲正"。吕祖谦主张要以达到儒家之效为目的，不于小事上立同异，所以，要善于与不同理念的人沟通，然后予以劝导，使其终归于儒家之道。而吕祖谦的不于小事上立同异，在朱熹看来便是"凡事回互，拣一般偎风躲箭处立地"。实际上，这是朱熹对吕祖谦的一种误解。从吕、朱二人的实践结果看，吕祖谦于日常交往上看，能与异己交往，好像是"偎风躲箭"，而结果往往使得异见之人日渐归己，这显然又是立场上明白而确立不移的结果，从吕祖谦对陈亮、陆九龄、陆九渊的影响可见。

入越录

◎ 解题

　　文出《东莱吕太史文集》卷十五，作于淳熙元年（1174）八月。时，吕祖谦外祖父曾几一家住在浙江绍兴。八月二十八日，吕祖谦与潘景宪自金华至绍兴，在绍兴留滞至九月二十七日回金华，作《入越录》，记述了自金华至绍兴的路途所见，以及在绍兴遇到的亲旧与拜访的人士。

　　淳熙元年八月二十八日，自金华与潘叔度为会稽之游[1]。辰后出旌孝门，五里，至关头，南折，入会稽路。二里，桐树岭。八里，东藕塘。城东陂塘此为大，溉田甚博。它时夏秋之交辄涸，今岁雨泽以时，田不印水，秋深犹弥漫也。十五里，含香，民居颇成聚落，道旁野塘木芙蓉初发，映水殊有思致。十里，义井。五里，上下仓。十里，孝顺镇。十里，自驿路北折入香山路。五里，宿杭慈潘氏庄。凡行七十里。是日凝阴不开，风袭人已有力。始御夹。四山云气瀚然，冈峦出没。申后微雨，夜遂大。

　　[1] 会稽之游：会稽，今绍兴，吕祖谦外祖父曾几一家所在。

　　二十九日，早，冒雨行。二里，小凤林寺。涉溪，屈曲稻塍间，泥淖没履。五里，苦山。二十里，梅口。邸舍蠲洁胜官道[1]。盖行贾避义乌市征往往出此 [2]。十五里，香山，林壑稍邃。八里，下稠岩、景德寺。寺屋可百年，绘事皆朴质。饭于小轩，方池丛竹，皆有趣，然稍芜矣。七里，唐口。自是复出驿路。老梧离立道旁，濯濯如青玉干。又二里，宿逆旅。凡行五十九里。晡后，雨方歇。所历大抵匆匆，不能详也。

［1］蠲（juān）洁：洁净。 ［2］征：征税。

三十日，早发。二里，石斛桥。溪流潺潺，崖旁大石如屋。桥西走浦江道也。度桥而北，十里，石牛。有楼临路。楼下牖户亦明敞，主人留小语，云创以待使客，非其居也。所谓石牛者，道下塘卧石若牛，水满不可见。五里，洞井。居民依小坡植鸡冠花数百本，冠距低昂，大类尸乡祝鸡翁舍 [1]。云薄见日，已而大霁。十里，新界。自石斛桥，道出两山间，少旷土。至此，山围始宽，秋稼极目，黄云蔚然。过义乌、东阳、浦江、永康四县巡检寨。婺越界焉。五里，邵家湾。观五指山，其巅石如骈拇，然近视不若远望。饭民家，舍后水竹可步。逢驱羊行贾者，数百蹄散漫川谷，风毛沙肋，顿有汧、陇秋色 [2]。五里，涉枫江。土俗谚云：第一扬子江，第二钱塘江，第三枫江。盖甚言其水波恶，实小溪耳。闻春夏颇湍悍，今仅至胫而已。南岸有覆斗山，山形正方，若斗覆。五里兴乐，槿花夹道，室庐篱落皆整。五里，界牌陇，平坡浅草，隐隐起伏，环山城立，真监牧地也。五里，牌头市。道分为两，北道出渔浦，度浙江入杭；东道入越。轮蹄担负，东视北不能十一。市傍斗子岩，岩旁狮子山，首昂背偃，略类㹴猊。五里，寒热阪。五里，宿砚石村。凡行六十五里，屡憩逆旅，墙壁横斜，多市侩榜帖，大要皆尤人语。斯其所以为市道与？悚然久之。

［1］尸乡：今洛阳偃师一带。祝鸡翁：传说中的汉代养鸡人。 ［2］汧（qiān）、陇秋色：汧水，在陕西省；陇山，在陕甘交界处。句指景色有北方的特点。

　　九月一日，晨雾上横陇，东嶂出日，金晕吞吐。少焉，金璧径升，晃耀不可正视。升数尺，韬于云，绚采光丽，因蔽益奇，非浮翳所能掩。露稻风叶，皆鲜鲜有生意。五里，里湖。五里，蔡家坞。五里，桐木岭。五里，诸暨县。入县北门，人烟犹萧疏，县方筑社。南垣两松，樛枝小异。里许，至市。自县治前东折，度下桥。桥屋半圮矣。并大溪行，流甚壮，其源一自东阳、一自浦江、一自孝义，至街亭合流，径县城，又径萧山浮桥，入浙江。县东陶朱山，颇雄，自入新界，已岿然见之。出县东门，山益远，川原益旷，田莱多荒。盖沮洳不宜稼而然。五里，放生桥。道左女贞新叶生，黄绿间错，如行闽粤荔枝林。五里，马秀才店。店旁小室，随事莳花草，马久罢举矣。三里，双桥畈。二里，乌石。其南入剡，百里而近。十五里，苦李桥。溪碛颇清浅，木阴扶疏。百余步入山径。五里，至新店湾，复得平地。五里，栗桥。登栗岭。五里，冷水，望东岭神祠，缥渺云间。下坂，稻稑垂黄，际山数十里，平铺如拭，洋洋乎富哉。丰年之象，道中所未见也。五里，宿枫桥镇。前岁析诸暨之十乡，即镇为义安县。今年五月废。凡行七十里，薄暮小雨。

　　二日，辨色发枫桥，阴风薄寒。十里，干溪。溪桥榉柳数百株，有十围者。过桥，绕山足行。十里，古博岭。岭左右皆丛篠。五里，洪口，有别径入。明自枫桥而上，美竹佳树相望。近洪口，曲折循小溪，水声瀯瀯，风物渐佳。十里含晖桥亭，天章寺路口也。遂穿松径至寺。寺盖王羲之兰亭。山林秀润，气象开敞。寺右臂长冈，达桥亭，植以松桧，疑人力所成者。法堂后砌筒引水，激高数尺。堂后登阶四五十级，有照堂。两旁修竹，木犀盛开，轩槛明洁。又登二十余级，至方丈，眼界颇阔。寺右王右军书堂，庭下皆杉竹。观右军遗像，出书堂。径田间百余步，至曲水亭，对凿两小池，云是羲之鹅池、墨池。曲水乃污渠，蜿蜒若蚓，必非流觞之旧，斟酌当是寺前溪，但岁久失其处耳。由曲水亭穿小径，涉溪复出官道。

数里，买舟泛鉴湖。湖多堙为田，所存仅如溪港。然秋水平岸，菰蒲青苍，会稽秦望、云门诸山，互相映发，城堞楼观，跨空入云，耳目应接不暇。入水门，过南堰，历府学、天庆观，至禹迹寺门。舍舟。外氏寓舍此寺。拜外祖母温国钱夫人[1]、伯舅、叔舅。温国八十一矣，气貌视听，才类五六十人。与叔度同馆于书室。

[1]温国钱夫人：曾逮母，钱穆父孙女。钱勰，字穆父，吴越王后裔。吴越王倧生易，易生彦远，彦远生勰。周必大《跋钱穆父与张文潜书》："淳熙癸卯闰月十三日偶观此帖，而刑部侍郎曾仲躬适相过，知其为钱出也，问以'得雌名同儿'谓谁？仲躬曰：'即吾母鲁国太夫人，年九十，饮食视听不少减。'"《东莱集》称温国夫人，周必大《文忠集》称"鲁国夫人"，陆游《曾文清公墓志铭》称曾几娶"故翰林学士钱勰之孙，朝请郎东美之女，封鲁国太夫人"。未知何以有差。

三日，游外氏园，有梅坡、月台、菊潭、杞菊堂、竹隐、蒲涧、橘洲，因寺废地葺治之十六七成矣。最胜者梅坡，绕亭皆梅，前对蒲涧、橘洲、野水湾环，岛溆掩映，如在江湖。而竹隐一径深幽，阶庭清閟，亦其次也。又过义恩师院。院与杞菊堂邻，十年前尝识之。午后，自园后门穿僧庵、度小桥，转三两曲，至圆通寺。旧乃兴福寺子院，去岁废兴福，入圆通，合二为一。扫地更新，面势端直，殿庑华敞，殿后犹未毕工。循旧路复穿园中归。园后边河，岸木成阴。舅氏云："此即蜀桤木也，植之方数年。往时表里无障蔽，今不复见道上车马矣。"杜子美所谓"饱闻桤木三年大"，信然。是日薄阴。

四日，饭已，侍伯舅，同叔度、詹季章徽之泛小舟[1]，出南堰，绕城缘鉴湖访苏仁仲计议师德于偏门外[2]，皆前日初至所历也。啜茶道宁堂，不甚高大，位置颇稳惬。砌下瑞香两本，面皆丈余。仁仲，苏子容丞相孙，致仕闲居，年垂八十。道前辈事亹亹不厌。出旧书数种，《管子》后子容手书"庆历乙酉家君面付"，犹苏河阳所藏也。纸尾铭款云："惟苏氏世官学以儒，何以遗后？其在此书。非学何立？非书何习？终以不倦，圣贤可及。"其曰"书秩铭戒"者，子容所识。其曰"先公铭戒"者，铭语亦同。盖子容之子所识也。纸背多废笺简刺字，异今制者，末云"牒件状如前，谨牒"。如前辈所记，署衔多杭州官，称子容云"知府舍人"，乃知杭州时也。归舟，烟雨晻霭。游大能仁寺，闳壮光丽，甲于会稽，重殿复阁，金碧相照。寺，吴越钱氏所建，颓废久矣，新于今主僧常坦之手。二十年前见坦于此寺，方为板下僧，相与步败檐毁垣间，慨然有兴作意，具道规模次第。果不愆其素，有志者事竟成如此。然益知民力之困也。

［1］詹季章：詹徽之，字季章，曾几孙女婿。官宣义郎新浙东提举常平司干办公事。吕祖俭妻子的姐夫。见陆游《曾文清公墓志铭》。 ［2］苏仁仲：见前文。本书第64页收录有《苏仁仲计议挽章二首》。

五日，义恩师约饭。偕者苏仁仲、伯舅、叔舅、潘叔度、詹季章、丁茂才松年[1]、七六表弟。暨中食，开霁，晴光发窗，心目颇快。饭罢复阴。晚步，过寺桥，历沈氏、李氏园，皆荒芜，独修竹犹森然。

［1］丁茂才：丁松年，字茂才，文林郎，湖州长兴县丞，曾几孙女婿。吕祖俭妻子妹婿。见陆游《曾文清公墓志铭》。

六日，偕石天民斗文、潘叔度，自寺桥直道过郡庠。道傍多流水、乔木，殊不类廛市。教授厅后环碧亭，小憩[1]。环亭皆水，败荷折苇、秋思甚浓。石应之宗昭[2]、高应朝宗商亦继来[3]。遂自直舍入学，夫子殿居中，修廊广庭，长松错列。讲堂榜以"明伦"，后有稽古阁，制作皆雄伟，而阁下尤胜，疏达开豁，拥墙密竹如云。晚，冒雨归。

［1］憩（qì）：休息。 ［2］石应之：石宗昭，字应之，山阴人。乾道八年（1172）王定榜进士及第。治《书》学。 ［3］高应朝：高宗商，字应朝。乾道八年王定榜进士及第。早逝。黄榦有《祭高应朝文》。

七日，雨，不可出。过詹季章位小阁，因重屋楼板，其间纵三弓，横半之，南北取屋山为明，远山竹树，历历如画，芦簟仰承，穹窿若船背，幽洁极可爱，名以"越舲"，其状真类小舟也。

八日，早，过大中戒珠寺，王右军故宅也[1]。屋多人少，颇牢落。门有两池，亦称右军鹅池、墨池，略无意趣，政如天章者，皆后人强名之耳。殿后地渐峻，石应之寓居在焉。遂与应之登雪轩。轩占卧佛殿右偏，湖山聚落，皆来献状，以宜于观雪得名。今虽不与雪值，然雾雨空濛，亦奇观也。寺后即蕺山。蕺，菜名，《图经》云越王嗜蕺，尝采于此。

[1] 王右军故宅：晋王羲之故居。

九日，早，雨少止。侍伯舅同潘叔度、詹叔章泛舟赴苏仁仲饭。舟经卧龙山下，竹洲柳岸，略如苕霅，卧枝拂水，尤奇。饭罢登舟，中途小泊，步游西园，郡圃也。其北飞盖堂，下临大池，其中集春堂，四隅各一亭：东春荣、西秋芳、南夏阴、北冬瑞。其南扬波堂，面城，水木幽茂。两小亭对峙：东曰逍遥、西曰裴回。园之西即曲水。先入敷荣门，右转至右军祠。穿修竹坞，遂登山。山盖版筑所成，缭绕深邃，曲径回复，迷藏亭观，乍入者，惶惑不知南北。山背有流杯岩，凿城引鉴湖为小溪，穿岩下，键以横闸，激浪怒鸣。过闸，遂为曲水。长庑华敞，榱栋橡柱，皆涂研象竹，绕以清流，甃以苍石，犬牙参错，殆若天成。俯砌琢石为礅，流杯至礅傍，辄自近岸。盖庑中为三井，吸水势使然。曲水之上激湍亭、惠风阁，规杬若都下王公家。山顶崇峻庵，其胁骋怀亭，面亭依山为岩壑，然皆涂垩，不可支久。下山，右绕至清真轩，刻桷象栟榈，平阶茶蘼架，甚茂。第为蔓草萦乱刺眼耳。曲水乃前守史丞相浩所凿，往年见其新成，今竹树成荫而亭榭稍稍圮剥矣。复登舟，还禹迹。

十日，午后同叔度泛舟，过南堰，出门，穿鉴湖支港，斜雨入蓬，衣袂沾濡。七里，独山。野桥烟树可画。出山口，港渐狭。又七里，道树。舍舟步田间，泥潦没屐，一里许，至坚密庵，拜外大父墓。庵屋才八九间，窗槛幽洁。夜分，四山风雨飒然，始闻秋声。

十一日，晨起。冒雨蹑屐登舟，入城至能仁寺，赴常坦师饭。七六弟在焉。遂过报恩光孝寺，寺后飞来山，即《图经》所谓怪山也。传云自琅邪飞至，其说不经。其巅有塔，采绚甚华。塔下有鳗井，乃小石窍。自唐以来神之，谓鳗能时出祅祥，近世不复见矣。井故依山坳，坡陁有古意。近僧甃使就整，遂无可观。濮安懿王祠庙寓此寺，有园令领吏卒守之。主僧明哲，往岁尝识之新昌，设蜜术汤，甚清美。晚还禹迹。

十二日，雨，不可出。借《图经》寻近城名山，须雨霁遍游。晚，石应之来宿。

十三日，过午雨止。诸葛寿之千龄、高应朝、石应之、孙季和应时约往丁氏园[1]。遂同泛舟，至新河，步入园。园多海桧，但缩结阏其天性。后墙皆密竹，轩楹太敞，宜夏不宜冬。宿东偏小室。会宿者叔度、应之、季和。

[1] 孙季和：孙应时，字季和，余姚人，学于陆九渊。登进士第。官邵武军通判，自号烛湖居士。

十四日，自丁氏园偕叔度、寿之、应朝、应之、季和，登舟出五云门，入鉴湖。湖面独此为阔。隆兴初，吴给事芾浚湖[1]，未一二尺，多得古棺，皆刳木为之。盖汉未凿湖前冢墓也，然后知古人为湖，特因地势筑堤，堤立而湖成，不待深疏凿也。今自五云门，重堤隐然达于曹娥五六十里[2]，民间谓之省塘。此乃故湖堤。湖田之民每毁堤以决积水，故堤缺而湖废。异时有意复湖者，第修完省塘，则盗湖之田不待废而自为陂泺矣[3]。自湖尾入若耶溪，过后汉郑弘庙[4]，传所记“樵风旦暮，迎送舟楫”。采薪者云，至今犹然。半里，石帆山。山横若张帆。又数十步，秦始皇酒瓮，乃山脚两石，粗类瓮盎。又一二里，舣舟游龙瑞宫，方士谓之“阳明洞天”。穿松径数百步，至宫。宫后三峰翔舞飞动，势若覆压。大略如栖贤望五老，特欠其二耳。中峰乃会稽山，祠官春秋用事焉。由西庑循山径观龙见坛，其旁即禹穴，乃大石中断成罅，殊不古。殆非司马子长所探也[5]。又数步，飞来石，老木槎牙，石壁如削。缘磴道至钱秀才庵，遂自东庑出院。院皆扃闭，独遇一客道士，云绵州人。复登舟，径鉴湖[6]。湖天夕照，水村渔屋皆被光景，日所入诸山如在金雾中，天下绝境也。暮泊告成观，宿于明远堂下小室。

[1]吴给事：吴芾，字明可，台州仙居人。举进士第，迁秘书正字。为秦桧疑，论罢，通判处、婺、越三郡。《宋史》有传。　[2]曹娥：曹娥江，在浙江绍兴东。　[3]陂洣（pō）：池塘、湖泊。　[4]郑弘庙……至今犹然：郑弘，字巨君，东汉会稽山阴人。章帝建初八年（83），代郑众为大司农，元和元年（84），代邓彪为太尉。孔灵符《会稽记》载：有白鹤山，郑弘拾得一箭。有人寻找，郑弘还给他，知道那人是神。神人问郑弘要什么回报，郑弘说在若邪溪上运柴很难，希望早吹南风，晚吹北风。后果然若邪溪早吹南风，晚吹北风，人呼为郑公风。　[5]司马子长所探：《史记·太史公自序》："二十而南游江淮，上会稽，探禹穴。"　[6]径（jīng）：经过。

十五日，晨谒大禹祠。

◎研读

首先，《入越录》是日记体游记，基本是按照作者游踪的先后顺序写定，读者在欣赏文章的时候，就如观光一样，跟着导游，渐入佳境。这与其他形式的游记是不同的。但是，此类形式也有缺点，所过地方，有名必记，如同一部流水账，看起来不像文章。不过，从主体看，《入越录》的写作构思在主要片段中还是有体现的。如写曲水，先写西园作为铺垫，继写曲水的形成，再写流觞处，达到高潮，最后交代曲水的建造者，浑然一个整体，不可增删一字。

其次，《入越录》绝无说理倾向，这在重议论的宋人散文中是十分难得的。如描写兰亭、曲水两段，读后我们只感到在山阴道上走了一遭，除景色之美再难讲出吕祖谦还想告诉你什么。但吕祖谦从没忘过百姓疾苦。在记大能仁寺时，说到主僧常坦用了二十年积累方完成再建心愿，吕祖谦感叹"益知民力之困也"，这体现了浙东学术的特点。

再次，《入越录》的语言富有诗意。如写雪轩观雪，"登雪轩。轩占卧佛殿右偏，湖山聚落，皆来献状，以宜观雪得名。今虽不与雪值，然雾雨空濛，亦奇观也"。写鉴湖秋光，"秋水平岸，菰蒲青苍，会稽秦望、云门诸山，互相映发，城堞楼观，跨空入云，耳目应接不暇"。写鉴湖雨景，"穿鉴湖支港，斜雨入蓬……独山野桥，烟树可画"。《入越录》的语言也非常形象：如说老梧立道，濯濯如青玉干，鸡冠花冠距低昂，五指山石如骈拇，狮子山首昂背偃，等等。

由于语言诗化、形象化，可读性强，所以，《入越录》中虽然有些记录不成篇章，但是，依然耐人寻味，曾为《说郛》选入。

入闽录

◎解题

文出《东莱吕太史文集》卷十五，作于淳熙二年（1175）三四月间。记述了吕祖谦偕潘叔昌，自金华至福建五夫，访问朱熹途中所见，以及在五夫遇到的人士。这是吕祖谦一次非常重要的学术之旅，甚至可以说是学术史上的一次重要旅行。《东莱吕太史文集》编者云："此录所以纪武夷之游、鹅湖之集，盖一时之胜也。"此次旅行，涉及两个重要的学术事件，一是《近思录》的诞生，二是鹅湖之会的举行，体现的是宋人的学术精神，不可不记。

淳熙二年三月二十一日，早发婺州[1]。二十五里，马海广教寺。三十里，汤塘，入衢州龙游县界。十五里，宿小龙游。是日阴，潘叔昌实偕行。

[1] 早发婺州：此行目的，至建宁访朱熹。

二十二日，十里，湖头。三十里，龙游县。三十五里，宿安仁。是日阴，时见日。晚雨。

二十三日，三十五里，衢州。谒汪尚书[1]，遂馆于超化寺。哭婺倅舅，遍到外氏诸位。见曹守总[2]、闻人伯卿[3]、祝汝昭[4]、汝玉[5]、张孟远[6]。是日早雨，辰后止，晚蒸溽。未至衢二十里，下道数百步有石岩寺，岩颇敞，然气象库陋[7]。

[1] 汪尚书：汪应辰。　[2] 曹守：曹总，孝宗时知衢州军，字号不详。　[3] 闻人伯卿：秀州教授。　[4] 祝汝昭：祝楎（guī），字汝昭，衢州西安人。与吕祖谦多有往来。绍兴二十四年（1154）登进士第，调新建尉，调临安府录事参军，知信阳军，改添差湖北安抚司参议官等。有直声，积官朝散郎，绍熙二年（1191）三月朔终于家，年五十有九。　[5] 汝玉：祝禹圭，字汝玉。淳熙（1174—1189）中，知休宁县，为政清简。朱熹为作《新安道院记》。　[6] 张孟远：张杰，字孟远，衢州人，师从汪应辰。吕祖谦同年进士。曾访吕祖谦于金华论学。吕祖谦有《送张孟远序》　[7] 气象库（bì）陋：言寺院没有规格气派。

二十四日，留超化。是日，雨，时作时止。见汪监税筑[1]，舍人之子也。

[1] 汪监税：汪筑，汪应辰男。

二十五日，早发衢州。出通道门。三里，晋殷将军浩庙，塑像犹作书空状。四里，仁尖。二里，晋殷将军墓，墓在道左，无树林，上有小石屋，乡名庆墙，旧云殷墙，避讳易为庆。盖往者殷将军故宅，墙垣犹存。九里，十八里，市。八里，詹家桥。八里，柏灵桥。七里，后溪浮桥。一里，后溪市。二里，入江山县界。土俗获稻留秆尺余，束为把藏之，饭甚有味，有以养之故也。自此至建皆然。

二里，石龟山。五里，吉溪。溪桥颇长，有马驿。五里，平坦市。十五里，宿白肚，屋前溪渚甚胜。是日，早雨，辰止，时见日。

二十六日，五里，江山县。五里，烟萝洞，洞穴隘甚，乱石如羊马。其东岳庙，庙后突星山，与骑石山相望，皆奇峭。一里，东折，入仙霞路。十里，清湖渡，渡旁丽坦，徐诚叟书院在焉。今为周氏居。渡溪即山观，略有水石。十里，三石山。四里，长台路口，路通处州。四里，檀町。七里，镇安都。十五里，江郎山。三峰拔起，数百丈。中断如划，天下奇观也。山下灵石庙，庙庭老樟轮囷，度其围二丈八尺，数百年物。过江下市，游祝氏园，见其主人大举。四里，宿麦岭。自婺（或作"衢"）至此，皆平土。过此以往，重山复岭，（风物）渐类闽中。是日，阴，夜大雨。

二十七日，五里，铁炉冈。五里，红桥渡。五里，长流。四里，三坑。五里，枫岭。十里，仙霞岭。磴道屈折数里，甚峻。左右皆童山，榛茅极目。五里，桑围岭。四里，梅岭。二岭间林壑颇胜。三里，礶溪。自此路皆并溪，时有佳处。三里，大千岭。六里，宿柳树。见福州潘进士子嘉。是日，早小雨，巳后晴。

二十八日，五里，相亭。自此路皆并溪，时有佳处。十五里，小千岭。下岭，半入建宁府浦城县界。五里，小枫岭。过岭，望浮盖山甚雄秀。石笋、石人、石钟、石牛，罗列其巅。五里，茗坑。自此复行驿路。五里，前汉冯郎中庙，盖冯唐也，无碑版，不知始所以立。二里，梨岭。其高次于西霞。三里，啸客墓。林麓幽茂。四里，构木铺。三里，回向寺。十里，山坊。十里，鱼梁岭。五里，宿沙溪。面山临流，水木清华，终夜闻溪声。进士徐良肱来谒，是日晴，晚雨。

二十九日，八里，新岭。二里，迁阳镇。七里，周家塘。又十三里，浦城县。六里，九秋桥。九里……非岭也。七里，井栏源。六里，大湖岭。上有灵泉庵。四里，大湖市。五里，西馆。五里，蔡家洋。二里，清河桥。三里，濮村。宿，遇新归安张丞体仁，同年也。是日晴，邂逅李将仕兄弟俨、侃。福州人皆往赴铨试。

四月初一日，三里，转山头入五夫路。三里，陂头。水啮道多断绝。二里，洪源栅。五里，竹源。山径萦纡，涧水交流，声如怒雷。一里，梨岭，缭绕五六里，所历诸岭，此为最高。岭脊，崇安县界。下岭过双松，一两曲，涧石如磴，数十级，悬瀑甚奇。十里，溪源桥。始至岭足，民家编杉皮障日，朴质可喜。二里，上岚，林峦秀润，小山石濑点缀，曲有思致。半里，上岚桥。一里，上岚岭。二里，会仙桥。二里，会仙岭。二里，开善寺。七里，至五夫。访朱元晦，馆于书室。是日晴。

初二日，见刘监庙玧充甫，刘抚属玶平甫，范仲宣瑄，徐周宾大老，魏思作恪。是日晴。

初三日，游刘氏园，前枕溪，后即屏山。亭榭高下十余，而悠然堂最胜。遂之报本庵。庵旁两崖束溪如峡，同游者朱、二刘、范、潘。是日晴。

初四日，游密庵。距五夫七里。庵乃僧道谦所庐，曾大父遗像在焉。谦殁余二十年，庵前数十步，清湍亭。古木四合，泉石甚胜。绕涧百余步，昼寒亭，面瀑布。庵亦幽静。

晚遂宿庵中，同游者朱、二刘、范、潘、徐。而刘、范、徐皆先反。是日晴。初五日，自密庵归五夫，见王春卿光朝。是日早晴，晚雨。初六日。后阙。

◎研读

《入闽录》仅记行程里数、景点名称。如淳熙二年（1175）三月二十五日记："早发衢州。出通道门。三里，晋殷将军浩庙，塑像犹作书空状。四里，仁尖。二里，晋殷将军墓。墓在道左，无树林，上有小石屋，乡名庆墙，旧云殷墙，避讳易为庆。盖往者殷将军故宅，墙垣犹存。九里，十八里市。八里，詹家桥。八里，柏灵桥。七里，后溪浮桥……十五里，宿白肚。屋前溪渚甚胜。是日，早雨，辰止，时见雨。"行文简洁，内容切实，每天行多少路、村镇前后的地理联系等无一不记，对于后人认识宋代的交通与地理或有用。

二、奏札·对策

为张严州作乞免丁钱奏状

◎ 解题

文出《东莱吕太史文集》卷三，作在乾道六年（1170）。是年吕祖谦初仕严州州学教授。张栻知严州。《奏状》是代张栻作，实为吕祖谦关于民生思想的深刻体现。文章观点犀利，以数字说话，言辞激切。吕祖谦撰写此状的时候，做好了受责的心理准备，从《为张严州作谢免丁钱表》中"奏牍既升，方虞闻罢"之语可见。朝廷看到这个《奏状》后，即减了严州的税负额度。从《奏状》可见早期吕祖谦学术中的用世之心。

爰自就道，遍访本州利病。往来者皆言严之为郡，地瘠人贫，丁盐钱绢，额数繁重，民不聊生。此赋不除，永无息肩之日。臣瞻望威颜之始，冒昧控诉。天慈悯恻，许令到任条具以闻。仰见陛下至仁博临，勤恤民隐，虽古先圣王之用心，不是过也。臣自到任，延问耆老，谘诹僚吏，参稽案籍，始知本州丁盐钱绢，为民大害。向来所闻百不一二。谨条具本末，上干天听。

臣照对本州丁盐钱绢之起，据父老称，自承平时，每一丁，官支给盐一斗，计五斤。每一斤，计钱三十一文二分省。共计钱一百五十六文省，却纳绢一丈二尺八寸，数内一半系本色绢，一半系折

105

纳见钱。是时，绢每一匹直钱一贯文省。每丁计纳绢六尺四寸，计价钱一百六十文省。又折帛见钱一百六十文省。两项通计三百二十文省。将官中所给盐，斤价钱百五十六文省。比折外，每丁实陪贴纳钱百六十四文省。所纳不多，公私两便，未见其害。

后来，蔡京改变盐法，令大商入纳买钞，支给袋盐货卖，从此官司更不支给丁盐，徒令纳绢。盐给既停，绢价复长，浸久浸增，目今，绢一匹估计折纳七贯文省，民力殚竭。职此之由，臣请为陛下详言之……

两浙东西路共管十五州军，户口物力无若本州之贫，丁盐钱税亦无若本州之重。本州地形阻隘，绝少旷土。山居其八，田居其二。涧曲岭隈，浅畦狭陇。苗稼疏薄，殆如牛毛。细民崎岖力耕劳瘁，虽遇丰稔，犹不足食。惟恃商旅，般（当为"船"）贩斗斛为命。旬日不雨，溪流已涸，客船断绝，米价腾踊，大小嗷嗷[1]，便同凶年[2]。每岁合六县所纳苗米，除折纳糯米外，粳米止管八千七百五十一硕[3]，犹不及湖、秀富民一户所收之数。所有官兵米粮，逐年婺州应副一万五千硕，补助支遣尚阙一万三千一十硕。其为困乏不言可见。重以坊郭乡村，边溪去处，每经巨浸[4]，垣墙颓仆，庐舍倾摧，资用散失，生计萧然。若遇寇盗，整葺未全，复遭漂荡，民素穷乏，又加此厄，虽使止存两税，犹惧输纳不前，今乃经赋之外，每丁使之重纳丁钱盐绢一丈二尺八寸，其双丁以上，折科每匹计钱七贯文省。凋瘵之民，其何以堪！

[1] 大小嗷嗷：小孩嗷嗷待哺，大人饥饿哀号。　　[2] 凶年：灾荒年。《孟子》："乐岁终身饱，凶年免于死亡"。　　[3] 硕：相当于石，等于十斗。　　[4] 巨浸：大的洪灾。

且以两浙诸郡论之，平江府、秀、婺、衢等四州，自蠲免丁钱，明州每丁止纳钱六十文足。惟湖州丁盐钱绢在两浙最号为重，其乌程、归安、长兴、安吉、德清五县，三丁共纳绢一匹，本州三丁共纳绢三丈八尺四寸，比乌程等五县每三丁共少一尺六寸，一丁止少五寸三分三厘，相去不远。其武康一县，每四丁共纳绢一匹，则反轻于本州。截长补短，本州丁盐钱绢较之湖州，犹自颇重，至于他郡，重轻相绝，可以类推。本州民力在两浙十五军州之下，而赋敛反在十五军州之上。以至贫之民，纳至重之赋，人情物理恐不应尔。

臣谨按：本州丁籍，建德县第一等至第四等户，计一千八百四十九丁，第五等有产税户，计一万七千八百九十八丁，无产税户计三千八百二十二丁。遂安县第一等至第四等户，计二千三百三十七丁，第五等有产税户，计八千九百六十四丁，无产税户，计一万八百八十六丁。寿昌县第一等至第四等户，计九百七十七丁，第五等有产税户，计七千六百二十九丁，无产税户，计四千二百一十八丁。分水县第一等至第四等户，计五百六丁，第五等有产税户，计一万三千七百五丁，无产税户，计九百七十八丁。淳安县第一等至第四等户，计三千六百五十丁，第五等有产税户，计八千三百三丁，无产税户，计一万八千二百七十四丁。桐庐县第一等至第四等户，计一千三百九十九丁，第五等有产税户，计一万五千四百八十丁，无产税户计二千一十八丁。通计六县，第一等至第四等户，止有一万七百一十八丁，其第五等有产税户，共管七万一千四百七十九丁。虽名为有产，大率所纳不过尺寸分厘升合，抄勺虽有若无，不能自给。其无产税户，共管四万一百九十丁，并无寸土尺橡，饥寒转徙，朝不谋夕。本州统管一十二万二千三百九十三丁，而第五等有产税户，无产税户，共管一十一万一千六百七十五丁。是十分之中九分以上，尪瘵困迫，无所从出。从前官吏明知其害，迫于上司督责之严，汗颜落笔，蹙頞用刑，笞棰缧系，殆无虚日。愁叹之声，闾里相接，强悍者穷塞无聊，散为攘窃，四方遂指严州为多盗之区。非犷俗独钟于此土，盖丁钱偏重于他邦。原其情状，实可怜悯。臣体访得深山穷谷，至有年三十余，颜状老苍，不敢裹头，县吏恐丁数亏折，时复搜括相验，纠令输纳，谓之貌丁。民间既无避免之路，生子往往不举。规脱丁口，一岁之间，婴孺夭阏，不知其几。小民虽愚，岂无父子之爱？徒以厄于重赋，忍灭天性，亲相贼杀，伤动和气，悖逆人理，莫斯为甚。臣闻之，不觉涕下。

窃自惟念本州实光尧寿圣太上皇帝基命之地[1]，陪辅行都最为密迩[2]。皇帝陛下方以不忍人之心，行不忍人之政，岂容辇毂百里之间，斯民颠顿愁悴，父子不能相保？意者未有以实上闻者。臣职在拊摩，尚复便文[3]，自营不言[4]，死有余罪。用敢竭诚，悉意上彻旒扆。

[1] 光尧寿圣太上皇帝：指南宋高宗皇帝赵构。　[2] 陪辅行都：行都，指临安。　[3] 便文：依照法令不加更动。　[4] 自营：为自己打算，自私。《续资治通鉴长编》有"背理伤道，便文自营"句。

臣恭睹绍兴十四年十月二十二日敕，三省同奉圣旨，"永、道、郴州、桂阳监，及衡州茶陵县民户，于二税之外尚循马氏旧法，添纳丁身，钱绢米麦流弊未除，朕甚悯之。可将逐州县丁身钱绢米麦并与除放"。臣窃惟永、道、郴、桂阳监、茶陵四郡一县，邈在湖广，太上皇帝明见万里之外，不遗远方，捐赋予民，本州幸在阙门之侧，反不得如遐方荒裔，沾濡德泽。臣窃痛之，欲望圣慈特降睿旨，将严州丁盐钱绢，依永、道、郴州、桂阳监、衡州、茶陵县，及衢、婺、秀州、平江府例尽行蠲除，使一方仰父俯子，吏不至门，复有生民之乐。不然，乞如明州例，每丁纳钱六十文足。又若以国用未裕，则乞蠲免一半，粗宽民力，亦为厚幸。然终不若沛然尽蠲，为渗漉无穷之泽也。臣诚过虑，恐议者或谓蠲免严州，恐诸郡援例申请，必致有亏经费。臣窃谓圣人之治，俾万邦惟正之供，丁盐钱绢出于一切，本非常赋。陛下约己节用，凡以为民，异时帑藏充溢，蠲免之令固将次第而举。今虽调度尚虚，犹当先其尤急者，用示省赋之渐。以地则莫如本州之近，以民则莫如本州之困，以害则莫如本州之重，先后之序宜自本州始。况太上皇帝潜龙旧镇，亦非诸州遽敢援例。惟愿睿断不疑，俯赐开允，俾一邦亟解倒垂之急。

臣言语短拙，不能尽写困迫之状，惟与合郡吏民澡心涤虑，延颈跂足，以俟鸿庞之施。冒犯天威。臣无任。战栗悚惧，谨录奏闻，伏候敕旨。谨奏。

◎研读

此《奏状》言严州税重，先对比了严州前后时期、丰歉两种年景的不同，又作了严州与他州的对比，通过严州与他州地理状况、政治地位等的对比，揭示了严州的税负之重及对当地民生造成的严重影响，认为这导致了严州"颜状老苍，不敢裹头，县吏恐丁数亏折，时复搜括相验，纠令输纳，谓之貌丁"，以及民间"既无避免之路，生子往往不举"的严酷现实。在此基础上，恳请朝廷依他州例蠲免严州的税负，又退一步，恳请蠲免一半以宽民力也可以。该文最终说服了朝廷官员，使严州的税赋得以蠲免。此《奏状》文字朴实无华，是一篇极为珍贵的奏章。该奏章对于了解南宋的赋税制度、民生状况都是极其重要的第一手文献。

乾道六年轮对札子二首

◎解题

文出《东莱吕太史文集》卷三。轮对，又称次对。宋代在京职事官自侍从以下，五日轮一人上殿，面见皇帝奏陈政见。此次轮对是吕祖谦首次面见宋孝宗，吕祖谦非常重视这次轮对机会，轮对前向多人征求意见。从二则札子的内容看，它们可能是同时完成的，所论主要是恢复，而吕祖谦关于恢复的建议措施便是昌明圣学。

臣闻自古进言于君者，必以责难为恭。……臣敢为儒学贺。夫不为俗学所汩者[1]，必能求实学；不为腐儒之所眩者，必能用真儒。圣道之兴，指日可俟。臣所私忧过计者，独恐希进之人，不足测知圣意之蕴，妄意揣摩，抵排儒学。谓智力足以控制海宇，不必道德；权利足以奔走群众，不必诚信；材能足以兴起事功，不必经术。臣不复举陈言腐语，姑以目前事言之。陛下临御九年于兹，阅天下之故，察群臣之情亦熟矣。边隅小警，公卿错愕而顾私，将士迁延而却步，涣散解弛，不相系属，果智力所能控制耶？高爵重禄一得所欲，畏缩求全，惟欲脱去，无复始来之慷慨，果权利之所能奔走耶？异时奸回诋欺，败事堕功之徒，追数其过，果皆不才不能者耶？智力有时而不能运，权利有时而不可驱，材能有时而不足恃。臣所以拳拳愿陛下深求于三者之外，而留意于圣学也。陛下所当留意者，夫岂铅椠传注之间哉[2]？宅心制事，祗畏兢业，顺帝之则，是圣学也；亲贤远佞，陟降废置，好恶不偏，是圣学也；规模审定，图始虑终，不躁不挠，是圣学也。陛下诚留意此学；日就月将，缉熙光明，实理所在，陛下当自知之而自信之矣。本原既得，万事有统，若网在纲，若农有畔，非若乍作乍辍，漫无操约者之为也。

[1] 不为俗学所汩（gǔ）：汩，即乱。句谓不为俗学所影响。　　[2] 铅椠（qiàn）传注：铅，古代一种染料，人们常用来批校文字。椠，木板，古人用作书写材料。传注，即对文章的解释。铅椠传注，这里指书本知识。

臣窃以谓，沮计害成者，陛下既已知所恶，将顺奉承者，陛下亦当知所察。恢复大事也，规摹当定，方略当审，始终本末当具举，缓急难易当豫谋。古之君臣如句践、种、蠡[1]，如高祖、良、平[2]，相与共图大计，反复筹画，至于今可考，曷尝敢易为之哉？今委靡者既不足言，将顺奉承者，多为赞美称诵之辞，既未尝献疑，复无所论难。夫一郡一邑之事，尚疑者半难者半，参合审订，然后至于无悔，况天下大计，果无可疑而无可难耶？臣所以愿陛下深察之也。大抵欲实任此事，必不轻受此责。盖成败利钝，其责将皆归于一身。故先尽其所疑，极其所难，再三商榷，胸中了然无惑，然后敢以身任之，虽死不惮。彼随声响和，无所疑难者，岂所见真如是之同哉？特欲偷取一时之快，以钓爵秩[3]，势迫事急，又为他说自解而去，独遗陛下以忧劳，初非实有徇国捐躯之志也。陛下方广揽豪杰，共集事功，政患协心者之不多，臣岂劝陛下尽疑其迎合而轻弃之哉？唯愿陛下精加考察，使之确指经画之实，以何事为先，以何事为次，意外之祸若之何而应，未至之患若之何而防，周密详审，一无所遗，始加采用，则尝试侥幸之说不敢复陈于前矣。然后与一二大臣，合群策、定成算，次第行之，无愆其素[4]，大义之不伸，大业之未复，臣弗信也。唯陛下留神。

[1]句践、种、蠡：战国时期越国国王勾践，及其臣子文种、范蠡，为卧薪尝胆的君臣。　[2]高祖、良、平：汉高祖刘邦，及其臣子张良、陈平，为立国的君臣。　[3]钓爵秩：贪爵禄俸酬。　[4]无愆（qiān）其素：愆，违背。即不要违背既定方略。

◎研读

该札子主要言恢复之事不可单凭爵禄、智力、才能，而要论圣学。然圣学又不在书本知识，实在于日常事务间。这是吕祖谦平生第一次面圣。轮对后，吕祖谦将《札子》寄送朱熹，说："某上旬《轮对札子》谨呈请教，有未安处，望一一指示。上不间疏远，问答甚详。所怀粗得展尽，但恨诚意不素积，无以感动耳。"（《东莱吕太史别集》卷七《与朱侍讲》[五]）又寄与潘景宪："五月《对札》录去，不必示他人。上反复顾问，酬酢领略既详且款，凡所欲言者皆得展尽，语甚多不暇写去，推对札意可见也。（张丈所对亦甚款。）每与张丈说上高明开纳如此，若常得正人吉士启沃浸灌，事安有不回之理？所恨此气脉不复接续耳。"（《东莱吕太史别集》卷十《答潘叔度》）种种可见，吕祖谦对其首次轮对的表现还是比较满意的。

淳熙四年轮对札子二首

◎解题

　　文出《东莱吕太史文集》卷三，作于淳熙四年（1177）八月下旬。吕祖谦对这次轮对尤其用心，在一年前也就是淳熙三年夏已有书《与潘叔度》，说"对班尚在来夏。苟是时犹未罪斥，则当致惓惓之义，然后谋归耳。若徒往徒来，虽于私计为便，而非心之所安也"。可见吕祖谦早做好了痛陈政见后的退路准备。淳熙四年元月，又与朱熹讨论轮对事宜，直持续到八月轮对前夕，吕祖谦把所思所想都讲予朱熹还有其他朋友。元月《与朱侍讲》这样说："到此两月……某轮对初谓在三四月间，近乃知所谓阁门舍人亦轮对，班序在下。如此，则须迤俪至五六月也。"过了三个月有《与朱侍讲》两书说到轮对事："某到官行且半岁……对班犹在两三月后，有可警诲者，毋惜详悉批示，不胜愿望。""自前月进书（《徽宗实录》）后……对班犹在七八月之间……"，八月《与朱侍讲》说"对班不出此月下旬"，随后又有"对班不出数十日间，愚虑之所及者，敢不展尽！政虑诚意浅薄，无以感动耳。八月《答潘叔度》："某官次粗安，对班只在下旬。区区所怀自当倾尽，但虑识暗诚薄，不能为损益耳……"从这些不断与朋友议及的轮对情况，看出吕祖谦对轮对的迫切期待，急于向孝宗表达自己的治国理念，更改现实政治的问题，可见吕祖谦的用世之心。

　　皇帝陛下临御以来，惟绍复大业是志，惟计安宇内是图。前代帝王聪明勤俭，仅得陛下万分之一者，莫不随世而就功业，未有如陛下汲汲望治十有六年而焦劳未解者也。意者殆群臣不足以佐陛下风欤？陛下自履尊极，政令屡有所更革，人材屡有所易置矣。方其未更也，方其未易也，群臣有能先事建白以起发圣意者乎？其所以敝未极而变，患未甚而消者，独赖陛下生知天纵，随既觉悟而已。故举偏救弊，维持至于今日者，实由陛下圣明独运而非群臣之助也。然志勤道远，迁延至于今日者，亦由陛下圣功独劳，而无群臣之助也。

陛下初岂乐于独劳哉？良以群臣不能仰助如前所陈，加之总揽既久，图事揆策者，多不如陛下之精审，议法定令者，多不如陛下之明习。甚则私意小智，又多不逃陛下之识察。陛下遂谓天下之事既知之矣，天下之人既见之矣，所以慨然益坚独运万机之意也。夫独运万机之说，其名甚美，其实则不可不察焉。臣请序而言之。

人主一心，实治乱安危之所从出，所患者夺于多欲，则其心昏蔽而不能宰制万事。今陛下于声色、于游畋，淡然无一毫之欲。惟其有意于独运万机，故琐微繁细，悉经省览，酬酢区画，日不暇给，而天下大计或有所遗。治效不进，反与多欲者同，岂不甚可惜乎？此独运万机之说不可不察也[1]。

[1] 独运万机：指帝王独立处理日常纷繁复杂的事务。

厥今虏势陆梁[1]，而国仇未雪；民力殚尽，而邦本未宁；法度具存，而穿穴蠹蚀[2]，实百弊俱极之时。官寺充满，而偷惰苟且，无庶绩咸熙之效，降附布于郡县，而未免于疑沮；帑藏耗于军屯，而未免于怨嗟。陛下欲宽宵旰之忧，要必得非常之材委属之。然非常之材，类皆不肯舍规矩准绳而狥人，惟忘势尽礼，有宾友之义，推诚笃信，有父子之亲而后可致。苟独运万几，则不能受控御者，鲜或在列。上益务损其权，下益得逃其责。阴拱熟视，沉浮取容，陛下宵旰之忧，谁与图之乎？此独运万几之说不可不察也。

[1] 陆梁：嚣张、猖獗。　[2] 穿穴蠹（dù）蚀：违背国家利益、法律的作为。

113

治道体统[1]，上下内外，不相陵夺而后安。乡者大臣往往不称倚任，陛下不得已而兼行其事。大臣亦皆亲细务，而行有司之事。外至监司守令，职任率为其上所侵而不能令其下。故豪猾玩官府[2]，郡县忽省部，掾属陵长吏，贱人轻柄臣。平居患犹未尽见也，一旦有事，谁与招麾而伸缩之耶？由一命而上，大小相承，积而至于人主，然后尊重无以复加。苟万几独运，大臣而下皆为人所易，则人主岂能独尊重哉？如曰臣下权任太隆，惧其不能无私，则有给舍以出纳焉，有台谏以纠正焉，有侍从以询访焉。诚得端方不倚之人分处之，自无专恣之虑，何必屈至尊以代其劳哉？此独运万几之说不可不察也。

[1] 治道体统：治国的方针策略。　　[2] 豪猾玩官府：强横暴虐而不受法律约束的人亵渎官府。

陛下至公无我，左右之臣虽素号亲密，至其有过，威断力行，何尝有所牵制？可否黜陟，裁自圣心，所谓左右之臣，不过供指顾传命令，何尝假以事权？天下徒闻陛下独运万几，事由中出，听其声不察其实，妄意在旁者或微有所预也，而其陪侍习熟，工于揣摩，亦能时以一二事取验于外，故人稍稍乡之[1]。此在英主之世本非大患，惟明扬贤隽，各还其职，公议而公行之，则人自无所疑，而为左右者亦得全其恩意，保其宠禄矣。狷介之士忿激过当，至以汉、唐权幸为比，诚非所拟。然人之关鬲经络，少有壅滞，久则生疾。陛下之于左右虽不劳操制，苟玩而弗虑，则声势浸长，趋附浸多，过咎浸积，内则惧为陛下所谴，而益思壅蔽；外则惧为公议所疾，而益思诋排。及是时，忿激者之所忧将见之矣。此独运万几之说不可不察也。

[1] 陪侍习熟……故人稍稍乡之：此事大概指乾道三年（1167）春，孝宗亲近侍臣知阁门事龙大渊、曾觌因参知政事陈俊卿奏，遭补外做官事。龙大渊、曾觌因是孝宗做太子时的旧臣而得进位。陈俊卿弹劾龙、曾二人，说他们

揣测皇帝的圣意传播到朝外，窃用陛下权力以谋私。于是孝宗有旨贬二人到京城外做官。

臣愿陛下虚心屈己，以来天下之善；居尊执要，以总万事之成。勿以图任或误而谓人多可疑；勿以聪明独高而谓智足遍察；勿详于小而遗远大之计，勿忽于近而忘壅蔽之萌。诚意笃而远迩各竭其忠，体统正而内外各得其职，则二帝三王之治，不能加毫末于此矣。

臣愚戆不识大体，惟陛下裁赦。取进止。

臣窃惟国朝治体有远过前代者，有视前代犹未备者。以宽大忠厚建立规模，以礼逊节义成就风俗，当俶扰艰虞之后，其效方见如东晋之在江左，内难相寻，曾无宁岁，自驻跸东南以来，逾五十年无纤毫之虞，则根本至深可知矣。此所谓远过前代者也。文治可观而武绩未振，名胜相望而干略未优，虽昌炽盛大之时，此病已见。如西夏元昊之难，汉、唐谋臣从容可办，以范仲淹、韩琦之贤，皆一时选，曾莫能平殄，则事功不竞可知矣。此所谓视前代犹未备者也。

陛下慨然念仇耻之未复，版图之未归，故留意功实，将以增益治体之所未备，至于本朝立国之根本，盖未尝忘也。而臣下不足以测知宸指，献言者多以小辩破大体，治民者多以苛政立威名。逼蹙拘制而士气不舒，争夺驰骛而仕路益隘。凡所谓宽大忠厚，礼逊节义之属，皆诋以为陈腐、为迂阔。范防既撤，无复畏葸，何所不为？圣虑将益焦劳矣。

夫浮华可抑也，繁文可减也，清谈高论、不切事情者可黜也。至于祖宗化成风俗，所以维持天下者，其可朘削之乎[1]？臣窃谓今日治体，其视前代未备者，固当激厉而振起，其远过前代者，尤当爱护而扶持。议者乃徒欲事功之增，而忘根本之损，陛下清闲之燕，岂可不永念其故哉？又况宽大则豪杰得以展尽，忠厚则群众不忍欺诬。礼逊兴，则潜消跋扈飞扬之心；节义明，则坐长捐躯殉国之气。

然则图回事功，亦未有舍根本而能立者也。惟陛下加圣心焉。取进止。

[1] 朘（juān）削：削减。

◎研读

将淳熙四年（1177）的轮对《札子》与乾道六年（1170）的轮对《札子》进行比较，可以看出吕祖谦的政治主张有了极大的不同。乾道六年的轮对《札子》，吕祖谦向孝宗进言基本是空疏，主要谈发扬"圣学"的问题，不涉及太具体的人与事，而淳熙四年的轮对《札子》则是毫不隐讳地直接批评孝宗的日常做法。一是批评孝宗独断专行、越俎代庖，说的好听点是日理万机。认为这样导致了极其恶劣的后果："豪猾玩官府，郡县忽省部，掾属陵长吏，贱人轻柄臣"。一旦有事"谁与招麾而伸缩之耶"？因此，吕祖谦建议孝宗"虚心屈己，以来天下之善；居尊执要，以总万事之成。勿以图任或误而谓人多可疑；勿以聪明独高而谓智足遍察；勿详于小而遗远大之计，勿忽于近而忘壅蔽之萌。诚意笃而远迩各竭其忠，体统正而内外各得其职，则二帝三王之治，不能加毫末于此矣"。吕祖谦的主张有一点现代化管理的意思。二是借批评范仲淹与韩琦不能如汉、唐时期的贤臣一样，批评孝宗的行为有些甚至还不如前人，建议孝宗抑浮华，减繁文，黜清谈高论、不切事情者，培养节义礼逊的风尚以兴复国家。

直指孝宗的批评如此尖锐，展现了吕祖谦作为儒家学者积极参政、入世的一面。吕祖谦一贯强调要见"儒者之效"。这次奏札的内容可能得到朱熹的鼓励，朱熹曾批评吕祖谦有"委曲将护"的毛病，吕祖谦淳熙四年回应朱熹说："示谕明白劲正，诚中近岁诸人之病，盖所谓'委曲将护'者，其实夹杂患失之病，岂能有所孚格。到此两月，此等议论盈耳塞胸，忽闻至论，心目洗然为之开明也。某轮对初谓在三四月间，近乃知所谓阁门舍人亦轮对，班序在下。如此则须迤逦至五六月也。郑自明（鉴）迁小著，亦可见主意未尝以狂直为忤，第人自不肯展尽耳。"综观此札，实无只字的"委曲将护"。

进编次《文海》札子

◎ 解题

文出《东莱吕太史文集》卷三，作在淳熙六年（1179）元月。《文海》指吕祖谦奉敕在书坊流行的江钿所编《圣宋文海》的基础上重新编选的宋文集。《建炎杂记》记载："（淳熙）五年十二月十四夜，得中风病。六年春正月引疾求去，十一日庚午有诏予郡，伯恭固辞。后十三日癸未，上对辅臣，因令王季海（淮）枢使问伯恭所编《文海》次第。伯恭乃以书进。"书呈，颇受孝宗肯定，特命周必大为序，赐名《皇朝文鉴》，今称《宋文鉴》。札子，一种文书形式，欧阳修《归田录》称："唐人奏事，非表非状者谓之榜子，亦谓之录子，今谓之札子。凡群臣百司上殿奏事两制以上，非时有所奏陈，皆用札子。"

右某先于淳熙四年十一月，内承尚书省札子勘会已降指挥令临安府校正开雕《圣宋文海》。十一月九日，三省同奉圣旨，委吕某专一精加校正。某窃见《文海》元系书坊一时刊行，名贤高文大册，尚多遗落，遂具札子，乞一就增损。仍断自中兴以前诠次，庶几可以行远。十一月十五日，三省同奉圣旨依某，寻将秘书省集库所藏本朝诸家文集，及于士大夫家宛转假借[1]，旁采传记他书，虽不知名氏，而其文可录者，用《文选》古诗十九首例并行编类，凡六十一门，为百五十卷，目录四卷。

[1] 假借：假、借同义，皆为借意。

某窃伏自念，本朝文字之盛，众作相望，诚宜采掇英华，仰副圣意，而某学问荒浅，知识卑陋，不足以知前辈述作之指，黾勉承命[1]，今已经年，简牍浩繁，纂辑谬戾，加以缮写才毕，偶婴末疾[2]，尚恐疏略抵牾，未敢遽以投进。今月二十四日，伏蒙辅臣具宣圣谕[3]，缘某已除外任，俯询所编次第。自惟稽缓，不胜震惧。所有编次到《圣宋文海》一部，共一百五十四册，并临安府元牒到御前降下《圣宋文海》旧本一部计二十册，并用黄罗夹复，封作七复，欲望特与敷奏缴进。某不胜惶惧，俟罪之至。

[1] 黾（mǐn）勉：努力。　　[2] 婴：遭受。末疾：小的病患，此指中风。　　[3] 辅臣：辅佐大臣，此指王淮。

◎ 研读

淳熙四年（1177）十一月，吕祖谦接受宋孝宗圣旨重新编订《文海》。此前，书肆有人售卖江钿编选的《文海》。孝宗命内臣寻到一本，看后比较认可，便命临安府校正刊行。学士周必大看了此书后，以为《文海》去取差谬，难以流传久远，向孝宗进言称："殊无伦理，书坊刊行可也。今降旨校正刻板，事体则重，恐难传后。莫若委馆阁别加诠择本朝文章，成一代之书。"于是，孝宗下旨意让推举人选，吕祖谦最终获得孝宗认可，接受重新编订《文海》的任务。书成，共分为六十一门（较《文海》三十八门丰富出二十三门），一百五十卷，共一百五十四册（原《文海》一百二十卷分装二十册）。周必大作《序》这样总结《宋文鉴》："古赋、诗、骚，则欲主文而谲谏；典、册、诏、告，则欲温厚而有体；奏疏、表章，取其谅直而忠爱者；箴、铭、赞、颂，取其精悫而详明者；以至碑、记、论、序、书、启、杂著，大率事辞称者为先，事胜辞者次之；文质备者为先，质胜文者次之。复谓律赋经义，国家取士之源，亦加采掇，略存一代之制。定为一百五十卷。规模先后，多本圣心。"总的来看，《宋文鉴》是一部北宋诗文总集，收录了北宋的诗文精粹，是我们研究宋史、宋代文献、宋代文学史所必不可少的基本资料。《宋文鉴》也是吕祖谦那个时代对北宋文学成果的一次检阅，体现了南宋人的价值观念，是全面把握南宋文人的文学观念，以及北宋文学对南宋文人的沾溉、南宋文学对后世文学影响的最基本的文学资料。《宋文鉴》是吕祖谦文学实践的最重要成果，它体现了吕祖谦的哲学观念、文史观念，是我们了解、研究吕祖谦的重要文献之一。叶适说"后有欲明吕氏之学者，宜于此求之矣"，但《宋文鉴》在当时却受到权臣的一再攻讦，使得孝宗又命崔大雅对其"更定增损，去留凡数十篇"，甚至下令停刊。

《宋文鉴》成书，对日后的选本学产生了很大影响，其后以"文鉴"为名的文选不断出现。如黄宗羲的《宋文鉴续编》（未果）、沈果庵的《南宋文鉴序目》《南宋文鉴爵里考》、张云章的《南宋文鉴》、蒋显谟的《南宋文鉴》、严道肖的《南宋文鉴》、姚叔祥的《南宋文鉴》、无名氏的《南宋文鉴》等。宋濂曾云："世有恒言，决科之文，不足以行远。呜呼！岂其然哉？顾其合道与否为何如耳。昔吕成公编《文鉴》，其用意浸精密，而张庭坚所著《尚书》二篇，特载入之，与《龙图序》诸文并传，四海之中但识字者，皆知诵之，苟谓其不能行远，可乎？"明人吴讷称《文鉴》于宋文"掇其英，拔其粹"，清人康有为赞《文鉴》"宋朝文选得极好"。

进所编《文海》赐银绢谢表

◎解题

文出《东莱吕太史文集》卷二，作在淳熙六年（1179）二月。吕祖谦将校正的《文海》本呈送后，得到孝宗嘉奖。孝宗命中使李裕文宣谕圣旨，以吕祖谦所编《文海》精当，赐银绢三百匹两。因有此谢作。

右臣今月四日承中使李裕文宣谕圣旨，以臣所编《文海》精当，赐银绢三百匹两者，奏篇无取，锡命有加。既叨中秘清切之除，复拜内府便蕃之锡。人微恩厚，感激涕零。兹盖伏遇皇帝陛下圣学高明，皇猷渊懿[1]。灿然众作，思采摭以无遗；蕞尔小臣[2]，惧讨论之不称。已逃罪戾，仍被眷私。抱椠怀铅，曷副右文之意；赐金增秩，徒惭稽古之荣。臣无任。

[1] 皇猷渊懿：对孝宗谋略的赞美。　　[2] 蕞（zuì）尔小臣：蕞，小。陆机《皇太子宴玄圃宣猷堂有令赋诗一首》："蕞尔小臣，邈彼荒遐。"（《文选》卷二十）小臣，卑微的小吏，吕祖谦自称。

◎ 研读

在这篇《谢表》中，吕祖谦首先要表达对皇上的感谢，这是作这篇《谢表》的主要目的。此外，这篇《谢表》其实还隐含着另一个问题，即吕祖谦说的"已逃罪戾，仍被眷私"。奏呈《文海》，皇帝又赐名"文鉴"兼命周必大为序，本是大功一件，何来"罪戾"之说？这是因为也有一些人对《文海》表达了不同意见。首先，《文海》在编纂过程中就已经有人反对。吕祖谦接手《文海》之初，便以为"《文海》元系书坊一时刻行，名贤高文大册尚多遗落，乞一就增损，仍断自中兴以前铨次，庶几可以行远"。因此，他要自为一书，做出大的增损，这可能与孝宗皇帝的初衷有所不同，不被同僚认可。后孝宗派出临安府赵磻老及教官辅助吕祖谦编纂《文海》，但这些人以为吕祖谦所做有违圣意，便力辞不与其共事。其次，书成，即遭到一些人的批评，后又遇到陈骙上驳章事，所以吕祖谦自己有"罪戾"说。

除直秘阁辞免札子

◎ 解题

文出《东莱吕太史文集》卷三，作在淳熙六年（1179）二月。吕祖谦修《文海》成，据《玉堂杂记》《贵耳集》《建炎杂记》等书记载，他遭到朝臣的大量攻讦，或以为吕祖谦与宦官有染，或以为吕祖谦选文诋毁先朝皇上。在此情况下，孝宗皇帝下诏授予吕祖谦直秘阁官职。按国策，除官非常慎重，当时非有明显的实绩不做升迁。所以，中书舍人陈骙上驳章，不同意起草诏书。吕祖谦亦不敢接受职务，作此札子辞免。

某先奉圣旨编类《文海》，近因宣谕缮写投进，今月四日，承尚书省札子：三省同奉圣旨吕某编类《文海》，采摭精详，可与除直秘阁[1]。又蒙圣恩赐银绢三百匹两[2]。某窃自揆度，问学浅陋，知识卑凡，实不足以称讨论之选，黾勉承命，冒昧奏篇，疏略舛差，无所逃罪。敢谓上恩隆厚，宠数过宜，蚤夜以思，不遑宁处。人心初不相远，窃闻果有驳章[3]。诚以编次此书，止是将前人文集略从其类，徒淹岁月，何有勤劳？又况去取之间，岂能允当？方圣上责实之日，尤重职名，非有显功，未尝除授。兼某已拜金缯厚赐，至于寓直中秘，实为太优。岂宜贪冒宠私，重烦公论？欲望朝廷矜怜，特与敷奏，将所除直秘阁恩命速赐寝罢。干渎朝听，某下情无任悚栗之至。

[1] 除直秘阁：直秘阁，官职名。　　[2] 赐银绢三百匹两：《建炎以来朝野杂记》："《文鉴》者，吕伯恭被旨所编也。……上又谕辅臣曰：'祖谦编类《文海》，采摭精详，可与除直秘阁。'又遣中使李裕文宣谕，赐银帛三百匹两。"　　[3] 窃闻果有驳章：驳章事，陈骙所为。《建炎杂记》乙集卷五《文

鉴》、吕祖谦侄儿吕乔年作《太史成公编皇朝文鉴始末》皆有记录。

◎ 研读

吕祖谦奏呈《文海》，孝宗告谕臣子们说："朕尝观其奏议，甚有益治道，当与恩数。又闻其因此成病，朕当从内府厚锡之。已而降旨，吕某编类《文海》采摭精详，与除直秘阁。又宣赐银绢三百四两。中书舍人陈骙再上缴章，上皆留中不行。骙罢去。"陈骙等上书孝宗事未已，接着又有近臣匿名奏告"《文鉴》所取之诗，多言田里疾苦之事，是乃借旧作以刺今。又，所载章疏，皆指祖宗过举，尤非所宜"。吕祖谦与李焘书也曾数次说及《文海》的扰攘问题，如"《文海》奏篇，异数便蕃，一时纷纷，盖因忿激而展转至此，病中唯静审以处之而已。其始亦未欲以闻，盖累有宣谕，故不敢缓也"。"辰守回避之说，亦以卧病，无自而闻知。然人之异同，亦非我所可计耳。"迫于议论，吕祖谦上书辞免。

再除著作郎史官辞免札子

◎ 解题

文出《东莱吕太史文集》卷三，作于淳熙七年（1180）十月一日。吕祖谦此时已经风痹两年，体质日差，不能胜任官职，因有辞请。

恭准尚书省札子，九月二十五日三省同奉圣旨：吕某除秘书省著作郎兼国史院编修官。伏念某顷者备数著庭，以病自免。圣上录其铅椠之微勤，畀之贴职[1]，以宠其归，绥奖覆护，复无近比[2]。卧家以来，未及两载。公朝记识不替，除目已颁。既还旧职，复隶史馆。深惟尪残小臣，至愚极陋，仍岁所蒙被者，虽縻捐九死[3]，无以仰酬。使筋骸仅可自比于人，所当奔走就列，勉思称塞。实以右支风痹，久成废疾，戴大恩而莫报，顾薄命而自怜。冒昧控陈，诚非得已。伏望特赐敷奏，收还新命，依旧差注宫观，庶沾微禄，以养余齿。候指挥。

[1] 畀（bì）：给予、赐予。贴职：宋代以他官兼领诸阁学士等职名及三馆职名者称贴职。　[2] 敻（xiòng）：差别大。　[3] 縻（mí）捐：縻，通"糜"，碎。縻捐，即粉身碎骨。曹植《圣皇篇》："縻捐以报国。"

◎ 研读

吕祖谦得除书后，即与时任参政周必大书信沟通，述说自己身体病废，不宜出仕，云："某杜门待尽，忽被除书，朝廷记忆收拾之意则厚矣。病废如许，宁有能拜命理！此公之所深悉，唯望力赐调护，早如所请，复畀祠禄，不胜幸甚。劝导调娱，忍耻以济国事，虽前辈何以加此！但近世职无大小，多以趣过目前为俗，渺然为国家深计长虑，善类不敢望之他人也。"吕祖谦本是用世者，一再推脱授职，看得出吕祖谦身体已届末日。

除参议官辞免札子

◎ 解题

文出《东莱吕太史文集》卷三，作于淳熙七年（1180）。淳熙七年十月十二日，吕祖谦添差两浙东路安抚司参议官。此时，吕祖谦已经到了生命的最后一段时间，自认为是废人，再无力出任官职，因辞免。

右某近以病控免恩命，十月二十九日，准敕特添差两浙东路安抚司参议官，仍厘务。某窃自惟念一介妄庸，无所取似。疾病沉痼，已为废人[1]。公朝记识不忘，始则欲加袚饰，俾之厕于东观图书之间。终则怜其病贫，又复置于职优俸厚之地。人微恩重，感极涕零。岂不欲舆疾之官，以拜大赐！实以抱病之久，驱驰道路，力所不能。欲望特赐陶铸一宫观差遣[2]。候指挥。

[1] 已为废人：此时吕祖谦患风痹症，活动不得自由，所以自称废人。
[2] 宫观：即宫观官，属闲职，每月有薪俸。

◎研读

辞免札子表达了对朝廷的感谢，同时也陈述了自己病体沉重，难以赴任。吕祖谦在与朱熹的书信中也谈到此次任免："某痁疾方安，寻被除目，不免亲作数字恳政府，甚觉疲倦，所幸见谅，既见听矣。但专闻犹有参议官指挥，病中亦何缘赴得。又须费一番书札也。"［《与朱侍讲》（三十六）］

太学策问

◎解题

文出《东莱吕太史文集》卷五，作于乾道六年（1170）。这当是吕祖谦在任太学博士期间为试太学生而出的试题。策问，即以经学或政事为题要求诸生文字回答。

问：宪虞、夏、商、周之典而建学[1]，合朔、越、楚、蜀之士而群居，上非特为饰治之具，下非借为干泽之地也[2]，所以讲实理、育实材、而求实用也。盖尝论立心不实，为学者百病之源。操管而试，负墙而问[3]，布席而议，学则宗孔孟，治则主尧舜，论人德则曰致知格物，论保民则曰发政施仁，论律身则曰孝、弟、忠、信，论范防则曰礼、义、廉、耻，笔于纸，发于口，非不郁郁乎可观矣，迫而索之，则或冥然而昧也；叩而穷之，则或枵然而虚也。意者骛于言而未尝从事所以言者耶。洙泗诸子，亲见圣人，出语岂不知所择？然问答之间，受责受哂者相望，反自不若后世学者之无疵。古之人其为己不为人如此。今日所与诸君共订者，将各发身之所实然者，以求实理之所在。夫岂角词章，博诵说，事无用之文哉？孰不言圣学之当明也？其各指实见，志何所期，力何所用，毋徒袭先儒之遗言。孰不言王道之当修也？其各条实事何者为纲，何者为目，毋徒作书生之陈语。佛、老乱真者也，勿徒曰清虚寂灭，盍的言其乱真者[4]？畸深畸浅，申、韩害正者也，勿徒曰刑名术数，盍确论其害正者？畸亡畸存，辟、嗜、愚、鲁[5]，人人异质，不可胜举。刚、柔、缓、急，色色异宜，不可胜陈。至于为学者之通病，论治者之通弊，安得不同去而共察之耶？孟子、告子之不动心，自今观之，固异也，使未闻所以异之答，能辩其异乎？禹、稷、颜子之事业，自今观之固同也，使未闻易地皆然之语，能识其同乎？荀况、扬雄、王通、韩愈皆尝言学矣，试实剖其是非；贾谊、董仲舒、崔寔、仲长统皆尝言治矣，试实评其中否。凡此数端，具以质言，实相讲磨，以仰称明天子教养之实德。乃若意尚奇而不求其安，辩尚胜而不求其是，论尚新而不求其常，辞尚异而不求其达，则非有司之所敢闻。

　　[1] 宪虞、夏、商、周之典而建学：宪，效法。句谓效法虞、夏、商、周的故事建学。　　[2] 干泽：干，求。干泽即干禄，求禄。　　[3] 负墙而问：向先生请教。　　[4] 其乱真者：指佛老与儒家学术似是而非的论述。[5] 辟（bì）：通"襞"，逢迎，邀宠。嗜（yàn），粗鲁。愚：愚蠢。鲁：迟钝、笨拙。

◎研读

吕祖谦于严州教授期间，五月接到太学博士任命，闰五月赴临安，文应作于此时，以考试诸生。该策问一是提出问题，二是指出了诸生回答问题的要求，即方式要具体，不可空论，要明圣学，"其各指实见，志何所期，力何所用，毋徒袭先儒之遗言"，在一定程度上体现了吕祖谦重实学的思想。

馆职策

◎解题

文出《东莱吕太史文集》卷五，作于乾道六年（1170）十二月。《南宋馆阁录》卷八《官联下》："实录院检讨官……乾道以后十九人……吕祖谦六年十二月以太学博士兼。"《南宋馆阁录》卷八《官联下》："国史院编修官……乾道以后二十三人……吕祖谦六年十二月以太学博士兼。"《宋史》载吕祖谦："除太学博士。……召试馆职。先是，召试者率前期从学士院求问目，独祖谦不然，而其文特典美。"《馆职策》应该是为入馆职而作的试题，宋人凡入馆职，皆需考试。

治道有大原[1]，不本其原，徒欲以力救斯世，君子许其志，不许其学。天下之事，要不可以力为也。忧世之士，喜功名之人，慷慨摩厉，将欲挽一世而回之，其意气岂不甚壮矣哉？激之欲其急，而听者愈缓；邀之欲其坚，而守者终渝。未逢其原，而倚办于区区之力，固不可耶。

[1] 治道有大原：大原，根本。即治理国家的方法有根本的理论。

汉至文帝，宇内昌阜，烟火万里，仰视成、康虽小歉[1]，俯视春秋、战国以降，则既有余矣。痛哭者一，流涕者二，长太息者六，贾谊之论何其不与事俪也[2]？意者危言骇世，姑一快胸中之愤耶。长沙之归[3]，历变履险，动心忍性，少年之气，剥落向尽，固未易以故意待谊，是殆必有所以，而论者或未之竟也。

[1] 成、康：周成王、周康王。其治理国家兴礼仪，刑措不施，天下兴旺。　[2] 痛哭者一，流涕者二，长太息者六：文出贾谊《陈政事疏》。[3] 长沙之归：贾谊为长沙王太傅，汉成帝诏归，为梁王太傅。

谊诚见文帝以如此之质，得如此之时，顾乃湛于庳陋，安于小成，爱之深，望之切，大声疾呼，几其一悟耳。虽然，谊诚爱君也，诚望治也，开道扶掖，岂其无术，何至遂攘臂以仍之耶？文帝之齿长矣，阅天下之事众矣，四体伸缩宁不自谙？谊乃激其言张旦夕之忧以迫之，宜其付之嘻笑，待以书生之论也。若昔圣贤急天下之病岂后于谊？稽其猷告，自源徂流，具有条理，未尝置本而言末也。伯益论来四夷微以怠荒[1]，召公论格远人首以谨德[2]，而仲尼为鲁虑亦缓颛臾而急萧墙[3]。圣贤之言，自有次第如此。谊序天下之事，所先者外忧，所后者内治，于为治之大原，似未深讲也。当是时，近有专土桀骜之诸侯，远有乘边侵侮之匈奴，汉廷公卿玩细娱而忘远虑，谊之忧，亦岂可厚非哉？至于不寻其原，遽欲斧其髀而系其颈，则疏矣[4]。天下之患，懦者常欲一切不为，锐者常欲一切亟为，甲兵朽，斧钺钝，养痈护疽[5]，偷取爵秩，各饱其欲，而日朘月削之患独归国家[6]，是滔滔者，既不可胜诛，号为有意斯世者，又复不审前后，不量彼己而轻发之，终无于是。两者之间，参订审裁，立其本，循其序，摹之于前，而收之于后者，此谊与汉庭公卿俱堕一偏。文帝卒罔知所倚，虽略行其策，迄不能并三五之隆也[7]。谊而概尝有闻，肯堕其说于一偏，而挈诸侯、匈奴为发语之端哉？必将首明帝学，大定其本，而嗜卑惮高，令今可行之言不肯出也。必将继论储贰，趣择师傅，而刑名惨刻、术数临制之习不能入也。必将深绝私昵，防微杜渐，而近戚幸臣干法嫚朝之恶不敢肆也。今揽其疏，或泛数而置四五之间，或遗落而无一言之及，谊尚得为知大原乎？大原既失，无惑乎用力虽劳，言者急而听者缓也。

[1]伯益论来四夷微以怠荒：伯益，皋陶儿子，《史记》作伯翳，佐禹治水有功。微，警告。怠荒，懒惰、闲散。《尚书·虞书》载，禹将伐苗，伯益赞于禹曰："惟德动天，无远弗届。"   [2]召公论格远人首以谨德：召公，周召公。《尚书·周书》记载，西旅贡獒，召公以为非所当受，作书告诫武王："明王慎德，四夷咸宾。"   [3]仲尼为鲁虑亦缓颛臾而急萧墙：仲尼，孔子。《论语·季氏》："吾恐季孙之忧，不在颛臾，而在萧墙之内也。"意为值得忧虑的事情发生在身边。萧墙，何晏《集解》引郑玄解曰："萧之言肃也；墙谓屏也。君臣相见之礼，至屏而加肃敬焉，是以谓之萧墙。"   [4]疏矣：批评贾谊思虑不周密。   [5]养痈护疽：痈、疽，皆人身的疮痛，此指国家姑息养奸。   [6]日朘（juān）月削：朘、削，皆指削弱，指国力日衰。   [7]三五之隆：指三皇五帝时的隆盛。三皇、五帝，传说中上古的帝王，具体为谁，说法不一。

若夫姚崇在唐埒之于谊[1]，则非匹矣。自下求上，贾谊之于文帝也，自上求下，玄宗之于姚崇也。一则跂足而觊其听，一则虚心而俟其言[2]，孰可同日而道哉？玄宗始初清明求治之意，如川之方至，钦迟崇之旧德夙望，起于藩维而相之，徯于崇者何如也？崇苟学知大原，则一举其纲而天下定矣。方且逡巡不拜，历述十事邀其诺而后就位。仇敌相交则有盟，市道相质则有券，君相聚精会神之际而用要约焉？吁！何薄也。将闿端垂统，基一代之治，而君相界付之初已恃要约以为固，则为治之大原已隳矣。虽力邀强制，仅致小康。时改意衰，必溃决而不可遏，纽解丝棼，不待观天宝之季，固已兆于开元之元也。傅说旦胥靡而暮辅相[3]，以匹夫而蹴处父兄百官之上。《说命》三篇[4]，其对扬何其甚暇而有余耶。始之曰"后从谏则圣"，盖沂大原之舟楫也。申之曰"惟厥攸居政事惟醇"，盖指大原而示之也。终之曰"念终始，典于学"，盖造大原而使勿失之也。合堂同席而议，如甲胄，如衣裳，如官爵，如祭祀，棋布绳联，源流会通，亦非缕数条陈而力邀之也。然则相天下之道可知已。崇肩随管、晏，固不敢以傅说自命，然资权谲亦足以逆料其君之锐始怠终也。故及其睟之方新，画是十条以坚其君之心，虑以终吾世而已，何暇恤其后哉？考之于史，玄宗渝其约不待他日。方崇持国柄之时，既班班见矣。问以峻法绳下之约，曷为而按钟绍京之狱，犹有待于崇之救也。问以法行自近之约，曷为而疑王仙童之劾，犹有待于崇之奏也。问以班序荒杂之约，曷为而许阎楚珪之官，犹有待于崇之却也。此犹力争而幸胜者耳。高力士、扬思勉名出宫壸，骎骎宦者预政之渐，薛讷契丹之师，不惟骤弃崇谏，又增重其事权而遣之。至郭虔瓘募兵击安西，崇虽以为不然，已暗默而不敢争矣。是不幸边功之约，玄宗视之亡如也。身未去位而约已寒，况上印绶之后乎？不务格其君之心，而以力邀之，此已事之明效大验也。

[1] 姚崇在唐埒（liè）之于谊：姚崇，唐时人，本名元崇，陕州硖石人。当时有突厥人名叱利元崇，武则天改其名为姚元之，玄宗改其名为崇。历官武则天、睿宗、玄宗。句谓以姚崇与贾谊比较。　　[2] 一则跂足……俟其言：跂足，踮脚仰头，热切期盼的样子，形容贾谊主动进言汉成帝的样子；虚心而俟其言，形容唐玄宗积极纳姚崇之谏。两句写贾谊与姚崇所对情势的不同。[3] 傅说旦胥靡而暮辅相：《史记》记载，殷商高宗武丁即位，欲兴殷，夜梦得圣人名“说”，以梦寻人，得傅说于傅岩。当时傅说是正在做苦役的奴隶，武丁将之接回为相。　　[4]《说命》：《尚书》中的篇名。

盖尝读贾谊之书，而得文帝之所以克终；次姚崇之本末，然后知蛊玄宗之心者有自来矣，岂独一李林甫之罪哉[1]？谊之一书，肆言不忌，前此数十年必抵诽谤之辟，后此数十年，亦伏非所宜言大不敬之诛矣。文帝虽未尽用，不斥不愠，待之有加，帝非徒谓容纳为帝王盛德，实以言路通塞，乃人主切身利害也。侈心邪念、阙政舛令出于我而恬不自觉者，夫岂一端？而乱萌祸机、群情众论隐匿壅阏而不得上闻者，亦何可胜数哉？待言者之饬正宣达，不啻疹之待砭、躄之待杖也。容养奖纳，此自吾切身利害，其逊其悖，彼盖言者事，吾何为预之哉？谊虽气激辞愤，阔于事情，姑善之以劝来者，自时厥后，冯唐、申屠嘉之属[2]，规儆辅拂不绝于朝，终置文帝于寡过之地，是固有以召之也。人主进德之验，他未即见，惟于谏者之言先见之。言之委曲迁就，是君德未信于人，而犹有所畏也。言之剀切侵讦，是君德已信于人而既无所畏也。委曲迁就，剀切侵讦，在言者之得失则二，在人主为进德之验则一。谊之论虽未协于中，文帝独不可自贺而为进德之验乎！一时风俗犹皆醇厚，虽前日害谊之宠者，不过尤其纷乱诸事，所谓求名、归过之论，当时之人盖未解作此等语也，至隋炀帝而始有谏以求名之忿。至唐德宗而始有矜衒归过之疑，其所见亦既狭矣。风雨霜露，无一气而非天；牙甲根荄，无一物而非地。天下之善，谁非人主之善乎？小夫娿人借隙光以自饰[3]，窃勺水以自多，要不出范围之内。天覆地载，岂与是琐琐者争衡哉！炀帝、德宗忘其天道之大，下与一士较短论长，若闾巷侪辈互相夺攘者，何其小也！苟文帝之世此论已立，谊之所遭，岂直吊湘赋鵩而已哉[4]？

[1] 李林甫：小字哥奴，唐玄宗时累官至兵部尚书，同中书门下三品，进兼中书令。史以奸称，其执政导致安史之乱。 [2] 冯唐：汉文帝时人，为云中守魏尚说情，文帝曾令其持节赦魏尚，复拜冯唐为云中守，为车骑都尉、主中尉，及郡国车士（车战之士）。景帝立，以冯唐为楚相。武帝立，求贤良，举冯唐。冯唐已年九十余，不能再为官。申屠嘉：字嘉，梁人，从刘邦起事，累官都尉，文帝时为御史大夫，丞相。 [3] 小夫：一般人，平民中的男人。娿（jù）人：气量狭小的人。 [4] 吊湘赋鵩（fú）：指贾谊的《吊屈原赋》和《鵩鸟赋》。

史称姚崇善应变以成天下之务，然变或非正，失亦随之。其尤大章明者两端焉。玄宗在藩，侠气已盖诸王，手锄逆韦、太平之难[1]，肇履大位，隽逸英毅，若太阿出柙，莫之敢干，所虑者轻视天下而不自抑畏也。庬臣硕辅[2]，政当厉之以畏天之诚，启之以尊儒重道之实，左右规矩，犹惧或肆，崇复以水济水，投弃准绳，略无龃龉于其间。日食历差，而以不亏班贺；太室自坏，而以材朽献谀。畏天之说，《典》《谟》《训》《诰》《誓》《命》之书、异篇而同指者也。崇矫诬上天，一旦破其扃鐍而芟夷之，使其君荡然无所顾忌，驯致渔阳之变[3]，撤其防而导其侈者，实崇也。度崇始意不过容悦迎逢耳，亦不自知其祸之至此，末流汜滥，虽崇尚存，亦非捧土所能塞矣[4]。莫大于天而犹不畏焉，于一崇乎何有？自有书契，严畏天之说以相付者，岂以人君尊无与敌，复借天以压之哉！兢业祗惧，是乃天心之所存，而尧、舜、禹、汤、文、武所传之大原也。“上帝临女，无贰尔心”[5]。贰之以适，莫偏诐之私[6]，则作于心，害于事，凶于而家、而国矣[7]。崇学不足此而遽敢慢之，此崇之大失一也。

[1] 韦：韦后。太平：太平公主。 [2] 厐（máng）臣硕辅：厐臣和硕辅，皆是大臣的意思。 [3] 驯致渔阳之变：驯，即顺。指姚崇的作为导致了渔阳之变。渔阳之变，指安史之乱。 [4] 捧土：典出《后汉书》，大将军朱浮为幽州牧，渔阳太守抗命，朱浮写信给他："今天下几里，列郡几城，奈何以区区渔阳而结怨天子，此犹河滨之人捧土以塞孟津，多见其不知量也。"司马光借此典写捧土治国的作用："《虞书》曰：'兢兢业业，一日二日万几。何谓万几？几之为言微也，言当戒惧万事之微也。夫水之微也，捧土可塞，及其盛也，漂木石，没丘陵；火之微也，勺水可灭，及其盛也，焦都邑，燔山林。故治之于微，则用力寡而功多。治之于盛，则用力多而功寡。是故圣帝明主皆销恶于未萌，弭祸于未形。天下阴被其泽，而莫知所以然也。'"（《传家集》卷二十一）吕祖谦此处用司马光意。 [5] 上帝临女（rǔ）：语出《诗·大明》。 [6] 莫偏诐（bì）之私：诐，偏颇。句谓如果有了二心，就没有不是偏颇的私心。 [7] 而：你，你的。人称代词。

崇之捕蝗也[1]，议者方哗，玄宗问焉。崇以庸儒泥文而不知变对。除蝗之法列于古训，杂然而议者，信庸儒也。然玄宗尊儒重道之意本自不笃，崇又以泥文不知变之语入其心，使益加姗侮[2]，继自今以往，虽先王之典训，不便于己者，亦可以是语断之矣。自张九龄、韩休之去，儒者尽绌，坐于朝、议于堂、扞于边，皆便捷轻锐[3]，知变而不泥文者也。其效今可睹矣。崇徒见所谓庸儒者拘挛固滞，遂概厌薄之，亦尝循其本而思之乎？以一人而制六合，下至众而上至寡也。群天下之所乐，萃天下之所贵而集有之，虽悍强很暴，屈首尊戴无敢不驯者。以君臣之典叙于天，而儒者实品节扶持之也。今恶庸儒而并废其品节扶持者，是理既泯，万目睽睽，见利则逝，见便则夺，上之人其危哉。儒者舌弊唇腐，本为谁计，而轻欲销废之乎？此崇之大失二也。并置十事，二失而委之天下，夫人而能平其功罪之轻重矣。

[1] 崇之捕蝗：唐玄宗时天下大旱，生蝗害。姚崇为相，遣捕蝗使捕捉蝗虫。吕祖谦此处是说天下遭蝗灾，姚崇为宰相应该劝玄宗勤修德才对。　　[2] 姗(shān)：讪笑，讥讽。　　[3] 便捷轻锐：轻薄不懂礼法之徒。

参谊、崇而论之，所到固有浅深，其未知大原之所在则一也。明天子方屈群策以图大业，尚论前世，谊与崇之所条，固已久经乙夜之览，亦既采取而时措之事业矣。愚不敢复踵其论，顾私窃有所疑焉，幸因奏篇之上而附见其说。古之兴王所以震服天下者，不过一二大政，而薄物细故，则初未尝躬其劳也。汉高帝之约法三章[1]，齐威王之诛赏阿、即墨大夫[2]，终身尤可称者财此事[3]，皆足以随世而就功名。

[1] 汉高帝之约法三章：汉高祖刘邦入秦，与诸父老约定杀人者死，伤人及盗抵罪，余悉除去秦法。　　[2] 齐威王之诛赏阿、即墨大夫：齐威王诛杀阿地大夫，奖赏即墨大夫事见《史记》卷四十六记载，此赞齐威王能明察国事。即墨大夫勤于民事，因清廉不贿赂齐王身边人，而被诋毁。但齐威王看到即墨"田野辟、民人给、官无留事"，国家得以安宁，于是封赏一万家。齐威王又明察朝中臣子都夸赞的阿大夫，他看到阿地的田野不辟、民贫苦，赵国攻甄城不能救，卫国攻取薛陵竟然不知道，便知道阿大夫是通过贿赂自己的左右得到的赞誉，于是立即烹杀了阿大夫。　　[3] 财：通"才"，仅仅。

明天子嗣服以来[1]，天造神断，自古庸主依违牵制数十年而不能改者，决之于一日；自古谏臣恳切觏缕千百疏而不能回者[2]，从之于一言。大经画、大黜陟、大因革，历数其目，既已兼前代之长，徐计其成，尚未能半前代之效，仇耻未复、版图未归、风俗未正、国用未充、民力未厚、军政未核，覆按谊、崇为汉、唐忧者，亦十居其五六焉。是独何说也？意者统宗会元尚有可思者邪？汉高、齐威之事浅矣。然就其规摹论之，亦粗能持其初说者也。如使约三章之明岁而苛法复生，诛赏阿、即墨之后日而嬖幸复听，则首尾衡决，人谁信之哉？今日大政数十，皆绝出汉唐之表，惟其统宗会元者，尚有可思。故除一弊事是一事而已也，去一小人是一人而已也。四海九州之广，万官亿丑之众，博揽远驭，焉能无毫发之遗哉！德意志虑所示者未及遍孚，所遗者已或先见。命令之布，黎献稚齔，诉怿未已而惶惑继之，激昂未已而解弛继之，惕息未已而倦觊继之。向若淳固专壹，无间杂之病，则所谓大政数十者，出其一二，已足以鼓舞群动而立丕丕之基，宁至宵旰十年尚勤愿治之叹乎！此愚所以冒昧而献统宗会元之说也。诚储神为治之大原。提其统，据其会，则出治者无一出一入之累，而观治者亦无一喜一惧之移矣。讲大原之所在，闲燕咨访，将有人焉，愚不敢躐等而议。

[1] 明天子：宋孝宗。　　[2] 觏（luó）：琐细，繁琐。

◎研读

该《馆职策》主要陈述了吕祖谦的治国理念，总结起来就是四个字："统宗会元"。吕祖谦以为，以孝宗时期与汉唐盛世进行比较，从国家大的长远计划、重要的官员任免、对前朝政治大的变革与继承等方面观察，一一数来，所取得的成绩都还未能达到前朝的一半。仇未能得报，耻未能得雪，国家的失地未能收复、风俗未淳正、国家的财政不充裕、老百姓依然贫困、军国政事未能完全复核。再将现在的国事与贾谊、姚崇代汉、唐忧虑者，现在也有十分之五六。

为何会是如此糟糕呢？就在于统宗会元方面做得还有不好的。统宗会元，就是要本"大原"。何谓大原，依据吕祖谦数年前的轮对札子，大概就是"圣学"或者说是"实学"。落实到治国的具体事务中，便是"兢业祗惧"的敬畏之心，这是无心所存，是圣人所传之心。朱熹以为吕祖谦《馆职策》亦说得漫不分晓，后面全无紧要。《宋史》赞扬这篇文字是经典，"特典美"。

策问一（之一）

◎ 解题

文出《东莱吕太史外集》卷一，作于乾道六年（1170）吕祖谦为太学博士期间。策问，即以经义或政事设题要求学生作答。

问：名正言顺，大义之所以立也；内修外攘，大业之所以成也。表大义于天下，一日而白；至于经纶大业，则内外先后，未尝无其序焉。

五胡俶扰[1]，神州陆沉。繇晋氏以来，明君哲辅，慨然有志于中原者，史不绝纪。庾亮之将镇石城也[2]，郗鉴以为资用未备[3]，不可大举；褚裒之径赴彭城也，蔡谟忧其经营分表[4]，疲民以逞；殷浩之复谋再举也，王羲之谓虽有可喜之会[5]，而所忧乃重于所喜。是三者，迄无成绩，终不能出旁观者之所料。

[1] 五胡俶（chù）扰：五胡，指晋武帝后的匈奴、鲜卑、羯、氐、羌等五个少数民族。俶扰，骚扰，扰乱。五胡俶扰，俗称"五胡乱华"。　[2] 庾亮之将镇石城：庾亮，字元规，东晋明穆皇后的兄长。生性热爱庄子、老子的学术。庾亮性格严肃庄重，非常看重行为礼节，认为战国申不害和韩非的刻薄作风有伤风化。咸康六年（340）去世，时年五十二。追赠太尉。谥文康。镇石城，见下则注语。　[3] 郗鉴以为资用未备：郗鉴，明帝初拜安西将军迁车骑将军，与王导等同受遗诏辅佐少主。封南昌县公，谥文成。东晋成帝时，

庾亮借后赵明帝石勒新死的机会，上书东晋成帝开复中原，以为是朝廷的"先务"。成帝将这个建议交臣下讨论，郗鉴认为"资用未备不可大举"，即是说物资条件不足以兴兵打仗。　　[4]褚裒（póu）……蔡谟忧其经营分表：《资治通鉴》载：东晋褚裒任征讨大都督，率众三万径奔赴彭城，北方人投降日以千计，朝廷皆以为中原很快就可以收复。独有光禄大夫蔡谟以为不如度德量力而行。果然褚裒被赵南讨大都督李农战败。　　[5]王羲之谓虽有可喜之会：殷浩谋再举北伐，中军将军王羲之上书制止，又与会稽王昱笺曰："为人臣谁不愿尊其主比隆前世，况遇难得之运哉！顾力有所不及，岂可不权轻重而处之也。今虽有可喜之会，内求诸己而所忧乃重于所喜。"（《资治通鉴》卷九十九《晋纪》二十一）

　　意者名不正耶？言不顺耶？抑亦先后陵节而戾经纶之序耶？温之枋头[1]，安之步丘[2]，裕之长安[3]，几成而败，既济而覆。追数其过，盖必有所在。下至到彦之、檀道济、王元谟、沈庆之之流，虽长短多寡之算不足烦前筹之箸，然尚论古昔者，亦不得而废也。屑儒腐生，玩岁愒日者，固不可与论恢复之略，鸣剑抵掌，志吞狼居之北，莫不壮其快，然横挑强敌，败人事者，又未必非此曹。居两者之间而咨至当之论，将何施而可？

　　[1]温之枋头：《晋书》载，太和四年（369）夏四月庚戌，大司马桓温率众伐慕容暐。秋七月，桓温至枋头，景申以粮运不继，焚舟而归，威名顿挫。　　[2]安之步丘：谢安出镇广陵步丘，筑新城以避祸。　　[3]裕之长安：刘裕，字德舆，小名寄奴，彭城县绥里人。建立宋，与北魏对峙，为武帝。刘裕兵至长安，执姚泓以归，斩于建业。

◎研读

　　盖为诸生应试而作的模拟题。该题出在南宋与金和战之争间，有强烈的现实参与感。策问列举了历史上一些准备不足、仓促兴战而最终败绩的例子，提出国家固然不可以如屑儒腐生玩岁愒日而图恢复；而那些鸣剑抵掌，志吞狼居，图快一时，横挑强敌，也是败事有余。处两者之间以图恢复，该出何策呢？发人深思。

策问一（之二）

◎ 解题

文出《东莱吕太史外集》卷一，作于乾道六年（1170）吕祖谦为太学博士期间。该策问着眼点在于闻道与治国的关系。

问：汉监秦弊[1]，弛挟书律，六籍次第列于学官，大都小邑，师生讲肄弦歌之声四闻。然论者既以发策决科之学目之。盖尝观夏侯胜、黄霸皆坐议庙《乐》系狱[2]。霸既在缧绁，乃欲从胜受《经》。胜辞以罪死。霸曰："朝闻道，夕死可矣。[3]"吁！当是时，霸岂有策之可发、科之可决乎？身被重劾，且暮即刑，犹汲汲欲有所闻[4]。吾不知所闻者复何事也？胜奇其意，遂授以《经》。系再更冬，讲论不息。胜之所授，果霸始所欲闻者欤？抑犹未也。小用之则出治颍川，大用之则相宣帝。名迹振耀一时。意者尊所闻之效欤？诸君与胜易地而居，承霸之问，将何以授之？

[1] 汉监秦弊：监，通"鉴"。句谓汉以秦弊为鉴。　　[2] 夏侯胜、黄霸：夏侯胜，字长公，少孤好学，从始昌受《尚书》及《洪范》，善说《礼》，被征为博士、光禄大夫。黄霸，字次公，汉淮阳阳夏人，宣帝时为相。　　[3] 朝闻道，夕死可矣：语出《论语·里仁篇》。　　[4] 汲汲欲有所闻：急迫地想获得知识。

◎ 研读

此策从黄霸狱中受经故事说起，提出了一个非常严肃的问题，即发策决科与治学理政的关系。当时，吕祖谦于金华大办教育，有千百人赴金华求学。这种情况遭到了朱熹等同道的强烈反对，他们以为这是将学者引向歧途。但从吕祖谦此问可以看出，黄霸之学本为闻道而学，实则与发策决科之学皆为圣人之道。后日黄霸成为汉宣帝的丞相，发策决科之学与闻道之过程并行不悖。这是一则劝学的策问。

策问二（之一）

◎解题

文出《东莱吕太史外集》卷二，作于乾道六年（1170）吕祖谦为太学博士期间。该策问着眼点于治国者如何具备通才的问题。

问：天下固有共指为两物而不相通者矣，文之与武也，吏之与儒也，材之与德也，利之与义也。章甫、鹖弁相遇于涂[1]，目若不相见者，椠人、墨客仅能胜甲胄[2]，剽"韬""略"之数语[3]，则史册夸大以为异事，或目以文、武兼备，或目以文、武大略。其难全盖如此。黠吏生死案牍间[4]，视司空、城旦书为何等物？而书生之从吏者，例皆迂阔迟顿，如宋枭之《孝经》[5]，苏威之《五教》[6]，人至于今笑之。自材与德区为二途，坐镇雅俗之士，时君不责以职业。至于所期以共功名者，则惟泛驾跅弛之材是取[7]。义利之分旧矣：金谷之计[8]，清介者视之若将浼焉[9]；以货殖自许者[10]，下比商贾，所谓"义"之一字，适足以资其嘲诮而已。学士大夫之相诋其论具存，至今可覆也。是四者果判然不相通耶？则夹谷之会[11]，文事武备似不可分为两。学优则仕，仕优则学，亦互为终始而无间也……诸生际盛时沐鸿化，其可默而无言乎？愿仰质诸经，俯证诸史，昔何为而合，后何为而分？昔何为而一，后何为而两？悉条于篇，以观所学。

[1]章甫、鹖弁：章甫，儒者所戴的冠；鹖弁，武官所戴的冠。此处借代两种人。 [2]椠（qiàn）人、墨客：皆谓读书人、文人。 [3]"韬""略"：

即古代兵书《六韬》《三略》，泛指兵书。　　[4] 黠吏：奸猾的官吏。　　[5] 宋枭之《孝经》：宋枭，字作泉，汉扶风人，代左昌为陇右刺史。宋枭见陇右多寇叛，因建议朝廷多写《孝经》令家家学习，被朝廷诘责为虚慢（《后汉书》卷八十八）　　[6] 苏威之"五教"：苏威，字无畏，京兆武功人，历仕周、隋，卒于唐。苏威在隋为吏部尚书，曾参与修订五礼。　　[7] 泛驾跅(tuò)弛：放荡不羁。　　[8] 金谷：石崇，晋人，有金谷园，以奢侈称。此指富贵庄园。　　[9] 浼(měi)：同"浼"，玷污。　　[10] 货殖：商业贸易、生意。　　[11] 夹谷之会：鲁定公十年，鲁定公与齐侯会于夹谷，莱人以为孔子无勇，因以兵挟持鲁定公。当时孔子摄行相职，以礼仪说服，退去莱人。

◎ 研读

此策从历史上的文武不相通、吏儒不相通、材德不相通、利义不相通说起，又讲到孔子的夹谷之会，意犹文武似可集于一身。又列举经史之间有通者，有不通者，启发诸生思考一日若得用武之地，当如何借鉴经史故事，做到文武兼通，合二为一的问题。

策问二（之二）

◎ 解题

文出《东莱吕太史外集》卷二，作于乾道六年（1170）吕祖谦为太学博士期间。该策主要提示诸生考虑因势治吏的问题。

问：因天下之势而顺成之则易，反天下之势而逆成之则难。外之不如内也，远之不如近也，疏之不如亲也，势也。汲黯之直[1]，萧望之之忠[2]，岂耆进急利者哉！以淮阳则薄，以冯翊则辞[3]，彼固谓拾遗补阙，忠臣之至愿，有敛大惠施一州者，亦君子之所甚惜也，况下黯与望之数十等耶！其咨嗟景倩之行而愿为之执鞭者，殆未可厚非也。为治者将因天下之势而顺成之，则皆竞内而避外，荣近而辱远，晞亲而弃疏，芒芒禹迹，孰纲之，而孰维之耶？将反天下之势而逆持之，使视郡国如朝廷，视要荒如畿甸，是倒江河而行之山也。难矣哉！国家制治审势，权衡轻重，未尝或偏。乃者诏"非尝历部刺史、郡守者毋得除郎"，有司奉行，浸不如初诏。于是申前制而风在列，德至渥也。然士狃于天下之常势，夫岂一朝一夕所能回哉！驱之必有术，倡之必有始，劝惩之必有具，是皆今日之所当先讲者也。肇唐虞而讫五代，本末轻重载于史牒者，尚多有之。其咸著于篇以佐朝论。

[1] 汲黯之直：汲黯，字长孺，汉代濮阳人。汉景帝时为太子洗马。武帝时为谒者，往视河内水灾，发仓赈济贫民，以直谏称。后拜汲黯为淮阳太守，汲黯不受印，说自己常有狗马病，力不能任淮阳太守事，愿为中郎在朝中做事。 [2] 萧望之之忠：萧望之，字长倩，汉代东海兰陵人。萧望之治齐《诗》，又从夏侯胜问《论语》《礼记·服问》，后为博士。为宣帝赏识，仕至太子太傅。辅佐汉元帝，以师傅见重，后为石显陷害，自杀。先，宣帝以萧望之有宰相才，欲详试其政事，于是以萧望之为左冯翊，萧望之不赴任。 [3] 以淮阳则薄，以冯翊则辞：此指汲黯、萧望之等虽为贤臣，但也有其不足。

◎研读

该策认为"天下之势而顺成之则易，反天下之势而逆成之则难"。策问以汉代两位贤臣汲黯与萧望之为例，讲人"耆进急利"的本性，要求诸生根据人的本性，因势利导，思考驾驭官吏的途径与方法。

策问二（之三）

◎解题

文出《东莱吕太史外集》卷二，作于乾道六年（1170）吕祖谦为太学博士期间。该策主要鼓励诸生探讨孔子对于弟子或取同或取不同的原因所在。

问：仲尼设教于洙、泗之间，三千之徒，惟颜子为好学。颜子之学夫子也，步亦步，趋亦趋，终日不违，于圣人之言，无所不说[1]。盖师者，人之模范也。苟非无一之不类，则未足为肖也。及考夫子之教群弟子，则异于是。其使漆雕开仕，对以"吾斯之未能信"，则说。其论"乘桴浮于海，从我者，其由与"？子路闻之喜。则曰："由也好勇过我，无所取材。"夫漆雕开拒夫子之言，是与夫子异者也，乃反进之；子路喜夫子之言，是与夫子同者也，乃反贬之。夫子之与群弟子不欲其同也如此。则颜子之步趋语默，无所不同，又何为而深取之耶？圣人之教，坯冶一陶，不为贤者而增，不为愚者而损。今颜子则以同见取，群弟子则以同见弃，岂圣人之心诚有厚薄于其间耶？愿明辨之。

[1] 说（yuè）：同悦，喜欢。

◎研读

该策鼓励诸生思考如何因材施教、引导学生发展的问题。

策问二（之四）

◎解题

文出《东莱吕太史外集》卷二，作于乾道六年（1170）吕祖谦为太学博士期间。该策主要探讨任贤使能，吕祖谦主张上不侵下，不与下争职，方为善治。

问：先天下而劳者，圣人之求贤也；后天下而逸者，圣人之任贤也。侧席之劳[1]，所以兆垂衣之逸；垂衣之逸，所以偿侧席之劳。始而不劳斯谓怠，终而不逸斯谓烦。

[1] 侧席：指谦恭而待贤人。

汉宣帝相丙、魏，将辛、赵，牧龚、黄[1]，小大奔走，咸奏厥功，固可收视听于穆清之上矣[2]。顾乃厉精为治，斋居决事，皇皇然日不暇给，夫岂数子者不足以代帝之劳耶？抑帝未知人君之体而与下争职耶？贞观之盛，烝髦并兴[3]，于陪于辅，于蕃于宣，于省于寺，于台于阁，蔼然郁然，于斯为盛，而太宗犹谓思天下事丙夜不安枕，又以兼行将相自许。人才满朝，而不足解太宗之忧，公卿之耻也。名为将名为相，太宗乃夺其事而自行之，置房、杜、英、卫辈何地耶[4]？汉唐之君臣，君子盖交讥之，然尚有可诿者，曰：不知道[5]。以文王之圣翼以八虞四友之贤[6]，而自朝至于日中昃，不遑暇食，其劳视宣帝、太宗有加焉。此后世口不敢非，而心未免疑者也。不对姚崇即吏之奏[7]，明皇犹能之，曾谓文王不如明皇乎？舜、文若合符节，舜垂拱视天民之异，文王之勤乃如是，是何劳逸之殊也？主上绍履庆基，闵济大业，昧爽不显，听纳忘倦，天下咸知临政之勤；明扬公举，小大并进，天下咸知得人之盛。躬求贤之劳而不享任人之逸，意者五帝其臣莫及，不得已而亲事于法宫欤？将如光武自乐此而不为疲欤？无亦兹文王之忧勤有非后世所能概者欤？其研精覃思，上探圣蕴，并与前世政治之劳逸，人才之众寡，条陈缕数，以观考古验今之学。

[1] 相丙、魏，将辛、赵，牧龚、黄：指丙（邴）吉、魏相，辛庆忌、赵充国，龚遂、黄霸，皆曾在宣帝朝为官。　[2] 穆清：天，朝廷。　[3] 烝髦并兴：众多的俊杰同时兴起。　[4] 房、杜、英、卫：指房玄龄、杜如晦、李勣（英国公）、李靖（卫国公）。　[5] 不知道：不明白道理。　[6] 八虞四友：八虞，周八士，皆为虞官，指伯达、伯适、仲突、仲忽、叔夜、叔夏、季随、季骝。四友，指闳夭、太公望、南宫适、散宜生。　[7] 不对姚崇即吏之奏：姚崇，名见《馆职策》注。姚崇为玄宗宰相后，尝奏请任命郎吏，唐玄宗仰视殿屋，不理姚崇。高力士问唐玄宗说，宰相奏事，帝应当回答，为何

不理姚崇呢？玄宗说："朕任崇以庶政，大事当奏闻共议之，郎吏卑秩乃一一以烦朕邪？"高力士向姚崇说此事，姚崇因而佩服玄宗识人君大体。

◎研读

该策问是要诸生讨论如何任人使贤的问题。关于这个问题，吕祖谦曾经在淳熙四年（1177）的轮对札子中直接批评了孝宗皇帝以"日理万机"自高的做法，指出这其实是独断专行、越俎代庖，会导致"豪猾玩官府，郡县忽省部，掾属陵长吏，贱人轻柄臣"等极其恶劣的后果。

策问二（之五）

◎解题

文出《东莱吕太史外集》卷二，作于乾道六年（1170）吕祖谦为太学博士期间。该策主要启发诸生考虑学习的渐进问题。

问：学不可躐等[1]，盈科而进，成章而达，未有陵节杂施而能成者也。盖孔子十有五而志于学，至于七十，而后从心所欲不逾矩。其难如此。而《学记》之所载一年视离经辨志[2]，三年视敬业乐群，至九年知类通达[3]，谓之大成。大成，孔子之所集也。孔子天纵将圣，尚必自十五至七十然后极其至，学者乃欲以九年之速而配夫子一世之所就，何其敏耶！洒扫应对，子游以为末，子夏复以先传后倦，譬之其本其末，其先其后，要必有所在矣。其索言之，以纾所学。

[1] 学不可躐（liè）等：躐，超越。句谓学习不可以超越一定的程序，应该循序渐进。　[2] 离经辨志：读懂经典著作的文意，准确标点文句。《礼记》"一年视离经辨志"，郑玄注："离经，断句绝也；辨志，谓别其心意所趣

乡也。"《丽泽论说集录》解释为"晓意义"。《历代制度详说》解释为"离经，断绝句也。辨志，谓别其心志所趋向也"。 [3]知类通达：根据以往所学知识推论未知事物的发展趋势，能够通过类比而通晓大义。郑玄注："知类，知事义之比。"

◎研读

吕祖谦非常重视学习渐进的问题，他曾经这样说："后学读书，未曾识得目前大略，便要说性命。此极是害事。为学自有等级，先儒至说性命，不知曾下几年工夫方到。"（《东莱吕太史外集》卷五《己亥秋所记》）该策也是鼓励诸生要明白学习的先后程序问题，正如其编纂《近思录》的思路。

三、书启

代仓部知黄州通张魏公启

◎ 解题

文出《东莱吕太史文集》卷四，作于绍兴三十二年（1162）四月。吕大器，字治先，吕祖谦父亲。吕大器历任黄州、吉州、池州等地，官至仓部郎中，世称仓部。曾几婿。曾在隆兴元年（1163）黄州太守任上于齐安郡刻郑克撰《揲蓍古法》，一名《删补刘氏（刘禹锡）辨易九六论》。该启系吕大器将要出知黄州前，命吕祖谦代写的与时任节制建康、镇江府、江州、池州、江阴军军马张浚的书启，是一种任职前呈上司的礼节性书启。张魏公，张浚，字德远，南宋抗金名将，孝宗朝拜相，封魏国公，有著作《中兴备览》。其子张栻、张杓皆吕祖谦讲友。

仰夫子[1]之门墙[2]，夙有依归之愿；瞻元戎之旌纛[3]，获承节制之尊。敢以丹诚，寓之缃简[4]。恭惟某官，佐王硕辅，命世真儒[5]。先知觉后知[6]，传斯文之正统；小德役大德[7]，为善类之宗盟。扶日毂于庆霄[8]，握斗枢于宥府[9]。入则赞一日万几之务[10]，出则专五侯九伯之征[11]。震叠龙荒[12]，焜煌麟阁[13]，处消息盈虚之变[14]，适行藏进退之宜[15]。肆琴瑟之更张[16]，首弓车之聘召[17]。献言申戒，避宠就闲。羽檄交驰，旧疏果符于龟策[18]；玺书狘至[19]，陪都载绾于麟符[20]。当虞舜之四巡[21]，延晋文之三觐[22]。运筹坐胜，聚精会神。锡斧钺以抚师[23]，总江淮而分陕。落毡裘之危胆[24]，沸鹃弁之欢谣[25]。旗帜精明，鼓角欢亮。国家再造，高鸿烈于汾阳[26]；天地重开，翊丕图于建武[27]。冠钧衡于廊庙，下膏泽于幅员。若智若愚，以祷以颂。某荒芜晚学，蹭蹬孤踪，每原念于衰宗，尝屡投于化冶。志勤事左，心亲地疏。误分边垒之忧，幸效辕门之役[28]。虽迹遥履舄，莫伸磬折之恭[29]，然气激肺肝，窃效钟鸣之应[30]。

[1]夫子：对长辈的尊称，这里指张浚。　　[2]门墙：语出《论语·子张》："子贡曰：譬之官墙，赐之墙也及肩，窥见室家之好；夫子之墙数仞，不得其门而入，不见宗庙之美、百官之富，得其门者或寡矣。"后世谓求学门径，入门墙即入师门。　　[3]旌纛（dào）：纛，军队的大旗。句指仰慕统帅张浚。　　[4]缃简：缃，黄色丝帛；简，古代书写用的竹片。句指书信。[5]真儒：真正的儒家学者，儒家的大学者。　　[6]先知觉后知：语出《孟子》引伊尹所说。知，知道事情应当的道理；觉，明白事情的原因所在。觉后知，朱熹比喻就如喊醒睡觉的人。　　[7]小德役大德：孟子曰："天下有道，小德役大德，小贤役大贤。"赵岐注云："有道之世，小德小贤乐为大德大贤役，服于贤德也。"句谓当代是有道之世，自己愿意依附统帅麾下。　　[8]扶日毂于庆霄：日毂，指帝王车驾，代指帝王；庆霄，即庆云，五彩云，比喻显赫的位置。句谓张浚在显著的官位上辅佐皇上。　　[9]握斗枢于宥府：斗枢，北斗七星的第一星；宥府，枢密院。句谓执掌枢密院辅佐皇上。　　[10]赞一日万几之务：赞，即帮助；一日万几，形容帝王治理国事的繁忙。句谓辅佐皇上治理国家。　　[11]专五侯九伯之征：语出《左传》，公、侯、伯、子、男等诸侯及九州之长。句谓总管天下征讨军务，可征讨所有不从王命之人。[12]震叠：震恐，语出《诗经》。龙荒：漠北。时南宋与金人对峙，也就是指震恐金人。　　[13]焜煌：辉煌。麟阁：麒麟阁，汉未央宫有麒麟阁，将功臣名字写上以示表彰。　　[14]消息盈虚：消长或盛衰变化。　　[15]行藏进退：出处行止，即出仕与隐退。[16]琴瑟之更张：官员的调换。　　[17]弓车：招聘贤人的车子。　　[18]羽檄交驰，旧疏果符于龟策：该句指张魏公此前呈送朝廷的奏疏与当前的策划相符，称赞张魏公运筹帷幄之智慧。　　[19]玺书：皇帝的诏书。狘：连续。　　[20]陪都：首都以外再设首都，此处当指

临安，较开封而言。麟符：朝廷颁发的麟形符节。　　[21]虞舜：上古圣君，姓姚，名重华。四巡：或谓舜一年四巡为礼，季春东巡、季夏南巡、季秋西巡、季冬北巡。　　[22]延晋文之三觐：晋文，晋文公重耳；觐，诸侯朝见天子。僖公二十八年（前632），周襄王策命晋侯为侯伯，赐晋文公大辂戎辂之服出入，晋文公来去三次朝见周天子。　　[23]锡：赐。斧钺：兵器，这里指象征的权力。抚师：抚慰军队，即治军。　　[24]毡裘：代指金人。危胆：恐惧的心理。　　[25]鹖弁：武士。　　[26]高鸿烈于汾阳：鸿烈，功业；汾阳，指郭子仪。句谓功盖平定安史之乱的郭子仪。　　[27]翊：襄助、辅佐。建武：东汉年号，此指光武帝刘秀，借指南宋孝宗皇帝。　　[28]幸效辕门之役：《周礼》："设车宫辕门。"郑玄注："王行止宿阻险之处，备非常。次车以为藩，则仰车以其辕表门。"句谓甘当为张浚护卫。　　[29]磬折：磬，通磬。曲躬如磬之折，有礼貌。　　[30]钟鸣：当为钟鸣漏尽意，喻衰残之躯。句谓为国家鞠躬尽瘁。

◎研读

这是一篇礼节性的书信，用语通常就是恭维对方，无实际内容。宋代凡官员上任，多是先致信上司。吕祖谦有多篇这样的文字，如《代仓部通吉州交代钱吏部启》《代仓部通吉州胡邦衡侍郎启》等。

中两科谢主司启

◎解题

文在《东莱吕太史文集》卷四。隆兴元年（1163），吕祖谦春试礼部，木待问榜进士，奏名第六人，又中博学宏词科，四月作启谢主司。

问津邹、鲁[1]，未知经术之渊源；学步班、扬[2]，讵识词章之统纪。揣己初无于一可，逢辰乃幸于兼收。得之若惊[3]，荣不盖愧。窃以自昔广招贤之路，若时开入仕之门。众俊朋来，隶髦辐集[4]。略于始进，罔拘流品之浊清；考以终身，徐待是非之坚定。故上无甚重甚轻之弊，而下无必贵必贱之人。气俗敦庞[5]，风声醇厚。高弗以此自满，卑弗以此自惭。道降质衰，辞繁用寡。执笔操牍，阔视承明之庐；蹑蹻担簦[6]，平步高门之地。一升俊造之列，即为腾跃之阶，指日而须，若偿所负。虽怀经济之蕴，堕在冗散之流。抗颜议事为病狂，刺口论文为犯分。仰望云汉，邈无津涯；异意者方痛诋而力排，知己者特熟视而窃叹。彼此之势既激，怨隙之萌遂形。间生英豪，大振颓靡。邓攸在晋[7]，不去王官而举孝廉；德裕仕唐[8]，耻与诸生而从乡赋。夫岂厌清华之选，又非避博雅之名。察其所存，则亦有说。盖欲安常业于夸诩之际，抑浇风于奔竞之余。示以不争，固将自反。惟国朝发进士之举，肆绍圣立宏词之科[9]。屈、宋比肩[10]，渊、骞接袂[11]。然观抑扬之深意，少知阖辟之微权。柳崇仪素号儒宗[12]，晚纡武弁；韩黄门奋由世禄[13]，尝主文闱。俾于陟降之间，莫见厚薄之迹。凡名为士，当识此心。如某者章句谀闻[14]，箕裘衰绪[15]。信书滞固，几类鲁人之皋[16]；涉世舒迟，殆同齐俗之缓[17]。妄睎峻轨，辄箍词场。千里驱驰，变星霜于邮传；连年胶扰，付编简于尘埃。以椎鲁僻陋之资，加废忘扞格之久。应敌类夏侯之疏略[18]，序事多马迁之繁芜[19]。敢梦寐于末行，矧觊觎于迭中。顾浅缪如此其极，犹且得之；谓奇杰必出于斯，亦以疏矣。论科目之难，尚至鄙贱而益明；独惭驽蹇之踪，上致权衡之误。此盖伏遇某官典司文柄，培养化源，为桷为宷[20]，坐致群才之用；采葑采菲，每思下体之遗[21]。旁及屡愚，亦容忝冒。某谨当服膺古训，尚志前修，书子张之绅，力行笃敬；锄不疑之色，深戒骄矜。

[1]问津邹、鲁：鲁国为孔子故乡、邹国为孟子故乡。句谓研习孔孟学术。　　[2]班、扬：班固与扬雄，皆为汉代文章大家。　　[3]若惊：受宠若惊意。　　[4]烝髦：烝，进用。髦，俊杰。《诗经·甫田》："攸介攸止，烝我髦士。"《毛传》："烝进，髦俊也。"句谓进用人才众多。　　[5]敦庞：敦

厚。 ［6］蹻蹻（jué）担簦（dēng）：蹻，草鞋；簦，筐子。穿着草鞋，挑着担子，即一般百姓。 ［7］邓攸在晋：邓攸，字伯道。《晋书》本传载："攸七岁丧父，寻丧母及祖母。居丧九年，以孝致称，清和平简，贞正寡欲。少孤，与弟同居。初，祖父殷有赐官敕攸受之。后太守劝攸去王官欲举为孝廉，攸曰：'先人所赐，不可改也。'" ［8］德裕仕唐：李德裕，字文饶。幼有壮志，苦心力学，尤精《汉书》《左氏春秋》。耻与诸生同乡赋，不喜科试。年方及冠，志业大成。出将入相三十年，位极台辅。 ［9］肆绍圣立宏词之科：肆，设。哲宗绍圣年间（1094—1098）设立博学宏词科。 ［10］屈宋比肩：屈原与宋玉比肩。屈原与宋玉同为文士。 ［11］渊、骞接袂：颜渊与闵子骞接袂。颜渊与闵子骞皆道德楷模。与前句合看，文赞朝中人才济济。 ［12］柳崇仪素号儒宗：柳开，字仲涂，北宋古文家，因曾为崇仪使，故称柳崇仪。 ［13］韩黄门奋由世禄：韩维，字持国，曾官门下侍郎，因称韩黄门。 ［14］谀（xiǎo）闻：谀，小。意孤陋寡闻。 ［15］箕裘衰绪：《礼·学记》："良冶之子必学为裘，良弓之子必学为箕。"此处意为自己所学来自家学。 ［16］鲁人之皋：《左传·哀公二十一年》："鲁人之皋，数年不觉。使我高蹈，惟其儒书。"宋陈祥道《礼书》卷一百二十三："鲁人之皋。盖皋，缓也。役事以弗急为义，故以皋鼓节之。" ［17］齐俗之缓：苏轼诗《乔太博见和复次韵答之》："奋髯百吏走，坐变齐俗缓。"又韩驹《送子飞弟归荆南》诗："我性本齐缓，汝资诚楚慄。"叶庭珪撰《海录碎事》齐俗吏人养名舒缓。朱博为郡，怒曰："齐人欲以俗邪。" ［18］夏侯之疏略：夏侯渊，字妙才，守汉中为刘备杀。曹操使夏侯渊守汉中，责其用勇还当用智。句言自己非将才。 ［19］马迁之繁芜：司马迁文章繁芜。 ［20］为楩为芒（máng）：楩、芒，椽子、大梁。指为朝廷培育各类人才。 ［21］采葑采菲，每思下体之遗：典出《诗经·谷风》："采葑采菲，无以下体。"言"不以其下之不善，而弃其上之可食"。句谓举荐者不弃对卑贱人的推荐。

◎研读

谢启为一种礼仪性质的文体，多是示谦示敬的文辞，如称自己"问津邹、鲁，未知经术之渊源；学步班、扬，讵识词章之统纪"，意思是自己的文章、经术都未有所长。但有些自我评价却也有道理，如文中吕祖谦说自己的文章风格"序事多马迁之繁芜"。吕祖谦主张文章学《史记》。吕祖谦有《史记详节》。朱熹称吕祖谦《大事记》"辨司马迁、班固异同处最好"。吕祖谦喜欢《史记》,他教人读史曰:"学者观史各有详略,如《左传》《史记》《前汉》三书,皆当精熟细看,反复考究,直不可一字草草。"王应麟《辞学指南》记载吕祖谦教人作文首举《史记》:"东莱先生曰:'先择《史记》《汉书》《文选》、韩、柳、欧、苏、曾(子固)、王(介甫)、陈(无己)、张(文潜)文,虽不能遍读,且择其易见、世人所爱者诵之。'"吕祖谦称赞陈亮文章"断句抑扬有余味,盖得太史公笔法"。以上皆见吕祖谦对《史记》的推崇。

除太学博士谢陈丞相启

◎解题

文出《东莱吕太史文集》卷四,作于乾道元年(1165)六月。陈丞相,陈应求,字俊卿,兴化人,绍兴八年(1138)进士。累官尚书右仆射同中书门下平章事兼枢密使等职,有文集二十卷。《宋史》有传。吕祖谦乾道元年六月六日,除太学博士有此谢启。

里闬堙沉[1],久安分守。胶庠清邃,骤被诏除。夫何逖远之踪,犹在选抡之数。窃以合炰髦于万宇[2],课以度程;嗣绝学于六经,司其训故。名挂成均之属[3],号为儒者之先。于秩虽微,所系实大。苟训迪渐摩之本,曾弗玩心;则呻吟占毕之余,焉能塞责!厥职升降,视人重轻。如某者气禀颛蒙[4],志尚疏阔,定交铅椠,不知岁月之多;借助韦弦,未觉悔尤之寡。每因晏豫,窃自揣量。惟材谫故,不足俎豆英游;惟识眊故,不足权衡世变。继以闵忧之积,益于宠利之疏。干命义而徼求,匪惟失已;饰庸虚而衒鬻,又复欺人。徒欲粗试于州县簿领之间,曷敢自通于廊庙钧陶之上。忽冒除书之及，罔知拜赐之端。意者概视戚疏，曲加诱掖。畀教导之任，使预怀芜废之惭；宽奔走之期，使尚有讨论之暇。进之以作其怠，缓之以俟其成。自视缺然，何以领此？斯盖伏遇某官，翼宣天绎[5]，弼亮皇猷，深惟封殖于丕基，畴若招徕于群献。荆金梁铁，贡九牧以并登；粤铸燕函，列百工而咸在。多取或容于舛误，广求遂逮于孱愚[6]。某敢不䌷绎旧闻[7]，研思微旨，千年蠹简，傥输毫发之劳；一世龙门，庶答丘山之施。过此以往，未知所裁。

[1] 里闬（hàn）堙沉：闬，门。谓在家乡默默无闻。 [2] 合烝髦于万宇：烝，众多；髦，人才。《诗经·甫田》："攸介攸止，烝我髦士。"《毛传》："烝进，髦俊也。"万宇，极言屋宇之多，借指天下。句谓陈丞相为天下网罗人才。 [3] 成均：古代的大学。《周礼》："大司乐掌成均之法，以治建国之学政，而合国之子弟焉。"这里指宋代的国子学。 [4] 颛（zhuān）：通"专"。蒙，无知。 [5] 翼宣天绎（zài）：绎，通"载"。天绎，即上天所载，朝廷政务。 [6] 孱（chán）愚：陋劣。 [7] 䌷（chōu）绎：䌷，细密；绎，抽丝。引申为分析寻究事理。句谓细密整理阐释经籍。

◎ 研读

该文主要是礼节性的文字，没有实际内容。文章称赞陈丞相为国家网罗人才，自己虽然才华学识不足，但依然得到丞相的缪识与提拔，深感惶恐。吕祖谦表示只有深入研讨文献，才能报答丞相的拔擢之功。

通芮氏定婚启

◎ 解题

文出《东莱吕太史文集》卷四。芮氏，指芮烨的女儿。吕祖谦续弦韩螺辞世后，芮烨的夫人将女许给吕祖谦作为第三任妻子。此乃吕祖谦所作定婚启。文作于淳熙四年（1177）。

合父兄师友之契[1]，畴若高门[2]；联婚姻甥舅之亲[3]，敢于他族。问名之始[4]，在礼有初。某人绪论与闻[5]，曾是渐摩之旧[6]。伏承令侄女素风不改[7]，谅惟淡泊之安。永愧诸生，自老西河之上[8]。尚薪季女，肯来南涧之滨[9]。

[1] 合父兄师友之契：契，交情。言芮烨与吕祖谦兼有父兄、师友的多重交情。　　[2] 畴：谁。高门：高贵的家庭，指芮氏生于高贵的家庭。谓没有谁的家庭比芮氏高贵。　　[3] 甥舅：甥为婿，舅为岳父，甥舅之亲即婚姻。　　[4] 问名之始：古代婚姻礼聘过程有六，包括纳采、问名、纳吉、纳征、请期、亲迎。　　[5] 绪论：余论，即言论。　　[6] 渐摩：渐，逐渐，浸润。摩，同磨，磨砺。吕祖谦指自己曾经受教于芮烨。　　[7] 素风：纯朴的品质。　　[8] 西河：《礼记·檀弓》："子夏丧其子而丧其明……曾子怒曰：'商……吾与女事夫子于洙泗之间，退而老于西河之上。'"句谓吕祖谦自己奉芮烨为师。　　[9] 南涧：《诗经·采苹》："于以采苹，南涧之滨。"《毛诗序》："采苹，大夫妻能循法度也。能循法度，则可以承先祖，共祭祀矣。"言可为夫妻。

◎研读

芮烨女绍兴三十二年（1162）九月五日生，小吕祖谦二十五岁，与吕祖谦年龄差距太大。吕祖谦认为这门亲事不太合适，《与朱侍讲》称"芮氏姻期在岁暮，长年甚觉勉强，但理不容已也"。此时芮烨已经去世，由于芮烨夫人的坚持，吕祖谦最终同意。吕祖谦《与陈同甫》也谈到与芮氏的婚姻："此月二日，已毕芮氏姻事，祭酒夫人自送来。感念畴昔，不胜慨然。儒家清贫，次第须可共淡泊也。"

除馆职谢政府启

◎ 解题

文出《东莱吕太史文集》卷四。乾道七年（1171）九月十六日，吕祖谦除秘书省正字，兼国史院编修官、实录院检讨官，有此作。

奏薄技于北门[1]，所期报罢；并英游于东观[2]，乃奉诏除。非据之惭，不胜是惧。窃惟艺祖于宇县汛扫之始[3]，大辑群书；太宗于疆陲警候之时，肇新三馆[4]。王猷未靖，戎务方兴。属此多艰，鸷熊罴于郊野[5]；曷其有暇，仪鸿鹄于园林[6]。仰窥闳模，厥见深指。盖丰功茂烈，非不足以曜威灵；硕画老谋，非不足以供指顾。至于崇建治本，翼扶化基，将为深长久大之规，必访希阔寂寥之地[7]。乃辑坟籍，乃宾畯良，洗光濯翳于陈腐已蠹之余，改容更貌于习俗共轻之后。若徒盛观，第可饰于太平；必有沉几[8]，乃见尊于英主。其用则晦，其理则微。跳荡驰驱，争效于可知之际；晏谈讽咏，潜扶于不见之中。间剧两涂，弛张一柄，于今之制，此意尚存。一人厉精，综核于朝；百吏竭蹷，趋承于下。独兹儒馆，特异常僚。厚廪广居，终日不离于笔墨；雅游胜践，经年未识于符移。匪欲养高而忘考实，督之迫者，课每易塞；期之宽者，责反难酬。宜得轶材，以充盛选。如某者质则甚滞，学而弗专，自其少时，既夺移于科试；及乎壮齿，又埋废于隐忧。竟失全功，徒怜初志。误见收于坯冶，辱为役于桥门[9]。谫薄内惭，疏愚外见。置杯易涸[10]，当思浚治之新；覆块已枯[11]，盖咎难培之旧。怵然自悟，惕若反求，甫及终更，力祈归养。丐余闲于定省，得毕愿于讲磨。诏旨甚严，私惊莫遂。思枯材竭，不能舒藻而为国华；识眊志涸，不能献箴而达民瘼。分于汰斥，贲以甄升。阶是正之初筵，仍编摩之故步。赐则厚矣，惧亦甚焉。百年储养之严，未尝或滥；一夫差择之误，自此将轻。虽佩鸿知，恐累大体。此盖伏遇某官，道隆平施，义笃曲成。巢阁鸾凰，尽出网罗之获；参天杞梓，悉由封殖之勤。虽如冥顽，亦被光景。某敢不藏修暇日，玩绎前闻。名辈追随，庶发难开之蔽；断编展对，少偿未足之心。

[1]薄技：不足道的才能。北门：宋代学士院在禁中北门，这里代指。[2]英游于东观：英游，杰出的人物；东观，修史处，指史馆。言自己奉诏接任馆职。　[3]艺祖于宇县汛扫之始：艺祖，开国皇帝，宋人称赵匡胤。宋太祖平定天下之始。　[4]三馆：昭文馆、集贤院、史馆。吕祖谦职兼国史院编修，在史馆。　[5]骜熊黑于郊野：骜，奔驰；熊黑，勇士。句指宋太祖正忙于指挥宋军平定天下。　[6]仪鸿鹄于园林：仪，集；鸿鹄，指汉高祖欲易太子，张良为太子求商山四皓辅佐，高祖因之为戚夫人唱《鸿鹄歌》。指朝廷人才济济。　[7]必访希阔寂寥之地：吕祖谦《左氏博议》卷八列举卜才求贤二十三件事例云："是数十事者，聚于《左氏》之书，则多散于二百四十二年，则希阔寂寥，绝无而仅有也。"　[8]沉几：潜藏不露的迹象。[9]桥门：太学。　[10]置杯易涸：《庄子·逍遥游》："覆杯水于坳堂之上，则芥为之舟，置杯焉则胶，水浅而舟大也。"句谓自己才疏智浅。　[11]覆块：块，块土：苏轼："投种未逾月，覆块已苍苍。"吕祖谦《东莱博议》卷十四《郑伯使盗杀子臧》："物之有是根者，遇物必发。一粒之谷，投仓窖，历岁月，混埃尘，焦槁颓败，若无复有生意矣。偶得半犁之土，则芃芃覆块，无信宿之淹，根在焉。"

◎研读

宋承唐制，建立昭文馆、集贤院、史馆。元丰改制，三馆归秘书省。吕祖谦除秘书省正字，兼国史院编修官、实录院检讨官，职责有校书、监修国史等务，责任重大。中书舍人赵雄撰敕书云："敕左宣教郎吕某等，册府地秘职清，英俊之林，卿相之储也。博采时名，复试焉而后授任，如此不已精乎！尔某连中儒科，有窥古之学；尔戬世济名德，有康时之心。其往观未见之书，沉浸涵泳，以就远器，朕将收其用焉。可用前件。"吕祖谦很重视此职位，作启以示感谢。

代先君通曾氏定婚启

◎解题

文出《东莱吕太史文集》卷四，作在乾道八年（1172）后。先君，指吕大器。定婚启是古代婚俗中使用的一种文书，女方接到定婚启，一般要回复，如韩元吉有《回吕氏定婚书》。吕大器有子三：长子吕祖谦，次子吕祖俭，第三子夭折。

蠲豆笾之荐[1]，聿修宗事之严[2]；躬井臼之劳[3]，尚赖素风之旧[4]。既令龟而协吉[5]，将奠雁以告虔[6]。敬致微诚，愿闻嘉命。

[1] 蠲豆笾之荐：蠲，洁净；荐，祭品。以洁净的祭器、祭品做祭祀活动。　[2] 聿（yù）修宗事之严：聿，句首语气词；严，庄严。承上句，即在宗庙举行庄严的祭祀活动，为娶新妇做卜筮。　[3] 躬井臼之劳：井臼，汲水与舂米，意谓操持家务。　[4] 素风：纯朴的风尚。　[5] 既令龟而协吉：卜筮吉利。　[6] 奠雁：古代婚礼仪式中，男方到女家迎娶新娘，要献雁为礼，以示诚信。

◎研读

此定婚启应该是吕祖谦为弟弟吕祖俭的婚事而作，议婚的女方是曾几孙女。曾几女嫁吕大器，孙女嫁吕祖俭，陆游《曾文清公墓志铭》称曾几"孙女九人……次适修职郎吕祖俭"。此时吕大器已去世，吕祖谦作为兄长就担负起了家庭中原来父亲的职责。事实上吕祖俭是将吕祖谦作为父亲、老师一般看待的。

与曾大卿原伯

◎ 解题

文见《东莱吕太史别集》卷七。曾逢，字原伯，曾几长子，吕祖谦母舅，官至大理卿，因称大卿。

往见三八舅[1]，云张子韶得程致道《湖上修史例》[2]，遂有欣然之意。当时已知此老志气之衰，今日诸公亦以朝谒可免为言。某病在手足耳，若心志则未也，何至顿迷取舍乎。

[1] 三八舅：吕祖谦舅辈，排行三八，名字不详。　　[2] 张子韶：张九成，字子韶，号横浦居士、无垢居士，历官刑部侍郎等，有《横浦集》。吕祖谦曾以为师。（见陈傅良《跋陈求仁所藏张无垢帖》）程致道：程俱，字致道，休宁人，著《麟台故事》等，官至中书舍人。《湖上修史例》，或湖上《修史例》，未知为何书。

◎ 研读

吕祖谦于淳熙五年（1178）十二月二十四日中风。该信言及"病在手足"，当作于淳熙六年或以后。吕祖谦与外祖曾几家关系密切，但书信所存不多，存此以见其与舅父的关系。

与汪端明圣锡

◎ 解题

文出《东莱吕太史别集》卷七，作于隆兴元年（1163）七月。

恭审出命中宸[1]，升华次对，除书甫下，公论金谐。窃惟侍郎丈名德之重，宜在本朝力扶正论。今兹迁授，特遵用常典，固未足为深贺也。……某以引见候告濡滞，留临安百余日，近方还会稽。初欲就桐庐旧阙[2]，既而思之，恐不察者谓邀求近次，遂一听之。今所待阙虽四年有余，然专意为学之日甚长，政所欲得也。第违远诲席，所当致力先后之序，茫然不知端倪。若蒙时因赐书，曲赐开谕。幸甚。

[1] 中宸：朝廷。　　[2] 欲就桐庐旧阙：绍兴三十一年（1161），吕祖谦曾以祖恩补严州桐庐县尉，未就，至此四年。

◎研读

该文作于隆兴元年（1163）吕祖谦中进士与博学宏词科后，正式准备进入官场之时。作为学者，从道理上来讲，不当汲汲于仕进，但作为一名儒家学者，吕祖谦又主张要行儒者之效。此时恰逢老师汪应辰从福州知州升任敷文阁待制，因作此信，表示对汪应辰的祝贺，也趁机向汪应辰吐露自己的心迹。

与汪端明圣锡

◎解题

文出《东莱吕太史别集》卷七，作于乾道三年（1167）九月。

厥今公道统盟，善类宗主，邦家之所倚赖，斯民之所依归，皆无在侍郎丈右者。凡出处进退之际，实消长否泰之端[1]。傥诚意交孚，元气可复，则固当身任天下之重，先后本末，自有次弟，不必徇匹夫之小谅，避世俗之小嫌。苟或未然，则道不可轻用，物不可苟合，谓宜明去就之义，以感悟上心，风示天下，使后进有所矜式，于吾道固非小补也。此在侍郎丈想素有定论，但托在门墙之久，不敢不尽其愚耳。抑又有一说[2]，人情物态，向背离合，古今所同，惟觊函蒙包纳，不见畦畛[3]，以潜消彼此异同之端，众正之福也。

[1]否泰：原为《易经》两卦名，后意为世事的顺逆。　[2]抑（yì）：句首助词。　[3]畦畛：本为地界，此喻为认识上的界限、隔阂。

◎研读

乾道元年（1165），汪应辰以敷文阁直学士为四川制置使、知成都府，为一方长官。吕祖谦一再与汪应辰写信，希望汪应辰扶持正气、正人，与之内容相近的信还有乾道元年正月《与汪端明》："和议甫定，目前遂可奠枕。然所当虑者正在此而不在彼也。开府方初，窃想威惠并举，以大填拊一方之民。惟念蜀远在万里，外有邻敌，旁有师屯，下有五十四郡之众，屈信呼吸，安危系焉，敢祈覃精筹度，博稽众谋，以宽西顾之虑。幸甚。"乾道元年四月《与汪端明》："开府亦既逾年……蜀固多士，成都又蜀之枢会，鉴裁之下，得人必伙，当人物衰谢之时，政赖曲加诱掖摩厉，以共扶此道，此实先生长者之任也。"

与汪端明圣锡

◎解题

文出《东莱吕太史别集》卷七，作于淳熙元年（1174）六月。该年五月十三日，吕祖谦到三衢（今衢州）探望汪应辰。此为吕祖谦回至金华，见到等候多日的陆九渊后，写给汪应辰的一封信，既报平安，也推荐陆九渊。

近造函丈[1]，非惟积年依乡之诚得以开释[2]，而旬日获听教诲，警省启发，周浃笃至[3]，敬当服膺佩戴，不敢废忘。还舍幸无他，不足勤尊念。金华连得雨，高下沾足[4]，岁事已可望。不知三衢复如何[5]？《善言录》《横渠录》谨先拜纳，尹和靖《论语跋》亦录上，其余孔谏议章疏及经义之类[6]，潘叔度已附往[7]。向蒙尊谕，欲作德清高丞书取高侍郎所藏伊川语[8]，傥得之，望赐示。及《通鉴编类》异时或可检寻，亦望付下，此间却可续成也。今因陆九渊主簿行[9]，谨此附起居。陆君相聚五六日，淳笃劲直，辈流中少见其比，恐不可不收拾，惟开怀成就之为望。

[1] 近造函丈：造，到、往；函丈，对前辈学者的尊称。谓近日拜访前辈。　[2] 依乡（xiàng）：乡，通"向"。　[3] 周浃（jiā）：融洽，周到。　[4] 高下沾足：语出《诗经·信南山》："既优既渥，既沾既足，生我百谷。"　[5] 三衢：今浙江衢州。　[6] 孔谏议：当为孔文仲。孔文仲曾为左谏议大夫，有文集五十卷。　[7] 潘叔度：潘景宪，字叔度，号可庵，吕祖谦隆兴元年（1163）同年进士，年长于吕祖谦。朱熹云："（其闻吕祖谦）论说行身探道之意，慨然感悟，遂弃所学而学焉……游吕氏之门，躬执弟子之礼。"　[8] 高侍郎：姓名不详。有高阅字抑崇者，鄞县人，绍兴元年（1131）进士，曾除礼部侍郎，少宗程颐学。宣和（1119—1125）末，胡安国京师访士以高阅为首。此云寻取"伊川语"，或是。　[9] 陆九渊：字子静，号象山，世称象山先生，抚州金溪人。乾道（1165—1173）间进士考试，得吕祖谦识拔。有《象山先生全集》。

◎ 研读

此书最大的贡献是将陆九渊介绍与汪应辰。此前，吕祖谦至三衢探望汪应辰。其间，陆九渊到金华寻访吕祖谦，在金华等候了一个星期，吕祖谦方从三衢归来。吕、陆二人在金华论学八天告别，吕祖谦因推荐陆九渊顺访汪应辰，希望汪应辰提携后进，以见吕祖谦对陆九渊的照顾，也见陆九渊乐于吕学的态度。

吕祖谦多次向汪应辰推荐后学，希望汪应辰能够挽掖。如乾道元年（1165）四月与汪应辰书："蜀固多士，成都又蜀之枢会，鉴裁之下得人必伙。当人物衰谢之时，政宜曲加诱掖摩厉，以共扶此道。此实先生长者之任也。《范集》锓板毕工，欲求一编诵阅，因便傥蒙付示，幸甚！"又如乾道九年推荐赵焞："少禀：新太平州司户赵焞，旧与之从游，有志向学，且练达世故，于辈流中不易得，愿一听謦咳。傥有以语之，想必能佩服，人亦季路同年也。余既于前书拜禀，更不重出。"同年又专书推荐王遇："新临江教授王遇，笃信嗜学，为人殊务实，愿得亲謦咳，敢望详赐诲诱，幸甚。士风浸衰，真知尊敬前辈者盖不多得，傥示以端续，庶几其志益坚也。度其到，尚在一两月后，更不详禀。"

与汪端明圣锡

◎解题

文出《东莱吕太史别集》卷七，作于淳熙元年（1174）七月，时汪应辰在三衢。此前吕祖谦到三衢拜访汪应辰，可能议及汪应辰有移居上饶的打算，汪应辰终未能成行。该信吕祖谦主要向汪应辰汇报自己与朱熹的交往情况。

上饶之居有定议否？朱元晦约来春至婺，因为天台、雁荡之游。或谓渠久不出[1]，今虽寻山，然适当一二公登用之时[2]，自远而近，恐不察者或以为疑。此诚过虑，告试为斟酌。傥渠出果有嫌，则某却当入闽访之，往还必皆得款侍[3]，若元晦可出，亦须送之至衢，度侍见之期要不出三两月间。预以为慰。

[1] 渠（qú）：代词，他，此指朱熹。　[2] 一二公登用：盖指淳熙元年（1174）周必大被召入朝，磨勘转朝请郎，除右文殿修撰等职事。　[3] 款侍：谓拜见汪应辰。

◎研读

此书对于研究淳熙年间（1174—1189）吕祖谦与朱熹的学术交流至关重要，涉及淳熙二年吕祖谦入闽事。因朱熹避嫌邀官不便离闽，改由吕祖谦入闽。吕祖谦入闽后与朱熹共同完成了《近思录》的编撰，出闽后又举办了影响学术界发展的鹅湖之会。此前六月份吕祖谦曾有书信与汪应辰说及朱熹"近得朱元晦书，亦拟俟辞受定，会于怀玉山中也"。可见无论编辑《近思录》，还是举办鹅湖之会，这些重要的学术活动都是吕祖谦长期规划的系列活动，非应景之举。

与刘衡州子澄

◎解题

文出《东莱吕太史别集》卷九，作于乾道三年（1167）夏。刘清之（1134-1190），字子澄，临江军（今江西清江）人。学者称静春先生，绍兴（1131—1162）进士，光宗时知袁州。有著作《曾子内外杂编》《训蒙新书》《墨庄总录》《农书》，文集《玉渊先生文稿》等。《宋史》有传。刘清之与吕祖谦来往较早，也较频繁，多次前往金华问学。

近日士子相过，聚学者近三百人，时文十日一作，使之不废而已。其间有志趣者亦间有之。城中相识如新当涂潘教授景宪[1]、金华彭主簿仲刚[2]，皆向学甚锐。朝夕过从颇以有益，独恨吾兄在远，未尝不怅然奉怀也。前月已令人往部中投在外指射文字，及托舅氏，俟有可授阙，随分占一处也。斋中诸公赴廷试者，独叶茂承在五甲，曾嘉量、陈一之辈却皆在前甲[3]。集注罢，当归斋中。洪求仲往赴太学补试未回[4]，皆恐欲知。子充兄弟计常相过[5]，不知诸公如何作工夫，望一报。会次亦告，各道惓惓。宾之常得书，甚安。欲一访之，亦以倥偬未暇，须俟秋凉耳。元晦近日亦得书，欲同作编史工夫，比亦寄条例去也。

[1] 潘教授景宪：潘叔度，字景宪。潘景宪与吕祖谦同年，师事吕祖谦。　　[2] 彭主簿仲刚：彭仲刚，字子复，平阳人，登乾道（1165—1173）进士第，为金华主簿、衢州大水监司命、临海令，召为敕令所删定官，迁国子监丞，迁知全州，官至浙东提举常平。有《续谕俗》五篇。　　[3] 独叶茂承……皆在前甲：叶茂承、曾嘉量、陈一之生平皆不详。　　[4] 洪求仲：洪无竟，字求仲。吕祖谦门人，吕祖谦为作《洪无竟字序》。　　[5] 子充：周必大，字子充，一字弘道，自号平原老叟，庐陵人，绍兴二十一年（1151）赵逵榜进士，官至右丞相，封益国公致仕，赠太师，谥文忠。曾整理欧阳修文集，自有《文忠公集》行世。

◎研读

吕祖谦是南宋时期最有成就的老师之一，从其"近日士子相过，聚学者近三百人"的授徒数量可知。吕祖谦的授徒情况详见本书导读。

与刘衡州子澄

◎解题

文见《东莱吕太史别集》卷九，作于乾道六年（1170）八月，时刘清之在筠州为官。

某到官三月矣。虽于职业不敢不勉，但学力浅薄，有愧处甚多。然行有不得者，当反求诸己。外有龃龉，必内有窒碍。反观内省，皆是进步处，初不敢为时异事殊之说以自恕也。……盖当官下情最难通，又寮属间可以展尽心腹者政未易得耳。筠素易治[1]，丞厅必甚优游。既存此心，随大随小，民受其赐。

[1] 筠：筠州，在江西。

不知彼间士人亦有可共讲学者否？善未易明，理未易察，吾侪所当兢兢者。此间幸张丈邻墙，得以讲磨。此公学问端的亲切，而中无私主，进退不已。甚恨吾兄未得亲近之也。

子充无三日不往来。善类方孤，得其复留，于正道极有助，但忌之者亦多，殊岌岌耳。

◎研读

吕祖谦于乾道六年（1170）五月入临安为太学博士。此书反映了吕祖谦初入仕途，在临安与张栻、周必大等朝官相约讲学的情况。致书刘清之，论"善未易明，理未易察"，重点强调反己，"反观内省"，反映了吕祖谦积极进取的理学人生观。

通柳严州启

◎解题

文见《东莱吕太史文集》卷四，作于乾道五年（1169）十月。时吕祖谦将为严州教授，此启相当于报到书。柳严州，柳楒，字安叟，东海人。乾道二年宰吴江县，作《松陵鱼具篇》，曾几为作序并刻石。

奉几杖于双清[1]，久托通家之旧[2]；职简编于半水[3]，幸陪属吏之余。揆日俶装[4]，指期敛板[5]。窃以内外学官之设，举选昔均；远近阙次之差，流冗今极。弊云甚矣，议者厌之。乃思改命之图，乃下增员之令。参其资格，既无退绌之嫌；赋以饩牵[6]，复免滞淹之叹。矧席帡幪之庇^[7]，曲容铅椠之寒。如某者受性专愚，降材椎钝，晚菘早韭，夙屏迹于丘樊^[8]；朝齑暮盐，偶得官于庠序^[9]。前顾瓜期之邈^[10]，方私家食之安；清庶采于中都，占闲曹于近甸^[11]。魏舒幞被^[12]，固窃自量；孙宝请邻，夫何不满^[13]？重恃眷怜之素，预宽旷败之忧^[14]。恭惟某官，德峻儒宗，望隆民表，温恭有恪，历夷险以不渝；悃愊无华，冠蕃宣而独最^[15]。每奖成于后辈，荷长育之深诚。敢意屡庸，亦供指顾。某趋承惟迩，闿怿倍增^[16]。贡彝礼于缄縢^[17]，顾惭拙讷；遡余光于棨戟，采切战兢。^[18]

[1] 几杖于双清：几杖，手杖，老人用物，典出《礼记》："谋于长者，必操几杖以从之。"双清，精神与行事。此句称赞严州守柳楑。　　[2] 通家之旧：旧有世交。可能说的是柳楑与曾几的关系。　　[3] 简编于半（pàn）水：简编，指书籍；半，通"泮"，泮水，指学官。意为吕祖谦要在严州做教授，属于柳楑的下属。　　[4] 揆日俶（chù）装：俶，整理。吕祖谦自指将择日整理行装赴任。　　[5] 指期敛板：指期，即指日，克期；敛板，即敛版，古代官员奏事将手版拿得靠近身体，以示恭敬。此意自己将很快到严州报到就职。　　[6] 赋以饩（xì）牵：指粮肉等食品。　　[7] 帡（píng）幪：帷幕，庇护。　　[8] 晚菘（sōng）早韭，夙屏迹于丘樊：菘，白菜；丘樊，园圃。《南齐书·周颙传》："文惠太子问颙菜食何味最胜，颙曰：'初春早韭，秋末晚菘'。"吕祖谦言自己以往过着隐居般的生活。　　[9] 朝齑（jī）暮盐，偶得官于庠序：韩愈《送穷文》："太学四年，朝齑暮盐。"吕祖谦要做严州学官，因有此典。　　[10] 瓜期之邈：瓜期，指被替代；邈，远。不知何时有人接替自己。　　[11] 闲曹：州县的属官。吕祖谦为严州教授，是严州属官。[12] 魏舒幞被：魏舒，字阳元，晋任城人。魏舒迁浚仪令，入为尚书郎。时欲沙汰郎官，非其才者罢之。舒曰："吾即其人也。幞被而出。"同僚咸有愧色。意为自己也如魏舒一样，有谦退的准备。　　[13] 孙宝请邻：孙宝，字子严，汉颍川鄢陵人，以明经为郡吏。《汉书》载，御史大夫张忠征调孙宝为属官，以高规格请孙宝到家里教他儿子读经。孙宝以为"礼有来学，义无往教；道不可诎"，意思是说学生应该就老师而不应该让老师屈就学生。孙宝感到很不高兴，便辞官而去。吕祖谦认为自己奉旨来严州为教授就是以老师迁就学生。但吕祖谦认为这是对的，批评了孙宝的做法。这体现了吕祖谦积极的教育

思想。　　[14] 旷败：失误。　　[15] 蕃宣：蕃，同藩（fán）；宣，同垣。意为护卫。典出《诗经》："四国于蕃，四方于宣。"　　[16] 闾怿：高兴的样子。　　[17] 贡彝礼于缄縢：缄縢，书信。句谓按常理先给您呈上书信。[18] 采（mǐ）：更加。

◎ 研读

该启是一篇礼节性的文章，主要是告知对方，自己马上要去严州州学做教授了。严州教授是严州知州的下属，因此，吕祖谦按常理要先给未来的上司写信报到，没有多少实际内容。

与张荆州 敬夫

◎ 解题

文出《东莱吕太史别集》卷七，作于乾道五年（1169）十月。张栻（1133—1180），字敬夫，一字乐斋，号南轩，较吕祖谦长四岁。四川绵竹人，徙居衡阳，张浚子，以荫补官，历任吏部侍郎兼侍讲，知静江府、江陵府兼湖北路安抚使等职。官终右文殿修撰。嘉定八年（1215），赐谥宣。景定二年（1261），封华阳伯，从祀孔子。《宋史》有传。有著作《论语解》《孟子说》《诸葛武侯传》《南轩集》。据《南轩集》卷八《答柳严州启》："奉诏牧民，方待临川之次。蒙恩易郡，更叨桐水之除。自揆初心，敢忘素守，已上奉祠之请。……秋律既深，霜飙愈厉，愿体眷毗之厚，益精调护之宜。瞻颂之深，敷宣罔既。"吕祖谦对张栻评价甚高，张栻也非常认可吕祖谦。吕祖谦《与潘叔度》这样说："张守议论甚平正，且虚心从善，在今士大夫中殊不易得也。如极称重刘宾之，而以王龟龄为未至。（此一段话最可取。世人每以同异为爱憎，能平心者甚鲜。）论胡生

《知言》见处极高，而文理密察之功颇有所未到。论朱元晦妙理几微亦未以为然者。其它长处亦甚多，但相待独厚，恐于同僚形迹，已再三恳之，更俟一两日，当力言之也。"

共以某官闻道达者，积有岁时，身历世变，而独贯盈虚消息之几；心玩至理[1]，而处清旷幽闲之地。所蓄既厚，所养既深，海内之士共俟应聘而起，以观儒者之效。今兹旌纛之来[2]，万目共视，一举一措，盖将占吾道之盛衰。虽小国寡民，不劳余刃，然儆戒祗惧，固自昔圣贤不已之诚也。

[1] 玩：玩味，体悟。　　[2] 旌纛之来：旌纛，旗帜。这里代指张栻要来严州上任为官。

◎研读

张栻除严州时间当为九月，所谓"秋律既深"。此为吕祖谦与张栻的第一次通问，此前两人未曾谋面。该书表达了吕祖谦对张栻践行儒者之效的高度期待。同月，吕祖谦可能接到了张栻的复信（既有近问），又与张栻书，表达对张栻至严州的期待："某质鲁材下，虽窃有意于学，而颛蒙蔀塞，莫知入德之门。愿承下风而请余教，为日久矣。乃以免于忧患，适有校官之除，近复例受分教之命。到官甫数日，而恭闻麾幢。既有近问，遂获进预指呼之末。积年所愿，一旦获伸。尚容俯伏坐隅，侧聆謦欬，以酬夙志。若乃道谀不情之言，盖非晚进事君子以诚之义，有所不敢也。"

通张严州启

◎解题

文出《东莱吕太史文集》卷四，作于乾道五年（1169）十二月。该文应该是吕祖谦得知张栻确定将赴任严州，因作此启。

伏审温诏起家[1]，仁声先路。四封欢动，不胜朝夕之思；一世观瞻，独任《春秋》之责。敬陈悃愊[2]，上彻崇严。恭惟某官传世精忠，潜心正学。弥纶开济，尚期素定于胸中；牧养拊摩，夫亦何劳于掌上[3]。然君子之诚本无息，而儒者之效久不明。在昔诸贤，固尝有志，或远近未孚而夺于时命；或内外未合，而窒于物情。讥评交兴，疑信相半。思少伸于此恨，顾将付于何人。历访缙绅，咸推墙仞[4]。惟魏国既行而复尼[5]，惟衡山有韫而莫施。今兹一来，任是二责，实系斯文之兴废，岂徒阖境之戚休。必将尊其所闻，奠而后发。临事而惧[6]，佩洙泗之格言；视民如伤，奉涧瀍之遗训[7]。使群议蔑毫发之隙，则吾道增丘山之崇。某久矣乡风，于焉效役。写拙诚于简牍，敢为骈俪之虚辞；委陋质于斧斤，尚赖琢磨之厚赐。

[1] 温诏起家：温诏，情词恳切的诏书。指张栻闻诏书而赴任。　　[2] 悃愊（kǔn bì）：至诚。　　[3] 掌上：十分喜爱。　　[4] 墙仞：师门的意思，此处尊称张栻。　　[5] 魏国：此指魏国公张浚，张栻的父亲。　　[6] 临事而惧：语出《论语·述而第七》："临事而惧，好谋而成者也。"　　[7] 视民如伤，奉涧瀍之遗训：涧、瀍，二水名，流经今洛阳，入洛水。周公迁邑，买卜于此。视民如伤，顾恤民众。本于《孟子·离娄下》："文王视民如伤，望道而未之见。"本言文王有恤民之心，所以视下民常若有所伤，而不敢随便以劳役扰民。《近思录》卷十记载程颢为官每日自我警戒，曰"明道先生作县，凡坐处皆书'视民如伤'，常曰'颢常愧此四字'"。

◎研读

该文盛赞张栻出身精忠家庭，潜心正学，声名广布，认为张栻至严州定能实践儒者之效，同时吕祖谦表达了自己想追随张栻向学的愿望。

与朱侍讲<small>元晦</small>

◎解题

文出《东莱吕太史别集》卷七，作于乾道五年（1169）六月。朱熹，字符晦，一字仲晦，号晦庵，一号晦翁，别号紫阳，长吕祖谦七岁。朱熹祖籍徽州婺源，生于福建剑州尤溪，后徙居建阳考亭。在经学、史学、文学方面都取得很大成就。特别是其提倡周、程之学，于后世影响尤大。主要著作有《晦庵朱文公文集》《诗集传》《韩文考异》等。与吕祖谦共同编选的《近思录》是理学的入门读物。朱熹与吕祖谦的学术交往、感情最为密切，曾将其子朱塾送吕祖谦家中长期学习。吕祖谦一生与朱熹的书信有46件，这个数量在他与众朋友书信往来中是最多的。这些书信是探讨朱、吕交往的第一手资料，也是认识朱、吕学术各自特点与学术同道的第一手文献。

某侍旁粗遣[1]，但独学固陋，念欲咨请订正，适以有德清亲迎之役[2]，遂复未果。俟至秋末，当谋西安之行[3]，以践子澄所谕山寺之约也。少意此间有一士人欲以伊川《易传》锓板，近闻书府所藏本最为善子澄之言云尔，今于宾之丈处假专人拜请[4]，敢望暂付去介。异时却得面纳也。

[1] 侍旁粗遣：指吕祖谦与父亲吕大器共同生活。　[2] 德清亲迎：指吕祖谦初婚迎娶韩元吉长女事。　[3] 西安之行：西安，衢州，为汪应辰居

处。据知此行为拜访汪应辰。 [4] 宾之丈：刘夙，字宾之，福建莆田人。绍兴（1131—1162）间赵逵榜进士，治《诗》赋，除著作佐郎，后知温州，以疾归里。丈，对年长者的尊称。

◎ 研读

该书载"少意此间有一士人欲以伊川《易传》锓板"事。此处所云"士人"大概是指潘景宪。吕祖谦有《与潘景宪》，曾说到"《易传》刊板更望留意"。

与朱侍讲_{元晦}

◎ 解题

文出《东莱吕太史别集》卷七，作于乾道六年（1170）四月。此时，吕祖谦初入仕途，急于实践儒家之效的理想。朱熹得知吕祖谦为严州教授，也予以积极的鼓励，有《答吕伯恭》曰："若新除已下，则上说下教，使先生之说不遂终废于时，乃吾伯恭之责，又不特施于一州而已也。"

伊川先生《行实》，其间合商量处，既见于张丈书中矣，尚有欲言者。吾道本无对[1]，非下与世俗较胜负者也。汪丈所谓"道不同不相知"[2]，昨因其说既而思之，诚未允当。但详观来谕，激扬振厉，颇乏广大温润气象，若立敌较胜负者，颇似未弘。如注中东坡字改为"苏轼"，不知以诸公例书名而厘正之耶，或者因辨论有所激而加峻耶？出于前说固无害，出于后说则因激增怒，于治心似不可不省察也。

[1] 无对：无敌。无敌，所以不与世俗较胜负。 [2] 汪丈：汪应辰。丈，对年长者的尊称。

《通书》已依《易传》板样刊，但邵康节一段，所谓"极论天地万物之理以及六合之外"，不知"六合"如何有外。末载伊川之类，亦恐是邵家子弟欲尊康节，故托之伊川，不知可削去否。其它所疑张丈已报去，更不重出。《太极图解》近方得本玩味，浅陋不足窥见精缊，多未晓处，已疏于别纸，人回切望指教。又读龟山《中庸》有疑处数条录呈[1]，亦幸垂喻。

[1] 龟山：杨时，字中立，世称龟山先生，学于二程。

科举之习，于成己成物诚无益[1]，但往在金华，兀然独学，无与讲论切磋者。闾巷士子舍举业则望风自绝，彼此无缘相接，故开举业一路以致其来，却就其间择质美者告语之。近亦多向此者矣。自去秋来十日一课，姑存之而已。至于为学所当讲者，则不敢怠也。

[1] 成己成物：语出《中庸》："诚者，非自成己而已，也所以成物也。成己仁也，成物知也。性之德也，合外内之道也。"也就是由己及物，推己及人。指自己有所成就的同时，也应该使身外他物有所成就。

伊川学制亦尝与张丈参酌，如改试为课，岁时归省皆太学事，郡庠则初无分数利诱，而归省者固往来不绝也。增辟斋舍，俟秋间郡中有力乃为之。"尊贤堂"之类，但当搜访有经行之人延请入学，使诸生有所矜式，则已不失先生之意，恐不必特揭堂名也。婺州《易传》已毕工，今先用草纸印一部拜纳，告更为校视，标注示及，当令再修也。

◎ 研读

该书是吕祖谦中进士后初次在严州任职时写给朱熹的，从中可以看出吕祖谦积极用世的态度及与朱熹多方面的联系。书中讨论的事情颇多，甚至有的地方一句话就涉及一件事。该书吕祖谦主要论述的内容，概括如下：其一，学术不是与世俗较胜负，否则于治心不利。这一段，吕祖谦批评了汪应辰"道不同不相知"的观点。劝朱熹"不当与世俗较胜负"。批评朱熹著述中的注文将"东坡"改为"苏轼"的不礼貌做法，认为朱熹著作中这些文字缺乏广大温润气象，与儒家提倡的温柔敦厚有差距。其二，指出所刊《通书》中的一些问题，另涉及所读朱熹《太极图解》、杨时《中庸》中一些问题。其三，吕祖谦表述自己组织科举教育的是为了招揽人才，不敢因科举而废学。其四，告知朱熹自己与张栻商议办州学的计划。

与朱侍讲元晦

◎ 解题

文出《东莱吕太史别集》卷七，作于乾道六年（1170）五月。吕祖谦为严州教授不久，于五月初七日便得到升职调令，赴行在临安做太学博士。吕祖谦该书为此而作，但也涉及不少其他问题。

某前日复有校官之除[1]，方俟告下乃行，而张丈亦有召命，旦夕遂联舟而西矣。惟是以浅陋之学，骤当讲画之任，虽所闻不敢不尊，而恐闻未必的；所知不敢不行，而恐知未必真。此所以夙夜皇惧，而未知所出者也。开示涵养进学之要，俾知所以入德之门，敢不朝夕从事，庶几假以岁月粗识指归，无负期待诱进之意。

[1] 某前日复有校官之除：吕祖谦于乾道六年（1170）五月初七除太学博士。

《中庸》太极所疑，重蒙一一镌诲，不胜感激。所谕浑然无所不具之中，精粗本末，宾主内外，盖有不可以毫发差者，诚为至论。喜合恶离之病，砭治尤切。数日玩味来诲，有尚未谕者复列于别纸，所以喋喋烦渎者，政欲明辨审问，惧有毫发之差，初非世俗立彼我较胜负者也。人回，切望详以见教，幸甚。

《孟子》杨、墨禽兽之喻[1]，乃其分内，非因激而增。"擒纵低昂，自有准则"，此语甚善，然区区窃有所献。大凡人之为学，最当于矫揉气质上做工夫，如懦者当强，急者当缓，视其偏而用力焉。以吾丈英伟明峻之资，恐当以颜子工夫为样辙，回擒纵低昂之用，为持养敛藏之功，斯文之幸也。孟子深斥杨、墨，以其似仁义也。同时如唐勒、景差辈[2]，浮词丽语，未尝一言与之辨，岂非与吾道判然不同，不必区区劳颊舌、较胜负耶？某氏之于吾道[3]，非杨、墨也，乃唐、景也，似不必深与之辨。

[1]《孟子》杨、墨禽兽之喻：典出《孟子·滕文公章句下》："杨朱、墨翟之言盈天下。天下之言不归杨，则归墨。杨氏为我，是无君也；墨氏兼爱，是无父也。无父无君，是禽兽也。"　[2]唐勒、景差：《史记》卷八十四："屈原既死之后，楚有宋玉、唐勒、景差之徒者，皆好辞而以赋见称，然皆祖屈原之从容辞令，终莫敢直谏。"意为唐勒、景差皆是文士，不属于儒家学派中的人物。　[3]某氏之于吾道：某氏，暗指苏轼。此处吕祖谦以为朱熹不应该批评苏轼学术，正如孟子不批评唐勒、景差一样。

邵氏载康节一段，意主于称康节，而濂溪之语无所见[1]，恐不载亦无害。科举枉寻直尺，诚如来喻，自此当束之高阁矣。

[1]濂溪：周敦颐，字茂叔，号濂溪，谥号元，人称元公，今湖南道县人，宋理学家。有《太极图说》等著作。

《易传》差误处，且夕便递往金华，诿谨厚士人厘正。"噬嗑"和"且治矣"一段，发明尤善，盖当时草草之过也。更看得有误处，告径附置来临安，俟刊改断手，即摹印数本拜纳。

吕与叔《中庸序说》[1]，前此每以示学者。伊川崇宁后出处，以无文书考正。西边弃地始末，以治行倥偬，俟到临安少定，当讨论求教也。

[1]吕与叔：吕大临，字与叔，陕西蓝田人。有《礼记传》《论语解》《考

古图》等。

　　谢先生语[1]，其意似谓徒事威仪而不察所以然，则非礼之本。若致其知，则所以正、所以谨者，乃礼之本也。

　　[1] 谢先生：谢良佐，字显道，寿春上蔡人。与游酢、吕大临、杨时合称"程门四先生"。有《论语解》行世。

　　时事当略闻之。近时论议者，非颓惰即孟浪，名实先后具举不偏，殆难乎其人。此有识者之所深忧也，所欲言者，非纸墨能究。

◎研读

　　五月初九日，朱熹以所撰《太极图解》《中庸》首章之旨来书信讨论。吕祖谦故有此《与朱侍讲元晦》，劝朱熹"当于矫揉气质上做工夫"，以颜子为榜样。并以孟子深斥杨朱、墨子，而未与唐勒、景差辈辩为例，劝朱熹不必劳颊舌与苏轼辩论、较胜负，因为苏轼学术之于道学就像孟子之学之于唐勒、景差之学，判然不同。这是吕祖谦与朱熹对文与道的不同理解。从这个判断可以看出，吕祖谦是将文与道分而言之的。

　　朱熹对吕祖谦的这种说法不以为然，其《答吕伯恭》："示喻苏氏于吾道不能为杨、墨，乃唐、景之流耳，向见汪丈亦有此说。"《与张敬夫》："伯恭想时时相见……渠又为留意科举文字之久，出入苏氏父子波澜，新巧之外更求新巧，坏了心路，遂一向不以苏学为非，左遮右揽，阳挤阴助，此尤使人不满意。向虽以书极论之，亦未知果以为然否。"《朱文公文集》卷三十九《答范伯崇》："伯恭讲论甚好，但每事要鹘囵说作一块，又生怕人说异端俗学之非，护苏氏尤力，以为争较是非，不如敛藏持养。顷见子澄有此论，已作书力辩之，不知竟以为如何也。"朱熹又另言及《易传》刊刻将毕。

与朱侍讲元晦

◎解题

文出《东莱吕太史别集》卷七，作于乾道六年（1170）十二月。时吕祖谦为国子学博士，积极努力，进德修业。

某官下粗遣，学浅力薄。视职业日增愧负，虽不敢苟简自恕，然殊未能大有所厘正耳。至于区区课试之末，则固未尝深较也。张丈邻墙，日夕相过讲论。士子有志于此者亦有一二辈，切摩工夫初不歇灭断续。又时阅来诲，策厉警省者殊多，但书不尽意，终不若侍坐隅难疑答问为亲切耳。邪说诐行[1]，辞而辟之，诚今日任此道者之责。窃尝谓异端之不息，由正学之不明。此盛彼衰，互相消长，莫若尽力于此。此道光明盛大，则彼之消铄无日矣。孟子所谓"吾为此惧，闲先圣之道"。旧说以"闲"为闲习，意味甚长。杨、墨肆行，政以吾道之衰耳。孟子所以不求之它，而以闲习吾先圣之道为急先务，而淫辞诐行之放则固自有次第也。不知吾丈以为如何？所以为此说者，非欲含糊纵释，黑白不辨，但恐专意外攘，而内修处工夫或少耳。

[1] 诐（bì）：偏颇，邪僻。

向来所论智、仁、勇，终恐难分轻重。盖三者，天下之达德，通圣贤、常人而言之也。在圣人，则智也、仁也、勇也，皆生知安行也。在贤人，则智也、仁也、勇也，皆学知利行也。在常人，则智也、仁也、勇也，皆困知勉行也。恐难指定"智为学知利行，勇为困知勉行"。龟山之说，终不免有疑也。

周子《仁义中正》主静之说，前书所言"仁义中正"皆主乎此，非谓"中正仁义"皆静之用而别有块然之静也。人生而静，天之性也，乃中正仁义之体，而万物之一源也。中则无不正矣，必并言之曰"中正"。仁则无不义矣，必并言之曰"仁义"。亦犹"元"可以包四德，而与"亨""利""贞"俱列。"仁"可以包四端，而与"义""礼""智"同称。此所谓合之不浑，离之不散者也。

昨所云"文理密察"，盖亦如来谕，初非以为秘密之"密"，"观察"之"察"也。谓如《易传》中"以形体谓之天，以主宰谓之帝，以功用谓之鬼神，以妙用谓之神，以性情谓之乾"等语，铢分粒剖，各有攸当而未尝有割裂杌陧之病[1]，析理精微如此，乃可谓之"文理密察"耳。

[1] 杌陧（wù niè）：不安，不准确。

阴阳仁义之说，鄙意未达，终觉未安，当更潜思玩味，续得求教也。"中庸不可能""道不远人"两章，反复思之，龟山之说诚为奇险，非子思本指。向日不觉其非者，政缘为程文时，考观新说余习，时有在者故耳。所与诸生讲说《左氏》语意伤巧，病源亦在是，自此当力扫除也。

婺本《易传》纳三本去，不敢加装治。误字皆已改，但卦画粗细、行数疏密之类不能如人意，悉厘正耳。《遗书》建本未到之前，已用去冬所寄本刊板，故其间一两段更易次序处姑仍其旧，余皆以建本为正。闻旦夕亦毕工矣。《二程先生集》款曲亦当令婺人刊之，然新添伊川二子所为《序引》殊无家风，恐适足为先生之累，欲削去之。更望一报。

见所寄张丈所论时事，一一精当，不胜叹服。此间所共讲者，亦十八九同也。

《知言》往在严陵时与张丈讲论[1]，亦尝疏出可疑者数十条。今观来示，其半亦相类，见与张丈参阅，续当咨请也。其余已见于张丈书者，更不重出。相去之远，惟祈因便，时赐教督，不惜语言，痛加砭治乃所愿望。

[1]《知言》：湖湘学派代表人物胡宏的代表作。吕祖谦、朱熹、张栻三人一起对《知言》进行了深入的讨论，相互间曾有多通书信论及，对其中的一些问题提出批评，其后由朱熹完成了《知言疑义》。

◎研读

此时吕祖谦在临安，因初入官场，对社会进步充满期望，心态积极向上，所以，朝政之余，与张栻等人日夕讲论。致书朱熹，论不可"专意外攘"，否则导致"内修处工夫或少"。另商议《易传》《二程遗书》《二程先生集》的刊刻事宜，又讨论胡宏的《知言》。

与朱侍讲元晦

◎解题

文出《东莱吕太史别集》卷七，作于乾道七年（1171）六月。乾道七年的上半年是吕祖谦深受打击的一段时间。从家事看，结发妻子五月去世，终年二十七岁。从国事看，自己一向敬重的张栻也离开朝廷被外放。所以，心情甚是不好。

张丈去国[1]，群阴峥嵘[2]，阳气断续，理自应尔。然以反己之义论之，则当修省进步处甚多，未可专咎彼也。

[1] 张丈去国：张栻以弹劾知阁门事张说签书枢密院事出知袁州。《续资治通鉴》卷一百四十二归在乾道七年（1171）三月，云"己卯，以知阁门事张说签书枢密院事。说妻，太上后女弟也，说攀援擢拜枢府。……命下，朝论哗然，未有敢讼言攻之者，左司员外郎兼侍讲张栻上疏切谏……明日，说罢为安远军节度使、提举万寿观。说语人曰：'张左司平时不相乐，固也。'"
[2] 群阴峥嵘：这是个比喻，意指与道学派不相干的人物众多。

……

前此学中亦已考满，比改秩告下，遂得解罢。累请祠便养未报，而有召试之命。已复申前请矣。傥得如志闭户为学，殊为侥幸。或敦迫而出，亦当以心之所安条对，然后徐度进退之宜。要之所学未成，轻犯世故[1]，招尤取累，不若退处之为得也。向来一出，始知时事益难平，为学工夫益无穷，而圣贤之言益可信。所恨离群索居，无从侍坐质正耳。《易传》复纳三本去[2]，告检收。……向蒙教以"矫厉气质之偏"，此诚要论。大抵根滓未尽，气禀偏重处，不免时时露见，政当澄之又澄耳。《太极图解》昨与张丈商量未定而匆匆分散，少暇当理前说也。山间游从者为谁？用工次第有可见教者？毋惜批谕。

[1] 世故：世俗。　　[2]《易传》复纳三本去：《易传》为程颐著述。吕祖谦对《易传》甚是欣赏，乾道五年（1169），曾将朱熹校订的《伊川易传》与家中旧藏尹焞标注《易传》合校，交周汝能、楼锷在东阳刊出。教人也以《伊川易传》为必读。

◎研读

此书吕祖谦主要陈述"不可轻犯世故"的观点。凡有事发，人应该多想自己的问题，即"以反己之义论之，则当修省进步处甚多，未可专咎彼也"。接着，吕祖谦自省要"矫厉气质之偏"。朱熹于此是欣赏吕祖谦的，曾与他的门生说起吕祖谦少时性极褊急，后因病中读《论语》，至"躬自厚而薄责于人"有省，遂终身无暴怒（《朱子语类》卷一百二十二）。吕祖谦与他的门生也多次谈及反求诸己的问题，《与乔德瞻》说："行有不得者，反求诸己而已，不敢他咎也。"

与朱侍讲_{元晦}

◎ 解题

文出《东莱吕太史别集》卷七，作于乾道七年（1171）十月。时吕祖谦在临安。

示下《太极图》《西铭解》当朝夕玩绎，若犹有所未达，当一一请教，亦不敢以示人也。先入之说非敢固执，但意有未安，要须反复讲论，至释然无疑而后止。如孔门之问仁智，至于再三往复，昔人为学大氐皆然。盖主于求益而非立论也。论治之说，本末诚当备举，但言之亦恐须有序。如孟子先以见牛启发齐王之良心，至语意浃洽之后，乃条五亩百亩之说[1]。若未孚信之时，遽及施行古先制度，则或逆疑其迂，而吾说格而不得入矣。不识以为何如？《知言疑义》亦俟后便。盖七八日来孟享及诞节奔走扰扰，思虑未能精详耳。对策谨录呈，未是处因便乞批诲。

[1] 孟子……乃条五亩百亩之说：语见《孟子·梁惠王上》："五亩之宅，树之以桑，五十者可以衣帛矣。鸡豚狗彘之畜，无失其时，七十者可以食肉矣。百亩之田，勿夺其时，数口之家可以无饥矣。谨庠序之教，申之以孝悌之义，颁白者不负戴于道路矣。七十者衣帛食肉，黎民不饥不寒，然而不王者，未之有也。"此处吕祖谦说的是授学要有先后次序的问题。

某官下粗遣，第索居无讲论之益，恐日就湮废，殊自惧耳。向承示以改定《太极图论解》，比前本益觉精密。《西铭》义，前人所未发处益多，其间亦尚有所未达，恐思之未精，不敢轻往求教。当更假以岁月，平心玩索。若犹疑滞，不免烦提耳之诲也。所先欲请问者，如《易传序》"体用一源，显微无间"，"先体后用，先显后微"之说，恐当时未必有此意。又解剥图义太了了，恐不善学者不复致思。《西铭》诸本皆作"体其爱而归全",今批示本以"爱"为"受",于"归全"之义甚协,但不知用何本改定,因便并望批教。

◎ 研读

两书前后相接。乾道七年(1171)十月,朱熹将《太极图》《西铭解》寄与吕祖谦讨论,兼探论胡宏《知言疑义》。吕祖谦有复前信,以为孔子门生问仁、智的问题,大概是在于求益个人品德而不是为了建立何样论点。同时,告知朱熹:凡说服人要讲究程序,如孟子说服齐王,逐步启发其良心,耐心等待,直到齐王能够听进去了再讲王道之事。后书主要讨论了朱熹寄给吕祖谦的《西铭解》中的有关问题。《西铭》为北宋思想家张载的文章。张载原来在他书房的两扇窗户上题了两篇铭文,东边为《砭愚》,西边为《订顽》。程颐说这容易起争端,就改为《东铭》《西铭》。《西铭》提出了"乾父、坤母","帝王是天的嫡长子","予兹处其间"等观点。程颐认为:"《订顽》之言极纯无杂,秦汉以来学者所未到。《订顽》一篇,意极完备,乃仁之体也。"因此,程颐多以《西铭》教人。

与朱侍讲元晦

◎ 解题

文出《东莱吕太史别集》卷七,作于乾道八年(1172)五月。此年,吕祖谦为省试考官。同在这一年,吕祖谦的父亲吕大器去世,对他是一大不幸,但他借此实践儒家的丧礼、祭礼,在体会、践行儒家道理方面颇有收获。

某二月四日试院中奉先人感疾之问,仓皇奔归,七日未后至家,先人既以巳午间易箦,酷痛冤毒,贯彻肺腑,求死无所。去秋庐陵之归，自处极安裕，齿发饮食，皆胜往时。违侍旁未半年遽至大故，一官拘縻，疾不奉药饵，没不闻理命，不孝之罪，上通于天矣。忍死营办，以五月十六日敬终襄事。音容永隔，攀号摧裂，哀慕无穷，扶力布禀，执笔气塞，不能多述。

《丧礼》，乡无羌时，屡戒饬令，一遵典制，毋参以慝礼[1]，今不敢有违。《祭礼》数年来尤勤催督，竟不及裁定。俟暑退，亦欲稍稍讲订。往时吾丈所定条目，便望早付下，或有暇更为参酌，令使可遵行，尤幸。某自遭变故，穷苦危迫，粗有困而反，则意思颇知前此汗漫之非[2]，但意绪荒塞，未能详求诲益耳。

[1] 慝礼：不正的礼。语出《礼记·乐记》："君子反情以和其志，比类以成其行，奸声乱色，不留聪明，淫乐慝礼，不接心术，惰慢邪辟之气，不设于身体，使耳目鼻口心，知百体皆由顺正以行其义。"　[2] 汗漫：漫无边际，指自己学问不精。

◎研读

乾道八年（1172）二月，吕祖谦为省试考官，亲识陆九渊于稠人广众之中，这应该是吕祖谦一生中最为骄傲之事。《陆九渊年谱》载："乾道八年壬辰，先生三十四岁，春试南宫。奏名时，尤延之衮知举。吕伯恭祖谦为考官。读先生《易》卷，至'狎海上之鸥，游吕梁之水，可以谓之无心，不可以谓之道心。以是而洗心退藏，吾见其过焉而溺矣。济溱洧之车，移河内之粟，可以谓之仁术，不可以谓之仁道。以是而同乎民，交乎物，吾见其浅焉而胶矣'。击节叹赏。又读《天地之性人为贵论》，至'呜呼！循顶至踵，皆父母之遗体，俯仰乎天地之间，惕然朝夕，求寡乎愧怍，而惧弗能，倘可以庶几于孟子之塞乎天地，而与闻夫子人为贵之说乎'？愈加叹赏。至策，文意俱高。伯恭遽以内难出院，乃嘱尤公曰：'此卷超绝有学问者，必是江西陆子静之文，此人断不可失也。'又并嘱考官赵汝愚子直。二公亦嘉其文，遂中选。他日，伯恭会先生曰：'未尝款承足下之教，一见高文，心开目明，知其为江西陆子静也。'"陆九渊《祭吕伯恭文》："前作见之，靡不异待……公素与我，不交一字。糊名誊书，几千万纸。一见吾文，知非他士。公之藻镜，斯已奇矣。"

乾道八年（1172）也是陈傅良中举之年，《林下偶谈》说陈君举淳熙年间（1174—1189）赴太学考试，误。《林下偶谈》卷四《东莱以誉望取士》："淳熙间，永嘉英俊如陈君举、陈蕃叟、蔡行之、陈益之六七辈并起，皆赴太学补试。芮国器为祭酒，吕东莱为学官，告芮曰：'永嘉新俊，不可不收拾。'君举访东莱，东莱语以《春秋》题，且言破义，就试，果出此题。君举竟用之，且以语陈蕃叟，蕃叟其从弟也。遂皆中榜。此盖以誉望取士，犹有唐人之意。"这则记载是有误的，因为芮烨死在乾道七年，不可能在淳熙年间还与吕祖谦同事，且陈傅良中进士是在乾道年间（1165—1173）。不过，它反映的吕祖谦提拔新人不遗余力却应该是事实。孙锵鸣《陈文节公年谱》也辨道："陈、吕二公慕名相悦，理则有之，漏试题必无其事。此盖当日被黜者妄为臆测诽谤之辞耳。曾谓东莱之贤肯以是示私于公，而英迈如公又必藉此以进身乎！《偶谈》载此无识矣。"

与朱侍讲元晦

◎ 解题

文出《东莱吕太史别集》卷八，作于乾道八年（1172）五月。

初拟少定丐祠[1]，今犹复宿留也。虽生业甚鲜，然比来伏腊调度，损之又损，所求于世者益寡。若得免与之相闻，则大善耳。块处为学，殊无进益，差自慰者，亹亹向学之意[2]，颇似胜前，而日用间甚知难，亦却不至疑沮[3]。自此，庶几箴诲不为虚辱。游从间，亦有三数人，志尚资禀甚可望。政坐谫薄无以发之，用力于平易明白，而时警策之，古法政如此。讲论之际，不敢不推此意也。《外书》《渊源录》亦稍稍裒集得数十条[4]，但永嘉文字殊未至，亦娄督之矣。《弟子职》《女戒》《温公居家仪》甚有补于世教。往在严陵刊《闺范》亦是此意[5]，但不若此书之径直。所惠两秩，皆《弟子职》，而《女戒》都未之领，不知亦有删削否。如《和叔妹》章句语[6]，盖多有病也。

[1]丐祠：宋宫观官，又称祠官。丐祠，即请求朝廷予以祠官。　[2]亹亹（wěi）：勤勉。　[3]疑沮：疑惑。　[4]《外书》《渊源录》：指《二程外书》以及朱熹编订的《伊洛渊源录》。　[5]《闺范》：是吕祖谦为女眷编的一个古典选读本，得到了张栻的肯定。张栻曾将《闺范》提供给女儿阅读。吕祖谦教人也以为必读，"初学欲求义理，且看上蔡语、《闺范》《伊川易》，研究推索自有所见"。　[6]《和叔妹》：《和叔妹》出班昭著《女诫》，主要讲女子欲得夫主的欢心，需要先得夫主弟弟、妹妹的欢心，然后才能得公婆的欢心，进而得夫主的欢心。吕祖谦以为语多病。

◎研读

《伊洛渊源录》《二程外书》皆为朱熹编订，但从朱、吕的书信往来看，吕祖谦协助朱熹搜集资料，也做了不少工作，朱熹对之甚为欣赏。朱熹寄《弟子职》《女戒》来讨论，有《答潘叔昌》（十）曰："伯恭昨补《外书》《震泽语录》，问'圣贤之言要切处思'一段，意思却极好也。"吕祖谦又曾允朱熹为作序，与朱熹书云："示谕恳辞曲折，谨即作韩丈书，缕缕如来示，政恐诸公未必能相体察耳。《渊源录》《外书》皆领。旦夕即遣人往汪丈处借书。永嘉事迹，亦当属陈君举辈访寻，当随所得次第之。《渊源》序次，本非晚辈所当涉笔，然既辱严诲，当试草具求教，但服制中未尝作文字，须俟来春祥祭后乃可措思也。《祭礼》闻久已裁定，因便望录示。幸甚。受之（朱熹子朱塾）课程不辍，亦每督趣之，不敢自外也。"（《东

莱吕太史别集》卷八《与朱侍讲元晦》）

　　吕祖谦淳熙元年（1174）八月又有《与朱侍讲元晦》谈《渊源录》事："《渊源录》事，书稿本复还纳。此间所搜访可附入者，并录呈。但永嘉文字娄往督趣，犹未送到。旦夕陈君举来，当面督之也。《渊源录》其间鄙意有欲商榷者，谨以求教。大抵此书其出，最不可早。与其速成而阔略，不若少待数年而粗完备也。汪丈说高抑崇（高抑崇：高闶，字抑崇，鄞县人。绍兴元年以上舍选赐进士第。历官礼部侍郎，事迹见《宋史·儒林传》）有伊洛文字颇多，皆其手泽，故子弟不肯借人。已许为宛转假借。若得此，则所增补者必多。推此类言之，则毋惜更搜访为善，只如《语》《孟》精义，当时出之亦太遽，后来如周伯忱《论语》、横渠《孟子》等书，皆以印板既定，不可复增。此前事之鉴也。《横渠集》续收者，本欲便刊，以近得张丈书，复寻得一二篇，俟其送至乃下手。此亦开板太遽之失也。"朱熹《答吕伯恭》："《渊源录》许为序引，甚善。两处文字告更趣之。《祭礼》已写纳汪丈处，托以转寄，不知何为至今未到？然其间有节次修改处，俟旦夕别录呈求订正也。"［《朱文公文集》卷三十三《答吕伯恭》（二十七）］

与朱侍讲_{元晦}

◎解题

　　文出《东莱吕太史别集》卷八，作于乾道八年（1172）。此时吕祖谦在金华丁父忧。

　　《论语精义》近得本[1]，日夕玩绎，类聚皆在目前，工夫生熟，历然可见，与分看甚不同。此间学者多欲看而难得本，告谕贩书者，令多发百余本至此为佳。《序引》中说魏、晋及近世讲解，此意尤好。但中间说横渠及伊川门人处，如伯夷、伊尹与颜、曾等语，却似筋骨太露耳，更润色令意微而显乃善。

[1]《论语精义》：朱熹解《论语》，集二程、张载、范祖禹、吕希哲、吕大临、谢良佐、游酢、杨时、侯仲良、尹焞、周孚先等十二家语成书，名《论语精义》。

蔡子资质[1]，在流辈中颇惇厚，对策病痛，前此固尝面谕之矣。委曲之说，诚切于近日学者之病。计校避就，真是私意。

[1] 蔡子：蔡幼学，字行之，温州瑞安人。在太学为吕祖谦识拔。时外戚张说用事，蔡对策斥宰相虞允文、梁克家皆阴附。虞允文不乐，蔡下第。蔡一生历任宝谟阁直学士、提举万寿官、权兵部尚书、兼修玉牒官、兼太子詹事。

比看《易·无妄·传》云："虽无邪心，苟不合正理，则妄也，乃邪心也。"（《伊川易传》卷二）益悚然自失。因思去岁给札，当时本意，欲俟数月间得对，展尽底蕴。故事事未欲说破，缘此回互，却多暗昧处。此政《易传》之所谓"邪心"也。来教"藏头露影"等十数语，句句的当，敢不虚心敬承。继此如有旧病余疾，切望不可一毫放过，痛加砭治，乃幸。"危论骇世，清风激时"，不记曾有此语。意与此相近，亦不可知。恐听传或转了语脉耳。然夫子所谓"危行言孙"与夫"孙以出之"[1]，恐却须深留意。盖随时如此，则处之者如此，乃易直之理，与回互避就似不相干。不知是否？

[1] 危：正直，端正。孙（xùn）：通"逊"，恭顺。

陈同甫近一二年来，却翻然尽知向来之非，有意为学，其心甚虚，而于门下乡慕尤切。但渠目下以家事势未能出，两三年间必专往求益也。

长沙却常得书，亦彼此时有所讲论也。

◎ **研读**

该书着重向朱熹阐释伊川《易·无妄·传》对自己的影响以及自己对它的理解，展示了吕祖谦勇于自我剖析、改过的美好品格。同时，该书吕祖谦也向朱熹传达了自己对蔡行之与陈亮的看法。

与朱侍讲元晦

◎ **解题**

文出《东莱吕太史别集》卷七，作于乾道九年（1173）元月。此书回复朱熹来信，主要是表达对朱熹所作《八朝名臣言行录》的不满。

某罪逆不死[1]，复见改岁。攀号摧慕，无复生意。为学固不敢怠弃，但终少师友策厉之益。日用间，精明新鲜时节，尝苦不续，而弛惰底滞意思，未免间杂，殊以自惧。主一无适[2]，诚要切工夫。但整顿收敛，则易入于著力，从容涵泳，又多堕于悠悠。勿忘勿助长，信乎其难也。坚坐不出，观时义诚当如此。若或督趣不置，则略为一起展尽。所欲言者，积养之久，若庶几动悟，幸莫大焉。如其不然，则辞顺意笃，发于忠爱，亦不虑于触骇机也[3]。《太极说》俟有高安便，当属子澄收其板。《精义》此间却不闻有欲再刊者。两三日间访问得的实，即当如来喻作沈漕书[4]，盖不欲虚发耳。别纸批问，谩以所见求是正，不安处，望痛赐擿诲[5]。今专遣人往候起居。凡有可砭饬，幸无细大，疏示近者论著及与学者问答，并详赐录下，使得日夕玩绎。

[1] 罪逆：古人居丧中自称的语言。　　[2] 主一无适：即专一，以吕祖谦语说，便是"更无一毫外心见"。　　[3] 触骇机：骇机，祸难。触发祸

难。　　[4] 沈漕：沈复，字德之。据《咸淳临安志》卷五十，乾道七年
（1171）为转运副使。　　[5] 擿（tī）诲：剖析教诲。

◎研读

　　该书信明确讨论的问题主要有"主一无适"等问题，但有一个
隐性问题需要注意，就是书信中说到的"别纸"。所谓"别纸"，即
指朱熹的《五朝名臣言行录》。《五朝名臣言行录》十卷，《三朝名臣
言行录》十四卷，亦合称《八朝名臣言行录》或《朱子名臣言行
录》，其间有涉及吕祖谦先祖吕夷简的文献。吕祖谦对其中的内容有
不同看法，《与朱侍讲元晦》询及："近麻沙印一书曰《五朝名臣言
行录》，板样颇与《精义》相似，或传吾丈所编定，果否？盖其间颇
多合考订商量处。若信然，则续次往求教。或出于它人，则杂录行
于世者，固多有所不暇辨也。"朱熹《答吕伯恭》："《言行》二书亦
当时草草为之，其间自知尚多谬误，编次亦无法，初不成文字。因
看得为订正示及为幸。"朱熹门人及研究朱熹之学者多云吕祖谦不满
《言行录》，乃是吕祖谦不满《言行录》中所引吕氏先祖材料。从朱
熹《答吕伯恭》本身看，朱熹草草出书，受责亦非无因。朱熹也曾
对《言行录》表示不满。《朱文公文集别集》卷六《林择之》（八）
有云："《言行录》流布甚广，其间多合商量处。中间以书告之，然
不胜毛举。近得报云欲改数处，亦未妥帖。要之此书自不必作，既
作而遽刻之，此尤非便。昨日得伯谏书，亦深议此事也。近与伯恭
往返议论稍多，此人却向进未已。"然《朱子语类》卷一百三十云：
"某编《八朝名臣言行录》，吕伯恭兄弟亦来辨。为子孙者，只得分
雪，然必欲天下之人从己，则不能也。"即此而言，朱子后学的态度
实出于朱熹。从朱熹本人多次对吕祖谦及《八朝名臣言行录》发表
的矛盾见解，可见朱熹为人为学的某一方面。吕祖谦与汪应辰也曾
有书论及朱熹的《言行录》。

与朱侍讲元晦

◎ 解题

文出《东莱吕太史别集》卷七，作于乾道九年（1173）元月。此书主要是向朱熹介绍薛季宣的学术状况，表达了对薛季宣的肯定。

某阖户待尽，奄奄仅有余息，但索居独学，殊少讲贯之益。日用间，视向来稍不甚废惰，收敛持养，虽未免有断续，却无蕲获计功之病[1]。每取圣贤书，平心玩诵[2]，虽未甚得味，然渐觉少向来□□揣摩之失。傥蒙时赐教督，俾得警省，不胜厚幸。魏元履不起，甚可伤[3]，后事种种，想皆出调护。某有其子慰书，敢望附达。薛士龙归涂道此[4]，留半月，向来喜事功之意颇锐，今经历一番，却甚知难。虽尚多当讲画处，然胸中坦易无机械[5]，勇于为善，于世务二三条，如田赋、兵制、地形、水利，甚曾下工夫，眼前殊少见其比。渠亦甚有惓惓依乡之意。"义理不必深穷"之说亦尝扣之，云"初无是言"也。长沙尝得书否[6]，近亦累月不闻问也。《通鉴》闻尝有所是正，亦既锓板果否？恨未得一见也。

[1] 蕲（qí）：祈求。　[2] 玩诵：欣赏诵读。　[3] 魏元履：魏掞之，旧名挺之，字符履，建阳县人，台州州学教授。张栻作《教授魏元履墓表》。　[4] 薛士龙：薛季宣，字士龙，永嘉人。知常州，未赴任卒于家，年四十。于《诗》《书》《春秋》《中庸》《大学》《论语》皆有义训。吕祖谦为作《薛常州墓志铭》。　[5] 机械：巧诈。　[6] 长沙：指代张栻。

◎ 研读

薛季宣对吕祖谦非常敬重，多次到金华访学。朱熹与薛季宣未曾相识，对薛季宣的认识都是从吕祖谦这里获得。吕祖谦对薛季宣的评价甚高，曾有书向朱熹言及："薛士龙自湖归温经从，相聚半月，甚款。渠甚愿承教而无斁也。"据此可见吕祖谦在朱熹学术发展过程中的贡献。

与朱侍讲_{元晦}

◎ **解题**

文出《东莱吕太史别集》卷七，作于乾道九年（1173）二月。朱塾是朱熹的长子。朱熹多次送朱塾到吕祖谦家求学科举之道，而吕祖谦都给予了很好的安置。

近者人还，伏领教字，所以诱诲饬厉者甚备，玩复数四，如亲坐隅。但岁前及贩书人所附两函，则犹未之领，不知其间别无它说否……示谕出处之际，读之慨然。前书所以有请者，政谓向来诸人类皆自有可恨。若得培养厚、阅理熟、处心平者一出焉，庶或有济耳。苟堂帖出于举行前命[1]，则其意诚悠悠，迁延许时而忽复出，于义诚无当也。或改命督趣，则是尊信之意加于前日矣。勉为一行，以致吾义焉。尽诚意而犹不合，"卷而怀之"，进退固有余裕也。不识高明以为如何？

[1] 苟堂帖出于举行前命：乾道八年（1172）四月，朝廷催促朱熹赴行在，六月、九月又催促朱熹赴行在，朱熹皆有辞免奏状。

敬领诸先生训释，自有先后得失之异，及汉儒训诂不可轻，此真至论。盖差排牵合，轻议下视之病，学者每每有之，诚当深戒。独《中庸》首句之注，非无来历。意思犹窃意郑氏特传袭旧语，未必真有所见耳。艮背之用，前说诚过高而未切。窃谓在学者用之，政当操存戒惧[1]，实从事于夫子告颜子视听言动之目[2]，驯致不已，然后可造安止之地耳。

[1] 操存：秉持心智的意思。语出《孟子·告子上》："孔子曰：'操则存，舍则亡，出入无时，莫知其乡，惟心之谓与？'" [2] 夫子告……言动之目：典出《论语·颜渊》："子曰：非礼勿视，非礼勿听，非礼勿言，非礼勿动。"

《仁说》《克斋记》及长沙之往来论议[1]，皆尝详阅。长沙之论固疑其太宽，如来示虽已明指其体，犹疑侵过用处分数稍多，更俟深思熟看，当以所未晓处往请教，以此便归，速不能俟也。

[1] 长沙：指张栻。

令嗣欲见过[1]，甚幸。久不得亲炙，若得亲炙，因扣过庭所闻[2]，其益良多。但裹十日粮，其它皆不须办。盖此间有同年潘景宪教授者，笃信力学，用工著实，两弟意乡亦皆不凡。近渠兄弟素拳拳归心于墙仞，前此累欲通书而未敢，闻令嗣欲来，欣然欲任馆舍饮食种种之责。……《泛舟榜帖》幸检至。义乌刊《精义》初不曾下手也[3]。所欲咨请者，皆俟后便。

[1] 令嗣：指朱熹长子朱塾，从吕祖谦学。 [2] 过庭所闻：指朱塾转述朱熹的言论。典出《论语》季氏：陈亢问于伯鱼曰："子亦有异闻乎？"对曰："未也。尝独立，鲤趋而过庭曰：'学《诗》乎？'对曰：'未也。'曰：'不学《诗》无以言也。'鲤退而学《诗》。他日又独立，鲤趋而过庭。曰：'学礼乎？'对曰：'未也。''不学礼无以立。'鲤退而学礼。闻斯二者矣。"陈亢退而喜曰："问一得三，闻《诗》闻礼，又闻君子之远其子也。" [3] 初不曾下手：并不曾动手。

◎ **研读**

乾道九年（1173）七月，朱熹将长子朱塾送至吕祖谦门下，走科举之路，吕祖谦予以周到的安排。后日吕祖谦又做媒将潘景宪的女儿嫁与朱塾，可见朱熹与吕祖谦的亲密关系。朱塾一生三至金华吕祖谦门下求学，吕祖谦有多件书信与朱熹讨论朱塾学问事。乾道九年七月吕祖谦《与朱侍讲元晦》是最为详细的讨论朱塾的书信："令嗣气质甚淳，已令就潘叔度舍傍书室寝处（不在其家），同窗者乃叔度之弟景愈（字叔昌），年三十余，甚有志趣，有意务实，相处当有益。（叔昌亦自工于程试，足可商量，五六年前尝为太学解魁，近三两岁来，却都放下举业，专意为学）已立定课程，令嗣当自寄呈。……令嗣更留一兵在此，俟半月，诸事及课程见得次第，当遣归。……周教授《论语》方借看，并俟遣此兵时缕缕求教。此间方刊《横渠集》，断手，当首拜纳。《说文》苦无善本，见令嗣说方雠校。昨见刘子澄，说赣州方欲刊书，自可径送渠令镂木也。洙泗言仁，未合处，因便望录示，亦欲得思索也。"

与朱侍讲元晦

◎解题

文出《东莱吕太史别集》卷七，作于乾道九年（1173）六月。

示喻"爱之理动之端"，两字轻重不同，细思诚然。盖爱者仁之发，仁者爱之理[1]。体、用未尝相离，而亦未尝相侵。所私窃虑者，此本讲论形容之语，故欲指得分明，却恐缘指出分明，学者便有容易领略之病，而少涵泳玩索之工。其原殆不可不谨也。长沙近得书，亦寄往复论"仁"，及新定《语》《孟》诸说来，论议比向来殊深稳平实，其间亦时有未达处，旦夕因便当往商榷也。令嗣犹未闻来音，不知今尚留膝下，或已即路。若遂成此行，与众中质美勤苦者游处相夹持，想亦不无益。

[1] 爱者仁之发，仁者爱之理：是言仁为体，爱为用。

◎ 研读

朱熹对吕祖谦此书有回复，《朱文公文集》卷三十三《答吕伯恭》（十八）："'仁'字之说，钦夫得书云已无疑矣。所谕'爱之理犹曰动之端、生之道云尔'者，似颇未亲。盖'仁者爱之理'，此'理'字重；'动之端'，'端'字却轻。试更以此意秤停之，即无侵过用处之嫌矣。如何？"《朱文公文集》卷三十三《答吕伯恭》（二十一）又云："前书所谕仁、爱之说，甚善甚善。但不知如何立言，可使学者有所向望，而施涵泳玩索之功，又无容易领略之弊耶？因来喻及，幸甚，幸甚。"

与朱侍讲元晦

◎ 解题

文出《东莱吕太史别集》卷八，作于乾道九年（1173）八月。该书一方面向朱熹介绍了其子朱塾的学习状况，一方面谈个人修养问题。

日用间，比向来颇似不甚怠，而工夫亦知可向前，无销沮徘徊之意。但索居独学，殊少讲贯，殊自惧耳。引辞曾得报否？"不为已甚"之义，恐亦须玩索耳。

令嗣到此半月，诸事已定迭，朝夕潘叔度相与切磨，势不容懒。某亦数数提督之，见令编书，疏训诂名数，盖既治此经，须先从此历过。饭后令看《左传》。举业已供两课，亦非全无蹊径，但不曾入众，故文字间步骤规矩，未如律令，久久自熟矣。凡百不须挂念，虑周教授《语解》看得平实有工夫[1]，虽章句间时有所疑，要是有益后学，如所谓"譬如登高，勤勤积步，及升其极，咸在目中，无非实见"，凡此类样辙，殊不差也。浙东诸郡秋旱，岁事甚可虑，闽中不知复何似？比闻五夫旁近料理补助已有端绪，不知其详如何？颇闻豪右间有旅拒者，或不免封仓送郡之类，此于时位颇似侵过，恐更须于"意""必"两字上点检[2]。伊川庄上散药，谓"只做得此等事"。此意可玩也。耳目所接，疾痛冻馁，恻然动心，盖仁之端。至于时位，则有所止，乃仁之义也。莫若择其可告语者，至诚劝率之，其不可告语者，容养而使之自发足矣。就上增添，便成"意""必"。自叶知根，所当加澄治之工也。

[1]虑（lǜ）：大抵。周教授：周孚先，字伯忱，毗陵人。从程颐学十七年，与杨时友善。以乡荐入太学，调四明盐场，改建德尉。不久丐祠。创城西、城东书院，从学甚众。　　[2]须于"意""必"两字上点检：《论语·子罕第九》："子绝四：毋意、毋必、毋固、毋我。"朱熹《四书集注》："意，私意也；必，期必也。"

◎研读

此书劝朱熹"不为已甚"。孔子"不为已甚"，这是《孟子·离娄章》中评价孔子的话。吕祖谦这里以圣人语，暗示朱熹做事不可立私意，不可设定具体的目标，也就是《论语》说的毋意、毋必。

与朱侍讲元晦

◎解题

文出《东莱吕太史别集》卷八，作于乾道九年（1173）十一月。该书作于金华，一方面向朱熹介绍了其子朱塾的学习状况，一方面谈了薛季宣的病况及对陆九龄、陆九渊学术的认识。此时朱熹与二陆尚未相识。

某哀苦如昨。令嗣在此读书渐有绪。经书之类，却颇能诵忆，但程文未入律。今且令破三两月工夫专整顿。盖既欲赴试，悠悠则卒难见工也[1]。此段既见涯涘[2]，则当于经史间作长久课程。大抵举业若能与流辈相追逐，则便可止。得失盖有命焉，不必数数然也[3]。……薛士龙七月后以疾不起，极可伤。其为人坦平坚决，其所学确实有用，春来相聚，比旧甚虚心，方欲广咨博访，不谓其止此也。抚州士人陆九龄子寿[4]，笃实孝友，兄弟皆有立，旧所学稍偏，近过此相聚累日，亦甚有问道四方之意。每思学者所以徇于偏见，安于小成，皆是用工有不实，若实用工，则动静语默日用间，自有去不得处，必悚然不敢安也。

[1] 悠悠：懒散，不尽心。　　[2] 涯涘：边际。此借指掌握了科举考试的基本技能。　　[3] 数（shuò）数然：迫切的样子。　　[4] 陆九龄：字子寿，江西人，与吕祖谦善。吕祖谦应陆九渊请，有《陆九龄墓志铭》。

◎ **研读**

该书讲了三个问题，一是指示朱塾"当于经史间作长久课程"；二是说薛季宣的去世是学术界的一大损失；三是说陆九龄兄弟的学问，这有可能是朱熹首次得到的有关二陆的印象，为鹅湖之会的举行提供了可能性。

与朱侍讲元晦

◎ **解题**

文出《东莱吕太史别集》卷七，作于淳熙元年（1174）元月。该书主要为回应朱熹来书要求吕祖谦制止义乌人刊刻《精义》而作。

义乌欲再刊《精义》者，两日询问得，方写毕而未镂板，已属义乌相识审询其实而就止之，更数日须得耗也。然婺本例贾高，盖纸籍之费重，非贫士所宜，势必不能夺建本之售。政使其不肯止，亦不足虑。若令官司行下，却恐有示不广之嫌。更告斟酌一报。盖此介往反不过半月，足可商量也。然尚有所疑者，君子之动静语默，虽毫厘间有未到处，要当反求其所以然。盖事虽有巨细大小，为本根之病则一也。来教所谓本不欲如此者，意其为心之正。既而以雕镂之费、用度之乏，不得已而止之，或者渐近于自恕，而浸与初心不类乎？此非不识痛痒，盖吾徒讲学，政须于日用间就事上商量似为亲切，故欲以未达处请教耳。观其生志未平之义亦恐当深玩也。

◎研读

该书承《朱文公文集》卷三十三《答吕伯恭》而来，朱熹说："岁律更新……岁前附一书于城中寻便，不知达否？纸尾所扣婺人番开《精义》事，不知如何？此近传闻稍的，云是义乌人，说者以为移书禁止，亦有故事。鄙意甚不欲为之，又以为此费用稍广，出于众力，今粗流行，而遽有此患，非独熹不便也。试烦早为问故，以一言止之，渠必相听。如其不然，即有一状，烦封至沈丈处，唯速为佳。盖及其费用未多之时止之，则彼此无所伤耳。熹亦欲作沈丈书，……此举殊可笑，然为贫谋食，不免至此，亦可谅也。"在朱熹看来，自己已经刊行了《精义》，义乌人再刊《精义》出售便会影响到自己的经济收入，所以要吕祖谦想办法制止，有邀官介入意。吕祖谦作书劝导朱熹，认为不可以官司压人。强调"讲学，政须于日用间就事上商量"。为此事，吕祖谦一再与朱熹书信商讨，劝勉朱熹。

与朱侍讲元晦

◎解题

文出《东莱吕太史别集》卷八，作于淳熙元年（1174）元月。适值吕祖谦为父亲吕大器举行祥祭之前，因此有"过坟旁"之说。

数日前携受之及两舍弟过坟旁十数里[1]，至小庵中，在瀑泉之下，山水雄峻，人迹罕到，耳目清净，殊可翻阅也。

[1] 舍弟：对人称自己的同胞弟弟，也称家弟。

自春初谢遣生徒，应接既简，遂得专意读书，亦渐似靠实。但相远未得质正咨请为恨耳。所喻致知、克己不可偏[1]，甚善。前此多见友朋每校量义理，而于践履处少点检，故发哀多益寡之论。然要如来喻乃完粹耳。

[1] 致知：语出《大学》："致知在格物。"有各种理解，郑玄注谓"知，谓知善恶吉凶之所终始"，"格，来也；物，犹事也。其知于善深，则来善物；其知于恶深，则来恶物。言事缘人所好来也"。朱熹解释为："致，推极也。知，犹识也。推极吾之知识，欲其所知无不尽也。格，至也。物，犹事也。穷至事物之理，欲其极处无不到也。"克己：意谓克制自己使合礼仪，语出《论语》："克己复礼为仁。"

吴材老之说，就解《论语》上看则有味[1]，原其所发，则渠平生坐在记诵考究处，故凡见"何必读书"之类，辨之必力，其发亦自偏也。拣择时文、杂文之类，向者特为举子辈课试计耳，如去冬再择四十篇，正是见作举业者明白则少曲折，轻快则欠典重，故各举其一，使之类为耳，亦别无深意。今思稽其所敝，诚为至论，此等文字自是以往，决不复再拈出，非特讱其出而已也。

[1] 吴材老：宋本作吴林老。吴材老有《论语续解并考异》著录在《遂初堂书目》。

《礼运》诚是展转附益之差，但胡氏以此为纲领则可疑耳。《学记》《中庸集解》及它石刻皆领。《学记》所论甚正，但序述县尹语言微似过重，若深造、自得等语。虽曰文字之常。然闻石子重乃笃志于学者，吾人分上所以相期，正当损饰就实耳。大抵论义理，谈治道，辟异端，则不当有一毫回避屈挠，至于说自己及著实朋友，只当一味敛缩。时义与工夫皆当然也。《集解序引》指出高奇等弊，极有益。但李翱似不足言。而《哀公问政》以下六章，虽载在《家语》，皆同时问答之言。然安知非子思裁取之[1]，以备《中庸》之义乎？有未然处，望见教。

[1] 子思：孔伋，春秋时人，孔子孙，孔鲤子，字子思，从曾子学，作《中庸》，后人称为述圣。

◎研读

该文涉及一个大问题，就是吕祖谦不再开展科举教育活动。吕祖谦兴办科举教育受到了众学者的集体反对，包括汪应辰、朱熹、张栻、陆九渊等，其中朱熹反对最力。比如朱熹向张栻表示对吕祖谦说法的不满："渠（吕祖谦）又为留意科举文字之久，出入苏氏父子波澜，新巧之外更求新巧，坏了心路，遂一向不以苏学为非，左遮右拦，阳挤阴助，此尤使人不满意。"至此，吕祖谦听取大家的劝诫，终于停止了科举教育活动。另外还谈及吴材老解《论语》、胡安国解《礼运》等问题。

与朱侍讲 元晦

◎ 解题

文出《东莱吕太史别集》卷八，作于淳熙元年（1174）元月。时吕祖谦在金华。

今岁以韩丈来此，旧相聚士子颇多。恐其间或有门户诉谒之类，自正初一例谢遣掩关，萧然无复它事，但与有志肯为学者数人过从，遂得专意读书，入细点检，欠阙卤莽处甚多。向来悠悠，真是为己不切耳。然既往者追计何益，继自今当勉自鞭策，庶几日用间不至虚过。惟望时赐箴警乃幸。

比看胡文定《春秋传》[1]，多拈出《礼运》天下为公意思，蜡宾之叹[2]，自昔前辈共疑之，以为非孔子语。盖不独亲其亲，子其子，而以尧、舜、禹、汤为小康，真是老聃、墨氏之论。胡氏乃娄言《春秋》有意于天下为公之世[3]，此乃纲领本源，不容有差，不知尝致思否。

[1] 胡文定：胡安国，字康侯，谥号文定。著《春秋传》三十卷。
[2] 蜡宾之叹：蜡宾，祭名。《礼记·礼运》："仲尼与于蜡宾，出游于观之上，喟然而叹。言偃在侧曰：'君子何叹？'孔子曰：'大道之行也与三代之英，丘未之逮也，而有志焉。大道之行也，天下为公。选贤与能，讲信修睦，故人不独亲其亲，不独子其子，使老有所终，壮有所用，幼有所长，矜寡孤独废疾者，皆有所养。男有分，女有归。货恶其弃于地也，不必藏于己；力恶其不出于身也，不必为己，施无吝心，仁厚之教也。是故谋闭而不兴，盗窃乱贼而不作。故外户而不闭，是谓大同。'"此段文字颇似提倡泛爱与无为，所以被疑为"老聃、墨氏之论"。　[3] 娄：宋本作"凄"，屡的古字。

◎研读

该书一方面表示遵从同道好友的意见，不再从事科举教育活动，并追悔以往的科举教育行为；另一方面，也批评了胡安国《礼记·礼运》"天下为公"的文献来源不明。《困学纪闻》对此也有批评："《礼运》，致堂胡氏云子游作。吕成公谓蜡宾之叹前辈疑之，以为非孔子语，不独亲其亲子其子，而以尧、舜、禹、汤为小康，是老聃、墨氏之论。朱文公谓程子论尧舜事业非圣人不能，三王之事，大贤可为。恐亦微有此意。但记中分裂太甚，几以帝王为有二道则有病。"

与朱侍讲元晦

◎解题

文出《东莱吕太史别集》卷八，作于淳熙三年（1176）十月。时吕祖谦在金华，孝宗重修《徽宗实录》，因李焘推荐，吕祖谦除秘书省秘书郎，兼国史院编修官、实录院检讨官。

窃承逊牍再上，竟遂奉祠之请。虽易退之风足以兴起薄俗，然善类为国长虑者，盖莫不怃然自失也。

某屏居方幸藏拙，诸公竟不见置。真所谓舍苏合而取蛣蜣之转者[1]。但反复思惟，终不可解之说，不免一往供职。往者临安两年，遇事接物，或躁率妄发而失于不思，或委曲求济而失于不直，大抵诚意浅薄，将以动人悟物，而手忙脚乱，出位逾节处甚多。忧患以来[2]，虽知稍自惩艾，而工夫缓慢，向来病痛犹十存四五，今复遽从事役，夙夜自惧，未知所措。素荷爱予教诲之厚，敢望痛加砭治，以警发不逮。至望！至望！

[1] 舍苏合而取蛣蜣（jié qiāng）之转：苏合，即苏合香，香料植物；蛣蜣，俗称屎壳郎，喜滚粪球。吕祖谦自喻不足为才。　　[2] 忧患以来：指吕大器去世以来。

受之相处累年，深愧无所裨益。某既往临安，随分有职事，恐讲论阔疏，故不欲携行，只今迁过叔度书院。不知令且归侍旁，唯复尚留婺，一听裁处也。

某近尝到会稽，李伯谏数次聚话[1]，祖述李周翰之说不可复回，其所攻排伊洛诸说，亦皆初无可疑者，自是渠考之不详耳。

[1] 李伯谏：李宗思，字伯谏，建安人，从朱熹学。

报状中见辞免文字[1]，蔼然甚得告君之体。闻上意甚惓惓，且欲除职，却是诸公不承领，两日后复将上，则令少缓。当时此命若下，虽无可受之义，但人主尊乡贤者，盖盛德事，惜乎不使天下闻之耳。名高责深，重之主眷，此地位政未易居，惟觊深图所以进德修业，慰答上下之望。

[1] 报状中见辞免文字：指朱熹的请祠文字。

◎ 研读

此书说了四件事情：一是谈及朱熹请祠得准一事。淳熙三年（1176）六月，龚茂良、韩元吉推荐授秘书省秘书郎，朱熹连上辞免书，至九月得请免，差管武夷山冲祐观，所以吕祖谦有"窃承逊牍再上，竟遂奉祠之请"之说。二是吕祖谦向朱熹汇报了即将赴任并期望得到朱熹的支持。三是讨论了朱塾的读书安置问题。四是说及李伯谏根据李周翰观点攻击排斥二程学说，认为这是考述不详的问题。

与朱侍讲元晦

◎ 解题

文出《东莱吕太史别集》卷八，作于淳熙三年（1176）十一月。时吕祖谦在临安。

某到都辇已将两旬，一番酬酢粗定，但《徽录》已逼进书[1]，而其间当整顿处甚多。自此即屏置它事，专意料理。所幸院长及同僚皆无龃龉，但期限极迫，才能订正其是非，不至倒置而已。其它繁芜舛误，皆力所不及也。诸公盖有区区之意，随事补益，亦时有之，第于清原正本处欠工夫。故每每倍费曲折而左支右梧之不暇耳[2]。

[1]《徽录》：《徽宗实录》。　[2] 左支右梧：忙乱的样子。

◎ 研读

因礼部侍郎兼同修国史实录院同修撰李焘推荐，吕祖谦除秘书省秘书郎兼国史院编修官、实录院检讨官。参修《徽宗实录》是吕祖谦一生中最重要的修史活动之一。据《南宋馆阁录》卷四《修纂上》记载，淳熙四年（1177）三月九日，实录院上《重修徽宗皇帝实录》二百卷，《考异》二十五卷，《目录》二十五卷。此在《宋会要辑稿·职官》、《玉海》卷四十八、《建炎以来朝野杂记》甲集卷四、《直斋书录解题》卷四、《郡斋读书志》卷第六、《徽庙实录》都有记载。

与朱侍讲元晦

◎ 解题

文出《东莱吕太史别集》卷八，作于淳熙五年（1178）六月。时吕祖谦在临安。

迩来同舍例权郎[1]，偶占礼曹。虽目前文书极简省，然偶有讨论，便系典礼，责任实不轻也。……比得桂林书[2]，犹未闻移漕之命，计今当出岭矣。书中具道所以箴戒儆厉之意，不胜感悚。去冬舍弟转致教赐，一一深中膏肓之疾，朝夕玩省不敢忘。独所论永嘉文体一节，乃往年为学官时病痛，数年来深知其缴绕狭细，深害心术，故每与士子语，未尝不以平正朴实为先。去夏与李仁甫议文体[3]，政是要救此弊，恐传闻或不详耳。前此拜答，时匆匆偶不及之，非敢忽忘也。人苦不自知，离群索居，尤易得颓弛。惟觊继此时赐砭治，不胜厚幸。石子重[4]、袁机仲时相见[5]。子重已请得般家假，七月初当可去此。机仲轮对亦只在数月间。日来轮对者亦间有正论，虽尘露未必能裨益[6]，要且得气脉不断耳。

[1] 迩来同舍例权郎：淳熙五年（1178）六月十三日，吕祖谦兼权礼部郎官。　[2] 桂林：指张栻。　[3] 李仁甫：李焘，字仁甫、仁父，号巽岩。著《续资治通鉴长编》。　[4] 石子重：石墪，字子重。有《文集》十卷，集《周易》《大学》《中庸》解数十卷。　[5] 袁机仲：袁枢（1131—1205），字机仲，吕祖谦同年进士，建安人。累官吏部郎官、吏部员外郎、大理少卿、权工部侍郎兼国子监祭酒、右文殿修撰知江陵府，开禧元年（1205）卒。著有《通鉴纪事本末》《〈易传〉解义辨异》《童子问》等。《宋史》有传。　[6] 尘露：微尘滴露，微不足道的意思。曹植《求自试表》："冀以尘露之微，补益山海；萤烛末光，增辉日月。"

◎ 研读

呂祖谦对于此次为礼部郎官事非常看重，其《与李侍郎》（二）："比复同舍例摄省户，偶占礼曹，虽目前文牍清简，然稍有讨论，便系典礼，责诿政自不轻也。"（《东莱吕太史外集》卷五）此一段日子应该是吕祖谦比较得意的，在朝廷得到孝宗的重视，时时准备轮对面圣，可展露自己的儒家治国理想，且朝中又有诸多好友可以谈文论艺。

与朱侍讲元晦

◎ 解题

文出《东莱吕太史别集》卷八，作于淳熙五年（1178）五六月间。

某馆下碌碌，无足比数。但史程限过促，又《文海》未断手[1]，亦欲蚤送官，庶几去就可以自如。以此穷日翻阅，它事皆废，每思往岁所谓范淳夫看忙时书[2]，未尝不欣然独笑也。目前益复不强人意，虽私窃怀嫠不恤纬之虑[3]，在事者，踪迹素疏，既无繇与之深语，从班一二公又复力不逮心，满怀愊塞，无所纾写，徒以职在铅椠，犹粗可藏拙。然要非所安耳。

[1] 未断手：未完成。　[2] 范淳夫：范祖禹，字淳夫，蜀人，元祐党人。或云受学于二程。　[3] 嫠（lí）不恤纬之虑：嫠，寡妇；纬，织布用的纬纱。嫠不恤纬，指寡妇不忧其纬少，而恐国家灭亡会祸及于己。语出《左传》，谓忧国忘家的思虑。

钦夫，犹未得长沙书，近有兼知鄂渚之命。乡云欲请祠[1]，犹未见文字到，或传已索迢吏，未知信否。今外郡犹可行志，苟其子葬毕，体力无它，且往之官，亦自无害也。

[1] 乡（xiàng）：向，以往。

燕居必甚安适[1]，中间服饵小误，虽知旋即平愈，调护莫已复旧否？石子重比方谒告，欲还天台。而有奉常之迁，又须俟一番礼数了乃能就道也。

[1] 燕（yàn）居：安闲地过日子。

◎研读

《文海》事，吕祖谦《进编次〈文海〉札子》以及《建炎以来朝野杂记》乙集卷五《文鉴》等有记载。

《文海》成为文选史上非常重要的一部著作，保存了大量的宋人文献，反映了吕祖谦的文史观，是宋人编选宋集的典范，对后世影响很大。吕祖谦在世时却受到政敌，甚至好友如朱熹、张栻等人的一时批评。吕祖谦的病死与此有直接的关系。

与朱熹议赴南康郡九书

◎解题

以下九书皆选自《东莱吕太史别集》卷八，谈的是同一个问题，就是朝廷差朱熹赴南康军任职，而朱熹以种种理由推脱，要吕祖谦在当政者面前说情，不要让其赴官。此时吕祖谦先在临安为官，后病废返家。这些信反映了吕祖谦为朱熹努力的过程，是二人友谊的见证。

以下九书标题为本书校注者所加。

与朱熹一谈赴南康任*

今早发南康堂帖[1]，行方拜书矣，适右揆送敕令上纳[2]，且俾作书敦勉。窃谓前后除目，无如此除稳惬。盖军垒地望不高[3]，无辞卑居尊之嫌。远方自如，无掣肘牵制之患。吾丈平昔惓惓君民志念未尝少忘，幡然一起[4]，既可以承领朝家美意，又可以泽及一方，使世少见儒者之效，所系自不轻也。

[1] 堂帖：宰相签发的文书。此借用唐人故事，唐宰相办公在政事堂，因此签发的文书称堂帖。　　[2] 右揆：此指史浩。《刘焞神道碑》："（史浩）再相日，语吕郎中（吕祖谦）、石编修（石斗文）曰：'某老矣，勉强再来。盖事有未竟者，第一欲起朱元晦，次荐引诸贤。'令二公先以书抵朱文公道此意。未几，除文公守南康。"（《真文忠公文集》卷四十一）　　[3] 军垒：南宋各地屯军，此指南康军。　　[4] 幡然：剧然变化。

善类衰微，元气漓薄，稍有萌动，政当扶接导养，虽如孔、孟，交际苟善，未有不应之者。若到官后或有龃龉，则卷舒固在我也。目前相识作郡，粗能行志者不少，况学力之深，德望之积，上下自应孚信，亦何龃龉之虑耶？若意未能已，犹欲自列，须令其辞平稳。若不允，则便宜受命，不可至于再也。苟恳辞不已，纷纷者便以长往不来见处，甚者将有厌薄当世之讥。使上之人贪贤乐善之意，由此少怠，亦可惜也。匆匆再此布禀，它惟厚为道义护重。

与朱熹再谈赴南康任**

恭审分符南康[1]，虽未足大尉善类之望，然蕴积之久，小见诸

书于淳熙五年（1178）八月。

** 书于淳熙五年（1178）八月。

行事，亦吾道兴起之渐所系，政不轻也。……吾丈平昔惓惓君民之念至深至笃，今幡然一起，上可以承领朝家善意，下可以泽一方之民，而出处之义考之圣贤，亦无不合。若谓今之州郡不可为，则朋友间随其分量，得行其志者亦不少。况学力之深，德望之重，又在僻远之地，亦何龃龉之虑耶？……刘枢之亡[2]，可为天下痛惜。不知旅匶已至里中否。张钦夫亦候葬其子即之官矣。

[1] 分符南康：此指朱熹知南康军事。 [2] 刘枢：刘珙。

南康见任人赵彦逾已赴召[1]，张戒仲复殂[2]，乃是见次诸公所以斟酌以小垒相处，政欲可受，切不须苦辞。若意犹不能已，只一辞足矣。观察时义，非不可作郡之时，至于再，则似长往不来者之为，非中道也。

[1] 赵彦逾：字德先，皇家宗室。淳熙五年（1178）知秀州，累迁大府少卿，资政殿大学士。嘉泰间（1201—1204）知明州，兼沿海制置使。嘉定间（1208—1224）乞祠以归，寻卒。 [2] 张戒仲，生平不详。

与朱熹三谈赴南康任*

某伏蒙疏喻，即以达之当路。凡雅志所欲言者，悉为启白。而贪贤之意，确然莫夺，遂以向与刘圭父议者与之商量[1]。今不许辞免旨挥[2]，与任满奏事偕下。诏旨既严，又省往来之劳斟酌得亦曲尽，恐当勉强一出，以承美意。

[1] 刘圭父：武夷人，生平不详。刘圭父过长沙省其兄，张栻有《送刘圭父序》。朱熹有《立春大雪邀刘圭甫诸兄游天湖》等诗。 [2] 旨挥：帝王的旨意。

书于淳熙五年（1178）九月。

若到官或有龃龉，则如陶彭泽翩然赋归山林之乐[1]，盖未失也。若深关固拒，使知吾意之所存无几，而滔滔之徒，便有愤世疾邪之论矣。使义果不可出，则此等议论本非所计，今幸不至此，何惜不少逶迤以全大体也？

[1] 陶彭泽：晋人陶渊明，曾被授官彭泽县令，因质性自然，挂冠归田园。

郑自明力琢磨之[1]，甚善。渠比之流辈，却无脂韦顾惜意思[2]，但失在不学。傥自此能用力，盖未可量也。张钦夫亦两月不收书，当是道中不暇耳。递中略此附问，它祈为道义自厚。

[1] 郑自明：名鉴，三山（今福州）人，少年有声。淳熙二年（1175）秋舍选高第，陈应求将其女嫁之为妻，为国子正，七月除校书郎。四年春迁著作佐郎，五年春兼史院编修官，其夏迁著作郎，以直言为孝宗赏识，也以直言出知台州，未上。淳熙末年散步间因自家门大木坍塌被压死。　[2] 脂韦顾惜：脂韦，油脂与软皮，出《楚辞》："宁廉洁正直以自清乎，将突梯滑稽如脂如韦以洁楹乎。"后指圆滑。梁刘孝标《广绝交论》："东陵之巨猾，皆为匍匐逶迤，折枝舐痔，金膏翠羽将其意，脂韦便辟导其诚。"唐独孤及《为杨右丞祭李相公文》："惟宽厚清静是守，危言献可，未尝脂韦取容，直躬而行，不为权幸改操。"顾惜，爱惜。

与朱熹四谈赴南康任*

不允之命既下[1]，又许径之官。恩意既隆厚，而所以相处者商量亦得曲尽。揆又云，已自亲作书，相勉甚详。窃谓仲尼"不为已甚"，恐须勉为一起，以承领上意。况今陈相为帅，丁子章、潘德夫[2]，皆素相慕用，王齐贤、颜鲁子亦士类也[3]。到郡想别无龃龉，若随分可少苏疲瘵，使世见儒者之效，于斯文非小补也。苟确

书于淳熙五年（1178）十月。

然不反，却恐似长往不来一偏之行，而异意者转益纷纭，切乞深入思虑为幸。

[1] 不允之命既下：此指朝廷命朱熹赴南康军任。该书以见儒者之效为说，专力勉朱熹赴任。 [2] 丁子章：生平不详，与杨万里有唱和。潘德夫：潘畤，字德鄜（夫），金华人，历官左司郎官，改直显谟阁知太平州，卒于淳熙己酉七月，享年六十四。 [3] 王齐贤：王师愈，字与正，小名与老，小字齐贤，金华县大云乡安期里人，鲁斋先生（王柏）的先人。颜鲁子：颜度，字鲁子，昆山人，历官太常少卿权工部侍郎、江东京西运副使等职，以中大夫秘阁修撰提举冲祐观，卒年七十五，与朱熹、杨万里善。

近潘盐劾南康签判迁延不发迓吏，并乞催趣赴任，皆得旨挥。今再以堂帖拜纳，度此事势，虽雅志倦于应接，恐须勉强到官。若果不可为，则引疾丐祠，却是熟事，甚易为力。若或再辞，或道中俟命，则此间未必有相察者，转见牢攘也。想高明必深悉此。

程泰之《禹贡图》如欲写[1]，当一面为抄。

[1] 程泰之：程大昌，字泰之，休宁会里人。历任权吏部尚书、龙图阁直学士等。谥文简。有《易原》《禹贡图》。

与朱熹五谈赴南康任*

某伏蒙垂喻，固深悉雅意，即一一达之当路。而其意确然不移，又已有不许辞免旨挥，不敢再将上。遂复有趣行堂帖，谨以拜纳。恐须勉强一至治所。若相事势果不可为，则引疾丐祠，却是常程事。辞免则碍旨挥，到任丐祠，则非辞免也。又载疾之官，亦见奉命之共[1]。才文字到，便可得却，无今日许多牢攘也。况江东帅漕、宪盐，皆旧相知，或素慕用，上下相应，当无龃龉。或粗可施展，使

*书于淳熙五年（1178）十二月。

一方之民息肩，亦岂小补哉？钦夫得书，亦以为须一出为善。虽去就出处素有定论，然更须斟酌消息，勿至已甚。苟一向固拒，则上之人谓贤者不肯为用，于大体却有害也。

[1] 奉命之共（gōng）：共，通"恭"，恭敬。

程侍郎《禹贡图》，潘叔昌曾录得，可径问渠取。不然，稍暇亦可录去。

黄叔张陛辞[1]，甚见领略。一二年来小小灌溉，岂无萌蘖之生，但寒者众耳。

[1] 黄叔张：黄伟，字维之，号叔张、竹坡居士。永春州人。此处云"一二年来小小灌溉"，当指吕祖谦与之交往事。

与朱熹六谈赴南康任*

丐祠复不允，势难再煎迫诸公[1]。又目前亦无大龃龉可决去就，莫若暂为小安计，整顿郡事为义[2]。其详，口授舍弟拜禀，它乞厚为道义护重。

[1] 煎迫诸公：朱熹屡次请祠被拒绝。此为吕祖谦劝导朱熹不要再以请祠事难为朝中执政的朋友了。 [2] 义：符合道义。

与朱熹七谈赴南康任**

丐祠虽未惬雅志[1]，然诸公不欲贤者家食，虽未必由衷，然亦善意也。但有畏不能容贤者之谤，比之全不分皂白者，亦有间矣。

---

*书于淳熙七年（1180）二月。

**书于淳熙七年（1180）四月。

[1] 丐祠虽未惬雅志：此指朱熹请祠不得允准事。

张荆州病中请祠，亦有苦劝当涂，令从其请者，亦以向来之嫌，畏人议论不能容之，遂坚不肯从。但作帅与小军垒不同，但须内外至诚相与，首尾相应，乃不误事。既非心相与，则自有首尾。衡决处，如来教数条皆是也。符节在身不得擅去，此所以忧而至于病，病而至于死，每诵“量而后入，不入而后量”之语，为之泫然。至于南康，地既非要害，民又非浩穰[1]。虽事之不如人意处固多，然无旦夕立至之忧。若且耐烦忍垢，拊摩疲民。苟稍成头绪，子重继之[2]，必能遵守，使一方之民小小休息，亦不为无补也。

[1] 浩穰：众多。 [2] 子重继之：石𡼖，字子重。继朱熹知南康军。

今去终更才半年余耳，交印后，身便自由，惟吾志所欲，无不可者。或未终更别有除改，半道引疾而归，亦甚省力。

陆子寿前日经过，留此二十余日，幡然以鹅湖所见为非，甚欲著实看书讲论，心平气下，相识中甚难得也。

与朱熹八谈赴南康任*

旱势甚广，不知封内近得雨否？荒政措画次第，无所不用其极。寻常小郡，患于叫唤不应。如南康今日事体则不然，苟为民而屈至诚恳恻无疑外，入细商榷，使彼可从，自应有济。但恐辞气劲厉，在事者便谓欲独为君子，愈扞格不可入尔。其它皆高明所洞达，独此说似可为献也。

再《祭张五十丈文》本以告逝者，复何所嫌？第不必示不知者尔。前书拜禀，盖谓世衰道微，正欠人担荷此事，幸而有之，唯愿

*书于淳熙七年（1180）六月，此时朱熹已经赴任南康。

其进德修业，日新又新[1]，使学者有所矜式而已。非于此有所疑也。

[1] 日新又新：源于汤之《盘铭》曰："苟日新，日日新，又日新。"言思进不已。

示喻自反深切，益令人叹服。"当仁不让""检身若不及"两句，初不相妨[1]。坚任道之志而致细察之功，乃区区所望也。

[1] "当仁不让""检身若不及"：为朱熹与吕祖谦所讨论的问题。

与朱熹九谈赴南康任*

比得检正舅氏书，云尝得来教，微及有所建白之意。如舅氏之静密，固自无害。万一于其他亲旧书亦复及之，则非密赞聪明、居以俟命之意。至于播扬招悔吝，尚所不论，继此望深以为戒也。

交印之后，既不过三季，若郡中别无大龃龉，不若安心为之整顿郡计，俟终，更还家，然后请祠，最为稳当。郑景望自宁国归过此[1]，渠亦是未满，前年岁间不曾通政府书，直至细满亦无问。此法自可用也。保养奸凶，以扰善良，固君子之所耻，要当无忿疾之意乃善。《诗》云"岂弟君子，民之父母"。须使人入境问俗，便觉此气象。若雪霜胜雨露则不可也[2]。

[1] 郑景望：郑伯熊，字景望。见前注。　　[2] 雪霜胜雨露：雪霜，指个人品德的一尘不染；雨露，则是指国家对百姓的恩泽。句谓不可只顾及个人品德，还要兼及对百姓的关照，这与吕祖谦一贯强调的儒者之效是一致的。

陆子静近日闻其稍回。大抵人若不自欺，入细著实，点检窒碍，做不行处，自应见得。渠兄弟在今士子中不易得，若整顿得周正，

非细事也。

……

伊川、和靖墨迹已刊。向闻刊康节诗，因便求一本。某近日看书甚少，每早饭后却不复翻阅。如《诗》，方整顿到《车攻》。盖每日只理会一章或两章，可见其少也。

……

周子充入参[1]，虽不能大有所正，度亦必时有微益。

定叟以丧事请祠[2]，差慰人意。因书望时有以启告之，父兄担子虽不易承当，若随分数劝得些少于渠门户[3]，非小补也。

[1] 周子充入参：周必大于淳熙元年（1174）十二月被诏，淳熙二年三月除敷文阁待制、侍讲。　[2] 定叟以丧事请祠：张杓，字定叟，张栻弟。张栻死，张杓为服丧请祠。　[3] 少（shǎo）：略微。渠：他。门户：张浚家学。

《王信伯集》[1]，初谓印板所刊必多，此数篇则旧固见之矣，今复还去。

[1] 王信伯：王蘋，字信伯，世居福清，自其父迁徙平江。赐进士出身，除秘书省正字，寻兼史馆校勘，迁著作郎，官至左朝奉郎。伊川（程颐）门人，有《论语解》。

◎ 研读

这是吕祖谦关于朱熹赴南康任的九件书信，时间始于淳熙五年（1178）八月，止于淳熙七年六月，前后将近两年。这两年中吕祖谦围绕朱熹赴南康任事做了多方努力。一方面，出于友情根据朱熹的要求积极向执政者如周必大等说情，希望能满足朱熹的请祠愿望；另一方面，吕祖谦又积极说服朱熹，希望朱熹能够赴任，如说"吾丈平昔惓惓君民至念至深至笃，今幡然一起，上可以承领朝家善意，下可以泽一方之民，而出处之义考之圣贤，亦无不合"，又说"勉强一至治所"，以实践儒家的治国理念，"使一方之民小小休息，亦不为无补也"。吕祖谦还为朱熹设计了如真不愿为官的退路与方法，如第五书："载疾之官，亦见奉命之共。才文字到，便可得却，无今日许多牢攘也。"通过这九件书信，可见两位儒家学者亲密无间的朋友关系，又可见两人不同的处事理念。

与朱侍讲_{元晦}

◎解题

文出《东莱吕太史别集》卷八，书在淳熙八年（1181）二月，时吕祖谦病废在家，但学问之事未尝有一日放下，尤其对陆九渊抱有极大的期望。

某病体萎痹，虽不复可料理，然意绪日日增胜，观书亦粗有味。旧来宽弛昏惰之病，似渐刊落，今方可奉承诲药，而疾病又锢而留之，徒乡风浩叹而已。

前岁问疾之诺，目下虽非其时，它年终觊践言也。

陆子静留得几日，讲论必甚可乐。不知鹅湖意思已全转否[1]？若只就一节一目上受人琢磨[2]，其益终不大也。大抵子静病在看人而不看理[3]，只如吾丈所学十分是当，无可议者，所议者只是工夫未到尔。在吾丈分上，却是急先务，岂可见人工夫未到，遂并与此理而疑之乎。某十年前初得五峰《知言》，见其间渗漏张皇处多[4]，遂不细看。病中间取翻阅，所知终是端的。向来见其短而遂忽其长，政是识其小者尔。子静许相访，终当语之也。长沙之行，须寄径新治，不知不以为嫌否？定叟书漫纳去[5]，书中欲求五峰《皇王大纪》及《正蒙·内篇》，若只遣人行，亦乞附行也。受之挈家归五夫，匆匆上布。渠近来渐解事，性气亦减。已是人家佳子弟[6]。但

211

志业未甚立，此乃择师不审之咎，一味悚侧而已[7]。它祈厚为道义
愍重。

[1] 鹅湖意思：指淳熙二年（1175）五月陆九渊在吕祖谦主持的鹅湖之会
上持有的理学主张："墟墓兴哀宗庙钦，斯人千古不磨心。涓流滴到沧溟水，
拳石崇成泰华岑。易简功夫终久大，支离事业竟浮沉。欲知自下升高处，真伪
先须辨古今。"陆九渊此处主张要先发明人的本心，后使人博览，认为朱熹的
学问支离，自己则教人学简易功夫。　[2] 一节一目上受人琢磨：指在个别
具体事情上改造人。　[3] 看人而不看理：看人的造诣，不看人的学术取向。
[4] 渗漏张皇：理论的错误与不严谨。　[5] 定叟：张杓，张栻的胞弟。
[6] 人家佳子弟：指朱塾与潘景宪女成婚。　[7] 悚侧（zè）：惶恐。

◎ 研读

吕祖谦这里批评"只就一节一目上受人琢磨，其益终不大也"，
接着批评了朱熹"功夫未到"，陆九渊"看人而不看理"，又自我批
评早年看五峰《知言》看小而未能看大，结果有失。所举此三例都
是要说明人之间的不同以及人的会发展，实际上是规劝朱熹认识陆
九渊要从大处看，显示了吕祖谦的学术理念及对陆九渊的真正认可。

与朱侍讲 元晦

◎ 解题

文出《东莱吕太史别集》卷七，作于淳熙三年（1176）四月
左右。

曾子苔孟敬子一章，窃谓上蔡所解，与二先生之意不异。其曰
"人之应事，不过颜色、容貌、辞气三事，特系所养如何耳"[1]，
此可见其平日涵养之功矣。其曰"动也、正也、出也，君子自牧

处"，此可见其临事持守之力矣。语意颇似完备，恐难以临事作主张断之。惟是"远自远也"一语，不若二先生之言工夫细密耳。

[1] 人之应事……如何耳：人们在处理社会事务时，在颜色、容貌、辞令三个方面展现出来的风貌，皆取决于个人修养的高低。句出谢良佐《上蔡语录》卷一。

《知言疑义》，比与张丈订正者，既已附去。今复有欲商榷者，谨疏于后。来喻以"道生一为太极，太极动而生阳"。"阳"恐不可指为"一"。既曰"阳"，则有对矣，安得谓之一乎？

"好恶性也"一章，诚如来喻所云。若前章"天理人欲同体而异用"者，却似未失。盖降衷秉彝，固纯乎天理也。及为物所诱，人欲滋炽，天理若泯灭，而实未尝相离也。同体异用，同行异情，在人识之尔。首章"成性"固可疑，然今所改定乃兼性情而言，则与本文设问不相应。来喻以尽心为集大成者之始条理则非不可以为圣人事，但胡子下"者也"两字，却似断定耳。若云"六君子由尽其心而能立天下之大本"。如何释氏直曰"吾见是性"？此述释氏之辞耳，非许释氏为见性也。若后章释氏"见性而不尽性"之类，则诚有病。

"夫妇之道"一章，虽指释氏之病，然读者或不察，当删。孔子曰"吾未见好德如好色者也"，盖世之病在彼不在此。

"气感于物"一章，来喻谓不见平日涵养之意。窃谓涵养致知，为学者固当并进，然昔人立言亦各有所指。如《中庸》"不明乎善"一章，不可谓不见涵养之意也。《孟子》"拱把桐梓"一章，不可谓不见致知之意也。若此类不可概举。《知言》本文却似无病。

"大哉性乎"一章，所谓"类指一理而言"者，犹曰"一端"云耳，非理一而已之一也。但"理"字下得未稳。若谓"一理之外别求天命之全"，却恐此章无此意也。"欲为仁，必先识仁之体"，仁体诚不可遽语，至于答"放心求心"之问，却自是一说。盖所谓"心操存舍亡，间不容息，知其放而求之则心在是矣"，平居持养之功也。所谓良心之苗裔，利欲之间而一见焉，操而存之者，随事体察之功也。二者要不可偏废。"苟以此章欠说涵养"一段，"未见之间，此心遂成间断，无复用功处"是矣。若曰"于已放之心置不复问，乃俟其发于它处而后从而操之"，语却似太过。盖"见牛而不忍杀"，乃此心之发见，非发见于它处也。又谓"所操者亦发用之一端"，胡子固曰"此良心之苗裔"，固欲人因苗裔而识本根，非徒认此发用之一端而已。"汉文顾命"章说得太重[1]，恐须删改。凡此未知中否，望一一指教。

[1]汉文顾命：《知言疑义》作"汉文之顾命"。

又窃观所讲诸章有云"浅迫不安，汗漫无守"；有云"一何轻诋世儒之过而不自知其非"；有云"盖不由涵养，先要知识，故须至如此强探力取，方始窥见仿佛"。若此类，恐气未和而语伤易。《孟子》说杨、墨、许行、陈相辈，皆直截道断。至于论孟施舍、北宫黝，则曰："二子之勇，未知其孰贤。"然而孟施舍守约也，所以委曲如此者，以其似曾子、子夏而已。若使正言圣门先达，其敢轻剖判乎？析理当极精微，虽毫厘不可放过。至于尊让前辈之意，亦似不可不存也。

近事颇似有阳复之渐，但"出入无疾，朋来无咎"两句，大索致意耳[1]。

[1]索（suǒ）：得。

◎研读

此书是吕祖谦与朱熹讨论《知言》的有关问题。《知言》为胡宏所作，该书深受张栻、朱熹与吕祖谦三人的喜爱，然而他们对该书的见解却存在争议。吕祖谦早年"见其间渗漏张皇处多，遂不细看。

病中间取翻阅，所知终是端的"。其中可见吕祖谦的学术思想脉络。

与朱侍讲 元晦

◎ 解题

文出《东莱吕太史别集》卷八，作时不详。

致知、力行，本交相发工夫，初不可偏。学者若有实心，则讲贯玩索，固为进德之要。其间亦有一等后生，推求语句工夫常多，点检日用工夫常少。虽便略见仿佛，然终非实有诸己也。默而成之，不言而信，存乎德行，训诱之际，愿常存此意。夫子教人亦有可以语上不可以语上之别 [1]。如坚确有志，实下工夫者，自当使之剖析毫芒，精讲细论，不可留疑。如初基乍入者，似未可遽示之所见未到之理，却恐其轻看了也。然亦非谓使之但力行而以致知为缓，但示之者当循循有序耳。

[1] 可以语上不可以语上："子曰：'中人以上，可以语上也；中人以下，不可以语上也。'"（《论语·雍也》）此语要与因材施教联系看。

◎ 研读

该书吕祖谦着重向朱熹阐释致知、力行本交相发，不可偏的主张，批评了只讲致知、不讲力行的求学方法，肯定了实践在求学中的作用。与之相关，又讲了教学应当因材施教与循序渐进的问题。

答潘叔度

◎解题

　　文出《东莱吕太史别集》卷十，作于乾道六年（1170）八月。时吕祖谦初至临安做太学博士。潘景宪，字叔度，号可庵，隆兴元年（1163）进士，与吕祖谦同年。调荆门军学教授，不行，请为南岳祠官。秩满，为太平州学教授归故里。闻吕祖谦论说行身探道之意，慨然感悟，遂弃所学而追随吕祖谦。为汪应辰、韩元吉、张栻、曾逮、朱熹等所看重。有女嫁朱熹长子朱塾。朱熹有《祭潘叔度文》《承事郎致仕潘公墓志铭》。叶适有《祭潘叔度文》。吕祖谦与潘景宪交往最密，二人无话不谈。潘景宪有事必讨教吕祖谦，二人来往书信最多。

　　近日思得内外相应，不差毫发。外有龃龉，即内有窒碍，只有"反已"两字，更无别法也。学校间事，所以有一二中变者，止是初到。据法，宿假必令签历，日到诸斋教导。皆令甲所载。既而寮采皆大不安[1]，若不小为通融，则不复可相处。以小事立同异而去，又似轻发，故令宿但假呈簿。签历必先经正录，故甚以为烦。本所以欲签历者，盖要知诸生出入之疏数而已。今止呈簿，则亦自无所逃。诸斋教导，亦时复一往。缘此，人情甚安。……持养察识工夫，政当并进，此外更须以友辅仁。德锐、仲益、颖叔诸公既有意于此，共相琢磨，乃善。……八月稍凉，已与张丈约共为夜课[2]，盖日月殊易失耳。

　　[1] 寮采：同僚、同事。　　[2] 张丈：张栻。

◎研读

该书，吕祖谦与潘景宪讲自己在太学改革学政中遇到的困难及自己的解决方法，强调"反己"与"以友辅仁"，同时还强调不以小事立同异，遇事不轻发的主张。

答潘叔度

◎解题

文出《东莱吕太史别集》卷十，作于乾道六年至七年间（1170—1171）。

某旬日以来编《诗》[1]，少曾出门户，今日已断手矣。侍旁小从容，甚善。到官之初，弥缝裨赞不可阙[2]。人而久不与事物接，旁观酬酢之纷纭，亦可为观省之助也。天地间何物不有？要皆丕冒太和之内[3]，胸次须常乐易宽平，乃与本体不相背违尔。艾轩畏事[4]，自旧如此。然资质终长者也。闻重阳后归，所怀并俟面尽。北山之行，亦留以相待也。

[1] 编《诗》：指吕祖谦编纂的《吕氏家塾读诗记》。　[2] 弥缝裨赞：酬酢交往，构建人际关系。　[3] 丕冒太和之内：丕冒，广泛的覆盖。太和，天地间的冲和之气，即天地间。句谓人在天地之间。　[4] 艾轩：林光朝，字谦之，号艾轩，宋兴化郡莆田（今福建）人。隆兴（1163—1164）进士。历任中书舍人等职。《宋史》有传，有《艾轩集》行世。

◎研读

吕祖谦尊崇其伯祖吕本中学术，吕本中学术有"以广大为心，而陋专门之暖姝"之说。讲究以广大为心，是吕祖谦学术的基本态度。吕祖谦主张学者应摒除门户之见，做到泛观广接，多与异道相处。他嘱陈傅良要"公平观理，而撤户牖之小"。与刘子澄说："吾侪所以不进者，只缘多喜与同臭味者处，殊欠泛观广接，故于物情事理多所不察，而根本渗漏处往往卤莽不见。要须力去此病乃可。"这就要做到胸怀宽大、平和，与本体不相背违。

答潘叔度

◎ 解题

文出《东莱吕太史别集》卷十，作于淳熙二年（1175）五月。

某以五月半后同朱丈出闽，下旬至鹅湖[1]，诸公皆集，甚有讲论之益。更三四日，即各分手，到信须留两三日[2]。次第月半，决可到衢也[3]。迩来日用间况味复何似？审观来示，似犹有迫隘气象，更放令宽平润泽为善。自余悉俟面尽。时法、必东诸友，因见为道此意。舍弟辈亦只示以此纸。

[1] 鹅湖：地名，在今上饶市附近。吕祖谦在此主持了著名的鹅湖之会，参与者有朱熹、陆九龄、陆九渊等及各自弟子十数人。 [2] 信：信州，今上饶市。 [3] 衢：三衢，今衢州市。

◎ 研读

此书主要涉及鹅湖之会。鹅湖之会是吕祖谦于南宋淳熙二年（1175）发起并主持的一次著名的哲学辩论会，参会者有吕祖谦，陆九龄、陆九渊兄弟，朱熹及各自的门生十数人，在中国学术史上极有意义。这次会议，人们的关注焦点在朱熹与陆九渊二人上，其实，此前朱、陆并不相识，这次会议与吕祖谦有着根本的内在联系，如果没有吕祖谦，就不会有鹅湖之会，是吕祖谦的人脉基础与理学理念促成了鹅湖之会。吕祖谦意欲通过鹅湖之会，将朱学、陆学统一至吕学的学术路径上。这次会议对朱、陆、吕三方，甚至对以后元、明、清的学术发展，都起到了极大的推动作用。吕祖谦对宋代理学史的发展贡献良多，此为其一。

答潘叔度

◎ 解题

文出《东莱吕太史别集》卷十，作时不明。

但完养思虑，涵泳义理，告赐详诲□□□□□□□日用间不须著意。要坐即坐，要立即立，凡事如常便是完养。若有意完养，则是添一重公案矣 [1]。觉有忿戾，始须销平；觉有凝滞，始须开豁。病至则服药，不必预安排也。涵泳义理，本所以完养思虑，政恐旧疾易作。自涵泳而入于研索，自研索而入于执着，或反为累耳。陶靖节"不求甚解" [2]，虽其浅深未可知，要是不寻枝摘叶也。

[1] 公案：事件、纠纷。　　[2] 不求甚解：句出陶渊明《五柳先生传》："闲静少言，不慕荣利。好读书，不求甚解。每有会意，便欣然忘食。"吕祖谦举陶渊明句是说读书要不求而得。

◎ 研读

此书主要讨论的是涵养义理。所谓涵养义理，一是要任其自然，凡事如常，不必强行去做。二是及时改错，病至服药，不必预先安排。三是涵养义理，凡事要就整体上着眼，得其浑沦气象，不可寻枝摘叶。

与陈同甫

◎ 解题

文出《东莱吕太史别集》卷十，作于乾道八年（1172）七月初。陈亮（1143—1194），字同甫（同父），婺州永康人，为吕祖谦从表弟，学者称龙川先生，曾从吕祖谦问学，主张事功之学，是永康学派的代表人物。《宋史》有传。著作有《龙川文集》《龙川词》等。

吕祖谦全面影响了陈亮的进步，诸如事业、品格修养、学问等方面：在事业方面，吕祖谦听闻陈亮欲立保社授徒，马上去信鼓励。在品格修养方面，吕祖谦针对陈亮性情激烈的特点，劝勉他要加强自我修养，要学颜子犯而不校的品质。在学问方面，吕祖谦为了纠正陈亮偏重功利的倾向，劝他要本末并举。陈亮喜欢与吕祖谦交流意见，吕祖谦也乐于劝勉诱导，对其开诚布公，坦陈己见，陈亮多能欣然接受。吕祖谦的劝勉对陈亮产生了显著的影响。在吕祖谦苦口婆心的劝勉后，陈亮的性格、文风已经有了相当大的变化，查阅陈亮与吕祖谦讨论过的问题，《陈亮集》中的表述，不管是观点还是文辞都不同程度地体现了变化。详见导读。

日者襄奉远勤慰奠，重以妙语贲饰泉壤[1]，此意厚矣。荒顿迷错，悼心失图，匆匆竟不得款语，迨今歉然也。秋有余暑，伏惟下帷授业，尊候万福。某负土冢次，日与死邻。追念去岁今日，方迎亲舆衢、婺之间。未及一年，目前境界如此。忧极成醉，忽若向来无恙时，犹欲修温清[2]、事引衣，顾见粗绖，乃知身是罪逆。失声长号，往往一恸欲绝也。哀苦之余，原省己事，大氐十八九不中理，方欲洗濯其心，深求其所未至。但所欠者朋友磨切之助耳。吾兄保社今莫已就条理否？后生可畏，就其中收拾得一二人，殊非小补。

要须帅之以正，开之以渐。先敦厚笃实，而后辨慧敏锐，则岁晏刈获必有倍收。然此自吾兄所自了^[3]，固亦不待多言也。某更十数日工役断手，却复还城中，九月末复来课督种殖，是时书院中或有暇，能拨置过访，为十日款否？君举诸公春夏间皆先后来唁，但哀苦中不暇晤语。君举亦有乘兴命驾之约，但迟速未可前期也。

[1] 贲（bì）饰泉壤：褒扬去世的人。此指陈亮所写的《祭吕治先郎中文》。 [2] 凊（qìng）：凉快，使凉快。《墨子·节用》："夏服绤绤之衣，轻且凊则止。"《礼记·曲礼》："凡为人子之礼，冬温而夏凊。" [3] 了：清楚。

◎研读

陈亮因贫困于此年开始授徒。《陈亮集》卷之二十八《钱叔因墓碣铭》云："壬辰、癸巳，而贫日甚，欲托于讲授以为资身之策，乡间识其素而不之信，众亦疑其学之非是也。而浦江钱氏之子扩来曰：'扩于时文未之能，虽能亦不愿也。区区之意，欲学其所当学者。'余为之有慨于心，曰：'我亦将从此而学也，试与吾子共学之。'"吕祖谦给予陈亮的这个支持是非常及时的。所谓授徒，就是传播自己的学术主张，而陈亮的学术主张在当时并无多少人支持，就是陈亮自己说的"乡间识其素而不之信"，陈亮要授徒自然也被反对。吕祖谦的支持对陈亮而言是非常重要的，显示了吕祖谦对陈亮学术的理解与尊重。

与陈同甫

◎解题

文出《东莱吕太史别集》卷十，作于乾道九年（1173）七月。

示及近作，展玩数过，不能释手。如《邓耿赞》[1]断句抑扬有余味，盖得太史公笔法。《武侯赞》拈出许靖、康成事[2]，尤有补于世教。独《陈思王赞》[3]旧于河汾之论[4]，每未敢以为安，当更思之。章、何两祭文奇作也[5]。《广惠祈雨文》骎骎东坡在凤翔时风气[6]。《跋喻季直文编》语固嘉[7]，但起头数句，前辈似不曾如此道定。或云"以予所闻者几人"，或云"予所知者几人"，众不可盖故也。所见如此，未知中否？恃爱忘之厚，不敢不尽耳。更有一说，词章古人所不废，然德盛仁熟，居然高深，与作之使高，浚之使深者，则有间矣。以吾兄之高明，愿更留意于此，幸甚。

[1]《邓耿赞》：今存《龙川集》。邓耿，即邓禹、耿弇。邓禹，字仲华，南阳新野人。助光武帝立国，光武即位拜禹为大司徒。耿弇，字伯昭。扶风茂陵人。助光武帝立国，光武即位，拜弇为建威大将军、骠骑大将军。吕祖谦对陈亮非常认可，他另一《与陈亮书》这样写："向来与观近制，如《邓仲华赞》，盖以识此意者少，非为辞藻之工，其它亦随笔偶及之耳。此固非所以共相期者也。'其高不在文字'，此语诚然。然登高自下发足，政在下学处，往往磊落之士以为钝滞细碎而不精察耳。"　[2]《武侯赞》：今《龙川集》有《诸葛亮》，言诸葛亮敬重许靖与郑玄。许靖，字文休，汉末汝南平舆人，喜拔后进，因惧怕董卓，后奔蜀，为太傅。郑玄，字康成，学者，为人尊敬。　[3]《陈思王赞》：三国魏陈思王曹植赞。今存《龙川集》卷十二《曹植》。　[4]河汾：即王通。《龙川集》有《类次文中子（王通）引》。　[5]章、何两祭文：章，章德文。何，何懋恭。皆当时人，《龙川集》有《祭何懋恭文》与《祭章德文侍郎文》。　[6]《广惠祈雨文》：文存《龙川集》。　[7]《跋喻季直文编》：文存《龙川集》，曰《题喻季直文编》。

编史及《春秋论》，俟有到明招之期，当预相约，庶得面论，旧编复纳去。

薛士龙过此留半月，徐居厚来此留十日[1]，皆极款。士龙历此一番，履险知难，与向时不同。途中曾相见否？居厚极有立作，士人中殊难得也。

[1]徐居厚：徐元德，字居厚，永嘉人。吕祖谦门人。与陈傅良合著《周

礼制度精华》。

长沙张丈比累得书，平实有味，歉然益知工夫之无穷，往年豪气殊觉销落。

朱元晦以召命益峻，秋凉欲上道。且云至衢、婺少留，引疾俟命。皆恐欲知。

《易传》再刊，甚有益于学者。讲下二子史评皆俊秀可喜，甚欲一见也。

◎研读

该书盛赞陈亮文章，如云《邓耿赞》断句抑扬有余味，得太史公笔法。《武侯赞》有益于世教。章、何的两篇祭文堪称奇作。《广惠祈雨文》颇具东坡在凤翔时期的风格，但也有批评，如说《陈思王赞》或须再作深思，《跋喻季直文编》起头数句似未见前人如此论述。该段最后落句在"德盛仁熟"者文章的高深，与刻意"作之使高，浚之使深"的文章的不同，体现了儒家文从道中流出的观点。与吕祖谦《与陈同甫》讲同一个问题的还有："近日思得著书大是难事，方将一意玩索完养，深求其所未至。虽高明之姿与驽钝者不同，然考之前作者，亦须待经历之久，岁月之晚，然后下笔。今及此暇时，序次裒集，固亦无害，然亦不可不思'有余不敢尽（语出《中庸》，意谓出语要谨慎）'之语也。"当然，最重要的是，这是吕祖谦对文章学的肯定。

与陈同甫

◎解题

文出《东莱吕太史别集》卷十，作于淳熙三年（1176）九月。

吕祖谦此时在金华。

长乐匆匆别去，迨今怀仰。辱手示，知旦夕入城，晤见甚近，欣慰不胜言。即日秋暑，伏惟尊候万福。某屏居粗安，长乐与郑丈夜话颇详，亦恨所怀未能十分展尽耳。所谕随高低说话之病，自省亦诚有之。盖寻常与朋友讲论，每欲俟其意到乃发，故多有将护之病，自此当力除之。但习惯已久，亦时不自觉耳。

五《铭》奇甚，林公材者尤妙[1]，所谓令人"欲焚笔砚"[2]也。但胡氏《志》序其失意于姑，自责之辞太重，更令小轻为佳[3]。天民数日前自作一启，亦可用。今吾兄前所送来者首尾已善，今次所送者尚未见之，但中间颂德处，恐人以为轻，却参用天民自作者乃稳耳。他悉俟面布。

[1] 林公材：林崧，字公材，永康人，生平事迹不详。《龙川集》存《林公材墓志铭》。 [2] 欲焚笔砚：据《晋书》记载，晋陆云在与兄长陆机的书信中提及君苗见到陆机文笔超绝，欲烧笔砚，以此称赞陆机文章之妙。[3] 胡氏《志》：胡氏，章浩（字养直）妻子，《龙川集》存《章妇胡氏墓志铭》。

◎研读

该书主要为回复陈亮批评吕祖谦有"随高低说话之病"而作。随高低说话，就是没主见，吕祖谦则认为这是自己为充分听取别人意见而采取的一种交流策略。

与陈同甫

◎解题

文出《东莱吕太史外集》卷五，作于淳熙五年（1178）六月。

淳熙五年春，陈亮至临安，更名同，连上孝宗三书，言恢复大计，以雪靖康之耻，为孝宗赏识。孝宗有意当面听取陈亮陈对，却被朝臣所阻。朝廷官员议论欲予陈亮一官，以满足上意，搪塞陈亮。陈亮因此极为愤慨。陈亮《复何叔厚》言此事甚详："亮寓临安却都无事，但既绝意于科举，颇念其平生所学，不可不一泄之，以应机会。前日遂极论国家社稷大计，以彻于上听。忽蒙非常特达之知，欲引之面对，乃先令召赴都堂审察。亮一时率尔应答，遂触赵同知之怒。亮书原不降出，诸公力请出之。书中又重诸公之怒，内外合力沮过之，不使得面对。今乃议与一官，以塞上意，亮虽无耻，宁忍至此！只俟旦夕命下，即缴还于上，而竟东归耳。岂有欲开社稷数百年之基，乃用以博一官乎？事之不济，此乃天也，亦岂诸公所能沮过哉！吾友所谓纷纷可畏之论，当谓此尔。丈夫出处自有深意，难为共儿曹语，亦难以避人谤毁也。此怀惟吕丈知之。"（《陈亮集》卷十九）吕祖谦作此书慰勉陈亮。

自入夏来，以史限督趣。平明趋局，日落乃还舍。人事酬酢，一笔勾断，终日在书册堆中，与往在明招况味无异。只是糜耗廪稍，每自愧恐耳。时事非唯未易插手，职守各有攸司，又兀然无上下之交，若欲强聒，则尚口乃穷矣。平生非子了拘小谅者[1]，苟有善意，其敢不承接而疏导之！此盖兄之所深悉也。谕及近况之详，慨然浩叹者久之。百围之木近在道隅，不收为明堂清庙之用，此自将作大匠之责耳，如彼木者，生意濯濯，未尝不自若也。"井渫不食，为我心恻"[2]。盖非《井》爻之盛，而兄以此自处乎？惟冀益加宽裕从容自颐，以慰见慕之徒之心，幸甚！廷对山林、草茅之论[3]，自应有少斟酌者，后来亦深勉诸人勿誊本传播，政如来谕所虑也。居厚、正则、景明、道夫，已一一道来意矣。益恭诸公方且调护，未知能回否，不然，则且归俟阙期。近来请祠亦必可得也。张钦夫近丧子，得书极无况，力请出广，遂有鄂漕之命，亦且得归也。刘茂实固贤者，但举削一事，从前不曾破戒，然既蒙再三之谕，俟见李寿翁，如其语及，亦当赞助也。

［1］孑（jié）孓（jué）拘小谅：拘守小信而不知变通。　　［2］井渫（xiè）不食，为我心恻：渫，去除污秽。恻，悲伤。喻为自己加强修养而不被当政者用而感到悲伤。吕祖谦劝陈亮不可如此。　　［3］山林、草茅之论：指陈亮《上孝宗皇帝第三书》所议，有句子如："群臣既不足以望清光，而草茅贱士不胜忧国之心""命臣将无以自见于山林之士，徒以伤陛下招致天下豪杰之道"。

◎研读

这是针对淳熙五年（1178）陈亮因上孝宗皇帝第三书受到当朝执政者抛弃而作。此前可能陈亮对吕祖谦已有"孑孓小谅"的批评，淳熙元年七月吕祖谦有《与陈同甫》云："前书所论，固深识之。比尝患孑孓小谅者，或畏避太甚，而善意无人承领，遂至消歇；或隔限太严，而豪俊无以自容，遂至飞扬。惟笃于忠厚者，视世间盎然无非生意，故能导迎淑气，扶养善端。盖非概以为近厚语言也，第向者言之略耳。然于此盖有则焉，又须精察，不可侵过也。"陈亮淳熙五年这次上孝宗皇帝第三书，可能希望吕祖谦能为其发声或者疏通关系。吕祖谦限于身份，不能给予足够有效的帮助，所以作此书回复，并以自己"平生非孑孓拘小谅者"为说辞，讲了自己不能多说的原因就是"时事非唯未易插手，职守各有攸司，又兀然无上下之交，若欲强聒，则尚口乃穷矣"。同时指出陈亮上书中有些比喻，如"山林""草茅"之类，的确斟酌不够。又针对陈亮不能为朝廷所用，以百围之木喻陈亮给予劝慰。

与陈同甫

◎ 解题

文出《东莱吕太史别集》卷十，作于淳熙五年（1178）九月。

人至，辱示字。欣审秋晚气清，尊候万福。某官次粗遣，一向沉迷书册中，他无所预，虽粗可藏拙，但冗食极不遑安耳。垂喻倍悉，雅意再三玩怿，辞气平和，殊少感慨悲壮之意，极以为喜。驱山填海未足为勇，惟敛收不可敛之气，伏槽安流，乃真有力者也。

◎ 研读

陈亮是一位对国家非常有责任心的文人，性格有点激进外向，以"人中龙，文中虎"自期，说话直接而不虑后果，招致政敌甚至朋友的反对，使得自己好像四面树敌，仅有吕祖谦可以一吐心事。他自己对吕祖谦这样说："亮本欲从科举冒一官，既不可得，方欲放开营生，又恐他时收拾不上；方欲出耕于空旷之野，又恐无退后一着；方欲俯首书册以终余年，又自度不能为三日新妇矣（指受约束）；方欲杯酒叫呼，以自别于士君子之外，又自觉老丑不应拍。每念及此，或推案大呼，或悲泪填膺，或发上冲冠，或拊掌大笑。今而后知克己之功，喜怒哀乐之中节，要非圣人不能为也。海内知我者，惟兄一人，自余尚无开口处。"吕祖谦非常爱护陈亮，每有书信便利用圣人语或历史典故开导陈亮放开心胸，保护好自己。一方面，吕祖谦劝陈亮"天下之宝当为天下爱之"，也就是要陈亮为天下事业爱惜自己。《与陈同甫》这样说："比亦闻有意外少挠，要是自反进德之阶。来谕不忘惕厉，政所望者。更愿益加培养为幸。昔人谓天下之宝当为天下爱之，此言可念也。"另一方面，劝陈亮不可与小人

227

计较，与小人计较得不偿失："小辈作挠，似不足介意。颜子犯而不校，淮阴侯俛出胯下，两条路径虽不同，这一般都欠不得，幸深留意。鄙谚云：'赤梢鲤鱼，就斋瓮里浸杀。'陈拾遗一代词宗，只被射洪县令断送了。事变大小，岂有定所哉！"用《论语》中"曾子曰：'……犯而不校，昔者吾友尝从事于斯矣'"的语句启发陈亮；又用淮阴侯韩信忍胯下之辱终成一代事业的典故劝导；反举陈子昂因父在乡为县令段简所辱，回乡理论却被一小小县令段简借口捕入狱中，志不得申，忧愤而卒，时年四十余事例劝诫。所以，当吕祖谦看到陈亮性格有少许改变的时候，便予以肯定。

与陈同甫

◎ 解题

文出《东莱吕太史别集》卷十，作于淳熙五年（1178）九月。此书针对年初陈亮三上孝宗皇帝书被弃置不用事，继续宽解陈亮。

盛暑久不为问，政此倾乡。伏奉诲字，欣审秋热尚力，尊候动止万福。某碌碌粗遣，随群上下，略无所裨补，每自愧负。然声迹销沉，如稊米之在太仓，渐不为人指数，或去或住，皆可以自如也。诲喻深悉，所谓"井渫"，盖政指汲汲于济世者，玩味爻象自可见。其曰"为我心恻"，忧思盖深长矣。又曰"王明并受其福"，盖言王者能识拔而用之，则臣主俱泰。此岂小知小才之谓哉？所以，未为井之盛者。盖汲汲亟欲施之，与知命者殊科耳。孔子请讨见却，但云"以吾从大夫之后，不敢不告"。孟子虽有自任气象，亦云"吾何为不豫哉"？殆可深玩也。春初之举，虽是习常守故者，自应怪骇。然反观在我，亦未得为尽无憾。借曰无憾，观《论语》既说"智及之"，上面更有所谓"守"，所谓"莅"，所谓"动"，节次阶级犹多也。此话甚长，何由握手讲论，要非纸上所能写耳。

君举去意已决，但近颇有少曲折，更须放缓两三月乃可申前请也。天民尫怯，病时作时止，甚可念。未相见间，惟以时厚自爱。

◎研读

陈亮在淳熙五年（1178）初三上孝宗皇帝书，被执政冷落，感到非常失望，向吕祖谦痛陈失落感。吕祖谦不断劝说陈亮要珍惜自己，以圣人语劝诫，以各种比喻及历史故事劝解，以反己劝诫，希望陈亮能够加强自我修养，为国家怜惜自己，遇事也要多做自我审视。

与陈同甫

◎解题

文出《东莱吕太史别集》卷十。陈亮《书欧阳文粹后》据童振福等考证作于乾道九年（1173）九月，其引何恩格《陈亮年谱》注云："《书欧阳文粹后》，见《龙川集》卷十六。《善本书室藏书志》卷二十七著录明刊本《欧阳文粹》二十卷，后列乾道癸巳九月朔陈亮序。《金华艺文志》卷十五著录《欧阳文粹》五卷。胡宗楙按语说：'楙于癸亥仲春，至江苏太史公阅书，见宋刻巾箱本甚精，标题五代，前有乾道癸巳九月朔陈亮序一篇。'"可知吕祖谦作《与同甫书》当在此月。

《论事录》[1]，前此固知来意，但某窃谓若实有意为学者，自应本末并举。若有体而无用，则所谓体者，必参差卤莽无疑也[2]。特地拈出，却似有不足则夸之病。如欧阳永叔喜谈政事之比，所举边事军法，亦聊举此数字，以见其余，固知其不止此也。然此书若出，于学者亦不为无益，但气象未宏裕耳^[3]。经世之名，却不若论事之质也。

[1]《论事录》：陈亮有《三先生论事录》，录二程与张载语。或入编《晦庵集》七六。《困学纪闻》已指出其谬。 [2]参差卤莽：参差，繁杂，矛盾。卤莽，鲁莽苟且、马虎。 [3]宏裕：宽裕，指胸襟开阔。

横渠之学，恐不必立一语指名之。

《易传》，见令人校对，来谕谓"世间事不可作意"，此语诚然，吾曹要须深体之，非止为一书设也。

欧文，建本所刊《明用》《原弊》《兵储》《塞垣》《本论下》，《本论》止有两篇，建本中篇乃下篇。前辈谓非欧公文，恐欲知。《跋语》引《策问》意思甚有味^[1]。说神宗、介甫处，语言欠婉。鄙意欲稍增损云："荆国王文公得乘其间，而执之以伯者功利之说，饰以三代之文，正百官，定职业，修兵民，制国用，兴学校，百度交举，而其实有管、晏之所不道。神宗皇帝睿智浚发，察其非真，退之于钟山，九年不招。然天下稍骛于功利而不可禁。学者又习"止，"天下不复道矣。神宗盖益厌之。疆事方兴，未遑改作。此子瞻之所为深悲而屡叹也。"又，"科举之文犹有宣、政之遗风"，语亦太劲。欲增损云："科举之文，犹未还庆历、嘉祐之盛。""人以私意来"止，"安得行吾私于其间哉"，此语颇似有病，删此数句，文意亦相接。盖处大事者必至公，血诚相期，然后有济。若不能察人之情，而轻受事任，或虽知其非诚，而将就借以集事，到得结局，其弊不可胜言。惟当轴处中者，翕受敷施，乃可用此说。然亦当知斟酌浅深，此又非范公当时地位也。所谓"吾知国事而已，安得行吾私于其间哉"？私，本不当有，若云不行，已是第二义。若云"又以国事而不得行吾私"，又是第三、第四义也。固知此语是谈治道者常话，然吾曹讲论政当划除根源，不可留毫发之病，非欲为高论也。所以缕缕者，非为此《跋》，盖为有意斯世者，多有于此处蹉过，往往失脚耳。此段话更有非书能尽者。

寻常两家多各持门户，少得平实之论，更俟面讲乃尽。"虽范忠宣犹不能以知之"，欲增损云"虽范忠宣始犹未尽知之"。盖观忠宣元祐、绍圣之际，则深知此理矣。所以不欲断定也。委曲之教，极见诚意。自此谨当奉教。向来亦非有所回互，但与世酬酢之久，虽与故旧书，有时下笔多惯耳。

[1] 跋语：陈亮著有《欧阳文粹》，此跋语为陈亮《书欧阳文粹后》。以下所引语出此跋。

◎ 研读

该书，吕祖谦主要与陈亮讨论《欧阳文粹》跋文的写法，陈亮与吕祖谦皆对欧阳修有专门研究。陈亮有《欧阳文粹》，吕祖谦有《欧公本末》，皆是较早研究欧阳修的成果。因此，二人就这个问题交换意见较为深入，吕祖谦几乎对陈亮的每句跋文都提出了非常具体的批评，指出陈亮文或"语言欠婉"，或"语亦太劲"，或"语颇似有病"，当删。今观陈亮文集，吕祖谦提到的语病问题，陈亮都做了一定的改动。如陈亮文"科举之文犹有宣、政之遗风"，吕祖谦以为"语亦太劲。欲增损云：'科举之文，犹未还庆历、嘉祐之盛'"，陈亮改为"科举之文，犹未还嘉祐之盛"。又如，吕祖谦云"'虽范忠宣犹不能以知之'，欲增损云'虽范忠宣始犹未尽知之'"，今本陈亮《欧阳文粹》作"当是时虽范忠宣犹有疑于其间"等。吕祖谦这里提到的陈亮文章的问题，不只是文章的问题，其实还是人的性格修养问题。

与陈同甫

◎ 解题

文出《东莱吕太史别集》卷十，作于淳熙二年（1175）闰九月。此时吕祖谦在金华。

某居山间甚安隐，但前月下旬以叶丞相归，略入城见之，寻即还山，他无可言者。

令叔祖襄奉毕事，想办护良劳。

《文中子序引》，此意久无人知之，第其间颇有抑扬过当处。如云"荀、扬不足胜"，又云"孔、孟之皇皇，盖迫于此矣"，又云"续经之作，孔氏之志也，世胡足以知之哉"，此类恐更须斟酌。盖荀、扬虽未尽知统纪，谓之"不足胜"，则处之太卑。"孔、孟之皇皇"，畏天命而修天职也，"迫"字亦似未稳。续经之意，世诚不足以知之，但仲淹忽得之于久绝之中，自任者不免失之过高，此意亦当说破也。某又以为论次笔削，遂定为《王氏正书》，盖非易事，少迂缓之为善。《序引》亦未敢以示人也，某此月内须谋拜见，悃幅当俟面尽，亦欲细观类次之意也。

◎ 研读

该书所作时间，据书中所言回城见叶衡事推断。叶衡于九月被罢归婺，此书即当作于闰九月，亦应书中"秋色日深"一语。现行《陈亮集》卷之十四恰存有陈亮文，名为《类次文中子引》。比较发现，凡吕祖谦批评的文字，陈亮或存、或改、或删。如"荀、扬不足胜"改为"荀、扬非其伦"，"孔、孟之皇皇，盖迫于此矣"已经删去。存"续经之作，孔氏之志也，世胡足以知之哉"。这些删和存虽仅涉及少数几个字词，但它们揭示了陈亮的学术观点在吕祖谦影响下发生的改变。

与陈同甫

◎解题

文出《东莱吕太史别集》卷十，书在淳熙二年（1175）六七月间。淳熙二年五月，陈亮以文章寄呈吕祖谦。此时吕祖谦正在主办鹅湖之会，回金华才得以见到陈亮书信。以下两书集中讨论陈亮的数篇文章。

前日自建康（康当为宁）还舍，得五月间教赐，昨日又辱手字，殊以感尉。某留建宁凡两月余，复同朱元晦至鹅湖，与二陆及刘子澄诸公相聚切磋，甚觉有益。元晦英迈刚明而工夫就实入细，殊未可量；子静亦坚实有力，但欠开阔耳。

《三国纪年序引》及诸《赞》，乍归冗甚，未暇深考，亦有两三处先欲商量。纪年冠以甲子而并列三国之年，此例甚当。既是并列，则不必云"合而附之《魏书》，天下不可无正也"。序引下文亦云"魏终不足以正天下，则其初亦不必与之也"。"魏实代汉，以法纪之"，"蜀实有纪，不纪以法"。未知如何是以法纪，如何是不以法纪，更望详见谕。"魏诏、疏有志，不知其体制如何？蜀条章不为书，诏、疏不为志，未成其为天下"，亦恐未安。蜀固未尽备王者之制，而条章可见者恐亦须书。自先主、孔明之心言之，固非以蜀为成。然自论次者言之，则其续汉之义，亦不可不伸也。其余俟稍定详读，续得商榷。

《三国纪年序引》及诸《赞》，累日已详看，用意高深处，亦或得其一二，但大纲体制犹有未晓处。序云："魏于是乎有《书》，吴、蜀合而附之。"《魏书》又云："魏终不足以正天下，于是为《三国纪年》终焉。"不知《魏书》与《纪年》是一书，为复两书？观《三国》诸君《赞》，却似迁、固史法，每君为纪而参赞于后者。而《三国纪年》冠以甲子而并列魏、蜀、吴，则又似合三国为一者。所谓"魏武以下诸赞[1]，必不可参于此，既并列三国之年，必是通书三国事。今每君为赞，必知不系于此后。不知系于何处？岂《三国纪年》之外，复叙每君之本末而系以"赞"邪？此皆未晓之大者也。《魏武赞》述来历甚当。但其末 '舜、禹之事'，两语未晓。魏文帝两《赞》[2]，深味词意，予夺甚有味。但《文帝赞》意颇晦。又文帝三驾伐吴，谓"中国庶几息肩"，亦未协。《昭烈赞》论其君臣反复于天意人事之际[3]，所谓妙体本心。但费诗之议[4]，却似不达时变。汉统既绝，昭烈安得不承之？非高祖时比也。后主盖亦甚庸[5]，所以安之不疑者，乃诸葛公工夫耳。《武侯赞》论以国政归丞相[6]，甚善！但谓"汉侍中、中书令、尚书令皆宦者为之"，考之《汉书》，亦不皆如此。篇末"王者之作，天犹以为未疏哉"，感慨之意甚长，但不若《后主赞》所谓"天命果可畏"辞严而义正也。《武烈赞》论汉末守文之弊[7]，及启桓王之翱翔[8]，甚妙！甚妙！下三《赞》亦然。鄙意窃谓吴四《赞》尤其能尽其规摹之所止，殆无遗憾也。《庞统赞》论兼弱之义甚正。《关羽赞》亦稳，但来教谓"司马子长虽高不欲学"，而诸《赞》命意及笔势往往似之，何耶？因便并望见教。

[1] 魏武：曹操，字孟德。曹丕废汉立魏，追封曹操为武帝。　　[2] 魏文帝：曹丕。　　[3] 昭烈：刘备。　　[4] 费诗：字公举，犍为南安人。刘璋时为绵竹令，仕蜀为谏议大夫。　　[5] 后主盖亦甚庸：蜀后主刘禅。　　[6]《武侯赞》：诸葛亮赞。武侯，诸葛亮谥号。　　[7]《武烈赞》：孙坚赞词。孙坚，字文台，吴郡富春人。孙武后裔。孙权立吴称尊号，谥孙坚为武烈皇帝。　　[8] 启桓王之翱翔：《吴武烈皇帝长沙桓王》有句"汉末愚儒守文之弊盖成风矣，亦所以启桓王之翻然翱翔者哉"。孙策，字伯符，二十九岁战死。孙权立吴，追谥策为长沙桓王。

◎ 研读

吕祖谦此书主要讨论陈亮的《三国纪年序引》以及围绕三国人物所写的数篇赞语。所讨论问题，一是"大纲体制"问题。二是正统问题，即究竟以魏为正统，还是以蜀为正统。从书信看，吕祖谦似乎赞同以蜀为正统，所谓"汉统既绝，昭烈安得不承之"。三是所用史料不准确的问题。四是指出了陈亮与司马迁的学风、文风渊源实质。

与周丞相子充

◎ 解题

文出《东莱吕太史别集》卷九，作于淳熙三年（1176）三月。周必大（1126—1204），字子充、弘道，自号平原老叟，庐陵人，绍兴二十一年（1151）赵逵榜进士，官至右丞相，封益国公致仕。赠太师，谥文忠，与吕祖谦关系致密。周必大曾整理欧阳修文集，自著《玉堂杂记》《二老堂诗话》《文忠公集》行世。吕祖谦有书《与周丞相子充》二十一件，鼓励周必大培养元气正气。该文主要谈吕祖谦自己的治学计划。

数日前已了女子姻事[1]，自此潇然，真无一事矣。意欲及筋骸尚未衰惫，考治训诂，极意翻阅。至五十以后，乃稍稍趋约，庶几不至躐等也[2]。

[1] 女子姻事：吕祖谦长女华年出嫁。　[2] 躐（liè）等：超越等级。指读书做学问的顺序不至于颠倒。

◎ 研读

这是唯一一则吕祖谦谈论自己学术生涯发展规划的文献，对于研究吕祖谦的学术道路十分有用，其实也可供一般学者参考规划自己的学术进程，就是由博趋约。先广泛深入地阅读尽量多的文献，用一定的时间打好学术发展的文献基础，然后才有可能开展抽象的所谓理论研究。如果没有充足的文献阅读作为研究基础，无疑是不可能有趋约成就的。每位学者的进步都是这样一个过程，就如朱熹的《诗集传》一样，朱熹是不认可他自己的这部前期的研究成果的，认为对问题的思考还不成熟。四库馆臣这样描述："朱子与祖谦交最契，其初论《诗》亦最合。此书中所谓'朱氏曰'者，即所采朱子说也。后朱子改从郑樵之论，自变前说，而祖谦仍坚守毛、郑，故祖谦没后朱子作是书序，称少时浅陋之说伯恭父误有取焉，既久自知其说有所未安，或不免有所更定，则伯恭父反不能不置疑于其间，熹窃惑之，方将相与反复其说，以求真是之归，而伯恭父已下世云云。"惜吕祖谦未活过五十岁，一代学术领袖不得尽展所学，真乃中国学术史的一大损失。

与周丞相子充

◎ 解题

文出《东莱吕太史别集》卷九，作于淳熙三年（1176）春。该年春，周必大先封管城县开国男，又转朝散大夫。周必大将春来的一系列宠遇告诉了吕祖谦，吕祖谦因复此书。

示谕足见警惧之意，然实有裨补，则不必迹之外见；事有次第，则不必人之遽乎。体国既深，自信必笃，若过自退托，则非众正所以仰恃于门下之意也。……钦夫报章并拜纳，得付的便，甚幸。子澄待命公车甚久，不知已有所授否？悻悻遽去，固伤事体；若濡滞淹时，则亦当推爱人以德之义[1]，有以处之为善。

　　[1] 爱人以德：言出《礼记》曾子语，曰："君子之爱人也以德，细人之爱人也以姑息也。"即君子爱人以成人之德。

◎研读

　　吕祖谦主张要见儒者之效，所以总是鼓励周必大努力参与社会事务，以提拔培养人才为己任。此书鼓励周必大不可"过自退托"。本年八月又有与周必大书，劝周必大"为近臣体国之义，所宜从容调娱，裨益元气，非若匹士以洁身为谅也"。淳熙七年（1180）七月，劝周必大"但得庙堂之上主张元气，俾得与鳏寡废疾者俱安于蓬荜之下，志愿毕矣。杜门绝不接外事，间有能诵新政之美者，意欣然欲闻之。及陈其目，乃不过计资格之毫厘，校案牍之差舛，虽未必得其真，然时难得而易失，唯觊专致力于大者远者，以称塞君民之望"。淳熙七年十月，吕祖谦又与周必大书："示喻再三，固所深悉，政地有人消弭镇定者，夫岂一端？但天下所期于公甚重，固不可汲汲自见，亦不可留时费日而虚其望也。韩琦、范仲淹所遇者平世，故犹可持循，使所处者如诸葛武侯危急存亡之秋，亦岂待欧、蔡煎炒乎？此自公忠诚素所蓄积，亦不待于鄙言也。舍弟岳祠既荷垂念，若早得之，于歉岁殊有助。"吕祖谦言辞恳切，鼓励周必大不可"过自退托"，要裨益元气、主张元气、塞君民之望等，彰显了吕祖谦的儒家用世情怀。

与周丞相子充

◎ 解题

文出《东莱吕太史别集》卷九，作于淳熙六年（1179）十一月。周必大淳熙六年十一月十一日有《常请朝对札子》，题为"论依字"，欲"严上下之制"，吕祖谦认为尊卑太分明，不当，所以有是书。

某近领手帖，殊以慰怿。病体幸无它，静养顺听，胸次甚泰然。今秋舍弟又得一子[1]，遂了得立后及幼弟奏补两事。乐天诗云"我是人间事了人"[2]，侥幸殆类此语也。比见奏请《依字》文字，鄙意恐不须上。前史乃美储宫之恭畏，非谓其余臣下。在《礼》，"君沐粱，大夫沐稷，士沐粱"，地远者固无嫌也。秦汉以后，只患上太尊，下太卑如地天。泰画卦之意，恐却合常及之也。不相乐者，无事犹欲造言，安知不有赵野君主天玉之嘲乎[3]！

[1] 舍弟：吕祖俭。子：指吕乔年，吕祖俭儿子。 [2] 乐天诗云：句出白居易《百日假满少傅官停自喜言怀》。 [3] 赵野：开封人。登政和二年（1112）进士第，历监察御史殿中侍御史等职。靖康元年（1126），为北道都总管，入援京师迟缓，落职。建炎元年（1127），复起知密州，时盗贼充斥山东，车驾如淮南，命令赵野阻止，赵野弃城逃走，被叛军彦杀死。《宋史》有传。

◎ 研读

此书所论有两大价值。一是体现了吕祖谦积极的政治观，即吕祖谦对周必大奏《论依字》的态度："比见奏请《依字》文字，鄙意恐不须上"。所谓《依字》文字，系周必大于淳熙六年（1179）十一月十一日《常请朝对札子》，题为"论依字"（见《文忠集》卷一百四十二）。札子引唐穆宗当太子时每次写"依"字都会去"人"字旁，以避宪宗用"依"字表示同意的故事，劝谏孝宗，认为六部所判文案应该用"行"字代替"依"字，不当与内降同用"依"字，以严上下之制。吕祖谦以为唐穆宗故事"乃美储宫之恭畏，非谓其余"。鉴于"秦汉以后只患上太尊，下太卑"，所以不赞成周必大所谏而作书。这与吕祖谦淳熙四年的轮对札子的主张是一致的。

第二个价值就是可在这通书中考到吕乔年的生年。吕祖谦说到"今秋舍弟又得一子，遂了得立后及幼弟奏补两事。乐天诗云'我是人间事了人'，侥幸殆类此语也"。此中所云"舍弟"即吕祖俭，缘吕祖谦没有其他成年兄弟。吕祖俭所生子也便可肯定是吕乔年。因所谓"遂了得立后"事，知是首举。国人有"不孝有三，无后为大"说，因此，吕乔年的出生便被说成是"了得立后"的大事。此书写在淳熙六年（1179）十一月，据此可知吕乔年在淳熙六年秋出生。吕乔年，吕祖俭子，吕祖谦犹子，字巽伯。袁燮《居士阮君墓志铭》曰："东莱吕君子约，某之畏友也。长子乔年巽伯，克肖厥父，议论劲正不阿。"（《絜斋集》卷二十）吕乔年著有《太史成公所编皇朝文鉴始末》等文，编辑整理了《丽泽论说集录》，并与父亲吕祖俭共同编辑整理了吕祖谦的文集，对吕祖谦学术传承有重大贡献。

与周丞相子充

◎解题

文出《东莱吕太史别集》卷九，作于淳熙八年（1181）春。此时吕祖谦病废在床，已是晚景凄凉。

某近者便中伏辱教赐，下情不胜慰怿。春事方兴，恭惟钧候，动止万福。某萎痹无进退，然掩扉静处，殊觉安适也。舍弟乞岳祠，初恐歉岁难度，今米价不增，亦粗可随分枝柱。渠虽书痴，近却肯管家务，不以仓庾氏为惮矣。来谕方议省闲官不欲拈出[1]，甚善，甚善。

[1] 来谕方议省闲官不欲拈出：闲官，指祠官。吕祖谦前有书希望周必大帮助吕祖俭得一祠官以度荒年，云："贫居荒年，虽费力，然所须至不多。公若为舍弟致一岳庙，则兄弟所得月为米六斛，粥饭不啻沛然矣。此特并缘庙堂记怜之厚意，聊试及之，非敢必也。"

历观建隆迄今二百余年，在政地者多，虽德业材略参差不齐，至于功名不终，皆由私其亲旧。此段虽公天性之所安，但恐居众求辐凑之地，会不免有屈意徇人处尔。如舍弟介僻，薄于声利，初展缄犹怃然悔有求之非，晓譬之乃解，况他人乎？想见朝煎暮炒，咎责怨谤之声满耳塞胸，愿公坚守初志，孚上听服下情，消群阴，回元气只系此耳。"德輶如毛[1]，民鲜克举之，我仪图之。唯仲山甫举之，爱莫助之。"此所以惓惓不能已也。若如莆参除一朱元晦馆职，谓之用名士；与一曾觌争行马，谓之挫近习[2]。不惟非善类所祈于门下，亦岂公之所存哉！力疾作此，属徐子宜呈达。他祈为天下寿重。

[1] 德輶（yóu）如毛：輶，轻意。句出《诗·烝民》，赞仲山甫有美德以佐周宣王，此处喻周必大相孝宗。 [2] 莆参除……谓之挫近习：莆参，指兴化人参政龚茂良。龚茂良以首参行相事力主启用朱熹。曾觌欲用其孙，为龚茂良以理相驳。曾觌派贾光祖试图阻挠龚茂良，遭龚茂良训斥。吕祖谦对这种似市井吵架的行政做法是不赞同的。

◎ 研读

吕祖谦此书首先称赞周必大与宋代建国以来的历任执政者的不同，说他能够不私亲旧，但难免有"屈意徇人处"，鼓励周必大"坚守初志，孚上听服下情，消群阴，回元气"，同时批评了龚茂良行政风格过于强硬，以致自己受损，也致使朝中元气受到损伤。这是在委婉劝说周必大莫效仿龚茂良的执政风格，以此来保留朝中同道安定的存续。吕祖谦向来主张不以小事立异同。

与周丞相子充

◎**解题**

文出《东莱吕太史别集》卷九，作于淳熙八年（1181）春。

近事小小节目之间，殊有慰人意处。如宰执推李仁甫修史之功[1]；孜孜料理荒政，南康一郡蠲放殆尽，调护必有所自，愿益志其大者，真积力久，安知无阳复泰亨之理乎？

[1] 李仁甫修史之功：指李焘主持参与国史修纂等事。李焘乾道（1165—1173）、淳熙（1174—1189）间为秘书少监兼权起居舍人，兼实录院检讨官。

元晦终更在即，不必强牵挽之，只须与在外一等待阙差遣为惬，若意犹未能已，稍升等足矣。不惟遂其雅志，又免得渠恳辞纷纷耳。若异时公之志得伸，又别论也。子直庶几善道[1]，而于事物似未尽谙悉。如陆务观疏放封驳[2]，岂为过当。方人材难得之时，其词翰隽发，多识典故，又趣向实不害正，推"弃瑕使过"之义[3]，阔略亦何妨？公与子直厚如此，胡不素语之乎？其他非病废者所当言，聊举此一端耳。

[1] 子直庶几善道：赵汝愚，字子直，宗室汉恭宪王赵元佐七世孙，居余干县。父善应，字彦远。赵汝愚官拜右丞相，与韩侂胄有隙。庆元二年（1196）正月壬午去世。著《国朝诸臣奏议》。《宋史》有传。　　[2] 陆务观疏放封驳：陆游"疏放封驳"事，方回《桐江集》卷四《跋所抄陆放翁诗后》云："予闻诸前辈，放翁入蜀从范石湖，后出蜀，携成都妓剃为尼而与归。赵汝愚尝帅蜀，必为此事驳放翁也。翁四十六入，五十四而出。江西仓被召，至婺州而遽卧家。久乃起为严州，必于是被驳。东莱死之前一日，子充过府。翁

出蜀之四年，辛丑，东莱死。其己亥庚子间欤？高宗（当为宁宗）尝修《孝宗实录》，此等事当详著。予书诸此，以表汝愚不用放翁之故。后来韩侂胄力起放翁修史，殆以其尝为汝愚所驳故耳。" [3] 弃瑕使过：欧阳修有《乞奖用孙沔札子》云："前世老将强起成功者多，沔虽中间曾以罪废，弃瑕使过，正是用人之术。"

◎ 研读

此书说到几个问题，一是赞同周必大执政期间朝廷的恢复气象，以为周必大有功其间。二是劝周必大不必强行再要朱熹做官。此时，朱熹在南康任满一个任期，又在请祠，应朱熹邀请，吕祖谦向周必大说情。第三个问题是重点，就是帮陆游说话。吕祖谦指出陆游为人虽然有些瑕疵，但在国家用人之际，主张沿用欧阳修的"弃瑕使过"用人主张。应该说这是一个务实的主张，因为当时朝廷缺乏人才的现象是非常明显的。

与李侍郎仁父

◎ 解题

文出《东莱吕太史外集》卷六，书在淳熙四年（1177）十月初。李侍郎指李焘。李焘（1115—1184），字仁甫（仁父），号巽岩，宋眉州丹棱人。绍兴八年（1138）进士，历任史职及州郡官，官至敷文阁学士提举佑神观，赠光禄大夫，谥文简。一生著述弘富，有《续资治通鉴长编》九百七十八卷。《宋史》有传，曾举荐吕祖谦入史馆，吕祖谦入史馆后与李焘相处融洽。

某津亭请违[1]，又复改月，惓惓已不胜瞻仰。即日初冬冻雨……某冗食东观，偶未汰斥。经年陪侍诲席，所以爱予教督，周浃隆洽。一旦骤远函丈，顿觉孤迹茕然无依。虽强颜官次，意绪忽忽如有所亡也。武陵合符犹在来春，莫若小憩鄂渚，为度岁计。文潜既到[2]，凡百当能调护，况旧治种种人情，想不至落泊也。连日风雨舟行，计亦龃龉，不知寝食亦安稳否？念念蹴然动心，所恨微官束缚，不得身护行李，惟一味驰乡而已。

[1] 津亭：建在渡口边的亭子，送别处。王勃《江亭夜月送别二首》之一："江送巴南水，山横塞北云。津亭秋月夜，谁见泣离群。"此处指吕祖谦送别李焘赴官常德事。　[2] 文潜：刘焞，字文潜，成都人，赵逵榜进士。治《春秋》，历官校书郎、著作左郎、国子司业、江西运判、知靖江府等职。

◎ 研读

据《宋史》卷三百八十八《李焘传》记载，淳熙四年（1177）九月，李焘因论事恳切为人忌恨。此时逢其子李塾得周必大、王淮举荐应贤良制科考试，因阁试试卷六论都不合规矩而被贬黜。同时，其子著作郎兼国史实录院修撰检讨官李垕，考上舍试卷，发策问制科而遭到御史弹劾，被罢免职务，李焘也受牵连，被贬知常德府。

李焘知常德后，与吕祖谦多有书信往返，主要涉及两种书的整理。一是关于徐锴的《通释》即《说文系传》的校勘问题。如淳熙五年闰六月，吕祖谦与李焘书："徐锴《通释》绍兴本近方得之，比馆中本阙十卷。盖此书本名《说文系传》，各分子门，其前三十卷谓之《通释》，乃印本所有。后十卷各别有名，乃印本所无。今谨抄录送去，但此本蠹蚀阙字极多，若得暇以《说文》参校，义理亦可推寻也。潘义荣《编年》谨纳上。"淳熙五年十二月又有书："《通释》比从姚仓求本，会其行部，犹未送到，当更趣之。所关卷数，比因馆中修书目却寻得全本，但有脱方字处极多，当并录呈。"二是涉及《长编》事，有多篇书信。如淳熙五年九月："闻复刊缉《长编》，条例当益严密，第恨阻远，不得陪侍笔削尔。《李群玉诗》谨抄录拜呈。余全并往。向来《说文系传》非特校对草草，政以元本断烂，每行灭去数字，故尤难读。若得精小学者以许氏《说文》参绎，恐犹可补也。"淳熙五年十二月："《长编》既已断手，莫若及此暇时，参订修润，整顿凡例，刊削枝叶，两存者折衷归于一是，遂为完书。若只广记备言，以待后人，恐年祀浸远，未必能明今日去取之意，使千载有遗恨，良可惜也。异时复还禁近，笔削之上便不能专，此似不可失耳。"另外，吕祖谦可能为李焘《长编》搜集吕本中的资料，与李焘书说："舍人伯祖履历，以家叔自南安归，有失子之戚。俟其悲伤少定，当可得也。"总而言之，李焘是吕祖谦非常好的朋友，书信讨论的主要是文献学术问题。

与王侍讲齐贤

◎解题

文出《东莱吕太史别集》卷九，作于乾道八年（1172）初与淳熙三年（1176）十月之间。王侍讲，王师愈，字与正，小名与老，小字齐贤，婺州金华县大云乡安期里人，初调建州崇安尉，因母丧不赴任。又授临江军学校教授改秩知潭州长沙县，知严州、信州，乾道中召除金部郎官兼崇政殿说书，因此称王侍讲。此一书或为王师愈知严州期间复答，因吕祖谦曾经为严州教授，王师愈知严州一定是向吕祖谦请教与严州的有关问题。

郡政恢举，想绰有余裕。前此整齐汛扫，非用严固无以济，今威令既行，纲纪既立，则慈祥乐易之意，教化渐摩之本，宜次第出之，使封内识吾之本心。此高明所自了，蒙下问之及，不敢不竭其愚耳。

自闻入觐有日，预深逖远之恨。早承访别，既不果迎肃，而忧居阃门^[1]，又不克追路语离。惓惓此心，积郁莫展。锋车之行^[2]，治表系焉。渟蓄之厚，综练之精，培元气而扶正论，必将本末具举。愿益勉之，以答善类之望。天向寒，陟降川陆，敢以毖护为请。

[1] 忧居阃门：指吕大器去世期间，吕祖谦丁忧家居，在乾道八年（1172）二月以后。　[2] 锋车之行：锋车，指追锋车，朝廷的征召用车。王维有《谢集贤学士表》"急贤之旨，欲赐追锋"。此处意指王师愈被征召入朝。

◎研读

《敬乡录》云王师愈"周游张宣公吕成公间，以圣贤之言为必可行，师友之论为必可信"。王师愈有儿子王瀚，字伯海，从学吕祖谦，卒官主管仙都观。王瀚儿子王柏，字会之，号鲁斋，为北山四先生之一。应该说，吕祖谦的学术至少影响了王师愈以下祖孙三代人。此书，吕祖谦表示了对王师愈入朝培养正气、元气的期待，展示了王师愈与吕祖谦交游的过程与内容，是研究王师愈家族以至于王柏学术，及王师愈与吕祖谦关系的重要文献。

与陈君举

◎解题

文出《东莱吕太史别集》卷十，作时不明。陈傅良（1137—1203），字君举，号止斋，卒谥文节。温州瑞安人，幼孤，常读书达旦，为文自成一家。师事郑伯熊、薛季宣，吕祖谦为讲中原文献。陈傅良曾多次到金华与吕祖谦讲论，求古圣贤穷理尽性之要，是永嘉学派的重要代表人物。乾道六年（1170）入太学，得张栻、吕祖谦识拔，登进士甲科，官至中书舍人、宝谟阁代制。吕祖谦对陈傅良赞赏有加，乾道六年八月《与潘叔度》称："陈君举相聚甚款，最长处是一切放下如初学人，政未易量也。"有《诗解诂》《周礼说》《春秋后传》《左氏章旨》《历代兵制》《止斋文集》等。

谨思明辨，最为急务。自昔所见少差，流弊无穷者，往往皆高明之士也。

近思为学，必须于平日气禀资质上验之，如滞固者疏通，顾虑者坦荡，智巧者易直。苟未如此转变，要是未得力耳。

◎ **研读**

在理学家看来，人是可以改变的，朱熹便十分认可吕祖谦改变气质。这里，吕祖谦与陈傅良所言便是如何改变气质。首先，要谨思明辨，以为凡是昔日有流弊的人都是聪明人，但在谨思明辨方面用力不够。再则，要注意近思为学，必须于平日改变气禀资质上下功夫：滞固的人要努力做到疏通，多顾虑的人要努力做到胸怀坦荡，智巧的人要努力做到易直。

与陈君举

◎ **解题**

文出《东莱吕太史别集》卷十，作时不明。

在我者果无徇外之心[1]，其发必有力而不可御。至于周旋调护，宛转入细，政是意笃见明，于本分条理，略无亏欠，若有避就回互笼络之心，乃是私意。彼此以私意相角，一口岂能胜众舌乎！此毫厘之际，不可不精察也。

[1] 徇外：夸耀炫示于他人。吕祖谦主张要做为己的学问。

要须公平观理而撒户牖之小，严敬持身而戒防范而逾周密而非发于避就，精察而不安于小成。凡此病痛，皆吾侪彼此所素共点检者耳。义理无穷，才智有限，非全放下，终难凑泊。然放下政自非易事也。

培养克治，殊不可缓。私意之根，若尚有眇忽未去，异日遇事接物，助发滋养，便张王不可剪截[1]，其害非特一身也。要须著实省察，令毫发不留乃善。

[1] 张王不可剪截：指邪恶势力的炽盛。韩愈《和侯协律咏笋》："得时方张王，挟势欲腾骞。"苏舜钦《送安素处士高文悦》："贼气愈张王，锋锐不可触。"

公私之辨，尤须精察。

◎**研读**

该书讲的是去私意的问题，强调公平观理，摒弃私人偏见，涉及日常处事、交友及处理政务方面。

与陈君举

◎**解题**

文出《东莱吕太史别集》卷十，作时不明。

昔者欧、范、余、尹之去[1]，韩稚圭袖手于其间[2]，又为谏官于旬日之后，亦未尝皭然暴白。从容调娱，迄用有济。前辈非无此样辙，然此段实难。必须沉厚坚实，六辔在手[3]，操纵伸缩，无所差失，目前人不得加恩，他时人无所归怨乃可。

[1] 欧、范、余、尹之去：此言庆历新政期间，欧阳修、范仲淹、余靖、尹洙因反对庆历新政而遭到贬谪。　　[2] 韩稚圭：韩琦，字稚圭，安阳人，曾三朝为相，庆历新政期间任枢密副使。庆历新政败，出知扬州、郓州、定

州。　[3]六辔在手：《诗经·秦风·驷驖》"驷驖孔阜，六辔在手"。此处喻韩琦善于处理政务。

◎研读

这里借庆历新政事件，肯定了同为欧阳修、范仲淹、余靖、尹洙好友的韩琦并没有如欧阳修一般激烈地为范仲淹呼喊，而是从容在朝为官，调娱其间，难能可贵。在吕祖谦看来，论事"要当共讲其远者大者，使异日天下受其赐，至于目前事，正其纲领足矣"，做人不可太"喜事（多事）"，好多事，则方寸不凝定，就容易"择义不精，卫生不谨"（《与陈君举》）。人要以远大目标来规范自己短时间的行为。

与叶侍郎正则

◎解题

文出《东莱吕太史外集》卷六，作时不详。叶适（1150—1223），字正则，世称水心先生。政治上力主抗金，学术上提倡功利。是永嘉学派的代表人物。曾从吕祖谦问学，有诗《月谷》："昔从东莱吕太史，秋夜共住明招山。正见谷中孤月出，倒影接碎长林间。"极度称赞吕祖谦如深山穷谷中的一轮明月。在吕祖谦死后，曾经有人劝叶适继承吕祖谦学问。有著作《水心文集》《习学记言序目》等。《习学记言序目》中有四卷专门研究《皇朝文鉴》的编纂思想，显示了叶适对吕祖谦的崇敬态度。

静多于动，践履多于发用[1]，涵养多于讲说[2]，读经多于读史，工夫如此，然后能可久可大。

[1] 践履：即实践。理学家所说的践履也包括思索。朱熹《答吕伯恭》："如此道理不可不著实践履，所以圣门学者皆以求仁为务，盖皆已略晓其名义而求实造其地位也。" [2] 涵养：修养身心。

◎ 研读

吕祖谦曾有多件书信写给叶适，如淳熙七年（1180）六月吕祖谦给陈亮信中还说到写给叶适的信还无人来取。《东莱集》中仅有该文流传，是研究吕祖谦理学思想及读书观的第一手文献。如朱熹告诉门人说，吕祖谦重史轻经，有门人向朱熹问吕祖谦的学术主张，朱熹便回答门人说：吕祖谦只在历史文献方面下大功夫，对于经学却不如史学认真。吕祖谦与叶适此书可驳朱熹之说，见吕祖谦强调读经先于读史。吕祖谦《与张荆州》也说到研究历史当先从《尚书》入手，然后再看《左氏春秋》《资治通鉴》等，这样便会看得体统源流相承接。一样是经先史后。

与巩仲至

◎ 解题

文出《东莱吕太史外集》卷五，作于乾道七年（1171）冬。巩丰（1148—1217），字仲至，号栗斋。婺州武义人，吕祖谦门人，登淳熙甲辰（1184）进士。官汉阳军教授，次授江南东路提点刑狱司干办公事。有《东平集》二十七卷，《耳目志》若干卷。尤工于诗，多至三千余首。陆游《渭南文集》卷五《荐举人材状》称巩丰"材识超卓，文词宏赡"。《剑南诗稿》卷五十五《夜读巩仲至闽中诗有怀其人》："诗思寻常有，偏于客路新。能追无尽景，始见不凡人。细读公奇作，都忘我病身。兰亭尽名士，逸少独清真。"

秋闱垂翅[1]，乃所以进德修业。如吾友之文，用于课试盖无余憾矣，不必更费心神。惟留意实学，持之以厚，而守之以默，则所愿望。令伯有还辙之问否？他惟以时自爱。

[1] 秋闱垂翅：指巩丰科举考试失利。

◎研读

书劝巩丰莫以科举得失为念，要留意实学，要持之以厚，守之以默。所谓实学，《中庸》朱熹章句引程颐话说，"始言一理，中散为万事，末复合为一理，'放之则弥六合，卷之则退藏于密'，其味无穷，皆实学也"。

四、序·跋·铭

戴衍字序

◎ **解题**

文出《东莱吕太史文集》卷六，作于乾道五年（1169）五月。序为文体的一种，又分书序、赠序等。字序，古人也多有作。古人人名通常有名与字之分。字又称表字。人生下来通常是先有名，后请人命字，以解释或补充、校正人名的内涵，人称字以表德。如诸葛亮字孔明，吕祖谦字伯恭等。字序的写法即是解释字与名的关系，寄托着对主人的期待。戴衍，字在伯。吕祖谦门人，乾道年间（1165—1173）出仕。

己丑之夏，予将有余不之役[1]。舟既戒[2]，谋休樯息缆之地，篙师举手东其指曰："道双溪三十里，灵洞在焉，盍趣棹以逭午暑？"予款其名久，适与心会。戚友尊稚，薪共载者八九人[3]。舟尾炊未熟，已就岸。相与屐巉燧暗，目随步改，大巧巨丽，皆前人之所未品。竣事，念胜游之不可虚也，属昭武李仲南大疏偕来者里，系次其齿识壁间。吾友戴衍景杜，班在八。仲南倚笔请曰："睎古乡贤[4]，著名字以示不忘，固多前比。然祁公言论风旨犹相接[5]，若兼氏而书，东行西行者，或援避贤，邮以病灵洞壁，则何如？"戴子瞿然，谒予更其字。予尝读《易》矣，《需》之《既济》曰："需于

251

沙。"孔子《象》之曰："衍在中也。"天下之至险莫如水,水与泥际,而泥复与沙际,繇沙望水,其险浸已远矣。履深淖而并惊澜,虽纵臾使疾驱,且不敢。至于碛平如砥,万辔一驰,独能柅方奔之足于险未迫之时,夫岂徒哉?是中非躁迫者所能驻。舒徐容与,久在此而不前,殆必博大广衍,绰有余地者也。《易·象》既言"衍"而踵以"在",意者将视所居,以占所养欤?在南曰橘,在北曰枳,失其所在,则名去之。心不在广莫之乡,而强以"衍"自许,畴诺之哉[6]!貌示闲暇,嗜利逞欲以蹈大险,如晋之衍,盖辱其名矣。洗此名之辱者,惟吾子是托。故以"在伯"侑子名,子其勉之,毋躁毋迫,毋厌淡泊,无失子之真在,则口是名于席,笔是名于牍,俯仰皆无愧也。子其勉之。在伯,志士也,所自期者远甚,故予不敢置孔子而言他。

[1] 己丑……余不之役:己丑,乾道五年(1169)。余不,余不溪,在浙江吴兴县,流经德清。这年夏天,吕祖谦至德清迎亲。 [2] 戒:准备。 [3] 蕲(qí):祈求。 [4] 睎(xī):仰慕。 [5] 祁公:北宋宰相杜衍。 [6] 畴诺之哉:畴,指同类;诺,许可。此为反问句,也就是戴若讷"衍"会不被同辈人认可。衍,通常解释为"满出"或者"富饶""扩展",所以,杜衍字"世昌"。而戴衍亦以此命字,作为一个后生,有些不合儒家的谦恭之道,或者说中道。所以联系上下文,前有孔子"衍在中"之说,吕祖谦字以"在伯"而示谦。公、侯、伯、子、男五爵,"伯"居中,也就是孔子说的"中"。吕祖谦"不敢置孔子而言他",寄托了对戴衍行儒家之道的期待。

◎ 研读

乾道五年(1169)五月,吕祖谦至德清迎娶继室韩氏(螺),戴衍随行。此文写出了吕祖谦为戴衍命字的过程与缘由,以及对戴衍的人生期待,即"视所居,以占所养"。

洪无竞字序

◎ 解题

文出《东莱吕太史文集》卷六。据吕祖谦《与刘衡州》，文当作于乾道三年（1167）以前。洪无竞，字求仲，武义人，吕祖谦门生，官至侍讲学士。吕祖谦有《为洪无竞作谢发解启》。

洪襃然……予试开之学[1]。洪子慨然有志，浸喜从予游。语次，顾视几上前日刺犹未漫，因举以诮洪子，曰："子志古而科目是羡，非名也？盍归而谒诸亲？"无何，洪子复于予曰："吾亲命以无竞，更故名而虚其字以待，敢请。"予叹曰："群童相呼而趋果饵，攫拿者既属厌[2]，而袖手者犹未沾齿，自垂髫之时[3]，竞者固已居其右矣。束髫而冠，其竞愈大，陶指声利之标而辈逐之[4]。退缩不竞者，闾巷至相传以为讳。子之亲独取彼之所讳者为子名，意者患苦嚣竞[5]，将还子于无求之地乎？世路日狭，一有所求，四向荆棘。然尚有一途平宽广博，游之无禁，行之不穷，驱驰疾徐，惟意所适，举世莫与竞，子往而求之，孰御焉？敬以'求仲'副子名，并序其语。以问发轫之期，道逢策马竞进，尤子之多求者，其与俱来。"

[1] 襃（xiù）：袖的本字。　　[2] 攫（jué）：抢夺。厌，满足。　　[3] 垂髫（tiáo）：髫，下垂的头发。垂髫，儿童。　　[4] 陶（yáo）：通"遥"，远。　　[5] 嚣（áo）：忧愁。

◎ 研读

吕祖谦以此篇《字序》劝诫洪无竞莫与世俗争名利。不争名利之人，世人便无可与争，有道家思想在里面。宋黄震《黄氏日抄》解读为"盖不欲为科目是羡，而求人所不求之坦途也。文意烨然"。

《春秋》讲义序

◎ 解题

文出《东莱吕太史别集》卷十三《读书杂记二》。乾道五年（1169）八月，吕祖谦被任命为严州州学教授，为学生讲说《春秋》经。这篇序就是他《春秋》课程的讲义绪言部分。

学欲切而思欲近。吾夫子作《春秋》，盖以深切自命而传《经》者，亦谓拨乱世反之正莫近《春秋》，君子将用力于切近之地。置是《经》其何从？昔者某尝读是《经》矣，降隐讫哀，阅君十二[1]，其褒者既往之功也，其贬者既往之罪也。其国、其爵、其氏、其名，皆既往之陈迹也。终日历数古人之臧否，而我无与焉，不识所谓"切近"者果何等语？意者夫子之褒贬借古而警今邪？生同世、居同里，荣悴戚休，尚有旁观平睨，茫然如不见者，况用赏罚于冢中枯骨若今人何？圣人作《经》，殆不如是也。然则，《春秋》所谓"切近"者，岂无所在耶？通古今为一时，合彼己为一体，前和后应，彼动此随，然后知吾夫子之笔削本非为他人设。苟尚有丝发之蔽，判然已为二物矣。经非疏我，而我则疏经，盍内讼我之未近？不当妄疑经之远也。某始学者也，切近用力之地，何足以知之？敬因诸君问津焉。

[1] 降隐讫哀，阅君十二：指经过孔子删定的《春秋》，纪事起鲁隐公元年（前722）至鲁哀公十四年（前481），其间包括鲁国十二国君。

◎ 研读

该序旨在阐述学生学经的目的就是"学欲切而思欲近"，并认为，若要"学切而思近"，舍《春秋》经便无处下手。吕祖谦为了说明《春秋》经对于"学切而思近"的启发作用，结合自身读经体验，阐释孔子作经时，"通古今为一时，合彼己为一体"，前和后应，彼动此随的良苦用心，最后启发众人思考如何通过读《春秋》经实现"学切而思近"的目标。

书杨次渊之父所藏旧游诸公手简后

◎ 解题

文出《东莱吕太史文集》卷七，作于乾道五年（1169）四月。

盛山十二诗前唱后和者[1]，长庆间皆集阙下，败楮瘴墨[2]，奕奕顿有生气。今扬侯自放林壑间，其视韦阆州老身廊庙[3]，未知孰得孰失。而同帖四君，皆发闻于时，嗣德有继，异时一笑相遇，细数《盛山》诗轴中人，必将曰："尔何曾比予于是。"

[1] 盛山十二诗：《唐诗纪事》记盛山十二诗，即《隐月岫》《流杯渠》《竹岩》《绣衣石榻》《宿云亭》《梅溪》《桃坞》《胡芦沼》《茶岭》《盘石磴》《琵琶台》《上士瓶泉》。　[2] 败楮（chǔ）瘴墨：楮，落叶乔木，皮可做纸张，这里的意思为纸。句谓陈旧的纸张墨迹。　[3] 韦阆州：当为"韦开州"。阆，形近而误。韦处厚尝为开州刺史。韦处厚，本名淳，避宪宗讳改名处厚，字德载，京兆人。文宗年间，延英殿奏对时，急病突发，文宗命中官扶出，回家一夕而卒。所以吕祖谦说他"老身廊庙"。

◎ 研读

盛山，据《蜀中广记》卷二十三记载在开县西北一里，因唐刺史韦处厚等唱和诗而知名。韩愈应邀有《开州韦侍讲盛山十二诗序》，对唱和的人与事做了介绍，由韦处厚唱，十人和，包括通州元积，洋州许康佐，忠州白居易、李景俭，黔府严武，温造。盛山十二诗与作诗的人一时流行，广为人知，大行天下，被联为大卷，家家收藏。后另分为别卷，韦处厚特邀韩愈作序。

书校本伊川先生《易传》后

◎解题

　　文出《东莱吕太史文集》卷七，作于乾道五年（1169）十月。吕祖谦合朱熹校订伊川《易传》与家中旧藏尹焞标注《易传》而校，交周汝能、楼锷等在东阳刊出，作此跋文。伊川先生，即程颐。

　　伊川先生遗言见于世者，独《易传》为成书。传摹浸舛，失其本真，学者病之。某旧所藏本，出尹和靖先生家，标注皆和靖亲笔。今复得新安朱熹元晦所订，仇校精甚，遂合伊氏、朱氏书，与一二同志手自参定，其同异两存之，以待知者。既又从小学家是正其文字，虽未敢谓无遗恨，视诸本亦或庶几焉。会稽周汝能尧夫、鄞山楼锷景山方职教东阳[1]，乃刊诸学官。乾道五年十月既望，东莱吕祖谦谨书[2]。

　　[1]周汝能：字尧夫，嵊县人，绍兴二十七年（1157）王十朋榜进士。楼锷：字景山，鄞县人，绍兴三十年梁克家榜进士。时二人皆为东阳学官。
　　[2]乾道五年十月既望，东莱吕祖谦谨书：该句从元人董真卿《周易会通》补。

◎研读

　　吕祖谦非常重视伊川《易传》，对《易传》有极高的评价。他曾告诉学者及家中诸弟：“《易传》精深稳实，孟子之后，方有此书，不可不朝夕讽阅也。”且曰：“初学欲求义理，……且看伊川《易》，研究推索，自有所见。"

书《赵路分行实》后

◎解题

文出《东莱吕太史文集》卷七，作时不详。赵路分，丞相赵汝愚父亲。《宋史·赵汝愚传》介绍赵路分说："善应，字彦远，官终修武郎，江西兵马都监，性纯孝。"尤袤称赵善应为"古君子也"。既卒，丞相陈俊卿题其墓碣"宋笃行赵公彦远之墓"。路分，路分都监的简称。赵善应为江西兵马都监，所以亦称路分。吕祖谦另有《赵路分挽章二首》。

无所歆羡而为善[1]，无所创艾而不为恶[2]，此天下之实德君子也[3]。赵侯以诸王孙衣食县官[4]，非缙绅名论所能轩轾。而至性驯行[5]，隆洽饬备[6]，蹈儒者之所难。夫岂有为为之哉？自著作君以昌言冠大庭士大夫间[7]，稍稍传诵侯事。世或谓侯隐德待其子而发，是殆不然。侯之所以自致者，如水必寒，如火必热，政使名不出家，于侯何所加损！乃若著作君之所立，其资取培益者虽博，至于忠爱惇笃之意，隐然行于政事文学之中，有非师友所能预者，其所从来远矣，论者则未之见也。处者易持，出者难工，驰骋当世，万变错陈。其视前人之素风，淳则凛凛乎真，若奉盘水而涉春冰。然则著作君之纪载，岂徒显扬为不朽计哉，抑将沂洪源，景高山，昼诵夜思，期无忝所生云尔？

[1] 歆羡：因羡慕有所追求。　　[2] 无所创艾（yì）而不为恶：艾，通"乂"，惩戒。创艾，即敬诫。在没有受到敬诫的情况下有所畏惧而不为恶。[3] 实德：即忠信。《伊川易传》言鼎卦："六五以得中为善，是以中为实德也。五之所以聪明应刚为鼎之主，得鼎之道，皆由得中也。"大概吕祖谦是说

赵善应为得中，明白了中道。 [4]赵侯以诸王孙衣食县官：县官，国家或朝廷。指赵善应由于是太宗皇帝元子汉王后裔，得食朝廷俸禄。 [5]至性驯行：与生俱来的美好的品行。 [6]隆洽饬备：完备隆盛。 [7]著作君：赵汝愚于乾道二年（1166）进士及第，位第一名，曾为著作郎，因称著作君。

◎研读

此文极度称赞赵善应，以为赵善应的美德天生。他因无所歆美而为善，无所创艾而不为恶。所为善事皆出自然，非刻意而为。文末又写赵汝愚为父亲作的《行实》也非为彰显先父名声，而是为了"沂洪源，景高山"，期待承父美德，无忝一生。

袁机仲国录《通鉴纪事本末》后

◎解题

文出《东莱吕太史文集》卷七，成于淳熙二年（1175）二月。袁枢（1131—1205），字机仲，建安人，国史院编修官。吕祖谦同年进士，累官吏部郎官、吏部员外郎、大理少卿、权工部侍郎兼国子监祭酒、右文殿修撰、知江陵府，开禧元年（1205）卒。所著有《通鉴纪事本末》《〈易传〉解义辨异》《童子问》等。《宋史》有传。

《通鉴》之行百年矣，综理经纬，学者鲜或知之。习其读而不识其纲[1]，则所同病也。今袁子掇其体大者[2]，区别终始，使司马公之微旨自是可考[3]，躬其难而遗学者以易，意亦笃矣。昔者司马公与二刘氏、范氏[4]，翻中秘外邸之书余二十年，其定为二百九十四卷者，盖百取其一，千取其十也，览者犹难之。若袁子之纪本末，亦自其少年玩绎参订，本之以经术，验之以世故，广之以四方贤士大夫之议论，而后部居条流，较然易见，夫岂一日之积哉！学者毋徒乐其易，而深思其所以难，则几矣。

[1] 读（dòu）：句中的停顿，意为断句。 [2] 袁子掇其体大者：指袁枢整理司马光《资治通鉴》事。 [3] 司马公之微旨：指司马光著《资治通鉴》的精髓所在。 [4] 二刘氏、范氏：刘恕、刘攽，范祖禹。司马光为修《资治通鉴》专调二刘与范协助编写。

◎ 研读

跋文高度肯定了袁枢对司马光《资治通鉴》的解读贡献，并阐释了袁枢作《通鉴纪事本末》的不易，意在提示袁机仲"躬其难而遗学者以易"，"学者毋徒乐其易，而深思其所以难，则几矣"。

题《近思录》

◎ 解题

文出《东莱吕太史文集》卷七，作于淳熙三年（1176）四月。淳熙二年，吕祖谦与潘叔昌等从金华出发前往福建，于朱熹寒泉精舍留止月余，吕、朱二人同观关洛书，辑北宋周敦颐、张载、二程语总六百一十二条，分十四卷为《近思录》。朱熹《书〈近思录〉后》道编纂缘起说："淳熙乙未之夏，东莱吕伯恭来自东阳，过予寒泉精舍。留止旬日，相与读周子、程子、张子之书，叹其广大闳博，若无津涯，而惧夫初学者不知所入也，因共掇取其关于大体而切于日用者，以为此编。总六百一十二条，分十四卷。盖凡学者所以求端用力、处己治人之要，与夫辨异端、观圣贤之大略，皆粗见其梗概，以为穷乡晚进有志于学，而无名师良友以先后之者，诚得此而玩心焉，亦足以得其门而入矣。如此，然后求之四君子之全书，沉潜反复，优柔厌饫，以致其博而反诸约焉，则其宗庙之美、百官之富庶乎其有以尽得之。若惮烦劳，安简便，以为取足于此而可，则非今日所以纂集此书之意也。"《近思录》讲究读书方法，是理学的入门书。

《近思录》既成[1]，或疑首卷阴阳变化性命之说[2]，大氐非始学者之事。某窃尝与闻次辑之意，后出晚进于义理之本原虽未容骤语，苟茫然不识其梗概，则亦何所底止？列之篇端，特使之知其名义，有所向望而已。至于余卷所载讲学之方，日用躬行之实，具有科级，循是而进，自卑升高，自近及远，庶几不失纂集之指。若乃厌卑近而骛高远，躐等陵节，流于空虚，迄无所依据，则岂所谓"近思"者耶？览者宜详之。

[1]《近思录》：供初学者入门的理学读物，由吕祖谦与朱熹合著，二人将北宋周敦颐、张载、二程等人的文字选录成书。近思，语出《论语》："博学而笃志，切问而近思，仁在其中矣。"　[2]阴阳：古人认为的天地间化生万物的两个对立面，《易·系辞上》云"阴阳不测之谓神"。性命：古代的哲学理念，指自然禀赋，如《易》乾卦称"乾道变化，各正性命"。

◎研读

《近思录》以分卷的形式，将周敦颐等人的语录按照道体、为学大要、格物穷理、存养、改过迁善、克己复礼、齐家之道、出处退进辞受、治国平天下、制度、教学之道、改过及人心疵病、异端之学、圣贤气象等作十四卷编制。从整体看，显示了朱熹、吕祖谦教人进步的"阶梯"思想，就如吕祖谦在《近思录》序言中所说的"具有科级，循是而进，自卑升高、自近及远"的"纂集之指"，也可以说是对一个完成生知以下者（生而知之是圣人，以下是后知，理学家以为人人都可以通过学习成为圣人）至圣人修养的完整过程的刻画，是一部具备体系思维的著作。又如朱熹所说："却自中间有个路陌推寻。通得四五十条后，又却只是一个道理。"《近思录》本为"穷乡晚进"又无硕儒名师之教的初学而编纂。编者希望读者通过此书的阅读，能够达到懂得讲学之方、日用躬行之实，并循是而进，自卑升高、自近而远的目的。

《近思录》著作权的认定在一段时间内，或在某些学者的心目中是有偏见的，长期以来或以为朱熹独著，如许多刊本直称"朱子《近思录》"，或以为朱熹有主要贡献，如陈荣捷说《近思录》的思想体系，"均以朱子本人之哲学与其道统观念为根据"。还特别强调，对于《近思录》一书，将朱熹与吕祖谦两名并举是不公平的，说《近思录》"主谋、主旨，主编，皆属朱子，显然有主客之分。盖《近思录》之规模，亦即朱子本人哲学之轮廓也"。其实，《近思录》的编纂思想体系的形成，吕祖谦的贡献是清楚的、主要的，具体论述参见时贤虞万里先生《吕祖谦与〈近思录〉》（《温州师范学院学报》2004年第1期）与拙著《吕祖谦在〈近思录〉编纂中的主导作用》（《中国哲学史》2003年第6期）。

书《鹿鸣（之五）》送谢光中题其后

◎ 解题

文出《东莱吕太史文集》卷七，作于淳熙七年（1180）初。谢光中，字敬之，长沙人，吕祖谦门生。生平不详。此时吕祖谦病废在家。《鹿鸣》十篇，出《诗经·小雅》。毛序以为："《鹿鸣》，燕群臣嘉宾也。既饮食之，又实币帛筐篚以将其厚意，然后忠臣嘉宾得尽其心矣。"毛氏曰："鹿得苹，呦呦然鸣而相呼，恳诚发乎中。"此取求友义，表示不忘同门的友谊。

长沙谢敬之光中，以淳熙己亥十月来婺讲学，以明年三月辞归省亲。将别请言，予病不能也。诸友乃取《读诗记》小雅五篇共书以馈其行[1]。《常棣》之卒章曰："是究是图，亶其然乎。[2]"敬之其勉之。时方闻张荆州之讣，三复和平之句[3]，为之泫然。

[1]《读诗记》：即《吕氏家塾读诗记》，三十卷，吕祖谦编纂，淳熙六年（1179）十月初稿定本。朱熹有《吕氏家塾读诗记序》，称吕祖谦有意温柔敦厚之教。　[2] 亶（dǎn）其然乎：亶，诚信。这里，吕祖谦劝谢光中通过兄弟相互亲敬这件事深思"诚"字之意。　[3] 三复：反复诵读。

◎ 研读

吕祖谦这里说："《常棣》之卒章曰：'是究是图，亶其然乎。'敬之其勉之。"《读诗记》解《常棣》云："此诗反复言朋友之不如兄弟，盖示之以亲疏之分，使之反循其本也。本心既得，则由亲及疏，秩然有叙。兄弟之亲既笃，而朋友之义亦敦矣，初非薄于朋友也。苟杂施而不孙，虽曰厚于朋友，如无源之水，朝满夕除，胡可保哉？"谢光中返家省亲，固然是出于亲情，此处鼓励谢光中友于兄弟，不忘朋友。

书所定《古周易》十二篇后

◎ 解题

文出《东莱吕太史文集》卷七，成于淳熙八年（1181）五月。吕祖谦据嵩山晁说之编《古周易》，并参考其他文献，撰有《古周易》十二篇。

汉兴，言《易》者六家，独费氏传古文《易》而不立于学官[1]。刘向以中古文《易经》校施、孟、梁丘《经》，或脱去"无咎""悔亡"。惟费氏《经》与古文同。然则真孔氏遗书也。东京马融、郑玄，皆为费氏学，其书始盛行。今学官所立王弼《易》，虽宗庄、老，其书固郑氏书也。费氏《易》在汉诸家中最近古，最见排摈。千载之后，岿然独存，岂非天哉！自康成、辅嗣合《彖》《象》《文言》于《经》[2]，学者遂不见古本。近世嵩山晁氏编《古周易》[3]，将以复于其旧，而其刊补离合之际，览者或以为未安。某谨因晁氏书，参考传记，复定为十二篇。篇目卷帙，一以古为断。其说具于《音训》云。（淳熙八年五月望日，东莱吕祖谦谨书。）

[1] 言《易》者六家：西汉施雠，字长卿，沛地（今江苏沛县）人，传施氏《易》；西汉孟喜，字长卿，东海兰陵（今山东苍山县兰陵镇）人，传孟氏《易》；梁丘贺（生卒年不详），复姓梁丘，齐国贵族后裔，琅琊诸县（今山东诸城市枳沟镇乔庄村东）人，传梁丘氏《易》；京房，字君明，东郡顿丘人，本姓李，治《易》，传京房《易》；费直，字长翁，西汉东莱（今山东莱州）人，传费直《易》；高相，沛人，治《易》，与费直同时，传高相《易》。 [2] 康成、辅嗣：郑玄，字康成，东汉经学家，北海高密（今属山东）人，《汉书》有传。王弼，字辅嗣，三国魏玄学家，山阳（今河南焦作）人，《三国志》有传。 [3] 嵩山晁氏编《古周易》：晁说之，字以道，自号景迂，北宋易学家。有《古易》十二卷。

◎ 研读

《易》，人们通常看作是卜筮之书，现在人们主要认为是哲学巨著。吕祖谦此跋文可以看作是宋前的《易经》研究史，首先讲费《易》流行不广，因六家《易》独费《易》受到排斥而不立于学官。二讲费《易》的价值，他《易》或脱"无咎""悔亡"，独费《易》为全，吕祖谦因此推测费《易》"真孔氏遗书也"。至东汉马融、郑玄虽治费《易》，促进了费《易》的推广，但由于郑玄、王弼合《彖》《象》《文言》于《经》，因而湮没了费《易》的原貌。三讲吕祖谦自己勘定费《易》的过程。

古本《易》在宋代有吕大防、晁说之、薛季宣、程迥、李焘、吴仁杰等人的整理，内容互有出入。朱熹独推崇吕祖谦整理的《古周易》本，于吕祖谦死后的淳熙九年（1249）刊于临漳，并据作《本义》。吕祖谦此跋文历数《易经》的传播过程与《古周易》的价值，告诉学者，读书当识原本、识全本。

李仲南《集古录》序

◎ 解题

文出《东莱吕太史文集》卷六。李丙，字仲南，昭武人，善书，吕祖谦门人，与吕祖谦关系密切。为左修职郎监临安府都盐仓。有《丁未录》二百卷、《集古录》若干卷。

观物者必于其会[1]，瓶水知天下之冰，堂下之阴知日月之行，理则固然，然未若广川大陆，会三光五岳之气，阖明阖晦，轇轕降升[2]，一揽而尽阴阳舒惨之变也。埋垒沉鼎，颓趺仆碣，布濩于莽苍之滨，余款坠刻，流落人间，财以侑几案，虞宾客而止耳。自欧阳文忠公始合而辑之[3]，和者踵武，靖康之后，皆有录无书。吾友昭武李丙仲南父，讲肄论述之余，采撷哀积越二十年，而天下闻碑名迹举集其门。起夏后氏竟五季，著录千卷。百世之消息满虚，敛然具见于缃帙之上。愈远愈简，愈简愈真，天墓神画，不落雕斫，太古之遗风可挹也。文虽日缛，体虽日备，而浑灏之气，实行乎其中。三代之损益可知也。下此，则广者、狭者、淳者、漓者、肆者、拘者，有万不同[4]，盖莫不与时偕也。虽其搴群绝辈，号为独出一时。反复观之，要亦不能出也。书在六艺为末，于其萃聚则有大者焉。物之会其可观也哉？予尝有幽忧之病，胸次逼侧。往从仲南父引卷徐展，鼎彝之润，篆籀之光，映发左右，爽然神解。窃意古人不必亲相与言者殆如是，固未易苟以玩物訾之也。其他如正历纪，定世系，刊疆域之误，砭官制之舛，存容典之旧，裨凡将之缺，尚非一条，在取之者如何耳。至于聚散之相寻也，珍怪之无涯也，晤赏之不可遂而极也，心思之不可囿而滞也，仲南父则既知之矣。

[1] 会：会合，结集。 [2] 阊（kāi）明阖晦，轇（jiāo）轕（gé）降升：阊，同开；轇轕，交错的样子。句谓大自然的山川水陆忽明忽暗、交错运行体现出的气象万千的状态。 [3] 自欧阳文忠公：此指欧阳修作《集古录》事。 [4] 有万不同：语出《庄子》："有万不同之谓富。"郭象注："我无不同，故能独有斯万。"

◎研读

李丙长于搜罗碑志，吕祖谦这里总结出"观物者必于其会，瓶水知天下之冰，堂下之阴知日月之行，理则固然，然未若广川大陆，会三光五岳之气，阊明阖晦，轇轕降升，一揽而尽阴阳舒惨之变也"，肯定了李丙"采撷裒积越二十年，而天下闻碑名迹举集其门"的搜罗碑志的金石学贡献。文末又提醒李仲南"心思之不可囿而滞也"，意为不可囿于金石学，似有批评之意。《黄氏日抄》以为"李丙仲南著录千卷文字，阳予而阴抑之。以'观物者必于其会'为说，尤精奇"。

大事记序

◎解题

文出《东莱吕太史文集》卷六。《大事记》开始编纂于淳熙七年（1180）元月，至九月，吕祖谦"病体已成废痼，不复可料理"。此书之成实为不易。朱熹对此书有基本肯定的评价，说"此书却实自成一家之言，亦不为无益于世"。《朱熹年谱》卷二："又谓《大事记》自成一家之言，有补学者，故祭文中有'《事记》将谁使续'

之语，盖叹其难继也。”

司马子长《年表》大事记[1]，盖古策书遗法。获麟以上既见于《春秋经》[2]，周敬王三十九年以下[3]，今采《左氏传》、历代史、邵康节先生《皇极经世》[4]、司马文正公《稽古录》《资治通鉴目录》《举要历》辑而广之[5]。意所未安，参稽百氏，颇为增损。书法视太史公[6]，所录不尽用策书凡例云。起春秋后，讫于五代，分为若干卷。《通释》若干卷，《解题》若干卷，合若干卷。

[1] 司马子长：司马迁，字子长。西汉史学家，有《史记》传世。　[2] 获麟：鲁哀公十四年（前481），狩猎获麒麟。传孔子著《春秋》到此结束。[3] 周敬王：姬匄，公元前519—前476年在位。　[4] 邵康节：邵雍，字尧夫，自号安乐先生、伊川翁等，卒谥康节。有《皇极经世》《伊川击壤集》等。　[5] 司马文正公：司马光，字君实。卒赠太师、温国公，谥文正，赐碑“忠清粹德”。著有《资治通鉴》《温国文正公文集》等。　[6] 书法：史官修史的行文规则。

◎ 研读

吕祖谦《大事记》一书共包括《大事记》十二卷、《通释》三卷、《解题》十二卷。纪事起周敬王三十九年（前481），迄汉武帝征和三年（前90）。朱熹一方面称赞“《大事记》甚精密，古今盖未有此书。若能续而成之，岂非美事？”“看《大事记》，云：‘其书甚妙，考订得子细……’”“伯恭《大事记》辨司马迁、班固异同处最好。渠一日记一年。渠大抵谦退，不敢任作书之意，故《通鉴》《左传》已载者，皆不载；其载者皆《通鉴》《左传》所无者耳”。另一方面，又认为《大事记》会诱导学者趋向功利，说“但恐其所谓经世之意者，未离乎功利术数之间，则非笔削之本意耳。浙中近来怪论百出，骇人闻听，坏人心术。强者唱，弱者和，淫衍四出，而颇亦自附于伯恭。侍郎丈在远，未必闻之。他日还朝，当为深叹息也"（《答詹帅书》）。

吕祖谦于淳熙七年（1180）正月开始编纂《大事记》，淳熙八年七月二十九日去世，共用一年七个月时间。病废期间的辛劳，可能致使他早逝。朱熹说："东莱自不合做这《大事记》。他那时自感疾了，一日要做一年。若不死，自汉武至五代，只千来年，他三年自可了此文字。人多云，其解题煞有工夫。其实他当初作题目，却煞有工夫，只一句要包括一段意。解题只见成，检令诸生写。伯恭病后，既免人事应接，免出做官，若不死，大段做得文字。"（《朱子语类》）

书伯祖紫微翁赠青溪先生子诗后

◎解题

文见《东莱吕太史文集》卷七，作于淳熙五年（1178）二月。伯祖紫微翁，吕本中，字居仁，吕公著曾孙、吕好问长子、吕祖谦祖父吕弸中兄。曾为中书舍人，因称紫微翁。周必大《跋吕居仁帖》称吕十一丈。有《东莱诗集》二十卷以及《春秋解》《童蒙训》《师友渊源录》《紫微诗话》等行世。青溪先生，汪革，字信民，号清溪，是吕本中的同辈人。汪革有子如愚，吕本中《东莱诗集》有《赠汪信民之子如愚》，即吕祖谦此跋文所据。

临川耆旧汪、谢、饶，皆出荥阳公之门[1]，德操既遁世不耀，无逸亦以布衣死，志节稍见于世者，独青溪先生而已。紫微伯祖与青溪忘年交，《序引》所述备矣。后一诗勉戒其子，笃至严正，真前辈文人行语也。

[1] 汪、谢、饶：汪信民、谢无逸、饶德操，见前注。荥阳公：吕希哲，字原明，吕公著长子。

◎研读

吕祖谦跋文云"后一诗勉戒其子,笃至严正,真前辈文人行语也",吕本中原诗《赠汪信民之子如愚》如下:"四海同门一信民,近淮来往七经春。生平坎壈不如意,死去声名多误人。漫以文章付儿子,略无毫发仰交亲。请君但自传家学,陋巷箪瓢莫道贫。"今本《东莱诗集》无吕祖谦所云"《序引》所述备矣"的《序引》,又吕祖谦云及"后一诗勉戒其子",说明吕本中赠汪如愚至少有两首诗。

书焦伯强殿丞帖后

◎解题

文出《东莱吕太史文集》卷七,作于淳熙五年(1178)三月七日。焦千之,字伯强,颍州焦陂人。严毅方正,曾为欧阳修幕僚,累试不利,欧阳修勉其以孟子"不动心"之勇,弃去科场文字,专意经术。后随吕公著,欧阳修有诗相送:"焦生独立士,势利不可恐。谁言一身穷,自待九鼎重。有能揭之行,可谓仁者勇。吕侯相家子,德义胜华宠。焦生得相随,道合若胶巩。"此跋为吕祖谦感叹焦千之为吕氏学术发展的贡献而作。

焦伯强先生之在颍,欧阳文忠公为守[1],先正献公为贰[2],王公深父、常公夷甫为州民,伯强实为守客[3]。未几,去文忠而依正献[4],又得我荥阳公兄弟为学徒[5],一时宾主师生之际盛矣。其在家塾,师道甚严,律诸生事事皆如节度。荥阳公既壮,遍游诸公长者之门,多阅天下之义理,晚岁学成行尊,顾独惓惓于伯强,曰:"吾所以不辱先训,盖焦公力也。"伯强经行,儒者皆知。推先之独记家世所传如此。

[1] 欧阳文忠公为守：欧阳修为颍州郡守。 [2] 先正献公为贰：正献公，吕公著。贰，州太守副职，时吕公著为颍州通判。 [3] 客：门客，指寄食在欧阳修颍州府衙的人。 [4] 去：离开。 [5] 荥阳公：吕希哲，字原明，吕公著长子。从胡瑗、二程学。范祖禹为其妹婿。以经入侍哲宗，为崇政殿说书。主张人主以修身为本，修身以正心诚意为主。以为"心正意诚，则身修而天下化。若身不能修，虽左右之人且不能谕，况天下乎"。封荥阳子，称荥阳公。著《发明义理》《传讲杂记》等。《宋元学案》立"荥阳学案"。有子好问、切问。

◎研读

焦千之在欧阳修知颍州时，被称为欧阳修的"上弟"。当时吕公著为颍州通判，焦千之是吕公著的讲友。吕公著日夕与焦千之讲学，因敬重焦千之，延焦千之为子弟师，教育吕希哲等。后日，吕公著回京，携焦千之同行。焦千之为人"耿介不苟，终日危坐，未尝妄笑语"，在吕家教授时严格督责弟子，《荥阳学案》称："诸子少有过差，伯强端坐，召与相对终日，竟夕不与之语。时先生（吕希哲）方十余岁，内则正献与中国夫人教训之严，外则焦师化导之笃，故先生之成就德器如此。"因此，吕希哲弟兄对焦千之很有感情。其后，吕希哲的弟弟吕希纯知颍州，曾专门为焦千之在城南建造住宅，以报师恩，人称"焦馆"。焦千之对吕氏家学贡献应该不小。

题伯祖紫微翁与曾信道手简后

◎解题

文见《东莱吕太史文集》卷七，作于淳熙八年（1181）。伯祖紫微翁，吕本中，见前题。曾信道，曾巩后人。张栻《张氏墓表》云，建昌南丰曾发，字信道，为吉州教授，其友睦之行推于其乡。曾发子摅与吕祖谦同年。此文为吕祖谦跋吕本中与曾信道手简而作。

先君子尝诲某曰[1]："吾家全盛时，与江西诸贤特厚。文靖公与晏公戮力王室[2]。正献公静默自守，名实加于上下，盖自欧阳公发之。平生交友如王荆公、刘侍读、曾舍人[3]，屈指不满十，虽中间以国论与荆公异同，元丰末守广陵，钟山犹有书来[4]，甚惓惓，且有绝江款郡斋之约，会公召归乃止。已而，自讲筵还政路[5]，遂相元祐。二刘、三孔、曾子开、黄鲁直诸公，皆公所甄叙也[6]。侍讲于荆公，乃通家子弟[7]。李泰伯入汴[8]，亦尝讲绎焉。绍圣后，始与李君行游。晚节居党籍[9]，右丞以管库之禄养亲，虽门可设爵罗，然四方有志之士，多不远千里从公。谢无逸、汪信民、饶德操自临川至[10]，奉几杖侍左右如子侄，退见右丞，亦卑抑严事，不敢用钩敌之礼。舍人以长孙应接宾客。三君一见，折辈行为忘年交，谈赏篇什，闻于天下。是时，吾家筐笥锁碎，僮仆能言，诸名胜无不谙悉。南渡以来，此事便废。绍兴初寇贼稍定，舍人与诸父相扶携出桂岭，谒临川，访旧友多死生，慨然太息。乃收聚故人子弟曾益父、裘父辈[11]，与吾兄弟共学，亲指画，孳孳不息。既又作诗勉之。今集中寄临川聚学诸生数诗是也[12]。自秦氏专国，风俗日益隘狭，吾几案间无江西书札久矣。盖江西人物之盛衰，观人文者将于此乎考。而吾家、江西贤士大夫之疏密，亦门户兴替之一验也。言毕复戚然久之。"某再拜识之不敢忘。

[1] 先君子：吕大器，吕祖谦父亲。 [2] 文靖公：吕夷简，吕祖谦七世祖。晏公：晏殊，字同叔。庆历年间（1041—1048）拜相。著有《珠玉词》《晏同叔先生集》。戮力王室：合力为朝廷做事。 [3] 王荆公、刘侍读、曾舍人：王安石，字介甫。刘敞，字原父。曾巩，字子固。 [4] 钟山：王安石。因新旧党争，王安石被贬金陵，所以称钟山。 [5] 讲筵：讲学的处所。这里指为皇帝讲经的处所，吕公著曾为神宗侍读。 [6] 二刘、三孔、曾子开、黄鲁直：二刘，新喻刘敞（原父）、刘攽（贡父）兄弟。三孔，新喻孔文仲（经父）及其弟武仲（常父）、平仲（毅父）合称。曾肇，字子开。黄庭坚，

字鲁直。　　[7] 通家：世交。　　[8] 李泰伯：李觏，字泰伯。学通五经。曾巩曾经从学。　　[9] 党籍：宋徽宗时蔡京为相，崇宁年间（1102—1106），以奉熙宁新法为名，两刻党籍碑公示天下，打击元祐旧党。　　[10] 谢无逸：谢逸，字无逸，号溪堂。汪信民：汪革，字信民。饶德操：饶节，字德操。皆江西诗社宗派图中人。　　[11] 曾益父、裒父：曾益父，不详。曾季狸，字裒父，以《艇斋诗话》名。　　[12] 今集中寄临川聚学诸生数诗是也：吕本中有诗《寄临川亲旧十首意到辄书不复次序》，见《东莱诗集》卷十七。

建昌曾信道丈，以学问识度为舍人伯祖所许，不幸早世。其子撙节夫复与某为同年进士[1]，而节夫外舅李夔州则某少所承事者也[2]，故虽未得与节夫合堂同席，而知其父子之贤为详。病废三年，不复知户限外事。今年春，节夫以伯祖与信道丈尺牍墨本见遗，反复展玩不能去手。顾诸弟曰："吾家其犹庶几乎！今日真得江西书札矣。"因录先君之语寄节夫，且以交相厉云。

[1] 撙节夫：曾撙，字节夫，隆兴元年（1163）木待问榜进士。张栻曾为作《拙斋记》。　　[2] 外舅：岳父。李夔州，李浩，字德远，一字直夫，以秘阁修撰知夔州，兼夔州路安抚使。以次女嫁曾撙。张栻为作《吏部侍郎李公墓铭》（《南轩集》卷三十七）。

◎研读

该文作于淳熙八年（1181），吕祖谦患风痹已有数年。文历数吕氏家族与江西贤士的交往过程，将吕祖谦家族与江西贤士的密切交往，视为吕氏家族兴旺的风向标。自秦桧专国以后，也就是吕好问以后，吕氏家族逐渐走向衰落，再无昔日的辉煌。吕祖谦此文实际上是对家族兴旺的一种期待，也反映了吕祖谦对自己病衰感到得治无望的心理。

《建隆编敕》序

◎ 解题

文出《东莱吕太史外集》卷四《宏词进卷二》，作于隆兴元年（1163）四月。该年吕祖谦两中，以此特授左从政郎，改差南外敦宗院宗学教授。这应该是当时的试卷，并非严格意义上的书序。

太祖皇帝受命穆清[1]，肇造区夏，建隆之元[2]，号为天地重开。乃命左右之臣，条定宪章，论次律令，创业垂统，为万世则。越四年七月己卯，判大理寺臣仪上《建隆编敕》四卷[3]，宏规丕矩，易简坦明，揭于象魏，藏于有司，职于秋官，颁于郡国，用启祐后圣，继继承承，咸以正罔缺。确乎致治之成法也。臣涵泳圣涯，固不足以测知乾坤阖辟之蕴，然职在翰墨，其可以词语浅薄为解！谨斋心极思而序之。曰：一天下者，必不嗜杀人然后定。惟五代之乱，强凌弱众，暴寡无知之氓，奔耆骋欲，视三尺法犹弁髦土梗而大弃之，夺攘不忌，剽劫显行。上之人厌苦其难治，于是为壹切之法以求胜。民不师古，始堕坏先王金科玉条之制，相夸以虐，相高以险，奇请它比，溢于几阁。黠胥老吏，生死于簿书之间，犹不能遍识。千机万阱，罔民而纳之死；悍臣酷吏，奋髯抵案[4]，斩艾击断[5]，专决不请，骈首就戮，血流波道，民举足而蹈陷阱，侧身而入河海，靡衣偷食，不为终日之计。时君偃然，自以防民之具高视前世。然法出奸生，令下诈起，奸宄无穷，而斧钺不足，凶威毒燎，腥闻于天。上帝震怒，崇降罪疾亦罔克永世。

[1] 穆清：上天。　　[2] 建隆之元：公元960年，赵匡胤代周立宋，建元建隆，为宋代第一个年号。　　[3] 判大理寺臣仪：仪，窦仪，字可象，蓟州渔阳人。宋太祖建隆元年，以工部尚书兼判大理寺，奉诏重定刑统三十卷，

编敕四卷。　　［4］奋髯抵案：情绪激昂地击打着书案。形容办案官吏办案情绪激烈。　　［5］斩艾击断：斩杀专断。

惟我艺祖[1]，奄受方夏，代虐以宽。当宁太息，思欲涤除苛法，拨乱世而反之正，深诏通明平恕之士，傅以经谊，蔽以人情，成书之布，前目后凡，较然画一，以四卷之简，而驭亿万生齿之繁，风流笃厚，禁网疏阔，斯民安土乐生，不敢以身试法，骎骎乎囹圄空刑措之治矣。

［1］艺祖：语出《书·舜典》："归，格于艺祖，用特。"后指开国皇帝。此处指赵匡胤。

昔之为法愈多，而犯法亦多；今之为法愈寡，而犯法亦寡。昔之防民日严，而民日慢；今之防民日宽，而民日谨。昔之吏屈首朱墨而不足，今之吏从容画诺而有余。是知为治之道，果在此而不在彼也。深仁厚泽，克开厥后，民之戴宋，永永无穷。后世虽有作者，蔑有加于此矣。

世之议者或谓艺祖之法以威克厥爱为主。臣窃以为圣人之用刑，若医者之用药，当疾之初平，药石未可一朝去也，必俟元气稍胜，则药石稍损；元气俱复，则药石俱捐。艺祖拔民于水火之中，如疾之初平者也。故于前代之刑犹存十一于千百，至于后圣教化益明，则刑益轻。庆历嘉祐以来，鞭笞之罚，不上于士大夫，实推本艺祖好生之德，孰谓其尚威乎？臣惧后之有司，不察艺祖制法之原，谨复列之于末，以告来者。臣谨记。

◎ 研读

据《宋史·艺文志》，《建隆编敕》四卷，窦仪与法官编。吕祖谦以为立法愈多，而犯法亦多；今之为法愈寡，而犯法亦寡。昔之防民日严，而民日慢；今之防民日宽，而民日谨。此序比较了五代与宋的法律的不同，指出建隆（960—963）以前的法律繁复，肯定了《建隆编敕》的简便便民，体现了吕祖谦的治国思想。《圣祖仁皇帝御制文集》评曰："颂扬本朝，体制肃穆而词意闳远。"

《承华要略》后序

◎解题

文出《东莱吕太史外集》卷四《宏词进卷二》，作于隆兴元年（1163）四月。该年吕祖谦两中，以此特授左从政郎，改差南外敦宗院宗学教授。这应该是当时的试卷。《承华要略》二十卷，宋真宗撰。天禧三年（1019）九月，真宗召宰臣枢密两制及东宫僚属于清景殿观书，以为《青宫要纪》事有未备，因博采群书，广为《承华要略》十卷，每篇著赞，以赐皇太子。（《帝学》卷四）

臣闻基天下之命，必建储后以承圣统；养天下之源，必缉典籍以熙圣功。古先哲王登崇主鬯[1]，以尊宗庙而重社稷，罔不镜之以前代之载，衡之以《六经》之言。硕师良傅，左提右挈；吉人正士，前导后陪。广夏细旃之上，洋乎弦歌讽诵之声发焉[2]；焕乎山龙藻火之文具焉[3]。用能刚健笃实，辉光日新，润色鸿业，永永无极。……臣窃考两汉以来，明君良臣，属意于邦本者多矣。贾谊《治安》之策[4]，言虽忠而道则疏。义府《承华》之箴[5]，言虽切而心则诈。元稹《教本》之书[6]，言虽华而要则寡。用智囊为家令[7]，则辅之非其人；开博望延宾客[8]，则处之非其地。养之无素，导之无术，无惑乎其治效之卑污謇浅也。使其获窥我宋《承华要略》之书，殆将兴河伯望洋向若之叹矣。

[1] 登崇主鬯（chàng）：登崇，推尊宗庙祭祀。鬯，祭祀用的一种香酒，此处指祭祀。　　[2] 弦歌讽诵：依弦而歌，此处指礼乐教化。　　[3] 山龙藻火：绣在衮服上的图案。　　[4] 贾谊《治安》之策：汉贾谊有《治安策》。

[5] 义府《承华》之箴：唐李义府有《承华箴》。 [6] 元稹《教本》之书：唐元稹《长庆集》有《论教本书》。 [7] 智囊：樗里子。《史记·樗里子甘茂列传》："樗里子者，名疾，秦惠王之弟也，与惠王异母。母韩女也。樗里子滑稽多智，秦人号曰智囊。" [8] 开博望延宾客：博望，博望苑，汉代苑名。汉武帝立太子据，为建博望苑延接宾客。

◎研读

据宋仁宗著《帝学》记载，《承华要略》当是一部类书，每篇有赞语论述，是真宗为教导太子而作。周必大描述为"述事于前，立论于中，为赞于后，凡六经之文、历代之史，百家之说，撮其枢要，无所不备"。又述其大概，包括主器、谨习、述孝、睦亲、崇师、务学、宗经、贵道、尚德、仁义、勤志、持谦、恭谨、戒谨、兢惧、出言、正容、治身、好尚、聪智、清心、养性、去奢、节用、致福、礼贤、知人、选士、从谏、辨佞。周必大《文忠集》《东宫故事》记录为二十卷五十篇。然数其述，实只有三十篇，概"五"为"三"之形误。清人宫梦仁《读书纪数略》记载为三十篇当是。王应麟《玉海》云："淳熙二年十二月十一日，必大进《东宫故事》书目云：'师古有常'，此云终辨佞，又不及五十篇，当考。"吕祖谦此《〈承华要略〉后序》对该书予以较高的评价，以为真宗此书"旷分彪列，昭如日星"，"厥后仁祖四十二年之治，巍巍荡荡，洗万古而空之者，是书抑有助焉。是宜列圣宝之以为成式，藏于宗庙，副在有司，增前星之光，源少海之润，蓄灵拥休，万世永赖，诚丕天之大律也"。看周必大所述，此书虽说是为太子而作，其他读书人也可借鉴。

周师氏箴

◎ 解题

文出《东莱吕太史外集》卷四《试卷六篇之二》，作于隆兴元年（1163）。箴，一种文体。《文心雕龙》称，"箴者所以攻疾防患，喻针石也"。周师氏，《周礼》："师氏掌以媺（美）诏王。"郑玄注："告王以善道也。文王世子曰：师也者，教之以事，而谕诸德者也。"

谏之道有三难焉：曰远、曰疏、曰骤。远则势不接，疏则情不通，骤则理不究，其言之不行也，固也。彼周设师氏之官，渊乎其用意之深乎？师氏之官，实居虎门之左，而诏王以媺者也。其势近、其情亲、其言渐，若江海之浸，膏泽之润，日加益而不知焉。周公之设官三百六十，官必掌一事，事必寓一意，而师氏独列地官之属，实周公致意之深者。

想夫成周之隆，出入起居，同归于钦，发号施令，同归于臧者，师氏抑有助焉。昔周太史辛甲命百官[1]，官箴王阙，而《虞人之箴》独传[2]。窃意师氏之所献，必反复紬绎，辞顺意笃，足以为百代箴规之法。然求之于蠹书漆简之中，虽断章片辞，邈不可得，是可叹已。用敢追述其事而为箴。曰：

[1] 周太史辛甲：原为商纣王的臣子，因谏纣王不被采纳，遂归周，成为公卿，后被封于长子。　　[2]《虞人之箴》：《左传》襄公四年，晋魏绛曰："昔周辛甲之为太史也，命百官官箴王阙，于《虞人之箴》曰：……"

若昔忠臣，格君之非。启心沃心，日化月移。虽有嘉猷，情或未信。势疏地远，千说一听。苍周之兴，稽古建官。左右贤俊，治格多盘。时惟师氏，诏王以媺。巽以入之，曰义曰理。原念媺恶，水火背驰。火盛水竭，媺胜恶微。燕闲穆清，诚意恳款。先养所长，姑置所短。性复其源，善迎其端。辅翼圣学，功不可刊。侈丽之欲，将发复止。暴慢之虑，将萌复已。师氏之谏，惟一惟精。君失无迹，我谏无形。于惟辟王，独制万乘。必求畯贤，举以自近。旦承暮弼，前赞后襄。气体默移，其道大光。苟不鉴此，正直屏弃。仆隶之臣，诺诺唯唯。堂下日远，堂上日高。虽复虚宁，乌知民劳。圣人复作，斯理不易。小臣司规，敢告执戟。

◎ 研读

该文主要表达了吕祖谦的进谏之道。凡进谏，欲人主采纳，需要进谏之人根据自己与进谏对象的疏密程度，讲究方式，以便达到"辞顺意笃"，终为人主采纳的目的。该文入选《五百家播芳大全文粹》。

《汉舆地图》序

◎ 解题

文出《东莱吕太史外集》卷四《试卷六篇之四》，作于隆兴元年（1163）。序，是一种文体，有赠序、字序、书序，此为书序一类，但所论又超出书序范围。

舆地之有图[1]，古也。自成周大司徒掌天下土地之图，以周知广轮之数[2]，而职方氏之图复加详焉[3]。迨汉灭秦，萧何先收其图书[4]，始具知天下阸塞、户口多少之差，然则尚矣。

[1] 舆地：地理。 [2] 广轮：土地面积。 [3] 职方氏：周代官名，主掌地图与四方职贡。 [4] 萧何：刘邦入咸阳，萧何先入，收秦丞相御史律令图书收藏。见《汉书》卷三十九。刘邦称帝，论功行赏，以萧何功最盛，先封为酂侯。

武帝元狩六年将立三子为王，御史大夫奏舆地图请所立国名，乃开齐、燕、广陵之封，舆地图之名至是始见。史迁之所载可考也。

光武皇帝之徇河北，邓禹杖策而从之说以大策，有"天下不足定"之语。其后帝登城楼，披舆地图指示禹曰："天下郡国如是，今始乃得其一，子前言'天下不足定'何也？"禹复申其说。盖光武志在天下，当神州赤县未入经略之际，其君臣更相激厉如此，故能兼制六合司空之所掌，无寸地尺天不归于封域，按图分封，并建诸子以为藩屏。呜呼盛哉！用敢紬绎其意而为之序曰：

自古合天下于一者，必以拨乱之志为主。志之所向，可以排山岳，倒江海，开金石。一念之烈，无能御之者。光武之在河北，崎岖于封豕长蛇之间[1]，瞋目裂眦，更相长雄，积甲成山，积血成川，积气成云，积声成雷，九流浑淆，三纲反易，虽十家之市，无宁居者。则光武果何所恃哉！亦恃其拨乱之志而已。光武之志以皇天全付所覆于我有汉，今乃瓜分幅裂，沦于盗贼，此子孙之责也。责之所在，虽有登天之难，不敢辞；虽有暴虎之厄[2]，不敢避；虽有蹈水火之危，不敢回。奋然直前，以偿吾祖宗之所负，必使吾祖宗之旧物咸复其初，然后吾责始塞焉。此志一立，故虽处一郡之地，而视天下之广，皆吾囊中物。蚤夜以谋之，反复以思之，其披舆地图之际，慷慨愤悱，气干云霄，拨乱之志盖肇于此矣。方其志之未立，则一郡至小，而群贼之地奚翅十倍？吾众至少，而群贼之兵奚翅十倍？恢复之功，犹捕风系影，若不可期者。及既有其志，则规模先定，机谋先立，兆之于前而必之于后。若青若齐，若陇若蜀，若楚若越，皆吾志中之一物也。若盆子，若王昌，若嚣，若述，若步，若丰[3]，皆吾志中之臣仆也。彼方缮塞置戍，而不知吾已破之于堂上；彼方峨冠被衮，而不知吾已缚之于胸中。是以论光武克复郡县之迹则有难易焉，有先后焉。若夫光武恢复之志，则一披舆地图，而三万里之幅员皆入于灵府，岂尝得一邑而始思得一州，得一州而始思得一部哉！大矣，光武之志也。斯其所以祀汉配天，不失旧物欤？厥后，建武二十二年，匈奴右薁鞬日逐王比遣使奉匈奴地图[4]，二十四年比款五原塞愿为藩蔽，乃立之为南单于，俾预藩臣之列。是知光武有一天下之志，非特舆地图之所纪皆为臣妾，而匈奴地图之所纪亦为臣妾焉。则志也者，其拨乱济世之枢极欤。故述之以告来者。谨序。

[1] 封豕长蛇：比喻贪狠暴烈的人。　　[2] 暴虎之厄：徒手与虎搏斗。　　[3] 若盆子，若王昌，若嚣，若述，若步，若丰：赤眉立刘盆子，王昌（王郎）都邯郸，隗嚣据陇右，公孙述称王巴蜀，张步起琅琊，秦丰自号楚黎王。　　[4] 薁（yù）鞬日逐：匈奴薁鞬日逐王遣使诣渔阳请和亲。

◎研读

此篇论汉光武帝有恢复天下之志，讲光武帝之所以成大事，是因为他敢于承担子孙应担责任，怀有拨乱反正的大志。有大志，则看天下犹如自己囊中之物，一展地图，天下便在胸中，终得天下。这也就是说，地图作用的发挥还得靠有大志之人。想要干一番事业的人，首先要立下远大志向。

陈同甫厉斋铭

◎解题

文出《东莱吕太史文集》卷六，作时不详。陈亮，字同甫。陈同甫厉斋铭，即吕祖谦为陈亮名为"厉"的书斋写的铭文。铭，是一种文体，先秦已存在，有多重功能，其中一项便是《文心雕龙》所说的"鉴戒"。

参政周公名陈亮同甫之室曰"中"[1]。陈子事斯语而知其难，更榜以"厉"[2]，"厉"也者，所以用力而择乎中也。其友吕某为之铭：

[1] 参政周公：参知政事周必大。　[2] 更榜以厉：榜，指榜书，或称擘窠书，大字书。即书大字"厉"。

沂流之舟，挽之犹迟；下坂之车，柅之犹驰。木火金水，燥湿不齐，有习有积，有居有移。亦能用力，蕲适厥宜[1]，凡此数者，盖阴乘之。潜有所赘[2]，默有所亏[3]；是过不及，察之甚微。凛乎其严，岌乎其危；匪曰设戒，理则如斯。不将不迎，不留不处；敬而无失，大中之矩。

[1] 蕲（qí）适厥宜：蕲，通"祈"，祈求。句谓祈求向适宜的方向发展。[2] 潜有所赘：赘，指丑恶。句谓人深潜的内心隐藏有丑恶。　[4] 默有所亏：句谓人心有不足与缺点。

◎研读

此铭吕祖谦鼓励陈亮要"用力而择乎中"。陈亮是一世豪杰，欲以"推倒一世之智勇，开拓万古之心胸"的气派，推行他的"义利双行，王霸并用"之学说，这与提倡中庸的吕祖谦的想法是有距离的。朱熹批评陈亮"平时自处于法度之外，不乐闻儒生礼法之论"。因此，吕祖谦此铭形象地向陈亮说明趋向"中"，就像逆流行舟或者拉车上坡一样，不进则退。

陈同甫恕斋铭

◎解题

文出《东莱吕太史文集》卷六，作时不详。陈同甫恕斋铭，即吕祖谦为陈亮名为"恕"的书斋所写的铭文。所谓"恕",含义颇丰,比如推己及人,将心比心,原谅宽宥他人。理学家说的恕就是"行",明道将忠恕合讲曰:"忠恕一以贯之:忠者天道,恕者人道;忠者无妄,恕者所以行乎忠也;忠者体,恕者用,大本达道也。"

实理难精,实德难居,实责难副,实病难除,实知其难,于人则宽。惟实惟宽,惟恕之端。天地变化,草木蕃芜[1]。迹厥实然,可求其故。陈子作斋,侑坐有勒,匪尚其通[2],亦尚其塞[3]。

[1] 草木蕃芜:朱熹《论语精义》载明道(程颢)曰:天地变化草木蕃,不其恕乎? [2] 匪(fěi)尚其通:匪,不仅、不但。句谓不仅以通为尚。 [3] 塞:充满,满足。

◎研读

此铭着重讲一个"实"字和一个"恕"字。"实"是吕祖谦讲学的核心,"恕"是吕祖谦讲学的精髓。何为"实",其《太学策问》说:"所以讲实理、育实材、而求实用也。"所谓"实",就是儒家理论在生活中各个层面的应用,就是"布席而议,学则宗孔孟,治则主尧舜,论入德则曰致知格物,论保民则曰发政施仁,论律身则曰孝、弟、忠、信,论范防则曰礼、义、廉、耻"。所谓"恕",也就是行,理学家明确"恕"为己所不欲勿施于人。如果一个人做到了"实"字,吕祖谦又强调"可求其故",这是一种精神的升华,是求"恕"的所以然,是从用向体的溯源,也就是要达道。

五、家范

官箴

◎**解题**

　　文见《东莱吕太史别集》卷六《家范六》，作于乾道六年（1170）。箴，箴言，规诫劝谏的话。官箴，便是劝谏为官者的话。

　　觅举[1]。

　　[1] 觅举：举，举荐。句谓寻求他人举荐。

　　求权要书保庇。

　　投献上官文书。

　　法外受俸。

　　多量俸米[1]。

　　[1] 量（liáng）：用量具计算称轻重。

　　通家往还。

　　置造什物。

　　陪备顾人当直。

　　容尼媪之类入家。

　　非长官辄受状自断人。

　　与监当巡检坐不依官序。

不依实数请般家送还钱[1]。

[1] 般：通"搬"，搬运。

非旬休赴妓乐酒会[1]。

[1] 旬休：旬假，唐代既有旬假制度，如唐元稹有诗《元和五年予官不了罚俸西归》："朝士遇旬休，豪家得春赐。"《宋史·礼志》载："开宝九年四月，诏旬休日不视事。"

托外邑官买物。

刑责过数。

以私事差人出界。

不经由县道辄送人寄禁[1]。

[1] 不经由县道辄送人寄禁：即不经过官司审问随意拘禁人。

接伎术人及荐导往它处。

荐人于管下卖物。茶墨笔之类。

上司委追人、断人，及点检仓库，不先与长官商量。

亲知顾船脚用官钱，或令吏人陪备。须令自出钱银，催促令速足矣。

遇事不可从，不当时明说，误人指拟，以致生怨。

不尊县道：谓寻常丞簿尉视长官为等辈差定验之类，往往多玩习慢易，殊不知此事乃国事，非长官事。

买非日用物：日用谓逐日饮食及合用衣服，其他如出产收藏以待它日之用，及为相识置买之类，皆当深戒。

受所部送馈及赴会：谓部民或进纳人，如士大夫送馈果食之类，则受，仍当厅对众开合子，厅子置簿抄上，随即答之，余物不可受。

凡治事有涉权贵，须平心看理之所在，若其有理，固不可避嫌，故使之无理。直须平心看，若有一毫畏祸自恕之心，则五分有理。便看作十分有理。若其无理，亦不可畏祸曲使之有理。政使见得无理，只须作寻常公事看。断过后，不须拈出说。寻常犯权贵取祸者，多是张大其事，邀不畏强御之名，所以彼不能平。若处得平稳妥帖，彼虽不乐，视前则有间矣。然所以不欲拈出者，本非以避祸，盖此乃职分之常，若特地看做一件事，则发处已自不是矣。

◎ 研读

　　此文应是吕祖谦对吕氏家族数代为官者经验的总结，所讲多是不可为之事。吕本中也曾有《官箴》。这是吕祖谦写给自己门人、将要出仕的戴衍的劝勉之文，同样也是对自己的劝勉。在今天看来，要想做一位廉洁的官员，这些教诲仍不过时。比如文中提及的"法外受俸""多量俸米"等皆是贪污；"亲知顾船脚用官钱，或令吏人陪备，须令自出钱银，催促令速足矣"，与今天的公车不能私用的要求相符；其他，如平心看待权贵，也凸显了公正意识。

荥阳公家塾广记

◎ 解题

　　文见《东莱吕太史别集》卷六。吕希哲（1039—1116），字原明，吕公著长子，吕祖谦五世祖，世称荥阳先生。《宋元学案》为立《荥阳学案》，《宋史》有传。吕希哲广交天下学人，曾从学焦千之、欧阳修，又师事胡瑗、程颐、王安石等。有《吕氏家塾广记》一卷，记家中人物故事，此文是吕祖谦从中摘抄的。

　　正献公每事持重近厚[1]，然去就之际[2]，极于介洁[3]，其在朝廷，小不合便脱然无留意[4]。故历事四朝，无一年不自列求去。

　　[1] 正献公：吕公著，字晦叔，吕夷简子，与欧阳修善。元祐（1086—1094）中与司马光同朝为相，卒赠太师、申国公，谥号正献。有子希哲、希绩、希纯。《宋元学案》立"范吕诸儒学案"，是吕氏入学案的第一人。　　[2] 去

就：弃官与就职做官。　　[3]介洁：耿介廉洁。　　[4]小不合：个人的治国主张与朝政趋势不吻合。

◎研读

　　该文赞述吕公著持重近厚，为学讲究择善而从。《宋史》本传称："公著自少讲学，即以治心养性为本，平居无疾言遽色，于声色纷华，泊然无所好。暑不挥扇，寒不亲火，简重清静，盖天禀然。其识虑深敏，量闳而学粹，遇事善决，苟便于国，不以私利害动其心。与人交，出于至诚，好德乐善，见士大夫以人物为意者，必问其所知与其所闻，参互考实，以达于上。每议政事，博取众善以为善，至所当守，则毅然不回夺。神宗尝言其于人材不欺，如权衡之称物。"

　　吕公著幼年嗜学，至忘寝食。长成后，为官之余遍交天下学人。他很欣赏、推重理学的几位开山人物，且多予帮助。如荐举张载，为神宗召问治道；同富弼、司马光一道，在洛阳为邵雍营造安乐窝；熙宁（1068—1077）初，任御史中丞，首举程颢为太子中允、监察御史里行；哲宗初，与司马光共举程颐，称赞程颐的道德品行，以为"力学好古，安贫守节，言必忠信，动遵礼义，年逾五十，不求仕进，真儒者之高蹈，盛世之逸民"，哲宗因下诏任程颐为西京国子监教授。这是吕公著对北宋理学的大贡献。

　　吕氏家学可以说是自吕公著始，经吕希哲、吕本中等几代人的努力而形成的，这应该是吕祖谦摘文的意义所在。

舍人官箴

◎ 解题

　　文见《东莱吕太史别集》卷六《家训》。舍人，即紫微舍人，即吕本中，乃吕祖谦伯祖，对吕祖谦的学术影响很大。吕本中著有《东莱诗集》《紫微诗话》《春秋集解》《童蒙训》《官箴》等。此文虽非吕祖谦撰写，但选在《东莱集》便反映了吕祖谦的心迹，因收入本选。

　　当官之法唯有三事：曰清、曰慎、曰勤，知此三者，则知所以持身矣。然世之仕者，临财当事不能自克，常自以为不必败。持不必败之意，则无不为矣。然事常至于败，而不能自已，故设心处事戒之在初，不可不察。借使役用权智，百端补治，幸而得免，所损已多，不若初不为之为愈也。司马子微《坐忘论》云[1]："与其巧持于末，孰若拙戒于初。"此天下之要言，当官处事之大法，用力寡而见功多，无如此言者。人能思之，岂复有悔吝邪[2]。

　　[1] 司马子微：司马承祯，字子微。唐初道士。　　[2] 悔吝：灾祸。《易经·系辞上》："悔吝者，忧虞之象也。"苏轼解为"失得未决则为忧虞，及其已决则为吉凶"。

◎ 研读

　　吕祖谦收《舍人官箴》入《家范》，作为指导家人行事的规范原则，首录三事曰清、慎、勤。清、慎、勤确实是为官的要诀，影响深远。王士禛《古夫于亭杂录》曰："上尝御书'清、慎、勤'三大字刻石赐内外诸臣。案此三字吕本中《官箴》中语也，是数百年后尚蒙圣天子采择其说，训示百官，则所言中理可知矣。"

乾道四年规约

◎ 解题

文出《东莱吕太史别集》卷五《乾道四年九月规约》。吕祖谦于隆兴元年（1163）中进士、复中博学宏词科，一时声名鹊起，五年后开始举办书院培养人才，天下士子纷纷聚会婺州。其下常有数百学子相从，所建丽泽书院逐渐成为南宋一大书院。为了办好书院，吕祖谦制订了一系列学规，这是第一件学规。

凡预此集者，以孝弟忠信为本，其不顺于父母、不友于兄弟、不睦于宗族、不诚于朋友，言行相反，文过遂非者，不在此位。既预集而或犯，同志者规之；规之不可，责之；责之不可，告于众而共勉之。终不悛者，除其籍。

凡预此集者，闻善相告，闻过相警，患难相恤。游居必以齿相呼[1]，不以丈不以爵，不以尔汝[2]。

[1] 齿：年龄。此指同窗相互间只以年岁长幼序称，以示平等敬爱。
[2] 尔汝：古代尊长对卑幼者的称呼，《孟子》："人能充无受尔汝之实，无所往而不为义也。"朱熹解释："盖尔汝，人所轻贱之称"。吕祖谦这里是说对人要尊重。

会讲之容端而肃，群居之容和而庄。箕踞、跛倚、喧哗、拥并，谓之不肃；狎侮、戏谑谓之不庄。

旧所从师，岁时往来，道路相遇，无废旧礼。

毋得品藻长上优劣，訾毁外人文字。

郡邑政事、乡间人物，称善不称恶。

毋得干谒投献请托。

毋得互相品题，高自标置，妄分清浊。

语毋亵、毋谀、毋妄、毋杂。妄语非特以虚为实，如期约不信，出言不情，增加张大之类，皆是杂语。凡无益之谈皆是。

毋狎非类。亲戚故旧或非士类，情礼自不可废，但不当狎昵。

毋亲鄙事。如赌博、斗殴、蹴踘、笼养、扑鹑、酣饮酒肆、赴试代笔，及自投两副卷、阅非僻文字之类。其余自可类推。

右十一条。

◎ **研读**

此规约主要议及学者的品行培养。李国钧先生主编的《中国书院史》认为，这应该是丽泽书院的学规，而且是第一件学规，同时也是中国书院发展史上较早的学规，比朱熹的《白鹿洞书院揭示》（订于淳熙七年［1180］）早十二年。

乾道五年规约

◎ **解题**

文出《东莱吕太史别集》卷五，这是丽泽书院的第二件规约。

凡与此学者，以讲求经旨，明理躬行为本。

肄业当有常，日纪所习于簿，多寡随意。如遇有干辍业，亦书于簿。一岁无过百日，过百日者，同志共摈之[1]。

［1］摈（bìn）：排斥；摒弃。

凡有所疑，专置册记录，同志异时相会，各出所习及所疑，互相商榷，仍互书名于册后。怠惰苟且，虽漫应课程而全疏略无叙者，同志共摈之。

不修士检[1]，乡论不齿者，同志共摈之。

[1] 士检：读书人的操守。

同志迁居，移书相报。

右五条。

◎研读

此规约主要谈学习纪律与学习方法，包括不可以旷课，不可以不做笔记，也不可以放荡不羁，否则会遭到同门唾弃。可供学者借鉴。

乾道五年十月门生守则

◎解题

文出《东莱吕太史别集》卷五《乾道五年十月关诸州在籍人》，这是丽泽书院的第三件规约。原题《乾道五年十月关诸州在籍人》，可见生员来源地域之广。

一、在籍人将来通书[1]，止用一幅，不许用虚礼。谓如学际天人，及即膺召用、台候、神相、百拜、过呼官职之类。

[1] 在籍：在丽泽堂注册的学生。

一、通书不许用札目[1]，不许改名。

[1] 札目：官府文书，俗话不可打官腔。

一、通书止许商榷所疑自叙实事。谓自叙出入行止之类。

一、通书不许以币、帛、玩、物为信。玩，谓图画及几案、玩具；物，谓研、扇，凡什物之类。

一、在籍人将来相见不用名纸门状[1]。

[1] 纸门状：专门制作的纸质拜帖，如今人使用名片。

一、在籍人不幸有丧，仰同州同县在籍人，依规矩吊慰，仍具书寻便报知堂上[1]，道路虽远无过半年。

[1] 堂上：丽泽堂。

一、在籍人如有不遵士检[1]，玷辱斋舍同籍人，规责不悛者，仰连名具书报知堂上，当行除籍。如共为隐蔽，异时恶声彰闻，或冒犯刑法，同州同县人并受隐蔽之罚。

[1] 士检：读书人的操守。

右关诸州在籍人，各仰递相传报遵守。
某年某月某日，掌仪位关[1]。

[1] 掌仪位：掌管礼仪职责的人。关：禀告。

右七条。

◎研读

此规约主要谈诸生之间的平等来往问题，包括来往的形式、内容。指出不得包庇恶人恶事，要求大家共同遵守。

乾道六年学规七事

◎解题

文出《东莱吕太史别集》卷五《乾道六年规约》，这是丽泽书院的第四件规约。

亲在别居。
亲没不葬。谓服除不葬，火焚者同。

因丧婚娶。身犯及主家者。

宗族讼财。

侵扰公私。谓告讦、胁持、邀索之类。

喧噪场屋。诈冒同。

游荡不检。

并除籍，仍关报诸州在籍人。

诸斋私录讲说之类，并多讹舛，不可传习。

右七条。

◎研读

此规约主要谈诸生如何处理亲族之间的关系，议及诸种事务的处理问题，又涉及场屋即在书院的学习问题。所定条理非常具体，具有很强的操作性。

乾道九年直日须知

◎解题

文出《东莱吕太史别集》卷五《乾道六年规约》，这是丽泽书院的第五件规约。

凡遇诸斋申到合吊慰人，直日即点检。如系今年预课人丁父母忧，预课满百日者，据人数，均敛钱拾伍贯文省，未满百日者，均敛钱拾贯文省。城居人问受慰日分随敛钱告报，令诸斋某日早各备名纸，并集丽泽堂，并禀堂上差掌仪二人。至受慰日，早集众会丽泽堂，分两序立。直日备箱，收名纸，次掌仪请齿长人率众以齿序行，其在道笑语喧哗，仰总直日及诸斋直日申举。至所吊慰家，直日通名纸讫，齿长人率众入门序立。立定，掌仪赞云："在位者皆再拜。"既拜，掌仪引齿长人诣灵位前三上香，请齿长人跪，三奠酒。掌仪兼执尊酌酒。俛伏，兴。后项致祭者，掌仪跪读祭文毕。复位，立。掌仪赞云："在位者皆再拜。"既拜。赞云："移位少东，再拜。"慰拜讫，齿长者一人前致慰辞。毕，众皆揖，以序出……

◎ 研读

此规约主要谈诸生之间如有亲丧，同门应当如何进行吊慰。所列举事项非常具体，包括慰问金的数额、不同人相应的慰问金数目、慰问活动的仪式以及拜祭的次序等，有非常强的操作性，具有切问近思的特点，这在其他学规中很少见到。

对于吕祖谦制定的五件学规，我们不仅要单看，更要整体理解，这五则学规反映了吕祖谦的教育思想及吕学理念。其中包括品行培养、学习纪律、学生之间的平等来往、亲族关系的处理、同门之间家中的庆吊活动等方面的具体规定。这些规约十分具体，具有很强的操作性，体现了切问近思的理学家思想。

范文子谦让

◎ 解题

文出《东莱吕太史别集》卷六《择善》。《择善》是《东莱集》中《家范》卷的组成部分，原本为吕祖谦所编的图书，内容取自《春秋左传》《战国策》《史记》《汉书》《后汉书》《三国志》《旧唐书》中的人物故事，展示人物各种作为所体现的优秀品质，以此劝勉家人，培养美好的品德。小标题为本书编者所加。"范文子谦让"摘自《春秋左氏传》成公二年。晋与齐战于鞌，晋方主帅为郤克（献子），范士燮（文子）佐上军。

晋及齐战于鞌^[1]，齐师败绩。晋师归，范文子后入。武子曰^[2]："无为吾望尔也乎?"对曰："师有功，国人喜以逆之，先入必属耳目焉。是代帅受名也，故不敢。"武子曰："吾知免矣^[3]。"

[1] 鞌（ān）：春秋时齐国的地名，或云在平阴县东，或云在古代的历下。 [2] 武子：士会，范士燮父亲。 [3] 吾知免矣：意谓武子看到儿子的谦让，意识到将来一定会免于祸患。

◎研读

晋与齐战于鞌，双方主帅分别为齐侯与郤克，齐侯雄心勃勃，有"灭此朝食"之说。战间郤克为箭伤，血流不止，直至战胜。此战范文子受郤克节制。晋师凯旋，范文子最后入城，体现了对主帅的谦让和不敢僭越的态度。

乐毅君子交绝不出恶声

◎解题

文出《东莱吕太史别集》卷六《择善》，摘自《战国策·燕策二》。燕昭王死，惠王继位。惠王怀疑乐毅被策反，于是以骑劫代乐毅为将。乐毅害怕受到燕惠王的责罚，于是投赵。赵封乐毅于观津，号曰望诸君，尊宠乐毅，并重新收复燕得之七十城。燕惠王因此责备乐毅，乐毅有此说。

乐毅献书^[1]，报燕王曰："古之君子，交绝不出恶声。闻忠臣之去也，不洁其名，臣虽不佞^[2]，数奉教于君子矣。"

[1] 乐（yuè）毅：乐毅是乐羊后人，燕昭王以为亚卿，拜上将军。乐毅伐齐，下七十余城。以功封倡国，号倡国君。昭王死，惠王立，此处燕王为惠王。 [2] 不佞：谦词，自称。

◎ 研读

君子交绝不出恶声,《史记》张守节正义注:"君子之人交绝不说己长而谈彼短。"司马贞《索隐》又称忠臣离本国不自"洁其名",意思是说不要辩白自己的"无罪",就如箕子不忍斥责殷商的恶一样。该文批评了燕惠王不应当指责别人。这实际是说君子应当多自省。吕祖谦最提倡自省。

物有必至事有固然

◎ 解题

文出《东莱吕太史别集》卷六《择善》,摘自《史记》卷七十五《孟尝君列传》。

自齐王毁废孟尝君[1],诸客皆去。后召而复之,冯骥迎之[2],孟尝君太息曰:"客亦有面目见文乎?"冯骥曰:"夫物有必至,事有固然,君知之乎?"孟尝君曰:"愚不知所谓也。"曰:"生者必有死,物之必至也。富贵多士,贫贱寡友,事之固然也。君独不见夫朝趋市者乎?明旦侧肩争门而入,日莫之后[3],过市朝者掉臂而不顾,非好朝而恶莫,所期物,忘其中[4]。今君失位,宾客皆去[5],不足以怨士,而徒绝宾客之路。"孟尝君曰:"敬从命。"

[1] 孟尝君:名文,姓田氏。战国四公子之一。事迹见《战国策》《史记》等。 [2] 冯骥(huān):孟尝君门下士,以助孟尝君成狡兔三窟闻。事见《战国策》。 [3] 日莫(mù):莫,暮的古字,即傍晚。 [4] 忘(wú)其中:忘,通"亡",无。句谓市场内没有了自己需要的东西。 [5] 宾客:门客、策士。

◎研读

孟尝君本为战国四公子之一，以善养客知名。孟尝君得意时，宾客盈门。当其失去齐王的宠幸，被逐，客于是四散。在冯驩的努力下，齐王再次重用孟尝君，客又纷纷回投。孟尝君以为这些人皆势利之徒，发话"客亦有何面目复见文乎？如复见文者，必唾其面而大辱之"。《史记》该文揭示了世情的冷暖，后人有说"一死一生，乃知交情；一贫一富，乃知交态；一贵一贱，交情乃见；一浮一没，交情乃出"。

穆生知几不辱

◎解题

文出《东莱吕太史别集》卷六《择善》，摘自《汉书》卷三十六《楚元王传》。穆生，汉朝鲁地人，少时与楚元王刘交一起学《诗经》于浮丘伯。刘交为楚王，穆生为中大夫。

初，楚元王敬礼申公等[1]，穆生不耆酒[2]，元王每置酒，常为穆生设醴[3]。及王戊即位[4]，常设，后忘设焉。穆生退曰："可以逝矣[5]。醴酒不设，王之意怠[6]，不去，楚人将钳我于市[7]。"称疾卧。申公、白生强起之，曰："独不念先王之德欤？今王一旦失小礼，何足至此。"穆生曰："《易》称：'知几[8]，其神乎！几者，动之微，吉凶之先见者也。君子见几而作，不俟终日。'先王之所以礼吾三人者，为道之存故也。今而忽之，是忘道也。忘道之人，胡可与久处？岂为区区之礼哉？"遂谢病去。申公、白生独留。王戊稍淫暴，与吴通谋[9]。二人谏不听。胥靡之[10]，衣之赭衣，使杵臼雅春于市[11]。

[1]楚元王：刘交，字游，汉高祖同父少弟，颜师古以为是同父异母弟。少时曾经与鲁地穆生、白生、申公同在浮丘伯门下受《诗》。先后封为文信君、楚王等。　　[2]耆（shì）：通"嗜"，喜欢某种东西的意思。　　[3]醴：甜酒。　　[4]王戊：刘戊，楚元王刘交子。继承刘交王位，淫暴。应吴王叛乱起兵，事败自杀。　　[5]逝：离去。　　[6]怠：不热情、懈怠。　　[7]钳（qián）：古代的一种刑罚。　　[8]几：事情发生前细微的迹象。　　[9]与吴通谋：指刘戊与吴王刘濞通谋。　　[10]胥靡：一种刑罚。之：代指申公、白生。　　[11]使杵臼雅舂于市：舂，宋祁以为是一种助乐的方式。

◎ 研读

文章以穆生知"见几而作"得免祸，而申公、白生不知"见几而作"终取辱为隶徒，告诫人们当从小处洞见大处。站在儒家学者的角度，是否要与一个人交往，就是要看他能否懂礼知法。懂礼则可交，不懂礼则不可交。

薛宣治事用和

◎ 解题

文出《东莱吕太史别集》卷六《择善》，摘自《汉书》卷八十一《薛宣朱博传》。薛宣，字赣君，东海郯人。

薛宣为左冯翊[1]。日至休吏[2]。贼曹掾张扶独不肯休[3]，坐曹治事。宣出教曰："盖礼贵用和，人道尚通。日至，吏以令休，所繇来久[4]。曹虽有公职事，家亦望私恩意。掾宜从众，归对妻子设酒肴，请邻里，一笑相乐，斯亦可矣。"扶惭愧，官属善之。

[1]左冯（píng）翊：汉代郡名，治长安以北。长官也称左冯翊。[2]日至休吏：颜师古注："冬、夏至之日，不省官事。故休吏。"　　[3]贼曹掾张扶独不肯休：贼曹，左冯翊的下属官府机构，主管盗贼治理事务。曹，

指州县的属官。掾，属官。不肯休，不肯按规定休假。　　[4] 繇（yóu）：通"由"，意同自、从。

◎研读

孔子主张为儒之道，礼贵用和。该文以礼贵用和为切入点，颇有一点现代管理的意思。传统观念强调公而忘私，然在此文中薛宣却强调公以外，家人与邻里之间也一样需要相互关照。

何武之公平治事

◎解题

文出《东莱吕太史别集》卷六《择善》，摘自《汉书》卷八十六《何武王嘉师丹传》。何武，字君公，汉蜀郡郫县人。宣帝时居官，好奖士人，士人多归附。哀帝时为王莽诬陷，自杀。

何武迁扬州刺史。九江太守戴圣行治多不法[1]。武廉得其罪[2]。圣惧，自免。复为博士，毁武于朝廷。武闻之，终不扬其恶。而圣子宾客为群盗，得[3]，系庐江，武平心决之，卒得不死。自是后，圣惭服，每奏事至京师，圣未尝不造门谢恩。

[1] 戴圣：字次君，官至九江太守。著礼经，号小戴记。　　[2] 廉：察，发现。　　[3] 得：被吏捕获。

◎研读

该文赞扬何武的公平治事，批评戴圣始终纠结于私人恩怨。所以，吕祖谦批评戴圣说："前之免戴圣，公也，而圣自以为怨；后之不杀戴圣之子，亦公也，而圣自以为恩。武之公，未始有二也，而戴圣区区分恩怨于其间，不亦浅哉。”

孔休拒王莽

◎ 解题

文出《东莱吕太史别集》卷六《择善》，摘自《汉书》卷九十九《王莽传》。孔休，字子泉，汉哀帝时守新都，王莽篡国，欲聘为国师，遂呕血托病，闭门不出。

王莽免[1]，就国。南阳太守以莽贵重，选门下掾宛孔休守新都相。休谒见莽，莽尽礼自纳，休亦闻其名与相答。后，莽疾，休候之[2]。莽缘恩意，进其玉具宝剑，欲以为好。休不肯受。莽曰："诚见君面有瘢，闻美玉灭瘢，欲献其玱尔[3]。"即解其玱。休复辞让。莽曰："君嫌其贾也[4]。"遂椎碎之，自裹以进休，休乃受。及莽征去，欲见休，休称疾不见。后，莽秉权，休去官归家。及莽篡位，遣使赍玄纁束帛请为国师，遂呕血托病，杜门自绝。

[1] 王莽：字巨君，孝元皇后弟的儿子。哀帝即位，王莽以忤丁傅被贬。平帝立，元后临朝，王莽为政，号安汉公。女儿为皇后。居摄三年，称假皇帝。后篡位，国号新。光武皇帝起事讨莽，王莽被杀。　[2] 休候之：孔休问候王莽。　[3] 玱（zhuàn）：玉器上凸起的纹饰，此处指玉饰剑柄。[4] 嫌其贾（jià）：贾通"价"。指嫌其价钱过于贵重。

◎ 研读

该文写孔休的清廉不贵物，以及善于识人，特别是王莽在未篡国前善于掩饰，喜以圣人言为论。宋人黄震《黄氏日抄》以为："休可谓见于众人之所未见者矣，惜班氏不以之冠清节之士也。莽平生影借五帝三王之陈迹及六经孔孟之言，随声迁就，饰诈自欺，一举一动，无非儿戏，至死亦然，可怪也夫，可叹也夫！"

卓茂宽仁

◎ 解题

文出《东莱吕太史别集》卷六《择善》，摘自《后汉书》卷二十五《卓茂传》。卓茂，字子康，汉元帝时南阳人。学于长安博士江生，习《诗》《礼》及历算，当时称为通儒。卓茂性宽仁，恭爱乡党，得到乡人的爱戴。

卓茂性宽仁，恭爱乡党，故旧虽行能不与茂同者[1]，皆爱慕欣欣焉。初辟丞相府吏，尝出行，有人认其马。茂问曰："子亡马几何时？"对曰："月余日矣。"茂有马数年，心知其谬，默解与之，挽车而去。顾曰："若非公马，幸至丞相府归我。"他日，马主别得亡者，乃诣府送马[2]，叩头谢之。

[1] 行能：品行与才能。　　[2] 诣（yì）：前往。

◎ 研读

此文写卓茂不与人争，光武帝称卓茂"束身自修，执节淳固"。卓茂以行义在汉为民间称道，在其教化之下，道不拾遗。密县有生祠祭祀。

史弼不钩党

◎ 解题

文出《东莱吕太史别集》卷六《择善》，摘自《后汉书》卷六十四《史弼传》。史弼，字公谦，汉桓帝时陈留考城人，迁尚书，出为平原相。

史弼为平原相，时诏书下，举钩党[1]。郡国所奏多至数百，唯弼独无所上。诏书前后切责州郡，髡笞掾史[2]。从事坐传舍责曰[3]："诏书疾恶党人，旨意恳切，青州六郡，其五有党，近国甘陵亦考南北部，平原何理而独无？"弼曰："先王疆理天下，画界分境，水土异齐风俗不同，它郡自有，平原自无，胡可相比？若承望上司，诬陷良善，淫刑滥罚以逞非理，则平原之人户可为党，相有死而已，所不能也。"从事大怒，即收郡僚职送狱，遂举奏弼。会党禁中解，弼以俸赎罪得免，济活者千余人。

[1] 举钩党：检举有关联的党人。 [2] 髡（kūn）笞（chī）掾史：指以刑罚处置地方官吏。 [3] 从事：官名。汉代州刺史的辅佐官吏，如别驾、治中、主簿、功曹等，均称为从事使。传舍：供行人住宿的地方，如旅社。

◎ 研读

史称史弼为平原相时，为政特挫抑豪强，其小民有罪多所容贷。该文赞史弼坚持原则，不为世俗上官所左右，难能可贵。

仇览教陈元

◎ 解题

文出《东莱吕太史别集》卷六《择善》，摘自《后汉书》卷七十六《仇览传》。仇览，字季智，一名香。陈留考城人。年四十，县召补吏，选为蒲亭长，能以德化人。

仇览为蒲亭长[1]。有陈元者[2]，独与母居，而母诣览告元不孝。览惊曰："吾近日过舍，庐落整顿，耕耘以时，此非恶人，当是教化未及至尔。母身投老，奈何肆忿于一朝，欲致子以不义乎？"母闻，感悟涕泣而去。览乃亲到元家，与其母子饮。因为陈人伦孝行，譬以祸福之言。卒成孝子。

[1] 仇（qiú）览为蒲亭长：蒲，地名；亭长，官职名。 [2] 陈元：据《后汉书》注，仇览为阳遂亭长，好以行教化人，当地有一人叫陈元，凶恶不孝。他的母亲告状到仇览处。仇览责备陈元不孝，教其做儿子的道理，并给他《孝经》让他好好学习。陈元终于悔过，跪倒在母亲面前谢罪，说自己由于早年父亲去世，得到娇惯，逐渐不再懂得敬爱母亲，甚至辱骂母亲，请求母亲原谅，允许自己改过。正如谚语说的："孤犊触乳，骄子骂母。乞今自改。"此后，陈元孝事母亲，得到人们的赞扬。

◎ 研读

这是一个化顽子为孝子的典型故事。有林同《为蒲亭长化陈元为孝子民歌》："父母何在在我庭，化我鸱枭哺所生。"又有"蒲亭一长耳，何许得歌声。化我鸱枭类，而今哺所生"。故事赞扬了仇览善化人，挽回了一对母子的亲情，使得历史上多了一个孝子。

邴原守道持常

◎ 解题

文出《东莱吕太史别集》卷六《择善》，摘自《三国志》卷十一《魏书·邴原传》。邴原，字根矩，汉末北海朱虚人，与管宁齐名，以操尚称名州府，北海相孔融以其有道举荐。后日邴原追随曹操，官至五官将长史。

魏太子为五官中郎将[1]，天下向慕，宾客如云，而邴原独守道持常[2]，自非公事不妄举动。太祖微使人从容问之[3]，原曰："吾闻国危不事冢宰，君老不奉世子。此典制也。"

[1] 魏太子：曹丕，曹操长子。曹操死后，曹丕立，废汉称帝，为魏。
[2] 守道持常：按照规则、常理，知法办事。   [3] 太祖：魏太祖曹操。

◎ 研读

此故事看似是讲为官者要守规则，实则内涵了儒家之道，就是张载释《易》说的"必原筮者，慎所与也"。邴原守道持常。据说，曹操幼子苍舒早死，曹操非常伤感。恰在此时，邴原女也早亡。曹操想聘与苍舒合葬，被邴原以为非礼拒绝。邴原守道持常得到了曹操的认可。

王观公心用事

◎ 解题

文出《东莱吕太史别集》卷六《择善》，摘自《三国志》卷二十四《魏书·王观传》。王观，字伟台，东郡廪丘人。少孤贫厉志，曹操召为丞相文学掾。在曹魏官至司空。

王观为涿郡太守，明帝诏使郡条为剧、中、平者[1]。主者欲言郡为中、平，观曰："此郡滨虏，数有寇害，云何不为剧邪？"主者曰："若郡为外剧，恐于明府有任子[2]。"观曰："今郡在外剧，则于役条当有降差，岂可为太守之私而负一郡乎！"遂言为外剧，送任子诣邺。时观但有一子，而又幼弱，其公心如此。

[1] 明帝：魏明帝曹叡，字符仲，曹丕子。 [2] 任子：以子为人质。

◎ 研读

该文褒扬了王观的公心治世，不以一己之私而害治下百姓。此事件后，王观下属人人自励。魏明帝幸许昌，召王观为治书侍御史，管理行台狱事。

顾雍断狱

◎ 解题

文出《东莱吕太史别集》卷六《择善》，摘自《三国志》卷五十二《吴书·顾雍传》。顾雍，字元叹，三国吴郡吴人。蔡邕（伯喈）

从朔方还，尝在吴地避怨，顾雍从蔡邕学。黄武四年（225），顾雍任丞相，在吴国为相十九年，卒年七十六。

吕壹罪发[1]，收系廷尉。顾雍往断狱，壹以囚见。雍和颜色，问其辞状，临出又问壹曰："君意得无欲有所道？"壹叩头无言。时尚书郎怀叙面詈辱壹[2]，雍责叙曰："官有正法，何至于此。"

[1] 吕壹：吴人，为校事郎，性苛刻，窃弄权柄，擅作威福，残害忠良。步骘（子山）举发，被孙权诛杀。　　[2] 怀叙：望出河南。怀叙为尚书郎事见《三国志·顾雍传》。

◎ 研读

顾雍对待吕壹事颇近当代法制精神，不严刑逼供，尊重犯人的人格。

吕范自领都督

◎ 解题

文出《东莱吕太史别集》卷六《择善》，摘自《三国志》卷五十六《吴书·吕范传》。吕范，字子衡，汉汝南西阳人，避乱寿春，被孙权识为人才，官至孙吴都督。

孙策从容与吕范棋[1]。范曰："今将军士众日盛，而纲纪犹有不整者，范愿暂领都督，佐将军部分之。"策曰："子衡，卿既士大夫，加已有大众，立功于外，岂宜复屈小职乎？"范曰："不然，今舍本土而托将军者，非为妻子也，欲济世务，犹同舟涉海，一事不牢，即俱受其败，此亦范计，非但将军也。"策笑，无以答。范出，便释韝[2]，著褶袴[3]，执鞭诣阁下，启事自称"领都督"。策乃授，传委众事。由是，军中肃睦，威禁大行。

[1] 孙策：字伯符，吴孙坚长子。曹操上表推荐孙策为讨逆将军，封吴侯。 [2] 鞲（gōu）：皮制的臂套，缚在臂上束住衣袖，以便动作。 [3] 褶（xí）：古代一种骑服的上装。袴（kù）：本作"绔"。古时指套裤，有别于后来有裤裆的"裤"。

◎研读

吕范少年有容观姿貌，娶刘氏女。婚后至寿春避乱，孙策认为他是人才。吕范于是带家中私客百人投孙策，辛苦跋涉，不避危难。此时孙策还没大势力，身边只有吕范与孙河。该文写了吕范自降职级，以事业为重的高风亮节。

陆抗治军

◎解题

文出《东莱吕太史别集》卷六《择善》，摘自《三国志》卷五十八《吴书·陆逊传附陆抗传》。陆抗，字幼节，孙策外孙，陆逊次子。孙皓即位，拜都督信陵等诸州军州事，官至大司马。

陆抗与诸葛恪换屯柴桑[1]。抗临去，皆更缮完城围，葺其墙屋，居庐桑果不得妄败。恪入屯，俨然若新。而恪柴桑故屯，颇有毁坏，深以为惭。

[1] 诸葛恪：字符逊，诸葛亮兄诸葛瑾长子，弱冠拜骑都尉，得到孙权信任。孙权将死，诏"有司诸事一统于恪"。屯：驻军。柴桑：地名，约今江西九江。

◎ 研读

从陆抗与诸葛恪换屯事，可见陆抗忠于职守，临事不苟，所以官至大司马。诸葛恪看到陆抗治军一丝不苟而感到惭愧，是心中有耻。

张翼不以黜退废公

◎ 解题

文出《东莱吕太史别集》卷六《择善》，摘自《三国志》卷四十五《蜀书·张翼传》。张翼，字伯恭，蜀汉犍为武阳人，累迁至广汉蜀郡太守。建兴九年（231），为庲降都督，绥南中郎将。

张翼为庲降都督[1]，耆率刘胄背叛[2]，翼举兵讨胄。胄未破，会被征当还，郡下以为宜驰骑即罪，翼曰："不然，吾以蛮夷蠢动不称职故还耳，然代人未至，吾方临战场，当运粮积谷，为灭贼之资，岂可以黜退之故而废公家之务乎？"于是统摄不懈。代到，乃发。马忠因其成基以破殄胄[3]。丞相亮闻而善之。

[1] 庲（lái）降：地名，在今曲靖境内。裴松之《三国志》注："臣松之讯之蜀人云，庲降，地名，去蜀二千余里。时未有宁州，号为南中。" [2] 耆（qí）：强横。率，主帅。 [3] 马忠：原名狐笃，字德信，巴西阆中人。幼时在外家成长，以平刘胄功，加官监军奋威将军，封博阳亭侯。

◎ 研读

张翼为庲降都督、绥南中郎将。张翼因持法严厉，不能为当地人接受。后刘胄反叛，张翼举兵讨伐，未能取胜。诸葛亮因以马忠为都督替代张翼，要求张翼还成都。张翼坚持等马忠到任，并且在此期间为马忠讨伐叛军准备了充足的军需物资，马忠因而得胜。诸葛亮得知张翼事，追论张翼前功，赐爵关内侯。

沈攸之以大局为重

◎解题

文出《东莱吕太史别集》卷六《择善》，摘自《南史》卷三十七《沈攸之传》。沈攸之，字仲达，吴兴武康人。沈攸之少孤贫，貌丑陋。随从沈庆之征讨有功，南朝宋明帝时召入直阁，为辅国将军。顺帝时进开府仪同三司。《宋书》有传。

宋越、谭金等谋反[1]，殷孝祖为前锋都督，中流矢死。人谓沈攸之宜代孝祖为统。时建安王休仁屯武槛总统众军，闻孝祖死，遣宁朔将军江方兴、龙骧将军刘灵遗，各率三千人赴赭圻。攸之以为孝祖既死，贼有乘胜之心，明日若不更攻，则示之以弱。方兴名位相亚，必不为己下。军政不一，致败之由。乃帅诸军主诣方兴，推重并慰勉之。方兴甚悦。攸之既出，诸军主并尤之。攸之曰："卿忘廉、蔺、寇、贾事邪[2]？吾本以济国活家，岂计彼之升降。"明日进战，自寅讫午，大破贼。

[1] 宋越、谭金等谋反：宋越、谭金为南朝刘宋废帝刘子业臣下。废帝因残暴被叔父刘彧杀死，刘彧即位为刘宋明帝。宋越、谭金为废帝臣子。殷孝祖、沈攸之、王休仁、江方兴、刘灵遗皆明帝臣子。　　[2] 廉、蔺：战国时赵国廉颇与蔺相如。寇、贾：寇恂与贾复，东汉光武帝将。寇恂，人比作萧何，曾屈从于贾复，人将此事比之廉颇与蔺相如。

◎研读

殷孝祖自以为忠实于国家，欺凌属下将官，人心离散，全赖沈

307

攸之调停其间。沈攸之为宁朔将军，因此得其他将领欢心。殷孝祖死，众推沈攸之。沈攸之不踞己功，能以国事为重，为战胜叛军作出了贡献，事后终于为辅国将军，假节代殷孝祖督前锋诸军事。

李孝伯雅正

◎ 解题

文出《东莱吕太史别集》卷六《择善》，摘自《北史》卷三十三《李孝伯传》。李孝伯，魏赵郡人，父李曾治郑氏《礼》《左氏春秋》，为赵郡太守。李孝伯少传父业，博综群言，美风仪，动有法度。为世祖征为中散，历官光禄大夫、赐爵南昌子、加建威将军，委以军国机密。甚见亲宠。卒赠镇南大将军定州刺史，谥曰文昭公。

李孝伯，人或有言事者，孝伯见帝言其所长，初不隐人姓名以为己善[1]，故衣冠之士服其雅正。

[1] 初：完全，或者表示转折。

◎ 研读

李孝伯在《北史》《魏书》皆有传，着重写李孝伯的善于言辞，比如魏太武帝至彭城，时为魏尚书的李孝伯与南朝宋徐州长史张畅交谈，史称体度恢雅，明达政事，朝野贵贱咸推重之。扬人善，是我国的传统美德，杨敬之赠项斯诗有"几度见君诗总好，及观标格过于诗。平生不解藏人善，到处逢人说项斯"。

崔劼耻以言自达

◎解题

文出《东莱吕太史别集》卷六《择善》，摘自《北史》卷四十四《崔劼传》。崔劼，字彦玄。北齐大臣。自少年已清虚寡欲，好学有家风。历官秘书监，齐州大中正，转鸿胪卿，迁并省度支尚书，转五兵尚书，监修国史。

齐崔劼二子拱、撝并为外任[1]。弟廓之从容谓劼曰[2]："拱幸得不凡，何不在省府中清华之所而并出外藩？"劼曰："立身以来，耻以言自达，今若进儿，与身何异？"卒无所求，闻者叹服。

[1] 崔劼（jié）二子拱、撝并为外任：崔劼字彦玄，有子崔拱、崔撝。崔拱，天统中任城王湝（jiē）丞相咨议参军，管记室；崔撝（huī），为扬州录事参军。　　[2] 廓之：崔劼弟，有识量，以学业见称。自临水令，为琅邪王俨大司马，西阁祭酒，迁领军功曹参军。

◎研读

当时，北齐和士开（彦通）执政，追求名利。朝中官员因此多为子弟走关系，获求京官任职，只有崔劼不为儿子寻求门路。崔劼二子崔拱、崔撝多才，却都被外任，因此崔劼得到了时人的肯定。后来崔拱、崔撝也都有所成。

赫连达廉俭

◎解题

文出《东莱吕太史别集》卷六《择善》，摘自《北史》卷六十五《赫连达传》。赫连达，字朔周，勃勃后裔。曾祖库多汗因避难，改姓杜氏。赫连达性刚鲠，有胆力。少从贺拔岳征讨有功，赐爵长广乡男。进爵乐川郡公，位柱国。

赫连达为夏州总管，性廉俭。边鄙胡人或馈达羊，达欲招异类[1]，报以缯帛。主司请用官物，达曰："羊入我厨，物出公库，是欺上也。"命取私帛与之。

[1] 异类：其他族群的人们。

◎研读

赫连达为国家计，与外族人结好，本为国事，却能自出己物以结外人欢心，实为可贵。

崔暹荐才

◎解题

文出《东莱吕太史别集》卷六《择善》，摘自《北史》卷三十二《崔挺传附崔暹传》。崔暹，字季伦，博陵安平（今河北安平）人。迁左丞吏部郎。世宗以崔暹为度支尚书兼仆射，以心腹看待。崔暹忧国如家，以天下为己任。

崔暹好荐人士，言邢邵宜亲重[1]。言论之际，邵遂毁暹。文襄谓暹曰："卿说子才长，子才专言卿短，此痴人也[2]。"暹曰："子才言暹短，暹言子才长，皆是实事。不为痴也。"

[1]邢邵：字子才，河间鄚（今河北任丘）人。十岁便能属文，雅有才思，聪明强记，日诵万余言。　[2]痴人：狂人。

◎研读

此文言崔暹实事求是，好荐人士，不因私情，不因政见，诚为执政者美德。

李勣为纯臣

◎解题

文出《东莱吕太史别集》卷六《择善》，摘自《旧唐书》卷六十七《李勣传》。李勣，本姓徐，名世勣，字懋功。曹州离狐人。永徽（650—655）中以犯唐太宗讳，改单名为勣。先随翟让、李密起事，后归唐，隋末徙居滑州卫南。高宗即位，拜洛州刺史，加开府仪同三司，同中书门下参掌机密，拜尚书左仆射，拜司空。

李勣，本姓徐氏，名世勣。永徽中，以犯太宗讳[1]，单名勣。初，李密遣勣守黎阳[2]，密为王世充所破[3]，拥众归朝。其旧境东至于海，南至于江，西至汝州，北至魏郡，勣并据之，未有所属。谓长史郭孝恪曰[4]："魏公既归大唐，今此人众土地，魏公所有也。吾若上表献之，即是利主之败，自为己功以邀富贵。吾所耻也。今宜具录州县名数，及军人户口，总启魏公，听公自献。"乃遣使启密。使人初至，高祖闻其无表，惟有启与密，甚怪之。使者以勣意闻奏，高祖大喜，曰："徐世勣感德推功，实纯臣也。"诏授黎阳总管，赐姓李氏。

[1] 犯太宗讳：太宗姓李，名世民。李勣，本姓徐氏，名世勣，"世"字与"世民"同，犯讳，因单名勣。　[2] 李密：字玄邃，一字法主，才兼文武，志气雄远，常以济物为己任。曾与翟让一同起事，称魏公，为王世充败，归唐，封邢国公，拜光禄卿。以失望又叛乱，兵败被杀。　[3] 王世充：字行满，本姓支，西域胡人，祖父死，父随母嫁入王氏门，遂姓王，仕至汴州长史。王世充本隋朝人，后降唐，为仇人杀死。　[4] 郭孝恪：阳翟人，先随李密起事，后归唐。

◎研读

该文称赞李勣不贪、不损人利己的高尚品德。李勣得到了唐高祖的首肯，被称赞为纯臣，即中正、正直的臣。以不贪，所以李勣官至极品，得以善终。

魏徵国士国报

◎解题

文出《东莱吕太史别集》卷六《择善》，摘自《旧唐书》卷七十一《魏徵传》。魏徵，字玄成，巨鹿曲城人。少孤贫，落拓有大志，不事生业，出家为道士。好读书，多所通涉，见天下渐乱，尤属意纵横之说。大业（605—618）末随李密起事，后归唐，事李世民，以直谏称。

魏徵安辑河北[1]，太宗许以便宜从事。徵至磁州，遇前宫千牛李志安[2]、齐王护军李思行锢送京师[3]。徵谓副使李桐客曰[4]："吾等受命之日，前宫、齐府左右，皆令赦原不问。今复送思行等，此外谁不自疑？徒遣使往，彼必不信。此乃差之毫厘，失之千里。且公家之利，知无不为，宁可废身，不可废国家大计。今若释遣思行，不问其罪，则信义所感，无远不臻。古者大夫出疆，苟利社稷，专之可也。况今日之行，许以便宜从事。主上既以国士见待，安可不国士报之乎！"即释遣思行等。仍以启闻，太宗甚悦。

[1] 魏徵安辑河北：玄武门事件后，魏徵归李世民。李世民登基，提拔魏徵为谏议大夫，封爵巨鹿县男，并委派他安抚河北地方，允许他可以相机行事。 [2] 前宫：前东宫，即李渊太子李建成。千牛：官职名。 [3] 齐王：李渊子李元吉。护军：官职名。李思行：赵州人，随唐高祖李渊起兵。累授嘉州刺史，封乐安郡公。永徽（650—655）初卒，赠洪州都督，谥号襄。[4] 李桐客：冀州衡水人，在隋朝为门下录事，后投窦建德。窦建德死，为太宗召授秦府法曹参军，贞观（627—649）初累迁通巴二州，所在有声誉。

◎ 研读

该文称赞魏徵为国为公，宁可废身，勇于承担责任的高尚品质。魏徵入唐后，原是得到太子李建成的欣赏，被李建成招为洗马，以礼相待。魏徵见李世民势力渐强，常常规劝李建成早为处置。玄武门之变后，魏徵归李世民，被委任处置河北事宜。如果自作主张释放李建成亲信，按常理推测，此举容易引起李世民猜忌。但魏徵能不顾个人安危处置国事，彰显了他耿直为公的性格，值得肯定。

牛僧孺不受贿

◎ 解题

文出《东莱吕太史别集》卷六《择善》，摘自《旧唐书》卷一百七十二《牛僧孺传》。牛僧孺，字思黯，隋仆射奇章公牛弘后人，登进士第。唐穆宗即位，牛僧孺以库部郎中知制诰，又改御史中丞，同平章事。后又在敬宗朝、宣宗朝为官，卒于太子少师。

初，韩弘入朝，以宣武旧事[1]，人多流言。其子公武以家财厚赂及多言者，班列之中悉受其遗。俄而父子俱卒，孤孙幼小，穆宗恐为厮养窃盗，乃命中使至其家阅其宅簿以付家老，而簿上具有纳赂之所，唯于僧孺官侧朱书曰："某月日送牛侍郎若干物。不受。却付讫。"穆宗按簿甚悦。居无何，议命相，帝首可僧孺之名。

[1] 宣武旧事：韩弘，颖川人。世居滑之匡城。自试大理评事检校工部尚书、汴州刺史，兼御史大夫，充宣武军节度副大使知节度事、宋亳汴颖观察处置等使。时吴少诚谋乱，韩弘出军三千助禁军共讨吴少诚。

◎ 研读

牛僧孺向来以正直闻名。《旧唐书》记载：唐长庆元年（821），宿州刺史李直臣贪赃，罪当死刑。李直臣便贿赂穆宗身边的宦官为其说情，而牛僧孺秉公执法，坚决不为所动。唐穆宗亲自找牛僧孺说情，说李直臣是个聪明有才能的人，要让他为国家出力，就法外开恩吧。牛僧孺回答道：才能一般的人，最多只能以才窃取点权位、财富，而帝王立法正是要束缚那些奸雄，束缚那些有才能的人。安禄山、朱泚都是因为才能过人，才浊乱天下，况且李直臣只是小有才能，为什么要为这样一个人枉法呢？唐穆宗听言很受感动，夸赞牛僧孺能守法，并当面奖赐金紫，加官同平章事。

六、传状·祭文·碑志

东莱公家传

◎ 解题

　　文出《东莱吕太史文集》卷十四，是吕祖谦为祖上吕好问撰写的一篇传记。文章描述了吕氏家族自上古受氏以来，直至吕祖谦一辈人的家族兴衰变迁以及学术传承过程。其中，着重叙述了吕好问在北宋末南宋初，围绕国家稳定，劝阻张邦昌降金，并积极联系、帮助南宋高宗皇帝赵构继位所做出的努力。

　　吕氏系出神农[1]，受氏虞、夏之间[2]。更商、周、秦、汉、魏、晋，下逮隋、唐，或封或绝。五代之际，始号其族为三院：言河南者，本后唐户部侍郎梦奇；言幽州者，本晋兵部侍郎琦；言汲郡者，本周户部侍郎咸休。其昭穆疏戚[3]，世远轶其谱，而祖河南者，为最盛。

　　[1] 神农：上古人，炎帝教人农耕，故称神农氏。　　[2] 受氏：得氏，古人有氏有姓。虞、夏：虞代与夏代，史书所载中国最早的朝代。　　[3] 昭穆疏戚：族群关系中的远近亲疏。昭穆，《周礼·春官·小宗伯》："辨庙祧之昭穆。"郑玄注："父曰昭，子曰穆。"应用在宗庙或宗庙中神主的排列次序，或者葬法次序，始祖居中，以下父、子递为昭穆，左为昭，右为穆。俗称携子抱孙。

河南之吕入国朝，有为起居郎知泗州者，曰龟图，生蒙正[1]，相太宗、真宗，谥文穆。起居之弟曰龟祥，尝为殿中丞，知寿州。寿州生蒙亨[2]，终大理寺丞。寺丞生夷简[3]，三相仁宗，与文穆仍以公开号于许。册拜太尉，就第薨。谥文靖。配享仁宗庙廷[4]。文靖公有子五而二至相辅：公弼事英宗、神宗，为枢密使。谥惠穆。公著事神宗、哲宗，历枢密副使、门下侍郎、尚书左仆射、司空、平章军国事、申国公。谥正献。盖其自献公而上，勋德行治皆在太史氏。正献公三子：伯曰希哲，以经入侍哲宗崇政殿，封荥阳子，是实生公，用公贵赠太子太保[5]。

[1] 蒙正：吕蒙正，字圣功，洛阳人。祖吕梦奇，后唐户部侍郎。父吕龟图，官起居郎。吕蒙正在太宗、真宗朝三次拜相，以直名，有重望。封蔡国公，改封许国公。未至卒。赠中书令，谥号文穆。　　[2] 寿州：今安徽凤台，或云寿县。因吕龟祥曾知寿州，此处代指。　　[3] 寺丞：吕蒙亨，吕龟祥子。夷简：吕夷简，字坦夫，仁宗朝拜相，与吕蒙正同样封许国公，谥文靖。在宋为相最久。子公绰、公弼、公著、公孺。有集二十卷。　　[4] 配享：附祭。　　[5] 用公贵赠太子太保：用，因为；公，吕好问。吕希哲因子吕好问尊贵的地位身份，得朝廷赠封太子太保。

公讳好问，字舜徒，荥阳公之冢子也。[1]生数年。以门功守将作监主簿。委己于学，髫嬉童习，不屏而绝。范蜀公镇与正献公兄弟交[2]，公幼拜蜀公于堂，唯诺进趋，无违礼。蜀公尉纳甚备，待之如成人。吴侍讲安诗至亢简，少许可，每见公，辄自失叹曰："吕氏有子矣！"……

[1] 冢子：长子。吕好问，字舜徒。除左司谏谏议大夫，赐进士出身。擢御史中丞，除尚书右丞，兼散秩中大夫。封披县男。有子本中、揆中、弸中、用中、忱中。　　[2] 范蜀公镇：范镇（1008—1089），字景仁，成都华阳人。学本《六经》，口不道佛、老、申、韩。以银青光禄大夫致仕，累封蜀郡公。《宋史》有传。

正献公薨，天子加恩诸孙，将擢公寺监丞。公固辞，推以与从父兄。徙监金耀门文书库，职闲无事，公所乐也。始得大肆力于经术，忘晦明寒暑之变。当是时，正献公宾客半朝廷，争欲致公，稍自降屈出一语，则跻台蹑省唯所择。公深自晦匿，日与硕师鸿生讲道穷巷中，未尝挂谒刺于权门之籍。时论归其靖退。调真州春料船场[1]。党事起，荥阳公谪和州，公自免归。徽宗皇帝即位，号召耆艾皆集阙下，荥阳公入为秘书少监。公以便亲监在京绫锦院。崇宁初，权臣修元祐之怨，治党锢甚急。群谴辈黜，廷中为空。于是荥阳公废居宿州，公亦以元祐子弟例不得至京师。两监东岳庙，客于宿者七年。

[1] 真州：旧治在今江苏仪征一带。

······

复调真州春料船场，司扬州仪曹事。扬据南北冲，贤士大夫舟车上下必过公而拜荥阳公于堂。如杨侍郎时中立[1]、陈右司瓘莹中[2]，每过扬，与公语连日夜不厌，所言皆经世大略。······

[1] 杨侍郎时中立：杨时，字中立，号龟山。从二程学，理学家，有《龟山集》。 [2] 陈右司瓘莹中：陈瓘，字莹中，号了翁、了斋、了堂。治《易》，有《了斋易说》。

遭内外艰，终制无复仕进意。客颍昌之阳翟者又十二年。卷道环堵，阒光韬华，嗒焉与世忘[1]。然誉望日尊，贤临一时。宣和之季，故老踵相蹑下世，独公与杨公中立无恙，诸儒为之语曰："南有杨中立，北有吕舜徒。"盖天下倚以任此道者唯二公云。

[1] 嗒（tà）焉：忘怀俗世的神态。

······

徽祖传位皇太子[1]，是为钦宗皇帝。靖康元年正月，虏骑薄都城[2]，乞盟而归[3]。天子锐欲更置天下事，寤寐畯良[4]，近臣交口荐公。钦宗雅闻公名，趣召公。驿书道相及，未至，除左司谏谏议大夫，赐进士出身。间两月擢御史中丞。

[1] 徽祖：宋徽宗。　　[2] 薄都城：薄，逼近、靠近。句指金人逼近都城汴梁。　　[3] 乞盟而归：乞，请求、祈请。金人迫使钦宗朝与之签盟约后又撤回。　　[4] 寤寐畯（jùn）良：畯，通“俊”。谓急于寻找俊杰人才。

闰十一月丙辰，都城失守。钦宗召公入禁中，公昼夜不去上侧[1]……

[1] 不去上侧：不离开钦宗皇帝，指吕好问忠于宋朝。

建炎元年五月庚寅朔，大元帅康王即皇帝位于南京[1]，大赦。改元。太后降手书，以是日撤帘[2]，命公奉手书诣行在所，庆登宝位。癸巳次南都，乙未赐对。上劳公曰：“宗庙获全，皆卿之力也。”除尚书右丞，兼散秩中大夫。封掖县男。

[1] 大元帅康王：指赵构。　　[2] 是日撤帘：是日太后还政与赵构，不再垂帘听政。

……

明年，三拜疏请祠。诏提举临安府洞霄宫。建炎三年冬祀，进封东莱郡侯。虏骑比岁大入，江湖间群盗蜂起。公避地转徙于筠、于连、于郴、于全、于桂[1]，靡有定止。绍兴元年七月丁酉，以疾薨于桂州[2]。享年六十有八。讣闻，诏赠五官，恤礼视常典有加。八月壬申，稿葬于桂州城南之龙泉[3]。子男五人：长本中，尝任中书舍人，直学士院，终于左朝奉郎、提举江州太平观。次揆中，终于郊社斋郎。次弸中，尝任驾部员外郎，终于右朝请郎、主管台州崇道观。次用中，尝任兵部员外郎，终于右朝奉大夫、主管台州崇道观。次忱中，尝任提举江南东路常平茶盐公事，终于右朝奉郎、知饶州。女一人，适右朝奉郎蔡兴宗。孙九人：曰大器、大伦、大猷、大凤、大阳、大同、大麟、大虬、大兴。曾孙十六人：曰祖谦、祖仁、祖俭、祖恕、祖重、祖宽、祖悫、祖平、祖新、祖节、祖宪、祖永、祖志、祖慈、祖义、祖悫。而大凤、大阳、大同、大兴皆蚤夭[4]。

[1] 筠：筠州。连：连州。郴：郴州。全：全州。桂：桂州。 [2] 桂州：今桂林。 [3] 稿葬：稿，草席。稿葬，草草埋葬。 [4] 蚤：同早。

……

公之薨也，寇难未平，葬故有阙。[1]后二十四年，乃克改葬公于婺州武义县之明招山[2]，实绍兴二十四年闰十二月己酉也。惟公薨距今逾三纪[3]，言论风旨，浸不传于世。谨叙次终始藏于家，使子孙有考焉。

[1] 葬故有阙：亡人因寇乱未能举行形式完整的葬礼。 [2] 婺州：今金华市。 [3] 三纪：岁星绕地球一周十二年，为一纪，三纪，即三十六年。

◎研读

该文以吕好问生平为轴心，上溯吕好问祖上吕氏的得姓，非常清楚、翔实地描述了东莱吕氏家族的传承，自河南之吕龟图、吕龟祥弟兄二人分居，吕龟图生吕蒙正，吕龟祥生吕蒙亨，吕蒙亨生吕夷简，吕夷简生子五，有吕公著生吕希哲等。吕希哲生吕好问，吕好问生子五人、孙九人、曾孙十六人。文章主体叙述了吕好问的成长过程，核心是论述吕好问一方面阻止张邦昌降金，另一方面想尽办法联系当时为大元帅的赵构，助他登基，以及因与宰相李纲在处分金人围城中不能守节的官员问题上意见相左而自求外放的经历。李纲主张凡金人围城时的官员，皆按叛逆处分，吕好问则认为城中官员当有所区别："王业艰难，政含垢纳污之时，遽绳以峻法，惧者众矣。围中士大夫责以不能死则可，若直谓之叛逆，彼岂无辞乎？"因此与李纲不睦，当时朝中台谏官多李纲人，借此中伤吕好问。吕好问遂自求退，因除资政殿学士、知宣州、进封东莱郡侯等，死后葬桂州（今桂林）城南龙泉。关于吕好问事，《建炎以来系年要录》记载有兵部员外郎吕用中上疏辩父好问受伪命遭受毁谤事，说："金人伪立邦昌，好问阴慕遣使臣李进冒重围赍帛书往河北求今上（赵构）所在，若使事少败露，则必合家尽遭屠戮，与夫自经沟渎，身享美名，子孙获厚禄校量利害，孰重孰轻？"

故左朝散郎徽猷阁待制提举江州太平兴国宫江都县开国子食邑五百户致仕赠左通议大夫王公行状

◎解题

文出《东莱吕太史文集》卷九，作年不详。王居正，字刚中，扬州人。王居正一生反对王安石学术，自其为太学诸生时已如此。宣和三年（1121）登进士第二名，赐上舍出身。调饶州安仁县丞，荆南府学教授，得范宗尹荐，受高宗召，中兼权直学士院，又除兵部侍郎。其间，王居正写了一部《辨学》进献给宋高宗。这本书共有四十二篇，内容主要是议论王安石父子不合于道的言论。终知温州，为秦桧忌讳，夺职奉祠十年。绍兴二十一年（1151）卒，享年六十五岁。以子贵，赠太中大夫，《宋史》有传。

公讳居正，字刚中。其上世故蜀人。王师之开蜀，孟昶举其族朝京师[1]，太祖悉官昶故臣，公之高祖与焉。道维扬[2]，乐其土风，因徙名数扬之江都[3]，自曾大父至皇考，传三世，皆有列于朝，名迹班班在士大夫间。公生十六年而孤，太夫人春秋高，一以家事倚公办，而耆学益力，兼昼夜不息，崭然见头角。去游太学……初，熙宁中王荆公安石以《新义》颁天下，其后，章、蔡更用事[4]，概以王氏说律天下士，尽名老师宿儒之绪言余论为曲学，学辄摈斥。当是时，内外校官非《三经义》《字说》不登几案，他书虽世通行者，或不能举其篇秩。公勉以亲命，屈意场屋，心独非之。未尝肯作新进士语，留落不耦余十年[5]。党友镌说公盍少自贬？公叹曰："此天穷我，非人为也。一第自有时，心之是非可改耶！"

[1] 孟昶：本名仁赞，字保元。父知祥为后蜀王，临死立孟昶为皇太子，称帝。在位三十年，后王全彬讨蜀，孟昶兵败降宋。　　[2] 维扬：扬州。[3] 名数扬之江都：隶籍江都。　　[4] 章、蔡更用事：章惇、蔡京主持朝政。　　[5] 留落不耦余十年：耦，机遇好。谓十余年不为世用。

......

公气节高亮，仪观丰硕，声音满堂。其学根极六艺，深醇闳肆，以崇是辟非为己任。自其少年已不为王氏说所倾动，慨然欲黜其不臧以觉世迷。于是稽参隽艾，钩索圣缊，摧新学诐淫邪遁之辞，迎笔披靡，虽老于王氏学者莫能自解。龟山杨先生时与公会毗陵，出所著《三经义辨》示公，曰："吾粗举其端以告学者而已，欲发栉而毫绪之未遑也，非子莫成吾志者。"公愈益感厉，首尾十载，迄以成书，为《毛诗辨学》二十卷，《尚书辨学》十三卷，《周礼辨学》五卷，《辨学外集》一卷。

靖康、建炎以来，朝廷惩创王氏邪说之祸，罢配享，仆坐像，更科举法，置《春秋》博士弟子员，国论略定。然余朋遗党合力诋沮，所以摇正道者万端，赖太上皇持之坚既不得逞[1]，则阴挟故习，候伺间隙，识者惧焉。会故相韩仪公忠彦请谥[2]，公时赞奉常，引仪公熙宁初辟近臣坐讲之请以定谥，且谓："自是君尊臣卑，犹天地定位，不可改易。虽淫辞曲说，厚诬天下，谓天子有北面之仪，君臣有选宾之义，天下卒莫之信，实有大功于名教，宜谥曰'文礼'。"尽发王氏之谬，以警在列。读者皆竦，而韩氏子乃以故事未有以"礼"为谥者，谒宰相求易。宰相以谓公，公不为改。其在兵部，以事请对，上因及王安石新学为士大夫心术之害，公进曰：

"臣侧闻陛下深恶安石之学久矣，不识圣心灼见其弊安在？敢请。"
上曰："安石之学，杂以霸道，取商鞅富国强兵，今日之祸，人徒知
蔡京、王黼之罪，而不知天下之乱生于安石。"公对曰："祸乱之源，
诚如圣训，然安石所学得罪于万世者不止于此。"为上陈安石训释经
义，无父无君一二事。上作色曰："是岂不害名教？《孟子》所谓
'邪说'者，正谓是矣。"于是，请以《辨学》为献，上许之。公序
上语系于《辨学》书首。

[1] 太上皇：宋徽宗赵佶。金兵南下，传位于钦宗赵桓，自为太上皇。在
位时任用蔡京主持国政，打击元祐党人。　　[2] 韩仪公忠彦请谥：韩忠彦，
字师朴。徽宗召拜门下侍郎，以宣奉大夫致仕。应其子中散大夫提举亳州明道
宫韩澡请，高宗为篆神道碑"世济厚德之碑"，谥号文定。定谥在绍兴元年
（1131）四月癸丑，赐碑在建炎四年（1130）九月辛未。初请谥，王居正为定
谥号"文礼"。韩澡认为自古以来未曾有以"礼"为谥号的先例，请求时相范
觉民予以更改，但没有得到准许。吏部复议后改为"文定"。

先时，名公卿斥王氏者辈出，犹不能胜，至公上《辨学》，而杨
先生《三经义辨》亦列于秘府，二书相经纬，孔、孟之本指始明，
士皆回心向道，如水赴壑，天下遂不复宗王氏。盖太上皇帝表章圣
学之功，而公与龟山先生诸贤之助也。

公他所著书有《春秋本义》十二卷，《论语感发》十卷，《孟子
疑难》十四卷，《文集》十卷，《西垣集》五卷，《兵民条例》一卷。

◎ 研读

该《行状》自王居正曾祖、祖、父叙起，记录了王居正一生的
行事与成就。初因反对王安石新学不为世用，后又因为秦桧不容而
遭黜职。然而文中主要论述的是王居正辟新学事，尤其指出了《辨
学》一书的功劳最明显。《辨学》赞同杨时《三经义辨》，二书相为
发明道理，士心因此皆回心向道，如水赴壑，天下不再宗王氏。

代仓部祭曾文清公文

◎解题

文出《东莱吕太史文集》卷八，作于乾道二年（1166）。曾文清，即曾几，官至敷文阁待制，工诗，有《茶山集》。长子曾逢，字原伯；次子曾逮，字仲躬；季子曾迅，字叔迟。曾逮有子曾德广，守桐川，搜集家中两代人笔迹文字，刻石，后并附刻吕祖谦二帖。曾几为吕大器岳父、吕祖谦外祖父。此为吕祖谦代父亲拟的祭祀曾几的文章。

呜呼！邈丘壑之韵者[1]，身清而命未必厚；鸿彝鼎之勋者[2]，命厚而身未必清。判途而分鹜，犹参商与渭泾[3]。昔香山之退傅[4]，遗簪组而沉冥[5]。淡酬风而酌月，陶至乐于林坰。塞降命之多奇[6]，屡哭殇于颓龄。若汾阳之元老[7]，庇九族以咸宁[8]。驱缌穗而扫迹[9]，纷角羁而忘名[10]。极二纪之豪华，醉世味而未醒。盖挹其至清，则厚福不得而多取；居其至厚，则清趣不可以力争。惟丈人之所享，合内外而俱亨：还紫橐而却蒲轮[11]，颓然天放者，既专物外之乐[12]；道板舆而奉鸠杖[13]，欢然色养者，又擅区中之荣[14]。等之香山，则无其惨戚；权之汾阳，则未尝满盈。全古人之未全，旷千载其难并。乘至全而反真，夫何憾于泉扃？

[1] 丘壑：原指山水，此指隐逸。　[2] 彝鼎：本为铭刻功德的器皿，此指功勋。　[3] 参商与渭泾：本指参星与商星以及渭水与泾水。此指追求隐逸生活与追求建功立业二者目标是根本不同的，也是无法兼得的。　[4] 香山之退傅：此句以下用唐人白居易典，形容晚年生活的不易。白居易生前位至太傅，退后居住洛阳龙门香山。晚年似不得意，曾有嗟老叹贫之作《达哉乐天行》："庖童朝告盐米尽……先卖南坊十亩园，次卖东郭五顷田。然后兼卖所居宅，仿佛获缗二三千。"又下句有"屡哭殇于颓龄"，白居易四十多岁丧三岁

女，六十岁丧三岁子，有哭子诗十数篇，一生无男，自叹"邓攸身"。所以下文有"等之香山，则无其惨戚"句。 [5]簪组：冠簪与冠带，此代指官宦。 [6]蹇（jiǎn）：句首语助词，无意。 [7]汾阳：指唐人郭子仪，在平定安史之乱中，被肃宗用为朔方、河中、北庭、潞、仪、泽、沁等州节度行营，兼兴平定国副元帅，充本管观察处置使，进封汾阳郡王。 [8]九族：九族有多种说法，或云包括父祖四、母族三、妻族二等，或云以自己为本位，上推四世，下推四世玄孙，也就是整个家族。 [9]驱缌穗而扫迹：以粗麻布扫除车轮的痕迹，表示与世俗脱离。 [10]纷角羁而忘名：纷，众多的意思。角羁，代指儿童。忘名，不慕声利。句谓儿孙绕膝的快乐以至于忘记了名利。 [11]还紫橐（tuó）而却蒲轮：橐，袋子。紫橐，古代官员用来装物，以备顾问。蒲轮，用蒲草裹车轮减少振动，用以接贤士。全句意为推却掉官家给予的富贵待遇。 [12]物外：俗世以外。 [13]鸠杖：拐杖。唐玄宗宴请京师老人，八十以上赐鸠杖。 [14]区中：人世间。

　　然而队一世之师表[1]，夺四朝之典刑[2]；涸洙、泗之渊源，绝风、骚之统盟。朋桡人与墨客，胥霣涕而失声。眇孤生之孱陋，凤受室于门庭，辈子侄以拊育，迨衰发之星星。归印绶以尽哀，迫科法之见绳，传壶觞而往酹，泪随河之东倾。

[1]队（zhuì）：同"坠"，丧失。 [2]四朝之典刑：典刑，同典型，典范的意思。指曾几历仕徽宗、钦宗、高宗、孝宗四朝。

◎研读

　　曾几，字吉甫，其先赣州人，徙河南府，生活跨南北宋。入太学，试吏部，考官异其文，置优等，赐上舍出身，擢国子正兼钦慈皇后宅教授。特辟博士，除校书郎，登上仕途。绍兴八年（1138），因兄曾开力斥和议，触怒秦桧，同被罢官。自绍兴十九年始，寓居上饶茶山寺七年。秦桧死后方复官。官至敷文阁大学士，以通奉大夫致仕。曾从胡安国、吕本中游，倡导程氏之学。贯通六经，尤长于《易经》《论语》。治经之余，发于文章，雅正纯粹。诗尊杜甫、黄庭坚。与吕本中、陈与义、韩驹等，均为南渡后诗坛的先锋。陆游为曾几门生，受到很大影响。《宋史》三百八十二有传，曾提举淮东茶盐。高宗即位，改提举湖北，徙广西运判、江西提刑，又改浙西。吕祖谦曾长期与曾几共同生活，颇受影响。本文将曾几一生与白居易、郭子仪作比较，对曾几有高度评价。

祭汪端明文

◎解题

文出《东莱吕太史文集》卷八，作于淳熙三年（1176）正月。汪应辰淳熙二年十二月卒于衢州，吕祖谦淳熙三年正月十二前往吊唁，并作祭文沉痛哀悼，高度评价汪应辰的政绩及学术贡献。

呜呼！开之大者若将有属，聚之粹者其不徒生[1]。猗众万之弗齐[2]，公取数其独赢。培之以岳镇之浑厚[3]，瀹之以涧瀍之清明[4]。其任重，则轶材绝识不能足其志；其道远，则贵名显仕不能留其行。既予其资又乘其会，盖南渡群贤皆在之时，而北方余论未衰之际，款门墙而遍历，跻堂奥而独诣。合诸老之规摹，而融其异同；总一代之统纪，而揽其精粹[5]。更侍从于两朝[6]，凛大节之弗渝。虑先根本[7]，则或以为缓；动据宪章，则或以为拘。奋发陈义，则或尤其亟；弥纶藏用，则或咎其徐。少而论和，既不诡随于小人之党；晚而议战，复不苟同于君子之徒。虽屡起而屡仆，守常度而自如。外屏卫于翰藩，亦大体之可识。明振毫末，而终出于恕，智兼僚案而各付以职。外视高雅，而中实密察；外视宽舒，而中实肃给。填拊经远，不求岁月之效；悃愊务实，不事耳目之饰。虽权胁而势摇，迄岿然而山立。晚进后出，自相长雄；广坐众席，旧人罕逢。大雅之音尚闻于公，学则正统，文则正宗，乐易平旷，前辈之风；崇深简重，前辈之容。士骇未见，或姗或攻[8]。以身存法，独殿其冲。典刑不队，縶公之功。呜呼！进退有义，弛张有时，其用其舍，我不敢知。至于濩落丛祠之秩[9]，所取者甚狭。荒寒萧寺之居，所处者甚卑。假十数年之寿考，作二三子之指归[10]。共箪瓢之淡泊，缉简编之阙遗[11]。于造物其何费，乃一夕而夺之？然则开之大者，竟复何意？聚之粹者，盖亦胡为？瞻天运之鸿濛，非小夫之所窥。呼苍旻而上诉，则匪公之素期。呜呼！继自今以往，镇定大事，顾盼系轻重者不复嗣矣。勇建大论，呼吸判成败者，不复闻矣。百年未明之心迹，不复究其实矣。群籍未辨之真赝，不复审其是矣。斯文将安所寄，而斯民将安所徯矣。某佩韘趋隅[12]，木行两周[13]，录其世旧，教育绸缪，肝膈洞照，泯然相投，大何理之不讲，细何事之不诹。幸二邦之接畛[14]，谓卒业之可酬[15]。阔謦欬其未几，忽赴车之停輈。亟宿舂而听役[16]，泪淋浪而莫收。炯话言之如在[17]，策蹇步而敢偷[18]。蠲此心而明荐，夫何有乎醲羞。

[1] 开之大者……聚之粹者：这是吕祖谦对汪应辰的人生评语，祭文围绕此两点展开。 [2] 猗（yī）众万之弗齐：猗，叹词，用于句首。众万，万物。叹万物的各具特色。 [3] 岳镇：封疆大吏。汪端明曾为四川制置使。 [4] 洞瀍（chán）：二水名，据言洞瀍地周公卜居，二程理学所兴，当言汪应辰之学术渊源。 [5] 既予其资……揽其精粹：描述汪应辰的学术渊源及造诣。 [6] 侍从于两朝：南宋高宗朝与孝宗朝。 [7] 根本：儒家提倡的正人心。 [8] 姗（shàn）：讪笑，讥讽。 [9] 濩（huò）落丛祠：濩落，落魄失意。丛祠，寺庙。南渡后，汪应辰居衢州超化寺。 [10] 二三子之指归：二三子，语出《论语》，是孔子对其弟子所称，这里指志趣相同的后生们。句指汪应辰可作后生的导师。 [11] 箪（dān）瓢之淡泊，缉简编之阙遗：用颜渊故事，《论语》云："子曰：贤哉回也，一箪食，一瓢饮，在陋巷，人不堪其忧，回也不改其乐也。贤哉！回也。"句指汪应辰在淡泊中从事儒家经典的文献整理活动。 [12] 佩韘（shè）趋隅：韘，射箭时套在右手拇指上用以钩弦的用具。指成年。意谓自己成年便从汪应辰求学，言从学之久。 [13] 木行两周：木行，木行水上，《系辞传》以为"舟楫之利"。周，岁星绕行一周十二年，两周二十四年。句谓自己追随汪应辰二十四年，如舟行水上，多所获利。 [14] 接畛：畛，田地。接畛，地域相连接，指衢州与金

华相邻。　　[15] 酬：实现。　　[16] 宿舂：宿舂粮。《庄子·逍遥游》："适百里者宿舂粮。"原指隔宿舂谷备粮，后代指百里。金华距离三衢很近，一天可到。句谓闻汪应辰去世即动身赴三衢吊唁。　　[17] 炯（jiǒng）：明白。
[18] 策蹇步而敢偷：谓将继承汪应辰学业，不敢偷懒。

◎研读

汪应辰于高宗绍兴五年（1135）及第，十八岁，为秘书省正字。以忤秦桧遭贬岭南十七年，秦桧死后方回朝为官。历仕高宗、孝宗两朝，屡次起复，以端明殿学士为四川制置使，知成都府。入朝为吏部尚书，兼翰林学士并侍读，所至多革弊政。学从张九成、吕本中，与朱熹善。《宋元学案》有《玉山学案》。

在祭文中，吕祖谦以门生的身份，从两个方面对汪应辰予以高度评价：首先，称赞汪应辰侍从于两朝，据国家典章制度，阐释大义，辅佐朝政，不诡随于小人之党，不苟同于君子之徒，一切视大节根本为据。其次，在学术方面，汪应辰身处南渡群贤皆在之时，北方余论未衰之际，有机会遍历门墙，独跻堂奥，做到了合诸老之规摹，融其异同而总一代之统纪。吕祖谦称其"学则正统，文则正宗，乐易平旷，前辈之风"，是一代学术领袖。最后，吕祖谦提及自己师从汪应辰之久，与汪应辰肝膈洞照，泯然相投，"大何理之不讲，细何事之不诹"的学术经历。

祭芮祭酒文

◎解题

文出《东莱吕太史文集》卷八，作于乾道七年（1171）。芮烨，字国器，一字仲蒙。官左从政郎，仁和县尉。因诗《和沈长卿牡丹》

中有"宁令汉社稷，变作莽乾坤"一句，被秦桧贬谪，流放至广东化州。秦桧死后，才被朝廷重新召用。为官有广东提刑、御史，国子监司业、祭酒，终右文殿修撰。人推其文章、吏事雍容儒雅。陆游称赞芮烨"落笔龙蛇仲蒙帖"。芮烨与吕祖谦在朝中共处，吕祖谦视芮烨为师。

呜呼！耒耜挂壁[1]，未试菑畲[2]。饥者见之，喜动眉须。实之感人，如鼓应枹。见诸功用，则皆其余。通都大邑，赴车相及。匪戚匪姻，越肥秦瘠。独公之丧，交吊聚泣。公微权势，人栽户培。彼拳拳者，果何为哉。升屋三号[3]，万事冰泮[4]。谁絷维之，至此不畔。矧惟某等，事公泽宫[5]。临风一恸，吾道其穷。前日之祖[6]，今日之酹[7]。觞酒未酸，俛仰千载。

[1] 耒耜：农具。　　[2] 菑（zī）畲（shē）：开垦土地。　　[3] 升屋三号（háo）：号，大声呼叫。《礼记·礼运》："及其死也，升屋而号。"《礼记·丧大记》："升自东荣……北面三号，卷衣投于前司。"一种丧礼的仪式。[4] 冰泮：消失。　　[5] 泽宫：古代习射选士的地方。句谓从芮烨学习。[6] 祖：送葬过程中的祭祀。　　[7] 酹：祭奠。

◎研读

吕祖谦以芮烨为师，此文以耒耜菑畲为喻，阐述老师对门生的启发诱导之功。耒耜尚未应用于耕作就已为农人喜欢，而芮烨作为国子监祭酒，施教天下，为天下人师，得天下人敬仰，功又大于耒耜之未曾菑畲。本文体现了吕祖谦真挚的尊师情怀。

祭林宗丞文

◎ 解题

文见《东莱吕太史文集》卷八，作于淳熙五年（1178）夏。林宗丞即林之奇。林之奇（1112-1176），字少颖，号拙斋，侯官人。学者称三山先生。绍兴二十一年（1151），登进士第。曾从吕本中游。为校书郎。有《书说》《春秋周礼讲义》《论语注》《孟子讲义》《扬子讲义》《道山纪闻》《拙斋文集》《观澜集》等。卒谥文昭。吕祖谦从学。此为吕祖谦祭祀林之奇而作。

　　昔我伯祖西垣公躬受中原文献之传[1]，载而之南。裴回顾瞻，未得所付。逾岭入闽，而先生与二李伯仲实来[2]，一见意合，遂定师生之分。于是，嵩洛关辅诸儒之源流靡不讲[3]，庆历元祐群叟之本末靡不咨[4]。以广大为心，而陋专门之暖姝[5]；以践履为实，而刊繁文之枝叶。致严乎辞受出处，而欲其明白无玷；致察乎邪正是非，而欲其豪发不差。昕夕函丈[6]，闻无不信，信无不行；前望圣贤，大路九轨[7]，自诡以必可至[8]。三岁一诏[9]，士子莫重焉。先生方上名于春官，慨然惜会合之难，而绪业之未竟也，亟改辕解鞅而辍行。其视内外轻重之分，可谓审矣[10]。里居之良，若方若陆，旁郡之士，一作老。若胡若刘[11]，更唱迭和于寂寞之滨。韬积渟蓄，固未有舍所为为人意也。未几，声光四出，而不可遏。州党推择，居东面之席；踵门请起，至再至三，不得已而临之。长乐之士知乡大学，知尊前辈，知宗正论，则皆先生与二李公之力。

　　[1] 我伯祖西垣公：西垣公，指吕本中。西垣，中书省的别称，吕本中曾为中书舍人兼侍讲，因称。吕本中于南渡后曾在福州寄居。　　[2] 二李伯仲：李楠、李樗，闽县人。林之奇外兄。同师吕本中，有著作传世。　　[3] 嵩洛

关辅诸儒：周敦颐、张载、程颐、程颢等理学中人。　　[4]庆历元祐群叟：庆历及元祐年间的一些人，如吕公著、范仲淹、韩琦、富弼、司马光、苏轼等，主要是政界人物。　　[5]暖姝：自得、自满。语出《庄子·徐无鬼》。[6]昕夕函丈：终日面对前辈学者。　　[7]大路九轨：大路，路通"辂"，天子、诸侯所乘之车，大车。九轨，宽广的路。　　[8]自诡：自我要求。[9]三岁一诏：宋代的一种人才选拔制度，就是科举选才。欧阳修《本论》："三岁一诏，布衣而应诏者万余人，试礼部者七八千，惟上之择，不可谓乏贤。"　　[10]先生方上名于春官……可谓审矣：指林之奇将试礼部，行至衢州，以不得事亲，毅然弃试返回福州。春官：指礼部。　　[11]若胡若刘：方，方升之，字德顺。陆，陆亦颜。胡，胡宪，字原仲。刘，刘致中，字勉之。见吕本中《和伯少颖迁仲将归福唐偶成数诗欲奉寄无便未果也辰叔常季南还因以奉送五首》。

呜呼！西垣公既不及公道之伸，而二李亦皆以布衣死[1]。独先生甫入东观[2]，若将有为，而病辄随之。中原诸老之规模迄不得再白于世，其用舍必有所系矣。

[1]布衣：平民。　　[2]东观：或称老子藏书地，在汉为朝廷藏书校书处，班固在此修《汉记》，蔡邕等作《后汉记》，后称国史修撰场所。林之奇曾入史馆，为校书郎。

呜呼！心迹之判，固非达者之论，区区专信耳目而量君子之用心，则亦有大谬不然者。先生所遇，多迕少合，意虽可寻，而事不大见，中虽无愧，而外不及知。悠悠斯世，识此心者几何人哉？

呜呼！先生之卧家，左支废右支缓，手不能指授，口不能剧谈，若无与乎世道之升降，抑不知百围之木，颠童立枯，犹足为丘樊之镇。一旦仆地，则意象衰落，无复故国之遗矣。

呜呼！痛哉！某未冠缀弟子之末行，期待之厚，独出于千百人之右。顾谫薄安所取[1]？此实惟我西垣公之故施及其后人，培植渐被[2]，闵闵焉如农夫之望岁也。齿发日衰，业弗加修，愚不自惜，大惧先生之功力为虚施，每腼然惭，惕然恐也。闻先生之丧，念以辞侑奠而思虑不专，条贯靡究，笔屡下而复椓也。既半岁矣，而所言者乃止于是，盖至善难名，至痛无文，而迄不能成章也。先生之存，音问虽阔疏，举首南望，犹有虞焉。今遽撤其所畏，几何而不为小人之归也。惟当与二三子尊所闻，行所知，使先生未伸之志，犹有考也。呜呼哀哉！

[1] 谫（jiǎn）薄：浅薄。　　[2] 湔（jiān）祓：举荐、提拔。

◎研读

该作虽为祭祀文，但主要叙述吕氏学术的传承及林之奇在吕学传承中的地位与贡献。主要包括三个方面：一是学术薪火相传的顺序：从吕本中到林之奇，再从林之奇到吕祖谦。二是吕本中传授的学术内容，即嵩洛关辅诸儒之源，庆历元祐群叟之本末，以及其风格特点，以广大为心，而陋专门之暖姝，以践履为实，而刊繁文之枝叶。三是实践特点，严乎辞受出处而明白无玷，察乎邪正是非而毫发不差。这为日后人们理解吕学内容指明了方向。

祭张荆州文

◎解题

文出《东莱吕太史文集》卷八，作于淳熙七年（1180）。张栻是吕祖谦最好的朋友，关系至为密切。吕祖谦非常认同张栻的学问，其《与陈同甫》说："张荆州不起，此自有所关系，岂独游从之痛哉！使其不死，合点检整顿处甚多。至于不自是，不尚同，则相识中未见两人也……病中尤思朋友旦夕之望。"张栻的死极大打击了风痹病重的吕祖谦。吕祖谦非常重视这篇《祭张荆州文》，文成，寄送多位朋友，如朱熹、尤袤、刘清之等。吕祖谦《与朱侍讲元晦》说："尤延之说《祭文》极是。盖当时伤感之意多，自应迫切耳。"

　　昔者某以郡文学事公于严陵[1]，声同气合，莫逆无间。自是以来，一纪之间，面讲书请。区区一得之虑，有时自以为过公矣，及闻公之论，纲举领挈，明白严正，无缴绕回互，激发偏倚之病，然后释然心悦，爽然自失，邈然始知其不可及。此某所以愿终身事公而不去者也。某天资涩讷，交际酬酢，心所欲言，口或不能发明[2]，独与公合堂同席之际，倾倒肺肝，无所留藏，意所未安，辞气劲切，反类世之强直者，亦不自知其所以然。夫岂士为知己，尽自应尔欤？我行天下，爱而忘其愚，亦有不减公者矣。内反诸心，岂敢负之！乃独勇于此，而怯于彼，抑有由也。盖公孳孳求益[3]，敦笃恳恻，有以发其冥顽；勇于改过，奋厉明决，有以起其缓纵。而不立己、不党同，胸怀坦然，无复隔阂，虽平生退缩固滞之态，亦不扫而自除也。使我常得从公，岂无分寸之进？使公以爱我之心，充而扩之，驯致于以虚受人之地，公天下之身，受天下之善，则为社稷生民之福，孰可限量邪？呜呼！公今其死矣，我无所复望矣。虽然，有一于此，公在三之义上通于天[4]。养其志，承其业，油油翼翼，左右弥缝，不以存没为二者[5]，公之事亲也。念大恩之莫报，咎诚意之未孚[6]，虽身在外，心靡不在王室，鞠躬尽瘁唯力是视，不以远近为间者，公之事君也。义理之大，一诚所归，永矢靡它。至于参观遍考，公而且博，未尝如世俗学一龟生之言，暖暖姝姝[7]，不复广求，其进学之力，不以在《睽》为勤惰者[8]，公之事师也。公之此心，盖未尝死，我虽病废，犹有尊足者存，亦安知不能追申徒而谢子产乎[9]？不敏岂复能文，直写胸中之诚以告公而已。

　　[1] 以郡文学事公于严陵：此指乾道年间（1165—1173）吕祖谦为州学教授，与张栻在严州共事。　　[2] 口或不能发明：口齿表达不清楚。朱熹说："可惜如伯恭都不会说话，更不可晓，只通寒暄也听不得，自是他声音难晓。子约尤甚。"（《朱子语类》卷九十五）　　[3] 孳孳（zī）：勤勉。　　[4] 在三之义：句谓张栻以民生为念。《国语·晋语》："民生于三，事之如一。父生

之，师教之，君食之。非父不生，非食不长，非教不知，生之族也，故壹事之。”族，类的意思，意思是事父、事师、事君都是一样的。［5］不以存没为二：不以生死有所不同。［6］未孚：未使人信服。［7］暖暖姝姝：自得、自满的样子。［8］在《睽》：睽，《易》六十四卦之一，卦象上火下泽，示不同。张栻师事胡宏，与胡宏学稍不同，但对胡宏的尊崇没有影响。［9］安知不能追申徒而谢子产：申徒，指申徒嘉，腿有残疾，与郑子产同师伯昏无人。子产本以与申徒嘉这个残疾同行同坐为耻辱，然在申徒嘉的启发下，意识到人当以德为重。吕祖谦以为其追慕的张栻有申徒嘉的贤明，所以他自己也当有追慕郑子产的自咎自责的勇气（吕祖谦以为自己往日对张栻总是强直无所顾忌地讨论问题）。子产，又字子美，名侨，郑穆公孙子。春秋时郑国人。晋楚争霸，子产带领郑国这个小国与周围的众多大国相处，且确保了郑国的平安无事。子产主张“为政唯有德者能以宽服民；其次，莫如猛夫火烈，民望而畏之，故鲜死焉”。申徒嘉与子产事见《庄子·德充符》。吕孝祥、戴衍等祭吕祖谦文称吕祖谦：“昔先生之深慨，望良朋兮不生。慕子产之自咎，谢申徒而有明。”

◎研读

吕祖谦可以说是把张栻作为老师或前辈来尊崇的，其与朱熹书这样说：“近因荆州之赴（讣），深思渠学识分晓，周正如此，而从游之士往往不得力。记得往年相聚时，虽未能尽领解渠说话，然觉得大段有益，不知其它从游者何故乃如此。盖五十丈不能察人情虚实，必如某之专愚无它，其教诲乃有所施耳。若胸中多端者，虽朝夕相处，未必能有益也。《中庸》论尽己之性，又继之以尽人之性，尽物之性，工夫无穷如此，此岂追往事？亦要高明深勉之耳。五十丈所作《濂溪祠堂记》告妆褫一本送示，欲挂壁间观省耳。”所以，吕祖谦听到张栻的死讯，“适方饭，惊愕气通，手足厥冷，几至委顿，平生师友间可以信口而发，不须拣择只此一处”。吕祖谦很快完成祭文并抄给了多位朋友（淳熙七年三月）。吕祖谦对自己的这篇祭文还是比较自信的，认为此文“虽病中语，言无次序，然却无一字装点做造也"，是一篇"直写胸中之诚"的祭文。确实，此祭文从日常小事说起，讲自己与张栻的相处无间，情真意切，倾诉了老朋友去世给他带来的无比悲痛，读起来有催人泪下之效。朱熹也认为吕祖谦的《祭张荆州文》"真实中有他人所形容不到处"，连声赞道："叹服！"

祔继室韩氏志

◎解题

文出《东莱吕太史文集》卷十，作于乾道七年（1171），是吕祖谦为续弦韩螺而作。祔，合葬；志，即墓志。

乾道七年夏六月庚申，左从政郎太学博士兼国史院编修官兼实录院检讨官吕某，祔其继室于元配之兆[1]。始某逾冠授室[2]，盖今尚书左司郎中韩元吉长女[3]，既五年而夭[4]。左司公实识其葬[5]。后七年，复女焉。越二年又夭，寿二十有七。改月而葬，与长姊同域异穴。惟内外辨位，而司家政者名不出壶，虽敬戒以祗妇道，犹其常也，兹用不书，以附《春秋》之义。土姓世系列于前志者[6]，亦不再见。二女长曰复，幼曰螺。

[1] 兆：坟墓。　[2] 授室：娶妻。吕祖谦绍兴二十七年（1157）娶韩元吉长女复为妻，时年二十一岁，因称逾冠。　[3] 韩元吉：字无咎，号南涧，许昌人。为吏部尚书，知婺州，提举太平兴国宫。长女复，幼女螺先后嫁吕祖谦。著《桐荫旧话》《南涧甲乙稿》。　[4] 夭：短命。　[5] 左司公：尚书左司郎中韩元吉简称。　[6] 土姓：古人以出生地赐姓称土姓。《尚书·夏书》传："'锡土姓……'传：'天子建德，因生以锡姓，谓有德之人生此地，以此地名赐之姓以显之。'"

◎研读

吕祖谦一生的婚姻十分不幸，四十五岁之间，三娶三丧，对吕祖谦的打击十分沉重：绍兴二十七年（1157）十二月，娶韩元吉长女韩复，三十二年七月卒。乾道五年（1169）五月，再娶韩元吉次女韩螺，乾道七年五月十三日卒。淳熙四年（1177）十一月，三娶芮烨季女芮氏，淳熙六年七月二十八日又卒。吕祖谦与周必大书："病中复遭此戚，极觉委顿，两三日来，始似可撑柱。"吕祖谦的早逝与此应该不无关系。

朝散潘好古墓志铭

◎解题

文出《东莱吕太史文集》卷十。朝散潘公，即潘好古，字敏修，一字伯御，处州松阳人。其子潘景宪与吕祖谦同年，从吕祖谦学。受潘景宪请，铭作于乾道六年（1170）。

乾道六年春正月庚午，右朝散郎赐绯鱼袋致仕潘公卒于婺之里第。越三月，诸孤状公之寿年、里、系履迹属某铭……公讳好古，字敏修，一字伯御，处之松阳人。

……

甲子岁水，并舍有僧庐，公挈孥栖其危。水怒张[1]，屋廪廪欲仆，众方左右视，迫怵无计。隙望波涛间[2]，有棹舟至者，呼公亟济，童仆相贺更生，前扶公即舟。公顾同避者尚数十人，叹曰："吾去，是曹其鱼矣。[3]"乃谕舟人姑置己先载余人。舟人曰："吾德公长者，故犯险脱公耳，余子何为者？"公曰："此距平陆不十里，汝不惮一往返之劳，厄此者皆汝生之也。"舟人义而从之。众毕济，公乃济。其于死生缓急之际，先人后己如此。

[1] 水怒张：怒，汹涌的水。郭璞《江赋》："乃鼓怒而作涛。" [2] 隃（yáo）望：隃通"遥"，隃望，即遥望。 [3] 曹：一类人。

◎研读

该铭写了潘好古在危难之际先人后己的高风亮节。从文学的角度看，该铭以生活细节展示人物生平，可信可读，是一篇非常有文学特色的墓志铭。《东莱吕太史文集》卷八又有《祭潘朝散文》可以对比欣赏："呜呼！昔我见公，子舍是阶。入拜于堂，笑言欢哈。时公谢客，毡寒榻埃，一见倾倒，童仆惊猜。亟问亟劳，厚礼莫偕。我官旁郡，音问踵来。尺牍未报，赴车告哀。承问潸然，亟走舆台。潜德幽光，孰发氛霾。日薄事丛，莫知所裁……"

大梁张君墓志铭

◎解题

文出《东莱吕太史文集》卷十一，作于淳熙元年（1174）六月。张君，即张鳃，字邦和，其子张垓从吕祖谦学。《敬乡录》卷七载，张垓，字伯广，以恩入仕，好义有气节。吕祖俭在庆元党禁时被贬，张垓在建康叶适帅幕，听到消息，立即购买些物资，抄小道急急追吕祖俭直到信安，尽其所有，都赠予吕祖俭。龙川陈亮因事被官府羁押在监狱，无人敢于救助。张垓往返奔走找关系、说道理，终于帮助陈亮脱难。叶适、戴少望年少时贫穷，还没有名气，张垓把他们请到家。叶适知建康府，才开始请张垓出来做事，张垓后又成为湖广总领淮东转运司干办公事，做出了政绩，为人称赞，直到年老奉祠而终。

靖康之难，中原衣冠屑播[1]，荡析之余[2]，其变何可胜道。主乡论者，要当哀其不幸，而体其不得已。乃若张君者，始虽失业，终自封殖以芘其宗[3]，则于可哀之中，又有可书者焉。君讳勰，字邦和……君晚节浮湛里闾[4]，吐纳自养，暇则为人道夷夏土风物产、波涛岛溆、鱼龙雄奇之变，衮衮可听。蚤岁径赣吉境上，天大雪失道，夜投何人家，栋宇闳丽如王侯第。卧未安，闻窗外嘈嘈语且泣，杂五方之声。起窥之，则数十女子群处一室，累然若囚系。旦私问于邻。邻人吐舌曰："君何从见耶？主人翁岁岁剽掠女子，鬻之远郡，累赀且巨万矣，亟闭口勿语，且并祸我。"君上谒请见，徐以利害祸福晓譬之。初愕不答，久乃领解。比复过其门，有指以语君者，曰："是翁去岁遇异人，遂尽舍故业，所掠皆护致付其父母，畏事自守，一乡以安。"叹咤不休，不知乃君也。君亦不自言而去。……娶董氏，生三子：长垓，承信郎；次蚤夭，次未名。六女：长适进士董滨老，次适右迪功郎阎煮，以娄归；余未行。垓尝从予游，于君之葬以铭来请铭。

[1]屑播：轻易抛弃。《书·多方》："尔乃屑播天命。"孔传："汝乃不大居安天命，是汝乃尽播弃天命尔。"此指北宋的败亡。 [2]荡析：动荡离散。《殷商书·盘庚下》："今我民用荡析离居，罔有定极。"孔传："水泉沈溺，故荡析离居，无安定之极，徙以为之极。" [3]封殖：培育人才。或谓壅土培育种植。 [4]浮湛（chén）里闾：浮湛，随波逐流；里闾，平民。句谓张君晚年生活在平民之间。

◎ **研读**

该文一改墓志铭的传统创作成法，在墓志铭中插入张君豪侠作风的一些逸闻轶事，写其解救被贩卖的女子以及说服人贩子改邪归正的过程，颇有小说的味道，增加了铭文的趣味性，与传统铭文写法大不同。

金华戚如圭母周氏墓志铭

◎ 解题

文出《东莱吕太史文集》卷十一，作于淳熙元年（1174）五月。周氏，戚杨夫人。归戚氏十八年，戚氏卒，独立养子，终有所成。寿年六十二。有子戚如圭、戚如玉、戚如璧、戚如琥，皆从吕祖谦问学。特别是戚如圭、戚如琥甚有成就。此铭为吕祖谦应周氏子邀请而作。

夫人晚时观书辄能举大义，尝读上蔡谢良佐氏《语录》，顾诸子曰："既不为禄利，复不求人知，斯所谓问学者耶！"夫人期诸子者盖如此。

◎ 研读

该铭极力称赞周氏知大义，特别是知宋儒主张，认为这对戚氏兄弟的成长有非常大的影响。而在名不出闺阃的宋代，吕祖谦这样为周氏一女子作志，亦见其态度。

永康陈君迪功墓志铭

◎ 解题

文出《东莱吕太史文集》卷十二，作于淳熙二年（1175）九月。陈君，陈持，字守之，一生未为进士，晚年以恩授迪功郎，为筠州高安县主簿。其从孙陈亮与吕祖谦友善。

陈在婺为右族，名数布于七县。其谱或通族为之，其籍永康之前黄者，不知于婺何别也。盖传至数世而得高安府君，而前黄之陈始为儒家，邑人纪焉。

公讳持，字守之。质厚而悫，夤以事母闻。隆于兄弟，白首无违言。迩之里闾，远之郡国，所交耋稚，良楛不同[1]，一接以恩意。年十三入郡庠，下笔亹亹[2]，诸生皆畏避之[3]。意气甚盛。已而，靖康之难，其父赴京师捍御，没，不反，家事益落。遂连蹇不耦。绍兴开太学，故时侪辈强之行。公勉为出，即缀弟子员，往来二十年，竟无所遇。晚以累举，恩授迪功郎、筠州高安县主簿。或谓钩校朱墨，殆非老人所宜，而公耆事乐职，夤夜不怠，若欲少自见者。诸公稍稍知之。代还，未及调官，以淳熙二年八月十一日卒于家。呜呼！公方少时心壮力强，谓天下事直差易耳。年运而往，更涉险难，仅得一官，欣然俯首就之。姑以少偿其铅椠之劳，曾不得须臾以死，盛衰之变可胜道哉？公雅能自宽，婆娑嬉游，无憔悴留落态。暇则为诗文自娱，至老不辍。有《左氏国类》二十卷，《遂志斋录》十卷，《筠阳杂著》二卷。以其年九月二十四日葬于朱旺，距所居五里。曾祖讳援。祖讳贺。考讳知元，承节郎。公享年七十有二，娶蔡氏敦武郎秉圭之女[4]。前公十五年卒。今祔公葬。子男一人：次皋，女一人适进士曹源。孙男五人：长曰充，余尚幼。予虽未及识公，而公之从孙亮，相与友，实来速铭。铭曰：

[1] 良楛（kǔ）：精良与粗劣，句喻不同品行的人。　　[2] 下笔亹亹：下笔滔滔不绝。　　[3] 畏避：因敬重而避开。　　[4] 敦武郎：官职名。

髧如鬓如[1]，孙筐之初。阅五星终，甫从走趋。不酢其勤，卧起于于。命也奈何，保于其墟。

[1] 髧（dàn）如鬓如：头发下垂的样子。

◎研读

　　该文极力称赞陈持晚年不计名利，以微末之职参与地方政务，体现了吕祖谦讲究实学的观念。

金华时君德辅墓志铭

◎解题

　　文出《东莱吕太史文集》卷十二，作于淳熙二年（1175）十二月。时汝翼，字德辅，清江（今江西中部）人。其子镐、锜、鏦，孙沄、源、淇、演、溱、法、潇皆从吕祖谦学。

　　婺之群室，以地系姓者，皆其闻家。清江之时，盖其一也。清江于婺为近郊，时氏之居百年于此矣。

　　君讳汝翼，字德辅。为人庄整，寡言笑，重然诺。少孤。更帮源之寇[1]，余屋数椽。勤俭自力，以封殖其家，始而充，中而裕，末而丰。其所以制节内外，临长族属，约敕童仆者，凛凛不可犯。子若孙，若子孙之妇，酬赠馈问必告，盼赋禀给必均[2]。……子孙胜衣冠以上，皆使之从师肄习，晨起盥栉，未问家事，亟往劳来之。在塾者以次侍，各陈其业。或当其意，欣然为之忘食。虽有疾，闻弦诵声，辄拊髀击节不知病之去体也。每言曰："吾生而多难，不得极意于书，今老矣，平生所嗜，销落向尽，独于文墨眷眷有余怀。儿曹其尚成吾志乎？"里中俊秀，后出新进，皆折辈行与交。门临逵道，道上往来者，装赍类逢掖[3]，辄延致之。偶得胜士，馆饩款绎，连日夜不厌。……曾祖则。祖理。考焕，娶邵氏。三子：镐、锜、鏦。二女：邵、晏。陈褒，其婿也。孙男七：沄、源、淇、演、溱、法、潇；女，长适陈之望，余尚幼。予与君兄之子铸皆癸未进士，自锜以下，多从予游。晚始识君，则既病矣，犹危坐相对，指授顾役，皆中品式。时氏之昌也，有以哉！铭曰：

[1] 更（gēng）：经历。　[2] 盼（bān）：通"颁"。　[3] 逢掖：儒者所穿服装，此代指儒生。

既圮而升，将队而兴[1]。饬家以严，子孙绳绳。胜复合离，靡所止戾。尚承其初，之铭之视。

[1] 队（zhuì）：通"坠"，坠落。

◎研读

该文极力称赞时汝翼向学的态度。里中俊秀，后出新进，皆折辈行与交。道上往来之人，有读书人，皆延请至家，日夜请教，所以子孙皆得以从学。

又，《东莱集》有《金华时君德懋墓志铭》志时汝功，字德懋，时汝翼弟。有三子：鉴、铸、镇。铸为吕祖谦同年。孙男澜、道、济、梁、潜。澜从吕祖谦学最有得，补吕祖谦《书说》成三十五卷，有《左氏春秋讲义》《南堂集》等。

朝散潘好谦墓志铭

◎解题

文出《东莱吕太史文集》卷十二。淳熙三年（1176）八月，应陆九渊请作铭。潘朝散，讳好谦，字伯益，一字损之，松阳人。终官朝散郎，寿年五十有九。命其二子潘景夔、潘景尹从吕祖谦学习，并为了方便他们求学，特别从松阳迁徙到婺州，如今人迁徙至学区房一般。

自建炎省方[1]，吴、会二浙之民，渐王泽为近。溪皋谷陬，往往化韦褐为簪组[2]，其士大夫家仕者亦蕃于初。一门之内或四三、或六七、或累十数而未止也。衣冠之盛固人所喜道，至于爵秩虽未甚通显，而遵畏涯分，不失前人靖厚淳质之绪，尚论风俗者，亦将有考于斯焉。

[1] 省方：巡视四方，指南宋政权确立。 [2] 化韦褐为簪组：韦褐，韦带褐衣，指平民。句谓一般的平民晋升为官绅。

公讳好谦，字伯益，一字损之，松阳人。松阳之潘，自复州使君宗回以进士起家，而族浸大。公实其子，已而以祖命，为寿昌县丞后。寿昌于复州伯仲也。生三年，知书偏傍。复州暇日陈金石刻阿保剑之于旁，或摘问之，通者大半。稍长，益嗜文史，恂恂驯饬，不敢以气加人。……通判绍兴府，未上卒于家。官讫朝散郎。寿讫五十有九。其岁月日，淳熙二年四月己卯也……曾祖讳干，祖讳珂，宣州泾县主簿，累赠朝议大夫。考讳宗说，严州寿昌县丞，累赠朝散郎。妣毛氏，赠安人。……明年八月甲申，葬于县之布和乡兰湾。其孤以临川陆九渊之状来谒铭。盖公晚岁笃于教子，余虽未及际公，景夔、景尹皆越数百里遣从余游。岁时还书络绎，未尝不属其子也。且谋徙家于婺以便其学。呜呼！此意厚矣，其可忘哉！铭曰：

布和之原，兰被其厓。有车之萃，则克宅之。维出不絿[1]，维居不盭[2]。维传不蹻，施于来裔。

[1] 絿（qiú）：急躁。 [2] 盭（lì）：扭曲，乖违。

◎ 研读

该铭揭示了潘好谦笃于教子，注重教育的优良品行，从数百里外专门徙居金华，使子孙从吕祖谦学，此在宋代教育史上为奇观。

分水王君墓志铭

◎ 解题

文出《东莱吕太史文集》卷十一，作于淳熙元年（1174）十二月。王君，王日就，字成德，有侠气。

君讳日就，字成德，姓王氏。新定分水人也。君少以侠气盖里中，尝夜猎，从骑四出，即兽无在者。有畜犬呜呜衔衣，棰之不却，且导且前。公独怪之，亟随以归。明日复视其处，左右虎迹纵横。乃叹曰："犬，人畜也，犹知爱其主；吾奉父母遗体，不自爱，可乎！"于是解鞴断绁，尽谢猎徒[1]。闭户紬架上书阅之，领略其大指，不为缴绕章句学。读史至三国二晋豪杰，辄击节不能自已。遇其意，适或为人诵之，音节清厉，听者咸竦。……十孙，男六：长中孚，次中实，余未名……君虽不试，以其概见一二推之，殆非浮沉闾巷者。予不及识君，而中孚、中实皆从予游，退抑惇饬，众皆目之。意其必有所自，予是以知君之教信行于其家也。

[1] 谢：辞谢。

◎ 研读

该文写王成德从一位侠士转化为一名儒者的传奇经历，颇具神奇色彩，有志怪小说之奇，文学性强。该文虽叙述不多，却让人回味无穷，代表了吕祖谦墓志文体的一种写作特色。

343

陆先生墓志铭

◎解题

文出《东莱吕太史文集》卷十三，作于淳熙七年（1180）十二月，由朱熹书石。陆九龄，字子寿，排行第五，陆九渊兄长，与陆九渊互为师友。登乾道五年（1169）进士第，为迪功郎、桂阳军军学教授，以母老道远，改调兴国军军学教授。卒年四十九岁。《宋史》有传。陆九龄与吕祖谦关系极洽，数次远至金华访吕祖谦探讨为学问题，曾应吕祖谦要约赴铅山参与鹅湖之会。吕祖谦对陆九龄评价颇高，其与陈亮书云："陆子寿前此数日已行，极务实有工夫，可敬也。"（《东莱吕太史别集》卷十《与陈同甫》）陆九龄去世，吕祖谦甚为心痛，与朱熹书云："陆子寿不起，可痛。笃学力行，深知旧习之非，求益不已，乃止于此，于后学极有所关系也。痛！痛！"该文应陆九渊之邀而作，记载了陆九龄的学术主张及生平事迹，是研究金溪学术的重要文献。

陆氏出妫姓[1]。陈公子敬仲适齐[2]，别其氏为田。田氏有国，宣王封其少子通于平原陆乡，又别其氏为陆。五代末，有占名数抚之金溪者，曰德迁，盖唐乾宁宰相希声之孙也。德迁生有祥，有祥生演，演生戬，戬生居士贺，以学行为里人所宗。有子六人：先生讳九龄，字子寿，于次为第五。幼明悟端重，十年丧母，哀毁如成人。少长，补郡博士弟子员。时秦丞相当国，场屋无道程氏学者，先生从故编得其说，独委心焉。久之，新博士且至，闻其雅以魏晋放逸自许，慨然叹曰："此非吾所愿学也。"赋诗径归。结茅舍傍，讲习兼晨夜不怠。

[1] 陆氏出妫（guī）姓：陆氏源于妫姓家族。　　[2] 陈公子敬仲适齐：

陈敬仲，陈完，春秋时陈厉公所生二子。后陈宣公杀太子御寇，御寇素爱陈完，陈完惧祸逃跑到齐国。

先生年犹未冠，于取舍向背，已知所择如此。吏部郎襄陵许公忻[1]，直道清节，在中朝名论甚高，屏居临川，闭门少所宾接，一见先生，亟折辈行与深语，恨相遇之晚。他日，许公起守邵阳，思与先生游，先生亦乐从其招。凡治体之升降，旧章之损益，前闻人之律度轨辙，每亹亹为先生言不厌，所以属之者厚矣。既归，益大肆其力于学，广揽博咨，深观默养，如是者盖十余年，乃束书入太学。太学知名士闻声争愿交，始则乐其可亲，久则知其可事，屏所挟北面而称弟子者甚众。祭酒司业酌众论，举以为学录。先之以身，正之以渐，行之以无事，虽跌宕见镌谯者，退亦心服，不知怨之所在焉。

[2] 许公忻：许忻，字子礼，拱州人，宣和三年（1121）进士。初擢第，蔡京主持国政，欲以女嫁许忻为妻，被许忻拒绝。南宋高宗时为吏部员外郎。论和议不从，请求外补，授荆湖南路转运判官，谪居抚州。起知邵阳。《宋史》有传。

登乾道五年进士第，迪功郎、桂阳军军学教授，以母老道远，改调兴国军军学教授。地濒大江，民寒啬罕游。校官先生不以职闲自佚，端矩彟[1]、肃衣冠，如临大众，劝绥引翼，士方兴于学，而先生以家难去官矣。服除，调全州州学教授，未上，以疾终于家。实淳熙七年九月戊寅，享年四十有九。母饶氏，继母邓氏，用光尧庆寿恩封太孺人[2]。娶王氏，知通州珹之女，而元丰左丞之曾孙也。子艮之，女二人，皆幼。是岁十二月甲申，葬于乡之万石塘。

[1] 矩彟（yuē）：规矩。　[2] 光尧庆寿：指高宗庆寿。南宋高宗退位，孝宗封高宗为光尧寿圣太上皇帝。

初，居士潜德不试[1]，采司马氏冠、昏、丧、祭仪行之家，至先生，又绎先志而修明之。晨昏伏腊、奉盥请袚，笾豆馈爨，阖门千指，男女以班，各共其职，俭而安，庄而舒，薄而均，礼俗既成，隽者不敢踔厉，朴者有所据依，顺弟之风，被于乡社而闻于天下。其仪节品式，江西士大夫多能道之。至于先生忠敬乐易，优而柔之，曲而畅之，遂济登兹者，则非言语形容之所及矣。

[1] 潜德：不为人知的美德。

先生兄弟，皆志古耆学，燕居从容讲论道义，訚訚衎衎[1]，和而不同，伯仲之间自为师友，虽先生所以成德，其资取者非一端。然家庭追琢封植之功，与为多焉。休暇，则与子弟适场圃习射，曰："是固男子之事也。"自是里中士始不敢鄙弓矢为武夫末艺。岁恶多剽劫，或欲睥睨垣墙，曹耦必摇手相戒[2]："是家射多命中，毋取死。"故独无犬吠之警。

[1] 訚訚（yín）衎衎（kàn）：訚訚，忠正的样子；衎衎，和乐的样子。谓面貌和悦。《后汉书·袁安传》云："訚訚衎衎，得礼之容。" [2] 曹耦：贼众伙伴。

庐陵尝有茶寇，声摇旁郡，聚落皆入保。并舍民走郡，请先生主之。郡如其请，门人多不悦。先生曰："古者比闾之长[1]，即五两之率也[2]，士而耻此，则豪侠武断者专之矣。今文移动以军兴从事，郡县欲事之集，势必假借主者。彼乘是取必于里闾，亦何所不至哉？"寇虽不入境，闲习屯御，皆可为后法。

[1] 比闾：古人"令五家为比，使之相保；五比为闾，使之相受"。见《周官·地官司徒》。 [2] 五两之率：两，高诱注为"技巧"。率，同帅，首领。指五兵技巧，或掌握五兵技巧的人。

其在兴国，学廪名存实亡，簿书漫漶不可考。先生为核实催理受输之法，白郡授有司行之，科条简明，士得其养。凡经世之务，职分所当知者，未有闻而不讲，讲而不究。此一二条，特因事而见者耳。

先生和顺不违物，而非意自不能干，简直不狥人[1]，而与居久，益有味。四方学者踵门请益，群疑塞胸，纠缠輵轕，虽善辨者不能解。先生从容启告，莫不涣然失其疑而退，非惟动悟孚格固有所本，亦其用力于自治者，既专且久，人之疢疾，皆尝折肱，浮、湛、滑、涩[2]，适中其病，听之者，于其心有戚戚焉。至于扞格不入[3]，必宽养以俟其可，未尝无益而杂施之也。

[1] 简直：质朴。狥：夸耀，炫示。 [2] 浮、湛（chén）、滑、涩：四种脉象，这里喻人的思想状态。 [3] 扞格不入：抵触，排斥。

天下之治方术者多矣，囿于异端小道者，既不足与议，晚进新学，间有闻君子之余论者又多，既其文而不既其实，摹规而画圆，拟矩而作方，虽或似之而卒非也。方先生勇于求道之时，愤悱直前，盖有不由阶序者矣。然其所志者大，所据者实。有肯綮之阻[1]，虽积九仞之功不敢遂[2]；有毫厘之偏，虽立万夫之表不敢安。公听并观，却立四顾，弗造于至平至粹之地，弗措也。

[1] 肯綮：筋骨结合的地方，比喻要害处。 [2] 遂：往。

属纩之夕，与其昆弟语，犹以天下学术人才为念。少焉，正卧整衣衾，理须鬓，恬然而终。所谓"仁以为己任，死而后已"者[1]，盖于此见之。

[1] 仁以为己任，死而后已：语出《论语·泰伯》："仁以为己任，不亦重乎；死而后已，不亦远乎。"

荆州牧广汉张公栻与先生不相识，晚岁还书相与讲学问大端，期以世道之重。无几何而张公没，又半岁而先生下世矣。岂道之显晦果有数存乎其间邪？虽然，来者无穷，而义理之在人心者不可泯也。先生之志必有嗣之者矣。葬有日，其友吕某为铭二十九字识其窆，曰：

自古皆有死，尽其道而终者几希。是维宋陆先生之墓，百世之下尚永保之。

◎研读

　　凡作墓志铭，需先得有行状。陆九渊托吕祖谦为陆九龄作铭，而自己则为兄长作《全州教授陆先生行状》（今存《象山集》）。朱熹看到陆九渊为陆九龄所写的行状后，大为不满，写信向吕祖谦说："子寿之亡极可痛惜，诚如所喻。近得子静书云，已求铭于门下，属熹书之。此不敢辞，但渠作得行状殊不满人意，恐须别为抒思，始足有发明也。"这就是说，请吕祖谦撇开陆九渊所写的行状来作铭。吕祖谦该铭全面总结了陆九龄的一生，高度肯定陆九龄积极参与社会实践及其学术志向，从其独委心二程说起，称赞其摒弃魏晋的放逸学风，结茅舍傍，讲习程学晨夜不怠。称赞陆九龄勇于求道，愤悱直前，不由阶序，以天下学术、人才为念。朱熹对吕祖谦的《陆先生墓志铭》大为赞赏，作书与吕祖谦说："所作子寿埋铭已见之。叙述发明，此极有功，卒章委婉，尤见用意深处，叹服叹服。"朱熹不满陆九渊所作陆九龄《行状》，大概是因学术观点不同的缘故，而吕祖谦与朱熹学术观点接近，所以得到了朱熹的赞赏。

薛常州墓志铭

◎解题

　　文出《东莱吕太史文集》卷十，作于淳熙元年（1174）。乾道九年（1173）七月，薛季宣卒。吕祖谦应其子邀作。薛季宣（1134—1173），字士龙，号艮斋，永嘉人。学术主张事功，永嘉学派创始学者。《宋元学案》立有《艮斋学案》。曾为武昌令，知湖州，改知常州，未上任去世。卒年四十。有著作《浪语集》。《宋史》有传。薛季宣与吕祖谦关系极洽，多次到访金华。吕祖谦对薛季宣的去世感到十分痛心，曾有《与陈同甫》这样说："某哀苦固无生意……永嘉复报士龙之讣，海内遂失此人。可痛！可痛！春间犹幸相聚半月，语连日夜，所欲相与肄习者，布置甚长。渠亦不谓遽至此也。比专遣人吊之尚未回。其子虽孱弱，然志操却可保。逝者而已矣，讲茸维持，政存者之责，此则吾徒所当共勉也。"吕祖谦撰墓志铭既成，又托张栻书丹，周必大作碑额。

河东之薛，有降居闽之长溪者，世久不能迹其始。既又家于永嘉，其长老之记曰"唐补阙令之后迁焉"。裔孙庠以驯行闻于乡。庠生强立，始修补阙之旧，续其禄，盖终江宁府观察推官，赠左光禄大夫。光禄四子：嘉言，尚书司封郎中；昌言，通判婺州；弼言，敷文阁待制；徽言，起居舍人。

公讳季宣，字士龙。起居之子也[1]。起居学于胡文定公安国，而雅为赵忠简公鼎所厚。其立朝皆有本末，最后，秦丞相桧建与虏和，起居自殿坳直前，引义固争，反复数刻。中寒疾以卒。夫人胡氏亦继卒。于是公生六年矣。伯父待制收鞠之，任以官。

[1] 起居：起居舍人薛徽言。薛徽言，字德老，温州人。登进士第。《宋史》有传。

公幼逮事过江诸贤，闻中兴经理大略，已能识之，喜从老校退卒语，得岳、韩二三大将兵间事甚悉[1]。志尚荦荦，与常儿异。年十七，起从妻父荆南帅孙汝翼，辟书写机宜文字。荆州善袁溉道洁[2]，虚郡斋迎致之。公遂委己师焉。

[1] 岳、韩二三大将：岳飞、韩世忠。薛季宣《浪语集》有论岳飞、韩世忠札子。 [2] 荆州：荆南帅孙汝翼。袁溉：字道洁，从程颐学，尽以其学授薛季宣。

道洁及登河南程夫子之门，闻蜀隐者薛叟名，晚游蜀以物色求之，莫能得。末至一郡，并舍有叟，且荷笈之市。午漏下，辄扃其户。道洁从壁间觇之，方隐几默坐，意象静深，问诸邻，则曰是鬻香薛翁，不知其所从来。道洁亟款门以弟子礼见，且往陈所学，叟漠然如不闻，久之乃曰："经所以载道，圣人作经以明道，子何博而寡要也？"始与深语。未几，复舍去。道洁漫浪沔、鄂间，讳其学，绝不为人道，独于公倾倒无所靳。公自是笃意于学。道洁语公伊、洛轶书多在蜀，时同郡萧振方制置四川[1]，乃往为其属。道洁期至蜀授以书，会偏裨有诬其所部将者，公请正阶级法，议不合，谢去。遇道洁于峡。而公既出蜀矣，调鄂州武昌令。武昌号难治，连败数令。公年尚少，郡将部使者易之[2]，迎谓："是邑久不可为，子敢当之乎？"公曰："独患在上者以县为可为，今知其不可为，则可为矣。愿宽其衔辔，俾得自尽。"皆诺之。科徭兴发，率以公故独不及，唯论和籴，始不见答，欲解印绶去，卒体其诚得罢。公既获乎上，民赖以宽，有所废置，皆争趋和。乃大治。版籍期会，简稽出纳，悉就绳尺，密而不烦，严而不迫。

[1] 萧振：字德起，温州平阳人。除敷文阁待制，知成都府，安抚制置使，进秩四等，加敷文阁学士。卒于成都府治，年七十二。有文集二十卷。《宋史》有传。　[2] 易之：藐视、轻视。

虏亮未叛盟[1]，公白其长视要害，前备御，辄不省。及兵交，稍稍即公咨计划。虏亮悉众瞰江，诏成闵还师入援。时汪枢使澈宣谕荆襄[2]，公告："成闵得蔡[3]，有破竹之势，盍守便宜勿遣，令闵乘虚下武昌，径陈、汝，趋汴都。虏内顾且惊溃，释此成业，而聚兵相仗，鲜克以济。"不能用。闵昼夜驰不顿舍，后骑能属者三之一，而陈、蔡新附诸城亦踵接复为虏矣。江淮仕者大抵无固志，纷纷遣其孥系马庭木以须，公独留家不遣，誓与民俱死。

[1] 虏亮：金人统帅完颜亮。　[2] 汪枢使澈：汪澈，字明远，自新安徙居饶州浮梁，进士第。汪澈为湖北京西宣谕使。《宋史》有传。　[3] 成

闵：字居仁，邢州人。靖康（1126—1127）初刘韐为真定帅，招募勇士捍金兵，得成闵。高宗即位，成闵领数百骑至扬州，与金人战，积功至武功大夫、忠州刺史。得韩世忠荐举。以取海州功，擢磁州团练使。赐袍带锦帛，加赠玉束带。进棣州防御使，殿前游奕军统制，迁保宁军承宣使，拜庆远军节度使。提禁旅三万镇武昌，除湖北京西制置使节制两路军马，兼京西河北招讨使。除淮东制置使，超拜太尉主管殿前司公事，淳熙元年（1174）卒，年八十一，赠开府仪同三司。《宋史》有传。

县故多盗，铁冶营田，棋布诸乡，亡命奸人出没其间。所治即孙吴故宫，自古江左重地也。公念除盗上策，莫如联保甲，疆陲有事，唯素整者可不乱。乃访求河北、陕右弓箭手保甲法及淮西刘纲保伍要策，讨论甚具。会有伍民之令，乃出其法行之。五家为保，二保为甲，六甲为队，因地形便合为总，不以乡为限，总首、副总首领焉。官族、士族、富族皆附保，蠲其身俾输财共总之小用。诸总必有射圃，民暇则习，无夤暮之节。尽禁蒲博，独许以击刺、驰射角胜，五日更至廷阅，其尤者劳赏之。旗志总别为色，枪仗皆中度。候望干撒不幸死者予棺，复家三岁。诸乡皆置楼，盗发，伐鼓、举烽以相号召。瞬息遍百里。总首白事，吏毋得预。追胥兴发，一以县檄为验。环邑沟渎不渫，夏潦波道，在事者病之，役大，莫敢睥睨。及保甲成，天大雨，公出坐通衢，传呼总队具畚锸，赋丈尺，三日而毕。市多火，公戒诸队钩绳梯缶，各专其一。暮夜仓卒随用，而索甚速且整，火不能灾。县治、白鹿矶、安乐口，皆置戍，复请于宣谕司，得战舰十、甲三百罗落之。守计定，讫虏退，人心不摇。

大军之屯州县，客主不相能，多为哄暴。公曲得其欢心，以事至者，必微见曲直而明假借之，皆大喜，且大服，誓死以报。内郡发粟输边县，当饷信阳[1]，公部以往。先是诸将出师，部勒无法，或侵苦之，道殣相望。文吏董役者，则又甚焉。民见调，辄与亲戚为死决。公语父老曰："子弟相从者，吾受其无咎[2]。"皆忻然阳应。既发队伍，次舍悉放行军，亲与役夫同苦乐。病者挟医，护视始轻。所负剧，则皆弛之；增剧，则以马若舆载之。病者未至，队长毋得即安。号令齐一，道上担肩相差如引绳，无敢少蹉跌。观者相语曰："此谁将军部曲耶？乃整肃如是。"既而知为武昌，白丁相视叹息。斯役也，在行者千有八百。役罢，死者一人，跌伤者一人，余还界其父母妻子如初约。当是时，诸公争知之，举辟交至，公一无所就。

[1] 餫（yùn）：运粮。　　[2] 吾受其无咎：受，担保；咎，灾祸。句谓担保人员无灾祸。

从吏部铨，得婺州司理参军。召对，首言治体有本末，愿遴三公之选，责以进人材、张纪纲、延端直之士，与之讲问，学求治道。又论中都官员多职寡，牧伯之任，分为五六，唯大军胜战，将兵而下，废为隶役。因道远方民瘝甚悉。王枢使炎前在鄂[1]，熟公治行，及是新得政，求助于公。公语之曰："上天资英特，群臣幸得遭时，乃忽略根本而奔走军旅之间，盍以仁义纲纪为本？至于用兵，请俟十年之后。"改宣义郎，知平江府常熟县。退，待次具区湄[2]上。明年复召审察。公固辞，徘徊逾年，乃就道。至则除大理寺主簿。是岁，江湖大旱，流民往往北渡江，边吏复奏淮北民多款塞者。虞丞相允文白遣公行淮西收以实边，公持节劳来，耄稚满车，下为之表废田，相原隰，复合肥三十六圩，立二十有二庄于黄州故治东北，以户颁屋，以丁颁田，二丁共一牛犁、耙、锄、锹、镢、镰具。六丁加一鏊刀。每甲辘轴二，水车一。种子钱，丁五千。禀其家[3]，至食新罢。凡为户六百八十有五，分处合肥、故黄适等。而合肥赢故黄三户。户授二室，受田之丁，合肥八百一十有五；故黄六百一十有四。会其钱若米之费财二万缗六千石。流民已为大姓有者，仍隶其主户就抚之，并边归正者，振业之，合三千八百余户。始，公以乾道七年十二月至淮西，反命以明年之夏，计道里往来，与察边郡、检麦田之属专于田事者，仅数月。垦筑冶铸斫削，皆受成于公。赋役省而功坚，度可支数十年。位置向背，经纬条达，民生所须，不外索而足。淮人谓耳目所未睹。公曰："吾非为今日利也。"盖合肥之圩边有警，因以断栅江、保巢湖。故黄，实古邾城，地直蔡冲。诸庄益辑，则西道有屏蔽，其措意深远矣。

［1］王枢使炎：王炎，于乾道五年七月以参知政事授枢密使。该王炎曾经为四川宣抚使、观文殿大学士，不同于著《双溪集》的王炎。　［2］滆（gé）：湖名。　［3］廪（lǐn）：公家发给口粮。

光守宋端友自上招集北归户一百十七，公至固始，验新民止五户，余皆保塞数年。端友混新旧户为一籍以幸赏，异时，有以善马涉淮者，杀而要夺之。公亟举奏。端友有挟，人谓章且不下。语闻，上感悟，属廷尉治，方穷竟，端友以忧死。习为媒者皆竦，而虞丞相始不乐公矣，故为多端縻公，以缓其归。或迎说公见上盍少自绌，毋与当路者忤。公曰："上遣我视边，固欲得利害之实。"卒极陈之。且曰："臣根本其敝，不计而谩为，而后外以卤莽报。不思而出令，而后外以难行寝。号为责实，未免徇名，则趣办皆徇名之人。志在大功，反规小利，则迎合皆规利之辈。诞谩者败而不诛，诿说者察而不去，左右为欺囊橐，迩为援则远坚，大为间则小肆。其荐退人物，曾非诵言。游扬中伤，乃自不意。齐威之霸，不在阿、即墨之断[1]，而在毁誉者之刑[2]。臣观近政，非无阿、即墨之断，奈何毁誉之人自若。"上欣然开纳。公复进曰："外事无足道，咎根不除，抑臣深忧。左右近侍，阴挤正士，而阳浮称道。陛下诚圣明，傥因貌言万一垂听，臣恐石显、王凤、郑注之智中也[3]。"又曰："好名，特为臣子学问之累。人主为社稷计，唯恐士不好名。诚人人好名畏义，何乡不立？"上是之。

［1］阿、即墨之断：明断真伪是非。《史记》卷四十六："威王召即墨大夫而语之曰：'自子之居即墨也，毁言日至，然吾使人视即墨，田野辟，民人给，官无留事，东方以宁，是子不事吾左右以求誉也。'封之万家。召阿大夫语曰：

‘自子之守阿，誉言日闻。然使使视阿，田野不辟，民贫苦。昔日赵攻甄，子弗能救。卫取薛陵，子弗知。是子以币厚吾左右以求誉也。’是日，烹阿大夫，及左右尝誉者皆并烹之。" 　　[2]在毁誉者之刑：王应麟《困学纪闻》据《列女传》断"毁誉者，乃佞臣周破胡"。阎若璩以为薛季宣语"齐威之霸三语，乃使还言于孝宗以攻其左右者"。 　　[3]石显、王凤、郑注：石显，字君房，汉元帝、成帝时人，因犯法受腐刑，为中黄门，元帝时，以贵幸权倾朝野，成帝时渐失权幸。王凤，字孝卿，汉成帝时人，为大将军，大司马，领尚书事，以专权擅朝称。郑注，本姓鱼，冒姓郑氏，时号鱼郑，唐文宗时人，得文宗宠幸，交通中外，权倾一时，导致甘露之变。

　　隆兴以来，经理两淮，受遣者且数十辈，发御府金缯，听施置自便，阅十年，鲜有当上意者。及公使事有绪，恨得公晚，道进官二等，除大理正。侧席迟其至，顾问紬绎，奏请论荐，皆报可。闻者意公且用矣。居七日，出守湖州，入辞，语益恳到。上慰勉遣焉。公既数摩切左右，而湖多权贵人田宅，与相加尤数。公平心问理如何，不为变益害公。合力撼摇。上记其忠，独保持之。

　　始至，书狱多入死，讯其由，则弃市者民间或窃祠之，名"伤神"，恶少遂轻相仇杀不顾。公亟屏绝，死狱大减，条境内淫祠[1]，次第除撤，会去郡而辍。土俗，小民悍强，甚者数十人为朋，私为约，无得输主户租，前为政者或纵臾之。公叹曰："郡国幸无事，而鼠辈颉颃已尔，缓急之际，将何若。"取其首恶，黥窜远方。民始知有奴主之分。初，陈亨伯割诸道留州钱输大农，号经制。翁彦国复附以总制。嗜进者，竞衰敛以应赏格。已而，遂定其多数为岁额，州用日削，而共亿稍饩，较军兴前五六倍。吏骩法擿抉无遗笔，犹廪廪不能给。至是，户部令提点刑狱司以历付场务一钱已上，皆分隶经总制如式。诸郡被符，搏手无策[2]，相顾莫敢先。公独言于朝曰："自经总制立额，州郡凿空以取盈，虽有奉法吏，思宽弛而不得骋。若复隶额外征，掇其强半，郡调度顾安所取？殆复为它谬巧，重取之民，民何以胜。"户部镌谯愈急，公争之愈强。台谏亦交疏助公，遂收前令不布。凡可以纾民力者，知无不言。如论和籴贾贱，请更平直，徙汰军宽州。添差隶郡者，止今见员，后勿遣。函封相继，多格于有司，则以病谒祠。朝廷惜之，却其请，至八九，知不可夺，改知常州。未上，以乾道七年九月戊申卒于家，年四十。官止奉议郎。娶孙氏。子法[3]，补太学生。公之没，其友张淳治丧程以古礼。公配孙夫人能顺听不违，里中观法焉。十二月壬申，葬于永嘉县吹台乡慈湖之原。

[1] 淫祠：不应当祭祀而设置的庙与祠堂。　　[2] 搏（bó）手无策：搏，即执，握持。句意谓无所措手。　　[3] 法：《吕祖谦全集》整理本校勘记称"'沄'，原作'法'，据宋本改。"今观国图宋本恰作"法"甚明，未知其所据为何宋本。观国图本该页当为补修。而次页为宋刻，作"沄"，未知谁是。

自周季绝学，古先制作之原晦而不章，若董仲舒名田，诸葛亮治军，王通河汾之讲论[1]，千有余年，端倪盖时一见也。国朝程颢氏、程颐氏、张载氏相与发挥之，于是本原精粗统纪大备，门人高第既尽，晚出者或骛于空无，不足以涉事耦变，识者忧之。公之学既有所授，博揽精思，几二十年，百氏群籍、山经地志，断章阙简，研索不遗。过故墟废垄、环步移日，以验其迹。参绎融液，左右逢原，凡疆里卒乘、封国行河，久远难分明，一经公讲画，枝叶扶疏，缕贯脉连，于经无不合，于事无不可。行莅官，随广狭默寓之于簿领期会之间，其所部吏曹，经时而不知公为儒者也。平生所际文武之职不同，未尝为町畦崖岸，而去就从违之际，守义不可夺。言兵变化若神，而在朝每以不可轻试为主。所见疏快轩豁，潜察之，自律严饬，虽佺傯札翰，正楷无一惰笔。少年豪举，既知学，销落不留，省其私，泊如也。

[1] 董仲舒：西汉经学家，以治《春秋》名，对策有宜限民名田之说。诸葛亮：东汉末人，蜀汉丞相，以治军名。王通，隋朝绛州龙门人，唐王勃的祖父。河汾：黄河与汾河，王通于此间讲学，称河汾之论。

其为人平实质确，本于简易，行于敬恕，而坚志强力，又足以充践之。善类方共倚属公，而公则死矣。《诗》《易》《春秋》《中庸》《大学》《论语》皆有训义，他所论著，若《九州图志》之属，稿方立而未究也。

岁在壬午，先君子守黄，公夹江为令，归以公所为语某，固已矍然自失。后十载，乃识公于朝。一见莫逆如故交。其葬也，张淳既志知圹，泫复请诗以揭之，丧不能文。今既免丧，不死矣，其可不为公一言乎！

◎研读

该文叙述了薛季宣的生平事迹、学术渊源及主张。文成，吕祖谦寄呈陈亮征求意见，陈亮予以高度评价，并提出了一些修正意见，说："家奴归，得所报教，发读足慰尊仰。讯后尊履复何似？示以《士龙墓铭》，反复观之，布置有统，记载有法，精粗本末，一般说去。正字虽不以文自名，近世名能文者，要何能如此！顾使若亮者参论于其间，足见用心之广，不以人为可狭。谨以区区之意，具如别纸，高明更详酌之，不必其然。意非不甚明，上已闻可，则姑已矣，而犹口疏不已，不几于愤疾者乎！又好名直中伤之一事耳，此虽不载亦可。正字方为善类所倚赖，于石显、郑注一事亦复重复如此，奈何无事取官府乎！使人畏而远之，宜于正字平日所论未合。愿自'公复进曰'止'上是之'，并去此段，不惟全记事体而已。正字以为如何？或别有意，亦愿见教。此纸读罢，宜即焚之，颇类事未发自造公案故也。区区之心，必蒙见察。"这是一篇研究薛季宣生平与学术的重要文献。结合陈亮的《与吕伯恭》书，亦可见吕祖谦的用世观。

祔芮氏志

◎解题

文见《东莱吕太史文集》卷十三。淳熙四年（1177）十一月二日，吕祖谦娶故国子监祭酒芮烨季女为续弦。不及两年时间，芮氏于淳熙六年七月二十八日便去世。淳熙六年九月有此志。

夫人芮氏，吴兴先生之季女[1]，东莱吕某之继室也。生十有一年而先生没，及长，淡静驯饬[2]，母王夫人隆爱之，严于择对，不轻诺。

[1] 吴兴：芮烨为吴兴人，所以以吴兴代称。 [2] 驯饬：善良谨慎处事。

某少获事诸公长者，而海内知心则实惟先生之门。夙夜念无以酬，适中馈乏主[1]，闻夫人之贤，乃委币以请。既庙见[2]，慨然曰，吾他日有以拜先生墓矣。归之明年，某病废，夫人护视劬瘁，得羸疾以卒。曾祖宁，祖彦辅，赠朝议大夫。先生讳烨，终右文殿修撰。

[1] 中馈乏主：指家中无妇人主事，即无妻子。《易·家人》："无攸遂，在中馈。"孔颖达疏："妇人之道……其所职主在于家中馈食供祭而已。得妇人之正，吉。" [2] 庙见：参拜祖先于宗庙。《礼记·曾子问》："三月而庙见，称来妇也。"孔颖达疏："舅姑既没，至三月之后，于庙中以礼见于舅姑。"吕祖谦父母双亡，可能庙见在淳熙五年二月。这里指成婚。

夫人生以绍兴三十二年九月五日，卒以淳熙六年七月二十八日。是年九月十五日祔于婺州武义县明招山先君兆域之左。

◎ 研读

此志记述了芮氏的生卒、吕祖谦与芮氏成婚的过程，以及芮氏去世的原因与过程。交代了芮氏母亲的姓氏，芮氏曾祖以及祖父的名字。这些材料他处阙，对于研究芮烨也具有不可替代的文献价值。

后　记

　　浙江人民出版社原总编辑王利波女史邀我作《〈东莱集〉选注》，这是浙江文化研究工程重大项目"大家读浙学经典"中的一个选题，非常乐意承命。

　　不才研读吕祖谦至今已有二十多年，这原是夫子赐予的学位论文题目，是一个很有价值的课题，但至今感觉自己仍做得很浅，实在汗颜。如果说有点收获，那就是越来越认识到这是一个有意义的课题，一个值得做下去的课题。一是吕祖谦是南宋名副其实的学术领袖，当时已是影响巨大。陈亮"伯恭规模宏阔，非复往时之比，敬夫、元晦，已愿在下风矣"之说料非夸辞。二是吕祖谦英年逝后，学术界门户之争日益激烈，出于私见，各学派抬高自己，贬抑异己。包括朱熹这样的好友，对吕祖谦也每每有意无意之间施以恶评，四库馆臣形容其"抵隙攻瑕不遗余力"，直接导致了人们对吕祖谦学术的误解。比如说吕祖谦学术"兼容朱陆"，说吕祖谦功利倾向来自永嘉、永康等，殊不知金溪及永康、永嘉诸人实皆吕祖谦后学，以至于无视吕学的存在，如章学诚论《浙东学术》竟未提东莱半字。发覆揭秘，还历史原貌是研究的必须。因此一直想着如何为吕祖谦学术做点还原的工作。今幸得此命，实不敢稍怠，更惧负重托。选题自2019年立项至此已有四年，其间先有卓挺亚女史作指导，后又得莫莹萍女史为责编，皆有教我。特别是责编校对原著，字斟句酌，